Wir freuen uns über Ihr Interesse an diesem Buch. Gerne stellen wir Ihnen zusätzliche Informationen zu diesem Programmsegment zur Verfügung.

Bitte sprechen Sie uns an:

E-Mail: walhalla@walhalla.de
http://www.walhalla.de

Walhalla Fachverlag · Haus an der Eisernen Brücke · 93042 Regensburg
Telefon (09 41) 56 84-0 · Telefax (09 41) 56 84-1 11

Hans-Joachim Reeb · Peter Többicke

Lexikon Innere Führung

WALHALLA
FACHVERLAG

Bibliografische Information der Deutschen Bibliothek
Die Deutsche Bibliothek verzeichnet diese Publikation in der Deutschen Nationalbibliografie; detaillierte bibliografische Daten sind im Internet über http://dnb.ddb.de abrufbar.

Zitiervorschlag:
H.-J. Reeb – P. Többicke, Lexikon Innere Führung
Walhalla-Fachverlag, Regensburg, Berlin 2003

3., aktualisierte Auflage

Produktion: Walhalla Fachverlag, 93042 Regensburg
Umschlaggestaltung: Gruber & König, Augsburg
Druck und Bindung: Westermann Druck Zwickau GmbH
Printed in Germany
ISBN 3-8029-6019-X

Nutzen Sie das Inhaltsmenü:
Die Schnellübersicht führt Sie zu Ihrem Thema.

Schnellübersicht

Vorwort

Die Gründerväter der Bundeswehr haben sich mit dem Leitbild des Staatsbürgers in Uniform und mit dem Konzept der Inneren Führung als weitsichtig und vorausschauend erwiesen.

Mit dem Leitbild des Staatsbürgers in Uniform, das sich zwar an alle Soldaten, aber immer in erster Linie an die Vorgesetzten richtet, war von Anfang an der politisch denkende Soldat gefordert. Er mag der unbequemere Soldat sein, aber er ist der gegen Machtmissbrauch gefeiteste. Er ist bei hervorragender Ausbildung auch der bessere Soldat, weil er den Sinn seines Einsatzes versteht und weiß wofür er dient.

Innere Führung ist mehr als eine Führungsphilosophie und Unternehmenskultur. Sie ist das Konzept zur Leistungsbeschreibung, Verankerung und Kontrolle von Streitkräften in unserem demokratisch verfassten Gemeinwesen, das sich am Menschenbild des Grundgesetzes orientiert.

Innere Führung hat sich bewährt:

- bei der Einbindung der neuen deutschen Streitkräfte in unsere freiheitliche Demokratie und dazu beigetragen, dass die bewaffnete Macht des Staates der parlamentarischen Kontrolle unterliegt und Machtmissbrauch ausschließt;
- bei der Integration der Streitkräfte in die Gesellschaft und in die Wertegemeinschaft westlicher Demokratien und internationaler Kommandostrukturen;
- bei der Gestaltung der inneren Ordnung unserer Streitkräfte, in denen der Staatsbürger als Soldat auch erlebt, dass seine Rechte in den Streitkräften trotz Verpflichtung zu Befehl und Gehorsam gewahrt bleiben;
- bei der Eingliederung übernommener Soldaten der ehemaligen Nationalen Volksarmee in die Bundeswehr;
- in der Zusammenarbeit mit osteuropäischen Staaten nach der Wiedervereinigung Deutschlands;
- in allen bisherigen Auslandseinsätzen deutscher Streitkräftekontingente und in der Zusammenarbeit mit Verbündeten und Partnern.

Mit Innerer Führung können deutsche Streitkräfte aber auch einen wesentlichen Beitrag in den Gestaltungsprozess europäischer Streitkräfte einbringen.

Innere Führung ist kein militärisches Konzept sondern vor allem ein politisches. Die Gründerväter haben auch immer auf den Aspekt der Dynamik der Inneren Führung für die weitere Entwicklung und Gestaltung der Streitkräfte hingewiesen. Hier ist jede Generation aufs Neue gefordert.

Erweiterter Sicherheitsbegriff, neues Aufgabenspektrum, Einsatzrealität außerhalb Deutschlands und des Bündnisgebietes, Multinationalität und aktive Friedensgestaltung verlangen stets nach institutionell abgesicherter Dauerreflexion.

Innere Führung kann aber auch nur weiterentwickelt werden, wenn aus Politik, Gesellschaft und Wissenschaft die dringend notwendigen Vorleistungen erbracht werden, da die alte Legitimationsbasis der kollektiven Verteidigung des westlichen Gesellschaftsentwurfs immer stärker in den Hintergrund tritt und Streitkräfte heute zunehmend ein einsetzbares Instrument der aktuellen Außen- und Sicherheitspolitik für Zwecke der Friedenssicherung und Friedenskonsolidierung und zur Durchsetzung nationalstaatlicher Interessen und Bündnisinteressen außerhalb des eigenen Landes werden.

Autoren und Verlag gilt besonderer Dank zur Neuauflage des Lexikons und Anerkennung für ihre verdienstvolle Arbeit. Durch die Aufnahme vieler neuer Begriffe und Erklärungen wird deutlich, dass Innere Führung als ein dynamischer Prozess begriffen werden muss, wenn sie im erweiterten Aufgabenspektrum der Streitkräfte und unter Bedingungen eines sich veränderten Kriegsbildes Bestand haben will.

Hans-Christian Beck
Generalmajor
Kommandeur der
Führungsakademie der Bundeswehr

Vorbemerkungen

Das Lexikon wurde vor elf Jahren der Öffentlichkeit vorgestellt zu einer Zeit, als die Erinnerungen an den „kalten Krieg" zu verblassen begannen, aber neue Kriegsszenarien herandrängten. Die Verschärfung der Golfkrise 1990, schließlich der Krieg selbst lieferten genügend militärpolitische Argumentationen, um der Bundeswehr „neue Aufgaben" zuzuweisen. Dies geschah am 26. November 1992 mit den „Verteidigungspolitischen Richtlinien". Am 12. Juli 1994 befand das Bundesverfassungsgericht, dass die Beteiligung deutscher Truppen an VN-Kampfeinsätzen weltweit rechtens sei. Dem global-operativen Engagement der Streitkräfte stand von nun an nichts mehr im Wege.

Ursprünglich als Abschreckungsarmee für den Schutz des deutschen Staatsgebietes gerüstet, musste vor einigen Jahren der Umbau zur Interventionsstreitmacht eingeleitet werden. Nebenher setzte die Phase der Friedensmissionen im Dienste der Vereinten Nationen ein – zu erinnern ist an die Einsätze in Kambodscha, Ruanda, Somalia, Bahrein, Osttimor, Georgien usw.; außerdem sind in den Bürgerkriegsregionen des Balkans Aufgaben übernommen worden (Bosnien-Herzegowina, Mazedonien, Kosovo), die – besonders für die Heereskontingente – mit den „klassischen" Einsatzbedingungen einer auf Abschreckung hin geplanten Armee wenig gemein haben. Die globale Dislozierung von deutschen Heeres-, Luft- und Marinestreitkräften ist zu einer real- und militärpolitischen Tatsache geworden, an die seit einiger Zeit auf der letzten Seite eines Bundeswehr-Magazins erinnert wird[1]. Inzwischen beschäftigt die Bundesrepublik Deutschland mehr als 10 000 Soldaten im „Außendienst", seit neuestem in Afghanistan und am Golf von Aden.

Der Paradigmenwechsel ist eindeutig, nur entzieht er sich jeglichem Erfahrungsmuster und dem Vorstellungsvermögen über „Militär", wenn man es unter besonderen Aspekten der jüngeren deutschen Geschichte begreifen will[2]. Nicht die Formierungen der neuen Streitkräfte in Koalitionsarmeen („Multinationalität"), wie sie bereits die EVG-Pläne 1952 vorsahen, und ebenfalls nicht der Uniformschnitt, mehrfach für die Bundeswehr geändert, sind von Gewicht, sondern die erstaunliche Erfindung des „Staatsbürgers in

---

1) Siehe 2. Jahrgang von *Y.* Magazin der Bundeswehr 7/2002, („bw-global", S. 123).

2) Vgl. dazu die Artikel: Bundeswehr, Primat der Politik, Soldatengesetz, Wehrbeauftragter und Wehrverfassung.

Uniform" (1952) und die 1994 vom Bundesverfassungsgericht festgestellte Besonderheit der Bundeswehr als „Parlamentsheer". Denn Soldaten unter den Primat politisch-parlamentarischer Kontrolle zu stellen, war damals so neu wie auch gewagt. Immerhin waren zu dieser Zeit die Spuren des Zweiten Weltkrieges noch nicht verwischt. Adenauers Erklärung wegen der Pariser Verträge 1954 mochte deswegen für viele eine Provokation sein, für nicht wenige aber eine Überzeugung ausdrücken. Jedenfalls enthielt sie, ohne die Sache beim Namen zu nennen, das demokratie-kompatible Programm für eine Armee – die Stunde der Inneren Führung nahte.

Der Idee nach stammte diese aus vergangenen Zeiten: Ein Mitarbeiter des Reichsfreiherrn von und zum Stein hatte den notwendigen Rechtsausgleich zwischen Armee und Bürgertum erkannt. Er schlug ihn der preußischen Militär-Reorganisationskommission bereits 1808 vor; dies mag heute nebensächlich scheinen, nur lässt die Erforschung auch jenes Gedankens immer noch auf sich warten. Ähnlich verhält es sich mit der Klärung der Vorgänge vom 10. Januar 1953, als in der Dienststelle Blanks alle Arbeiten auf dem Gebiet der „Inneren Führung" geregelt und unter diesen „Sammelbegriff" gestellt wurden. Längst sind die Arbeiten zu den Anfängen westdeutscher Sicherheitspolitik abgeschlossen; und selbst mit den Untersuchungen zur Vorgeschichte des Verteidigungsministeriums oder zur Biographie Heusingers ist das Rätsel der Bonner Dienststelle nicht gelöst worden, aus welchem Grunde nun der „Sammelbegriff Innere Führung" erfunden werden musste.

Die 2. Auflage erscheint in völlig neu bearbeiteter Form unter verändertem Titel. In das Register sind 100 neue Hauptstichwörter neu aufgenommen worden, der übrige Bestand ist aktualisiert, Änderungsvorschläge und Hinweise auf Fehler wurden berücksichtigt. Die alphabetische Anordnung erlaubt dem Leser eine individuelle Annäherung an die Konzeption Innere Führung. Dem Einstieg in das Thema dienen auch die Informationsverweise auf den Anhang, der mit der Materialdokumentation als Studienhilfe gedacht ist.

Das Lexikon ist nicht allein für den militärischen Gebrauch bestimmt, sondern richtet sich ebenfalls an die Öffentlichkeit. Daraufhin sind die Texte verfasst bzw. nochmals durchgesehen worden, so dass sie in der militärischen Ausbildung genauso genutzt werden können wie im zivilen Bereich.

Dank ist abschließend vielen Kollegen zu sagen, die zum Gelingen aller Arbeiten tatkräftig beigetragen haben. Sie alle gehören den nachfolgend genannten Dienststellen im Geschäftsbereich des Bundesministers der Verteidigung an:

- Akademie der Bundeswehr für Information und Kommunikation, Strausberg
- Führungsakademie der Bundeswehr, Hamburg
- Führungsstab der Streitkräfte I 4, Bonn
- Militärgeschichtliches Forschungsamt, Potsdam
- Sozialwissenschaftliches Institut der Bundeswehr, Strausberg
- Streitkräfteamt (InfoService), Bonn
- Zentrum Innere Führung, Koblenz

Darüber hinaus gilt der Dank der Geschäftsführung der Karl-Theodor-Molinari-Stiftung e. V. (Bonn) für zahllose Auskünfte.

Herr B. Roloff, Geschäftsleitung des Walhalla Fachverlags (Regensburg), sorgte in bewährter Weise für die Neuausgabe.

Hans-Joachim Reeb *Peter Többicke*

Zur 3. Auflage

Das rege Interesse an dem Lexikon führt zu dieser 3. Auflage. Die Autoren konnten gegenüber der vorhergehenden Ausgabe Korrekturen vornehmen und das Buch auf den Sachstand von Mitte 2003 bringen.

Verlag/Autoren

Stichwortregister

Verzeichnis der Schaubilder und -tafeln

Abkürzungsverzeichnis

A 1	Generalstabsabteilung 1 (Luftwaffe) oder Admiralstabsabteilung 1
ahd.	althochdeutsch
AK	Arbeitskreis
AkBwInfoKom/AIK	Akademie der Bundeswehr für Information und Kommunikation
AMin.	Außenminister
Art.	Artikel
AuslVZ	Auslandsverwendungszuschlag
BAkWvT	Bundesakademie für Wehrverwaltung und -technik
BA-MA	Bundesarchiv-Militärarchiv
BBesG	Bundesbesoldungsgesetz
BEA	Beauftragter für Erziehung und Ausbildung
BGBl.	Bundesgesetzblatt
BMVg	Bundesminister der Verteidigung
BPersVG	Bundespersonalvertretungsgesetz
BRep. Dtl.	Bundesrepublik Deutschland
BT-Drs.	Bundestagsdrucksache
BVerfG	Bundesverfassungsgericht
Bw	Bundeswehr
Div.	Division
dt.	deutsch
EVG	Europäische Verteidigungsgemeinschaft
FIZBw	Fachinformationszentrum der Bundeswehr
FüAkBw	Führungsakademie der Bundeswehr
Fü S	Führungsstab der Streitkräfte
G 1	Generalstabsabteilung 1 (Heer)
GB	Großbritannien
Gen/Adm Ausb.	General/Admiral Ausbildung
GenInsp	Generalinspekteur
GG	Grundgesetz
GUS	Gemeinschaft Unabhängiger Staaten
GWD/GWDL	Grundwehrdienst/Grundwehrdienstleistender
HKomm	Hoher Kommissar
i. d. F. d. B.	in der Fassung der Bekanntmachung
i. G.	im Generalstabsdienst
IFDT	Information für die Truppe (Zeitschrift)

IFOR	Implementation Force
ISAF	International Security Assistance Force
Jh.	Jahrhundert
Kan.	Kanada
KFOR	Kosovo Force
MdB	Mitglied des Deutschen Bundestages
MGFA	Militärgeschichtliches Forschungsamt der Bundeswehr
MOE/SOE-Staaten	Mittelost- und südosteuropäische Staaten
m. P./o. P.	mit Portepee/ohne Portepee
NATO	North Atlantic Treaty Organization (Nordatlantische Allianz)
NZWehrr	Neue Zeitschrift für Wehrrecht
OSZE	Organisation für Sicherheit und Zusammenarbeit in Europa
Reg.	Regiment
S 1	Stabsabteilung 1
SanAk	Sanitätsakademie der Bundeswehr
SaZ	Soldat auf Zeit
SBG	Soldatenbeteiligungsgesetz
SFOR	Stabilization Force
SG	Soldatengesetz
SKA	Streitkräfteamt
StGB	Strafgesetzbuch
StudBer UniBw	Studentenbereich Universität der Bundeswehr
SWInstBw/SOWI	Sozialwissenschaftliches Institut der Bundeswehr
TKBA	Teilkonzeption für die bereichsübergreifende Aufgabe
TSK	Teilstreitkräfte
UNTAC	Unites Nations Transitional Authority in Cambodia
UvD	Unteroffizier vom Dienst
VMBl.	Ministerialblatt des Bundesministers der Verteidigung
WBeauftrG	Wehrbeauftragtengesetz
WBO	Wehrbeschwerdeordnung
WDO	Wehrdisziplinarordnung
WEU	Westeuropäische Union
WStG	Wehrstrafgesetz
ZAS	Zentrum für Analysen und Studien
ZDv	Zentrale Dienstvorschrift
ZInFü	Zentrum Innere Führung

Innere Führung von A–Z

1

Abweichendes Verhalten ist eine Handlungsweise, die im Gegensatz zu den geltenden Werten und Normen einer Gesellschaft, Gemeinschaft und Gruppe steht. Unterschieden wird in A. zu selbstgesetzten Normen, das Störungen im Individuum hervorruft (sog. Persönlichkeitsstörungen, Identitätsverlust) und Verhaltens-Abweichungen, die allgemein als sozial unerwünscht gelten (wie Kriminalität, → Drogen(-konsum), → Alkoholismus, → Selbsttötung, Vandalismus usw.) – A. in den Streitkräften meint den Verstoß gegen die militärischen Gesetze und Regeln. Die in der Gesellschaft festgestellten Formen spiegeln sich auch hier wider und werden in schwerwiegenden Fällen als → besonderes Vorkommnis gemeldet. Die → militärische Sozialisation hemmt A. aufgrund der stärkeren sozialen Kontrolle (z. B. → Dienstaufsicht), wenngleich der Soldat ständig in Gefahr gerät, gegen militärische Normen zu verstoßen, die ihm unbekannt sind („Normenfalle"). Die sozialen Reaktionen, die A. generell hervorruft, reichen von der Isolierung über die „Behandlung", „Besserung" bis hin zur Bestrafung. In der → Bundeswehr stehen neben den juristischen Einflussmöglichkeiten (→ Disziplinarrecht, → Wehrstrafrecht) die Maßnahmen der → Fürsorge und → Betreuung zur Verfügung, um auf A. sachgerecht und individuell reagieren zu können bzw. ihm vorbeugend zu begegnen.

Adenauer, Dr. Konrad (1876–1967), Jurist. Seit 1917 Oberbürgermeister der Stadt Köln, Präsident des preußischen Staatsrats, Präsident des Parlamentarischen Rats, Abgeordneter im Deutschen Bundestag, Bundeskanzler (1949/63) und Bundesaußenminister (bis 1955) sowie Vorsitzender der CDU (bis 1966); gestaltete die Prinzipien der Rechtsstaatlichkeit für die Bundesrepublik Deutschland, schuf langfristig die Voraussetzungen für ihre politische → Integration im europäischen Staatenverbund. In der Außenpolitik schlug A. unter dem Eindruck des Ost-West-Konflikts den Westmächten einen westdeutschen Militärbeitrag vor und löste damit eine Phase innenpolitischer Konflikte aus (Rücktritt des Bundesinnenministers G. W. → Heinemann). Seine Erklärung zur Anerkennung der deutschen Soldaten, die „ehrenhaft zu Lande, auf dem Wasser und in der Luft gekämpft haben" (1952) gehört ebenso zu den umsichtig betriebenen Vorbereitungen der Sicherheitspolitik, wie die dann folgende Erklärung zum Ende des deutschen → Militarismus und der Besonderheit eines deutschen Verteidigungsbeitrages (1954). Nachdem die Sowjetunion den Kriegszustand mit Deutschland für beendet erklärt hatte und normale politische Beziehungen mit der Bundesrepublik Deutschland anstrebte, führte A. im September 1955 diplomatische Verhandlungen in Moskau; sie erbrachten die Heimkehr zahlloser deutscher Kriegsgefangener. Eine Verbesserung der „deutschen Frage", d. h. Aussichten zur Wiedervereinigung (→ Nation), erbrachten sie nicht. Die von ihm zielstrebig verfolgte Politik der Aussöhnung mit Frankreich ist von überragender Bedeutung in der deutschen Politikgeschichte.

Akademie der Bundeswehr für Information und Kommunikation (AkBwInfoKom, kurz: AIK). Die A. ist aus der „Akademie für psychologische Verteidigung" in Waldbröl hervorgegangen, 1990 umbenannt und 1994 nach Strausberg verlegt worden. Sie gehört in den → Aufgabenverbund Innere Führung und ist zentrale Ausbildungsstätte für die → Informationsarbeit in der → Bundeswehr (→ Jugendoffizier). Weiterhin hat die A. den Dialog zwischen Bundeswehr und → Öffentlichkeit in allen Fragen der Sicherheitspolitik zu fördern. Grundlagen sollen in den Projektbereichen „Sicherheitspolitik", „Kommunikationsmanagement" (einschl. „Demoskopie") und „Kommunikationstraining" erarbeitet werden; sie sind Bestandteil in verschiedenen Veranstaltungsformen der → Erwachsenenbildung und werden in eigenen Schriftenreihen dokumentiert.

Anschrift: Akademie der Bundeswehr für Information und Kommunikation, Prötzeler Chaussee 20, 15344 Strausberg.

„Aktion Kaserne" → Christen in der Bundeswehr.

Aktuelle Information. Die A. ist eine Maßnahme der → politischen Bildung. Sie ist „im Regelfall einmal wöchentlich" zu aktuellen, politisch und gesellschaftlich wichtigen Ereignissen und Themen oder kurzfristig aus aktuellem Anlass durchzuführen. Gegenstand der A. können auch Fragen der Soldaten und Beiträge aus den Medien der → Truppeninformation und der → Massenmedien sein; der Zeitansatz ist variabel. Die A. ist zusätzlich zum → staatsbürgerlichen Unterricht durchzuführen (ZDv 12/1, Nr. 402).

Akzeptanz. Der Begriff A. ist erst in den letzten Jahren im umgangssprachlichen Gebrauch, der „Brockhaus" erläutert ihn seit 1986: A. bedeutet die bejahende oder die tolerierende Einstellung von Personen oder Gruppen gegenüber Normen, Regelungen, Entwicklungen, Produkten usw., ferner auch das Verhalten und Handeln, in dem sich diese Einstellung ausdrückt. Damit kann der Begriff A. die Einstellung von Personen in sehr unterschiedlicher Ausprägung beschreiben. Die Duldung oder Hinnahme einer Sache bedeutet noch nicht, dass man sie auch bejaht, d. h. ihren Inhalt oder Wert zu Eigen macht. Ebenso besteht ein Unterschied zwischen der theoretischen und geäußerten Zustimmung und der aktiven Unterstützung, die sich im eigenen Handeln äußert und letztlich die A. einer Sache, Norm oder Institution deutlich und glaubwürdig macht. Fehlende A. kann zur Änderung rechtlicher Normen führen und gesellschaftspolitische Entscheidungen beeinflussen. – Obwohl A. zunächst im Zusammenhang mit der Zustimmung der → Öffentlichkeit zur Kernenergie thematisiert wurde, erscheint der Begriff im Sprachgebrauch der → Massenmedien und Politiker in letzter Zeit, um die Einstellung der Bevölkerung zu den Streitkräften auszudrücken (→ Integration). Im Vordergrund des Interesses steht die durch Meinungsumfragen messbare Anerkennungsbereitschaft, die sich zahlenmäßig in verschiedenen Studien (z. B. EMNID im Auftrag des Bundesministeriums der Verteidigung) niederschlägt und die politische Diskussion bestimmt. Davon kann die Anerkennungswürdigkeit unterschieden werden, die die A. von Streitkräften von der Beachtung ethischer Maßstäbe und nicht von einer Mehrheitsmeinung abhängig macht. – Die Ergebnisse sagen aus: eine große Mehrheit der Bevölkerung hat eine positive Einstellung und → Vertrauen in die → Bundeswehr. Die Zustimmung zur Mitgliedschaft in der → NATO ist im letzten Jahrzehnt auf 90 v. H. angestiegen. Nach Wegfall einer Bedrohung durch den Warschauer Pakt werden andere Sicherheitsrisiken wahrgenommen. Dazu zählen die organisierte Kriminalität, der internationale → Terrorismus, der Konfliktherd Balkan, die Proliferation von Massenvernichtungswaffen sowie → Rechtsextremismus und Zuwanderung. Allerdings rangiert eine „gemeinsame Sicherheit in Europa" nicht unter den wichtigsten politischen Aufgabengebieten, die sich die Öffentlichkeit vorstellt. Diese betreffen seit Jahren die „Sicherung der Arbeitsplätze" sowie „Alterssicherung" und „Kriminalität", also innenpolitische Themen. Die Bevölkerung stimmt allen Aufgaben der Bundeswehr eindeutig zu. Für militärische Kampfeinsätze bzw. den Einsatz von Spezialeinheiten findet sich jedoch nur eine knappe Mehrheit. Skeptischer sieht die ostdeutsche Bevölkerung diese Aufgaben. Mittlerweile finden sich für weitere Abrüstung oder Kürzungen des Verteidigungshaushaltes keine Mehrheiten mehr. Allerdings hält nur noch eine Minderheit die Existenz von Atomwaffen für berechtigt. In der Frage der Wehrform hatte sich die letzten Jahre mit über 60 v. H. eine deutliche Zustimmung für die Beibehaltung der → Wehrpflicht ausgesprochen. Diese Befürwortung nimmt langsam ab. Grundwehrdienstleistende werden von Zweidritteln der Bevölkerung positiv bewertet. Ebenfalls findet die Öffnung aller militärischer Tätigkeiten für → Frauen eine mehrheitliche Akzeptanz. Auch sieben von zehn Jugendlichen im Alter von 14 bis 20 Jahren bewerten die Bundeswehr positiv. Dennoch ist die persönliche Bereitschaft zum Dienen oder gar mit der Waffe zu kämpfen wesentlich geringer (→ Jugend und Bundeswehr). – Aktuelle Ereignisse sowie öffentliche Diskussionen können zu Veränderungen dieser Meinungslage führen. Die Ergebnisse werden vom BMVg (Homepage) veröffentlicht. Die wichtigsten Daten fasst die → Akademie der Bundeswehr für Information und Kommunikation in einem Jahresbericht zusammen.

Alkohol ist nicht nur ein Genussmittel, sondern auch eine → Droge mit berauschender oder beruhigender Wirkung. → Angst, Spannungszustände, Niedergeschlagenheit und ähnliche Gefühlszustände können vermindert, das Selbstwertgefühl kann gehoben und Schlafstörungen können überwunden werden (Suchtgefahr! → Sucht). Die Gewöhnung wird vom sozialen Umfeld bestimmt. Die meisten Menschen, die A. in größeren Mengen regelmäßig zu sich nehmen, tun das in Übereinstimmung mit den geduldeten Trinksitten der Gesellschaft. Von den vielen, die trinken, werden die meisten selbst nach jahrzehntelangem Konsum nicht abhängig (→ Alkoholismus). Weil nur ein kleiner Teil von Konsumenten süchtig wird, kann mit der berauschenden Wirkung des A. allein die Suchtanfälligkeit nicht erklärt werden, sondern es sind weitere Bedingungen anzunehmen, die in der Persönlichkeit des Alkoholikers zu finden sind. – In der → Bundeswehr ist Alkoholgenuss während des Dienstes verboten; nur in begründeten Ausnahmen kann er gestattet werden (→ Disziplinarvorgesetzte, Gemeinschaftsräume).

Alkoholismus, (Alkoholabhängigkeit), Bezeichnung für chronischen Alkoholmissbrauch. Körperliche und seelische Abhängigkeit von Alkohol (→ Drogen) verursachen gesundheitliche Störungen, Beeinträchtigung im Berufsleben und sozialen Abstieg (Trunksucht). Nach E. M. Jellinek (1960) und den Richtlinien der Weltgesundheitsorganisation lassen sich folgende Alkoholismustypen einteilen: 1. Nicht süchtige Alkoholiker. Dazu zählen Alpha-Alkoholiker, auch als Konflikt-, Wirkungs- und Erleichterungstrinker bekannt sowie

Beta-Alkoholiker, die übermäßig häufig Gelegenheiten, Alkohol zu trinken, suchen und nutzen. Körperliche Schäden sind möglich. 2. Süchtige Alkoholiker, d.h. nach sozialrechtlicher Auffassung anerkannte Alkoholkranke; Gamma-Alkoholiker leiden an Kontrollverlusten, d.h. kleine und kleinste Alkoholmengen lösen einen unwiderstehlichen Drang nach weiterem Alkoholgenuss aus. Delta-Alkoholiker (sog. Gewohnheits- oder Spiegeltrinker) sind wegen der Entwicklung heftiger Entzugszeichen nicht in der Lage, auf Alkohol zu verzichten. – In der Bundesrepublik Deutschland (2000) sind schätzungsweise bis zu 1,8 Mio. Menschen alkoholkrank (Durchschnittsalter: 40 Jahre; 65 v. H. aller Erkrankten 31 bis 50 Jahre; 70 v.H. sind davon Männer). A. ist zwar kein militärspezifisches Phänomen, doch ist der Tatbestand alarmierend: etwa zehn v. H. der Grundwehrdienstleistenden konsumieren mehr als 80 g Alkohol täglich, sie rechnen zum abhängigkeitsgefährdeten Personenkreis. In der → Bundeswehr werden ca. 700 Alkoholkranke jährlich registriert. Ein → Dienstvergehen unter Alkohol bzw. ein Verstoß gegen das Alkoholverbot während des Dienstes führt zu empfindlichen → Disziplinarmaßnahmen (Maßnahmen bei betrunkenen Soldaten: Richtlinien gem. ZDv 10/5). Für Soldaten, die alkoholgefährdet oder -abhängig sind, bietet die Soldatenselbsthilfe gegen → Sucht bundesweit Hilfe an. Ansprechpartner im militärischen Umkreis sind der Truppenarzt und der → Sozialarbeiter. Weiterführende Hinweise: „Dokumentationszentrum Suchtprävention und -bekämpfung" (ZInFü), Jahresberichte des → Wehrbeauftragten (1998 ff.).

Altenburg → Generalinspekteur.

Amt Blank → Dienststelle Blank.

Anforderungsprofile → Berufsbild des Soldaten.

Angst ist ein beunruhigend, beklemmend und quälend empfundener Gefühlszustand des Menschen (lat. angustus, eng, Enge, Beklemmung). A. ruft Reaktionen hervor auf vermeintliche oder tatsächliche Bedrohungen infolge bestimmter Vorstellungen, Phantasien, Erinnerungen (Erfahrungen), auch Erwartungen, die die unterschiedlichsten körperlichen Spannungs- und Reaktionszustände auslösen (Herzklopfen, Schweißausbrüche, erhöhte Pulsfrequenzen → Stress). Weitere charakteristische Symptome von A. sind Bewusstseins-, Denk- und Wahrnehmungsstörungen. Im Zusammenhang mit A. stehen andere seelische Belastungszustände wie Furcht, Scheu, Entsetzen, Schreck,

Grauen und Panik. Diese hier nur andeutungsweise angeführten Phänomene des Erlebens und Verhaltens gelten (neben Wut, Trauer, Ekel) seit langem als Grundbefindlichkeiten des Menschen (Existenzphilosophie), als A. sind sie Teil des Humanums (Kierkegaard, Heidegger, Sartre). Die Bewältigung der eigenen Angstgefühle (aber auch ein prinzipielles Scheitern) ist nicht nur für das subjektive Erleben, sondern für die objektiven Gegebenheiten einer Kultur bzw. die Lebensformen einer Gesellschaft von hoher Bedeutung und somit Teilgebiet der modernen Forschungen (→ Wehrpsychologie). Militärisch gesehen stellt sich der Umgang mit der A. schlechthin als das Problem des Krieges dar. Für Clausewitz ist der Krieg das „Gebiet körperlicher Anstrengungen und Leiden; um dadurch nicht zugrunde gerichtet zu werden, bedarf es einer gewissen Kraft des Körpers und der Seele, die, angeboren oder eingeübt, gleichgültig dagegen macht." (Jubiläumsausgabe: Vom Kriege, 1980, S. 233). Dem widerspricht entschieden die militärfachliche Literatur: Soldaten können keineswegs gleichgültig gemacht werden. Bekanntlich sind sie von A. stärker befallen, je unmittelbarer sie dem Kampfgeschehen ausgesetzt werden. Die körperlich-seelischen → Belastungen bei Kampfeinsätzen und der Umgang mit der A. (Verwundung, → Gefangenschaft, → Geiselhaft, → Tod) sind Teil der militärischen → Ausbildung und gehören zu den besonderen Formen der → Betreuung. Regeln der Selbst- und Kameradenhilfe (→ Stress) sind im Forschungsbericht von H. Feser enthalten (FIZBw RB 7378, hier: „Taschenkarte für Soldaten", S. 105 ff.; ZInFü-Arbeitspapier 2/1996).

Anrede. Nach der Dienstvorschrift der → Bundeswehr (ZDv 10/8 Kap. 6) heißt es, dass alle Soldaten den Anspruch haben, mit „Herr" bzw. „Frau", „Dienstgrad" und „Sie" angeredet zu werden. Damit soll die Anerkennung der → Menschenwürde in den Streitkräften zum Ausdruck gebracht werden. In der Praxis wählt der Vorgesetzte oder der dienstlich Gleichgestellte häufig im stillschweigenden Einverständnis mit dem Soldaten anstelle des Dienstgrades den Namen als A.

Ansehen der Bundeswehr. Mit dem A. ist gemeint, dass es in der → Öffentlichkeit vom Auftreten der Soldaten mitbestimmt wird. Um ernsthafte Ansehensschädigungen zu vermeiden, unterliegen sie deswegen besonderen Pflichten in ihrem → außerdienstlichen Verhalten.

Anwendungsbereiche der Inneren Führung. Ziele und Grundsätze der Inneren Führung gelten für den gesamten militärischen Dienst. Ihre Anwendung soll ein Klima von → Vertrauen und → Kameradschaft schaffen, das für die Einsatzbereitschaft der Streitkräfte unerlässlich ist. Es ist Aufgabe aller Soldaten, diese Grundsätze zu beachten und anzuwenden. Die ZDv 10/1 (1993) benennt folgende Anwendungsbereiche: → Menschenführung, → Personalführung, → Recht und soldatische Ordnung, → Betreuung und Fürsorge, → sanitätsdienstliche Versorgung, → Militärseelsorge, → Dienstgestaltung und Ausbildung, → Politische Bildung, → Informationsarbeit und → Organisation. Ein „Selbstlernprogramm Innere Führung" ist seit 2002 verfügbar (→ Zentrum Innere Führung).

Anzugsordnung. Nach der A. wird die Gestaltung der → Uniform ebenso geregelt wie die Tragemöglichkeiten der Uniformteile für die Soldaten (ZDv 37/10). Den jeweiligen Anzug im Dienst befiehlt der → Disziplinarvorgesetzte oder derjenige, der den Dienst anordnet (→ Vorgesetzter). Von funktionaler Bedeutung sind Dienstgradabzeichen, Barettabzeichen (Heer), Kragenspiegel (Heer, Luftwaffe) und Tätigkeitsabzeichen (Heer, Luftwaffe, Marine), Leistungsabzeichen und Sonderabzeichen (Heer, Luftwaffe, Marine), Verbandsabzeichen (Heer), Verwendungsabzeichen Marine und Zugehörigkeitsabzeichen (NATO-Stäbe). Neben den verschiedenen Anzugsarten (Feld-, Dienst-, Gesellschafts- und Sportanzug) gibt es Sonderbekleidungen für Panzer- und Flugzeugbesatzungen, Bordpersonal der Marine, Gebirgsjäger, Fallschirmjägertruppe und Spezialkräfte. – An modische Bekleidungsstücke (Tarndruck-Feldanzug, Blouson, Pullover) haben sich die Soldaten gewöhnt, das Tragen der Uniform in der → Öffentlichkeit gehört zum Alltagsbild. Die Diskussion um eine zeitgemäße A. hält an, auch angeregt durch Modeströmungen („Piercing").

Apel → Bundesminister der Verteidigung.

Arbeitsgemeinschaften für Soldatenbetreuung → Christen in der Bundeswehr, → Soldatenheime.

Arbeitskreis Militär und Sozialwissenschaften (AMS). Der A. wurde 1971 gegründet; er befasst sich mit dem Militär und seinen Beziehungen zu Staat und Gesellschaft im nationalen und internationalen Zusammenhang. Sein Erkenntnisinteresse ist vornehmlich sozialwissenschaftlich orientiert. Der A. will diese Aufgaben in Forschung, Lehre und Publizistik fördern. Schwerpunkte seiner Tätigkeit sind die regelmäßige Durchführung von Arbeitstagungen (mindestens einmal jährlich), deren Dokumentation in der Reihe „Militär und Sozialwissenschaften" (seit 1988) und die Herausgabe des viermal jährlich erscheinenden „Newsletter" mit zahlreichen Informationen und Meinungsbeiträgen. Seine derzeit 165 Mitglieder setzen sich u. a. aus Sozialwissenschaftlern innerhalb und außerhalb der Bundeswehr, Offizieren und Publizisten zusammen. Der Anteil von Mitgliedern aus dem Ausland ist gewachsen.

Anschrift: c/o G. Kümmel, Prötzeler Chaussee 20, 15344 Strausberg.

Arbeitskreis Rechtsextremismus. Der A. wurde im November 1997 durch den → Generalinspekteur eingerichtet, um Gegenmaßnahmen zu entwickeln und zu veröffentlichen (→ Rechtsextremismus). Damit reagierte er auf die öffentlich herausgestellten Vorfälle in den Streitkräften. Der A., dem unter Leitung des späteren Generalinspekteurs, General von Kirchbach, hochrangige Truppenführer sowie Vertreter des → Zentrum Innere Führung, Experten aus Recht, Verwaltung und Innerer Sicherheit angehörten, legte bereits im selben Monat einen Maßnahmenkatalog vor (Generalinspekteurbrief 3/97). Die Empfehlungen im Umgang mit fremdenfeindlichen und rechtsextremistischen Erscheinungen in der → Bundeswehr betrafen die Handlungsfelder → Öffentlichkeitsarbeit, Personalauswahl, Führungspraxis und → Dienstaufsicht, → Ausbildung und → Erziehung sowie → Politische Bildung. Die bis zum Sommer 1999 erarbeiteten Maßnahmen wurden abgeschlossen oder werden fortlaufend auf allen Ebenen der Bundeswehr realisiert.

Arbeitskreis Sicherung des Friedens (ASF), 1981 von evangelischen Theologen, Politikern und Soldaten gegründet, versteht sich als Gegengewicht zu kirchlichen Friedensgruppen (z. B. „Ohne Rüstung leben", „Frieden schaffen ohne Waffen"). Der A. informiert zur Friedensdiskussion (→ Frieden) über die Sicherheits-, Verteidigungs- und Entspannungspolitik und ist bemüht, durch öffentliche Veranstaltungen seiner Landesgruppen auf die kirchliche Friedensdiskussion Einfluss zu nehmen. Der A. arbeitet mit der evangelischen → Militärseelsorge zusammen (ASF: Homepage).

Arbeitskreise „Bundeswehr und Wirtschaft" sind aus Großverbänden/Verbänden der → Bundeswehr und regionalen Arbeitgeber- und Unternehmerverbänden gebildet worden. Im regelmäßigen Kontakt werden personelle Fragen geklärt:

die Eingliederung von → Soldaten auf Zeit in das zivile Berufsleben (→ Berufsförderung) und die Einberufung von → Reservisten. Den A. gehören Unternehmer, Personalleiter, Verwaltungsbeamte und Personaloffiziere an, die sich über Berufsmöglichkeiten und Ausbildungsanforderungen für Zeitsoldaten informieren.

Arbeitskreise Demokratischer Soldaten (ADS) bestanden aus Zusammenschlüssen von wehrpflichtigen Soldaten, die Mitglieder/Sympathisanten der Deutschen Kommunistischen Partei (DKP) und anderer ihr nahe stehender politischer Gruppierungen waren. Zu den angestrebten Veränderungen in den Streitkräften sind zeitweilig Vorstellungen entwickelt und dokumentiert worden („Soldat '70“).

„Arbeitsplatz Bundeswehr“, ein Schlagwort in den 1970er-Jahren, das in der Bundeswehr verwendet wurde, um den Ausbildungs- und Bildungsaspekt der militärischen → Laufbahn für die Nachwuchsgewinnung zu betonen und die Vergleichbarkeit von Funktionen in der → Bundeswehr mit zivilen Unternehmen hervorzuheben („Eine ganz normale Firma“). Damit wurden gleichzeitig die militärischen und soldatischen Besonderheiten in den Hintergrund gerückt (z.B. der Umgang mit Gewaltpotenzialen, Möglichkeiten des Krieges).

„Armee der Einheit“. Mit dem Begriff A. wird der Aufbauprozess der deutschen Streitkräfte nach der Wiedervereinigung bezeichnet. Die → Bundeswehr stellte vom 3. Oktober 1990 an nach der Auflösung der DDR und der → Nationalen Volksarmee (NVA) neue Verbände und Dienststellen auf. Unter Führung des Bundeswehrkommandos Ost (Generalleutnant Schönbohm) erfolgte bis zum 30. Juni 1991 die Eingliederung der ehemaligen NVA-Angehörigen. Hinzu kamen anfangs 2 000 Bundeswehr-Soldaten. Ziel war es, gleiche Strukturen in allen Bundesländern zu schaffen. Durch die Verlegung einzelner zentraler militärischer Dienststellen nach Strausberg (→ Akademie der Bundeswehr für Information und Kommunikation, → Sozialwissenschaftliches Institut der Bundeswehr, eines Bereichs des → Zentrum Innere Führung) und Potsdam (→ Militärgeschichtliches Forschungsamt) sollte ein Zeichen für die Bedeutung der Inneren Führung und des Leitbildes vom → Staatsbürger in Uniform im Vereinigungsprozess gesetzt werden („geistiges Zentrum“). Etwa 25 000 Berufs- und Zeitsoldaten der früheren NVA erklärten sich damals bereit, für ein Probeverhältnis von zwei Jahren am Aufbau der neuen Streitkräfte mitzuwirken. Schließlich wurden knapp 11 000 Personen in weiterführende Dienstverhältnisse übernommen. Ein „Unabhängiger Ausschuss Eignungsprüfung" gab Empfehlungen zu Weiterverwendungen von Offizieren ab. Des weiteren gehörten Lehrgänge „Innere Führung" zur obligatorischen Vorbereitung dieses Personals. – Unter dem Titel A. wird im weiteren Sinn die Entwicklung der Bundeswehr seit 1990 beschrieben. Dazu bot das Militärhistorische Museum in Dresden eine Sonderausstellung an. – Die gesetzlichen Bedingungen (→ Besoldung) verhindern bisher, auch faktisch von einer A. zu sprechen (→ „Zwei-Klassen-Armee").

„Armee ohne Pathos" lautete die Artikelfolge des Publizisten A. Weinstein in der Frankfurter Allgemeinen Zeitung (1951), die später unter dem Titel „Armee ohne Pathos. Die deutsche Wiederbewaffnung im Urteil ehemaliger Soldaten" zusammengefasst wurde. Die Schrift enthält u. a. Fragen zur → Legitimation von Streitkräften der Bundesrepublik Deutschland, zum → „inneren Gefüge" und zur militärischen → Tradition. Danach sollte für den geplanten Verteidigungsbeitrag die „Restauration der alten Armee" ausgeschlossen sein, ebenso die bloße „Kopie der alten Wehrmacht" (H.-J. Rautenberg).

ATLANTIS. Das Planspiel A. ist eine Methode der → politischen Bildung. Eine Spielanweisung ist im Anhang der Unterrichtsmappe zur ZDv 12/1 Politische Bildung in der Bundeswehr Teil I (1994) bzw. im Medienpaket (CD-ROM) „Praktische Handreichungen für die politische Bildung" (hrsg. v. ZInFü, 2001) enthalten (→ Öffentlichkeitsarbeit, → Praxisberichte, → Rechtsextremismus).

Attraktivitätsprogramme. A. werden von Zeit zu Zeit entwickelt, um einerseits Anreize für die Bewerbung von → Freiwilligen in den Laufbahnen der → Berufs- und → Soldaten auf Zeit zu bieten und andererseits die Lage der Soldaten insgesamt zu verbessern. Das A. von 1990 umfasste ein Bündel von Maßnahmen im sozialmateriellen Bereich, für die Haushaltsmittel eingestellt wurden. Wehrpflichtige erhielten z. B. höheren Wehrsold, verbesserte Unterhaltssicherung und → Berufsförderung; für Berufssoldaten und Soldaten auf Zeit wurden zusätzliche Planstellen zur Verbesserung der Aufstiegschancen und die höhere finanzielle Abgeltung von besonderen Belastungen vorgesehen. – Das A. von 1996 war nur für Wehrpflichtige gedacht. Neben materiellen Verbesserungen und der

Ermöglichung eines zusätzlichen freiwilligen Wehrdienstes (Zulagen zum Wehrsold) wurden ideelle Anreize geschaffen. Ein Auskunfts- und Beratungszentrum bei den Kreiswehrersatzämtern sowie ein optimiertes Musterungsverfahren sollten den „ersten Eindruck" von der → Bundeswehr verbessern helfen. – Die → Bundeswehrreform „von Grund auf" (seit 2000) sieht ein Bündel von Maßnahmen als A. vor. Dazu gehören Besoldungsverbesserungen, Schaffung zusätzlicher Beförderungsmöglichkeiten u. a. durch Verbesserung der Personalstruktur (→ Verwendungsstau), Neuordnung der → Laufbahnen der Unteroffiziere, Verkürzung und „Flexibilisierung des Grundwehrdienstes" sowie die Öffnung aller Laufbahnen und Laufbahngruppen für → Frauen. Die gesetzlichen Voraussetzungen sind 2001/2002 geschaffen worden.

Audio-visuelle Medien der → Truppeninformation werden seit 1961 unter verschiedenen Namen von der → Bundeswehr herausgegeben: „Bundeswehr-Filmschau", „info-Die Filmschau der Bundeswehr", info-magazin" und „info-forum". „Bundeswehr-Filmschau" (1961/73) und „info-Die Filmschau der Bundeswehr" (1974/96) wurden zur → Truppeninformation und im → staatsbürgerlichen Unterricht eingesetzt. Themen waren: Parlamentsdebatten, Einsätze und Großübungen, → NATO und internationale Politik, Sport und Geschehnisse aus dem Truppenalltag. Für Ausbildungszwecke kann dieses Material, das von zeitgeschichtlichem Wert ist, jederzeit verwendet werden. In Findbüchern der → Informations- und Medienzentrale der Bundeswehr (IMZBw) sind die Einzelthemen katalogisiert (1961/96); das Medienpaket „Praktische Handreichungen für die politische Bildung" (CD-ROM) listet alle Einzelthemen mit Angaben zum Produktionsjahr und der Laufzeit auf. Das Material wird von der IMZBw ausgeliehen. – „info-forum" und „info-magazin" werden seit 1997 mit unterschiedlichen Zielsetzungen (→ Politische Bildung, → Truppeninformation) hergestellt, „info-extra" ist eine Sonderproduktion im Programm des „info-magazins", „info-forum" richtet sich an Offiziere und Unteroffiziere zur eigenen Fort- und Weiterbildung; das Medium (VHS-Videokassette) kann auch als Ausbildungshilfsmittel eingesetzt werden. Thematisiert werden sicherheitspolitische Ereignisse und Entwicklungen (Bundeswehr, NATO, Europäische Union), „info-forum" erscheint quartalsweise mit jeweils drei Beiträgen (Laufzeit 30 Minuten), „info-magazin" ist ein entsprechend gestaltetes Monatsmagazin für junge Soldaten (Laufzeit

30 Minuten), das über Neuigkeiten aus der Truppe und den Standorten berichtet (Video-Kassette, Verteilung als VHS-Kopie bis auf Einheitsebene); die Themen sind katalogisiert (vgl. CD-ROM).

Aufgabenverbund Innere Führung. Im A. sind alle Dienststellen und Institutionen der → Bundeswehr zusammengefasst, die die → Konzeption Innere Führung weiterentwickeln und für die militärische Praxis vorbereiten. Der A. wurde am 10. Juli 1981 auf Weisung des → Bundesministers der Verteidigung begründet und 1986 neu organisiert. Die Aufgaben sind: 1. Austausch von Informationen zur Konzeption und über Projekte auf dem Gebiet der Inneren Führung; 2. Grundlagenarbeit (Studien, Gutachten und Empfehlungen) zu Themen der Inneren Führung; 3. Entwicklung bzw. Verbesserung von Methoden zur → Lagefeststellung und -beurteilung der Inneren Führung in den Streitkräften (→ Grundlagenprogramm); 4. Vorbereitung und Durchführung von Maßnahmen der → Fort- und → Weiterbildung für die Truppe. Im A. sind zusammengefasst: → Zentrum Innere Führung (Leitfunktion), Führungsstab der Streitkräfte, → Beauftragter für Erziehung und Ausbildung, Bundesakademie für Wehrverwaltung und Wehrtechnik, → Führungsakademie der Bundeswehr, → Militärgeschichtliches Forschungsamt, → Sozialwissenschaftliches Institut der Bundeswehr, → Akademie für Information und Kommunikation, Streitkräfteamt, Zentrum für Analysen und Studien, Universitäten der Bundeswehr sowie die für Ausbildung zuständigen Generale/Admirale der Teilstreitkräfte. Der A. tritt regelmäßig in der Direktorenkonferenz zusammen und führt Projektkonferenzen und Tagungen auf der Arbeitsebene durch (Vorsitz: Kommandeur Zentrum Innere Führung).

Aufnahmefeiern, Rituale und „Taufen" gehören zum allgemeinen Brauchtum in der Bundeswehr (→ Tradition, → Traditionspflege), das bei offiziellen Beförderungen üblich ist, wenn die Urkunde ausgehändigt worden ist. Solche Veranstaltungen sind, wenn sie aus dem Geist des Zusammenhalts (→ Kameradschaft) entstehen und allen Beteiligten in guter Erinnerung bleiben können, zu unterstützen. Verstöße gegen Art. 1 GG und die Prinzipien der → Inneren Führung haben jedoch in einer Vielzahl von Fällen zu Gerichtsentscheidungen geführt, weil A. als ernst zu nehmende Dienstvergehen zu ahnden waren. Das BMVg hat deswegen den Kommandeuren, Dienststellenleitern und Einheitsführern (→ Vorgesetzte) mitgeteilt, sich über A. in ihrem Bereich zu informieren und notfalls einzugreifen (EXTRA-DIENST 1/2001).

Auftrag. Der A. ist eine Form des → Befehls, der ein in einer bestimmten Zeit oder in einem bestimmten Raum zu erreichendes Ziel beinhaltet und nach den Regeln der → Auftragstaktik auszuführen ist.

Auftragstaktik. Dieser, aus den operativ-strategischen Erwägungen Moltkes hervorgegangene Aspekt der militärischen Führung („anders zu handeln als befohlen") bleibt verständlich, wo er in unmittelbare Beziehung zu den Einsatzarten der Gefechtsführung gesetzt wird (Angriff, Verteidigung usw.). Unter Seeckt, dem Chef der Reichswehr (1920/26) wurde erstmals von A. gesprochen. Jetzt trat neben den Aspekt der operativen Initiative eine spezifische Auffassung in der → Ausbildung des Führernachwuchses. So hatte auf jeder Befehlsebene der Führungsgrundsatz der nächsthöheren zu gelten. Diesen Gedanken forderte seinerzeit → Baudissin erneut für die militärische Ausbildung (1952). Ob der A. darüber hinaus Bedeutung zukommen kann, wie im Jahresbericht des → Wehrbeauftragten erkennbar ist (1998, S. 19), erscheint fraglich (→ Bürokratie).

Ausbildung in den Streitkräften umfasst alle Tätigkeiten zur Vermittlung von Kenntnissen und Fertigkeiten sowie zur Entwicklung von Fähigkeiten und Einstellungen, die der Soldat benötigt, um seine Aufgaben im Frieden, in der Krise und im Krieg erfüllen zu können. Eine wichtige Aufgabe der A. liegt dabei auf dem Gebiet der → Inneren Führung.

Ausbildungshilfen werden im → Zentrum Innere Führung erarbeitet (Ausbildungshilfsmittel → „Grundsätze der Ausbildungslehre"). A. sollen dem Ausbilder die Vorbereitung und Durchführung der → Ausbildung erleichtern. Die A. beschreiben das Thema, enthalten Empfehlungen für Unterrichtsabläufe sowie ergänzende didaktisch-methodische Materialien; eine Übersicht der Ausbildungshilfen findet sich auf der Internet-Seite (→ Quellen- und Literaturverzeichnis).

Ausbildungspädagogik ist eine Wortschöpfung, die im Zusammenhang mit der Umgliederung des → Zentrums Innere Führung von 1981 stand. A. meint die theoretische Grundlegung von → Ausbildung, → Bildung und → Erziehung in den Streitkräften, dazu praktische Handlungsanleitungen. Als Gebiete wurden zusammengeführt: Didaktik und Methodik der Ausbildung, Mediendidaktik und Ausbildungstechnologie. Die Bezeichnung A. hat ebenso wenig im militärischen

Sprachgebrauch Eingang gefunden wie die Wortkonstruktionen → Wehr- oder Militärpädagogik.

Ausgang → Urlaub.

Ausgangsbeschränkung. Die A. besteht als → Disziplinarmaßnahme in dem Verbot für den Soldaten, während eines Zeitraumes von einem Tag bis höchstens drei Wochen, die dienstliche Unterkunft zu verlassen (§ 25 WDO). Mit der verschärften A. kann ihm zusätzlich verboten werden, für die ganze Dauer oder an bestimmten Tagen Gemeinschaftsräume zu betreten oder auch Besuch zu empfangen. Die Maßnahme ist in der Anwendung auf den Kreis der zur → Gemeinschaftsunterkunft Verpflichteten begrenzt. Wegen des Verhaltens vieler Wehrpflichtiger, nach Dienst die Kaserne sofort zu verlassen, kann sie besonders wirkungsvoll die Einsichtsfähigkeit des Soldaten, sich in die Gemeinschaft einzuordnen (→ Disziplin), wecken.

Auslandsbetreuung umfasst Maßnahmen für Soldaten und Zivilpersonen im Ausland (→ Auslandseinsatz, → Einsatz), um deren körperliche und psychische Leistungsfähigkeit zu erhalten. Umfang und Organisation der Maßnahmen sind im VMBl. 2000, S. 156 und im Allgemeinen Umdruck 1/100, Kap. 26 enthalten.

Auslandseinsätze. Die → Bundeswehr nahm in den Zeiten des Ost-West-Konfliktes außerhalb der Bundesrepublik Deutschland an NATO-Übungen und in der → Katastrophenhilfe teil. An A. „out of area" und zu Zwecken der Friedenserhaltung und -erzwingung war damals noch nicht zu denken. Die Beschränkung des vereinten Deutschlands auf finanzielle Unterstützung im Golfkrieg 1991 begründeten Politiker mit der deutschen Verfassungslage. Die weltpolitischen Veränderungen machten ein schrittweises Umdenken notwendig, zumal die Staatenwelt entsprechende Erwartungen an Deutschland richtete. Der erste A. in diesem Sinne war die Beteiligung an der UNTAC mit einer verstärkten Sanitätskompanie 1992/93 in Kambodscha (→ Blauhelme). Es folgten weitere A. unter dem Mandat der → Vereinten Nationen (VN): Somalia (1992/93), Ex-Jugoslawien (ab 1992), Ruanda (1994), Kaukasus (seit 1994), Ost-Timor (1995 u. 2000), Irak (1996) sowie als OSZE-Missionen in Tschetschenien, Georgien und Lettland. – Klarheit über die verfassungsrechtlichen Grundlagen gab das Urteil des Bundesverfassungsgerichts vom 12. Juli 1994. Bewaffnete deutsche Streitkräfte dürfen gemäß Art. 87a GG in Systemen gegenseitiger kollektiver Sicherheit, denen sich Deutschland nach Art. 24 Abs. 2 GG angeschlossen hat, eingesetzt werden. Außer den VN gehören dazu die → NATO und die europäischen Sicherheitssysteme. Auf der Grundlage von VN-Mandaten beteiligte sich die Bundeswehr an A. (NATO) auf dem Balkan, um den → Frieden im Kosovo zu erzwingen (Operation „Allied Forces" 1999), zuvor auch zur Friedenssicherung durch IFOR (Bosnien 1995/96) und SFOR (Bosnien seit 1996), dann durch KFOR (Kosovo seit 1999) und in Mazedonien (seit 2001, als EU-Operation „Concordia" 2003). Dafür werden über 5000 Soldaten gestellt. Seit 2001 nimmt die Bundeswehr an der Operation „Enduring Freedom" mit bis zu 3900 Soldaten im Kampf gegen den → Terrorismus und an der ISAF (Afghanistan) mit bis zu 2500 Soldaten teil. Weitere A. betrafen eine Evakuierungsoperation in Albanien (1997) sowie → humanitäre Einsätze. – Alle A. setzten eine Zustimmung des Bundestages voraus (→ Parlamentsheer). Diese wurde stets mit großer Mehrheit erteilt. Ebenfalls werden in Meinungsumfragen seit Mitte der 1990er-Jahre 50 bis 80 v. H. Befürwortung in der deutschen Bevölkerung ermittelt (→ Akzeptanz, → Öffentliche Meinung). – Neben zahlreichen organisatorischen, logistischen, materiellen, finanziellen und personellen Anforderungen an solche A. (Handbuch für Auslandseinsätze im Frieden = Allgemeiner Umdruck 1/100) geht es dabei um → Innere Führung. Die deutlichsten Anforderungen ergeben sich 1. wegen der langen Trennung der Soldaten von Lebenspartner, Familie und häuslichem Umfeld, 2. durch die Erlebnisse einer – auch kulturell und klimatisch – anderen Umgebung, mit Eindrücken von Zerstörung, Gewalt und menschlichem Leid sowie mit Risiken und Gefahren für die eigene körperliche Integrität und 3. aus der Einsicht, dass der Soldatenberuf die Anwendung militärischer Mittel beinhaltet. – Auf diese Belastungen wurde mit unterschiedlichen Maßnahmen reagiert. Das → Zentrum Innere Führung entwickelte entsprechende konzeptionelle Überlegungen. Schwerpunkte der Maßnahmen liegen in der Vor- und Nachbereitung von Einsätzen und bei der → Betreuung im In- und Ausland. Programme gibt es für → Menschenführung im Einsatz, einsatzbedingter → Stress, → (Kriegs-)Gefangenschaft, Geiselnahme, Umgang mit → Tod, Familienbetreuung, → Auslandsbetreuung, → Truppenpsychologie. Die zusätzlichen materiellen Belastungen werden durch den → Auslandsverwendungszuschlag abgegolten. Die Soldaten erhalten nach einem 30-tägigen A. eine → Einsatzmedaille. Auch thematisieren → politische Bildung und → Rechtsunterricht die Bedingungen der A. Die →

Rechtspflege und die → Militärseelsorge stellen Personal für A. ab. Der → Wehrbeauftragte widmet den A. große Aufmerksamkeit (Jahresberichte). – Erfahrungen und Untersuchungen besagen: Als größte Belastung wird die halbjährliche Trennung vom häuslichen Umfeld empfunden. Soldaten in Spezialfunktionen erhalten nicht immer die versprochene zweijährige Inlandsverwendung zwischen den jeweiligen Einsätzen. Die Soldaten halten es außerdem nicht für gerechtfertigt, wenn die Höhe des Auslandsverwendungszuschlages nicht nach dem Grad der Gefährdung festgelegt wird. Bemängelt werden des Weiteren die Unterbringung und die hohen Kosten für Telefonate in die Heimat. Häufiger werden psychologische Krankheitsbilder nach dem Einsatz (posttraumatische Belastungsstörung) festgestellt. Eine Studie des → Sozialwissenschaftlichen Instituts der Bundeswehr ermittelte inzwischen Vertrauensverluste zu (höheren) Vorgesetzten. – Diskutiert wird, ob eine regelmäßige Beteiligung an A. das → Berufsbild in der Bundeswehr wandeln wird und ob die Innere Führung deshalb weiterentwickelt bzw. verändert werden muss.

Auslandsverwendungsgesetz → Auslandsverwendungszuschlag.

Auslandsverwendungszuschlag. Soldaten, die im Ausland während humanitärer und unterstützender Maßnahmen auf Beschluss der Bundesregierung verwendet werden, erhalten einen A. Er gilt die mit der besonderen Verwendung verbundenen → Belastungen und Erschwernisse ab und wird für jeden Tag der Verwendung gewährt. Die Belastungen und erschwerenden Besonderheiten sind durch unterschiedliche Stufen des Zuschlags zu berücksichtigen (§ 58 BBesG, AuslVZV). Faktisch bietet der A. einen zusätzlichen Anreiz, sich an → Auslandseinsätzen zu beteiligen. Die Festlegung der Stufe und die problemlose Auszahlung sind deshalb auch Motivationsfaktoren. Der A. ist durch das Gesetz über dienstrechtliche Regelungen für besondere Verwendungen im Ausland (Auslandsverwendungsgesetz) vom 28. Juli 1993 eingeführt worden. Darin wird auch die soziale Absicherung der Soldaten geregelt.

Aussiedlerdeutsche in den Streitkräften. Die Zuwanderung von Angehörigen deutscher Minderheiten aus den GUS-Staaten (sog. Spätaussiedler) führen dazu, dass immer mehr A. in der → Bundeswehr dienen (jährlich drei bis fünf v. H. der Grundwehrdienstleistenden). Diese Gruppe stellt an die militärischen Vorgesetzten erhöhte Anforderungen, soweit sie Sprachprobleme aufweist und auf bestimmte Truppenteile verteilt wird. Darauf hat die Bundeswehr im Musterungs- und Einberufungsverfahren reagiert. Das → Zentrum Innere Führung legte für die → Vorgesetzten ein Arbeitspapier (FIZBw UU 2558) vor.

Außerdienstliches Verhalten. Der Soldat hat auch außerhalb des Dienstes und außerhalb dienstlicher Unterkünfte und Anlagen sich so zu verhalten, dass er das → Ansehen der → Bundeswehr oder die Achtung und das Vertrauen, welches seine dienstliche Stellung erfordert, nicht ernsthaft beeinträchtigt (§ 17 Abs. 1 und 2 SG). Diese besondere Form der → Disziplin wird gefordert, um das Ansehen der Bundeswehr nicht zu schädigen. Verhindert werden sollen in erster Linie Disziplinlosigkeiten in der → Öffentlichkeit. Weitergehende Verhaltensweisen der Soldaten im Freizeit- und Privatbereich werden nicht reglementiert und kontrolliert.

Ausstellung „Demokratie ist verletzlich". Die A. war 1998/99 eine Reaktion auf den → Rechtsextremismus. Unter Leitung des Bundesamtes für den Verfassungsschutz wurde sie in verschiedenen Bundesländern gezeigt. Die Bundeswehr beteiligte sich an der Präsentation (→ Arbeitskreis Rechtsextremismus, → Politische Bildung).

Autorität. Das lateinische Ursprungswort (auctoritas) wird auf „Urheberschaft", Ansehen einer Person zurückgeführt und bedeutet, dass einer Person dann A. zukommt, wenn ihr von anderen Anerkennung zugebilligt wird. Insoweit ist A. von bloßer Macht und reiner Herrschaft zu unterscheiden, denn Macht muss immer gegen Widerstand anderer errungen werden (Gewalt) und Herrschaft setzt prinzipiell Fügsamkeit bzw. → Gehorsam voraus (M. Weber). – Häufig wird A. im Sprachgebrauch, vor allem aber im Umgangsverhalten gegenüber Personen und Institutionen, die Amtsinhaber bzw. Amtsträger sind, zum Ausdruck gebracht. Übersehen wird meistens, dass die A. einer Person oder Institution überhaupt nicht davon abhängt, sie zwangsweise zu erringen, sondern darauf zurückzuführen ist, wie sie die sozialen Beziehungen ihrer Umwelt zu gestalten versteht; ob einem Menschen A. zukommt, hängt letztlich von seiner Persönlichkeit ab. Die Ansicht, eine Amtsperson genieße allein wegen ihrer Stellung A., ist deswegen zweifelhaft. – In der → Bundeswehr ist für die Führerauswahl und die → Ausbildung die Frage des Autoritätsgewinns verständlicherweise von großer Tragweite. Entsprechende Anregungen und Hilfen sind in einer → Ausbildungshilfe zusammengefasst worden. Dort wird theoretisch unterschieden in Amtsautorität, persönliche A. (d. h. Anerkennung der Person) und fachliche A. (d. h. Anerkennung besonderer Fähigkeiten und Kompetenz). Vom Vorgesetzten wird erwartet und verlangt, dass er die Bedeutungsunterschiede von A. kennt und situationsgerecht danach handelt. Dennoch sind derartige Unterscheidungen für die Praxis bedenklich, weil sie immer der Subjektivität des Einzelnen unterliegen (Meinung, Glauben, Stimmung); so sollten die Ergebnisse über den Zusammenhang von Gehorsam und Unterwerfungsverhalten (St. Milgram), wonach die allgemein verbreitete Neigung besteht, eher zu viel als zu wenig zu gehorchen (I. Eibl-Eibesfeld), beachtet werden.

Bagger → Generalinspekteur.

Baudissin, Wolf Graf von (1907–1993), Generalleutnant a. D., Professor. Nach seinem Wiedereintritt in die Reichswehr (1930) und verschiedenen Verwendungen im Truppendienst absolvierte B. die Generalstabsausbildung (1938) und geriet im April 1941 in britische Kriegsgefangenschaft (Nordafrika); im Juli 1947 entlassen, freiberuflich als Keramiker tätig, wirkte er gleichzeitig in verschiedenen kirchlichen Bildungseinrichtungen. Von einem ihm nahestehenden Widerstandskämpfer empfohlen (Axel Frhr. von dem Bussche-Streithorst → 20. Juli 1944) nahm B. im Oktober 1950 an den geheimen Militärberatungen teil (→ Himmeroder Denkschrift) und wurde 1951 Mitarbeiter der → Dienststelle Blank (→ Heusinger), wo er unter großen Schwierigkeiten das Referat → Inneres Gefüge (→ Innere Führung) leitete. Nach seiner Tätigkeit im BMVg (Fü B I Innere Führung) übernahm er 1958 das Kommando einer „Kampfgruppe" (Panzergrenadier-Brigade 4, Göttingen). Von 1961 an leitete er verschiedene NATO-Stäbe und wurde 1967 aus dem aktiven Dienst (→ Bundeswehr) verabschiedet. Anschließend gründete er das Institut für Friedensforschung und Sicherheitspolitik (IFSH) an der Universität Hamburg; nach seiner Ernennung zum Professor 1979 lehrte B. an der Hochschule der Bundeswehr Hamburg (→ Universitäten der Bundeswehr). – Wichtige Vorarbeiten zur Konzeption → Innere Führung (→ Staatsbürger in Uniform) gehen auf ihn zurück, ebenso der Entwurf für eine „Verteidigungshochschule" (G. → Will, → Zentrum Innere Führung). In Anerkennung seiner Verdienste wurde B. 1965 (→ Kielmansegg, → de Maizière) der → Freiherr-vom-Stein-Preis verliehen; 1967 folgte die Auszeichnung mit dem Theodor-Heuss-Preis. Seit 1994 ist eine Kaserne der Bundeswehr nach ihm benannt. 1995 wurde das „Internationale Fellowship-Programm Graf B." eingerichtet, 2002 eine Medaille auf seinen Namen gestiftet (→ Deutscher BundeswehrVerband). Die Führungsakademie der Bundeswehr hat eine Dokumentations- und Forschungsstätte zum Nachlass eingerichtet. – Ein Tagungsband von H. Linnenkamp und D. S. Lutz erinnert an sein Werk (→ Quellen- und Literaturverzeichnis).

Baudissin-Dokumentationszentrum → Baudissin.

Beauftragter für Erziehung und Ausbildung (BEA). Die Aufgaben des B. gehen auf den → Blankeneser Erlass zurück, wonach für Fragen der → Erziehung und → Bildung in den Streitkräften und zur Beobachtung ihres → Inneren Gefüges im Bereich des → Generalinspekteurs ein General zu beauftragen ist, der dem Generalinspekteur unmittelbar untersteht. Er soll diesem ein möglichst realistisches Bild vom Ausbildungsstand, von der Leistungsbereitschaft und der → Motivation der Soldaten liefern. Der B. ist als Beobachter des Generalinspekteurs eine Art „Frühwarnsystem", um politische und militärische Vorgaben in den Auswirkungen rechtzeitig zu erkennen. Bewährt haben sich nach Dienstgradgruppen gegliederte Gesprächskreise. Nach Einführungsgesprächen mit dem jeweiligen Kommandeur bzw. Dienststellenleiter werden entsprechende Gruppen zusammengestellt, wozu auch Rekruten, Lehrgangsteilnehmer und zivile Mitarbeiter gehören können (bis zu 15 Teilnehmer); die Gesprächsdauer kann jeweils 75 Minuten betragen, Vorgesetzte sind abwesend, der Vertrauensschutz wird garantiert. Bei derartigen → Gesprächen wird versucht, neben überprüfbaren Tatbeständen auch die jeweilige Stimmungslage zu erkunden. Der B. überzeugt sich auch vom Zustand der Infrastruktur und der Ausbildungseinrichtungen. Ergebnisse der Truppenbesuche werden im Jahresbericht an den Generalinspekteur zusammengefasst (→ Lagefeststellung Innere Führung). Der Jahresbericht 2001 wurde auszugsweise in der Öffentlichkeit bekannt (Frankfurter Rundschau, 7. März 2002); die darin genannten Mängel ergänzen das Bild, das aus dem regelmäßig veröffentlichten Jahresbericht des → Wehrbeauftragten des Deutschen Bundestages gewonnen werden kann.

Beck → Zentrum Innere Führung.

Beck, Ludwig (1880–1944), Generaloberst a. D., 1898 Eintritt in das Heer, 1908 Kriegsakademie (Berlin), Übernahme in den Großen Generalstab (1913), während des Ersten Weltkriegs (1914–1918) in Stäben an der Westfront eingesetzt, Übernahme in die Reichswehr; 1932 Divisionskommandeur, seit Oktober 1933 Chef des Truppenamtes (bzw. Generalstabschef des Heeres, 1935). Bis zu seiner Verabschiedung im Sommer 1938 leitete B. die Operationsplanungen des Heeres, war an der Rüstungsplanung der Wehrmacht beteiligt (Vorsitzender des Reichsverteidigungsrates) und lenkte die → Ausbildung der Generalstabsoffiziere. Den Bruch mit Hitler vollzog er schrittweise, endgültig in Kenntnis des „unabänderlichen Entschlusses, die Tschechoslowakei zu zerschlagen" (30. Mai 1938). Den unmittelbaren Eingriff der Westmächte befürchtend („Krieg auf Leben und Tod mit Deutschland"), forderte er kategorisch die Einstellung aller Kriegsvorbereitungen (16. Juli 1938). Einen Angriffskrieg lehnte er ab, vielmehr dachte er langfristig in den Möglichkeiten eines Risikokrieges, für den Fall, dass Deutschland angegriffen würde. Sein strategisches Denken ist in den postum veröffentlichten kriegswissenschaftlichen Studien (1955), besonders in den „Betrachtungen über den Krieg", niedergelegt. Über einen kommenden Krieg Deutschlands heißt es dort, dass die Politik „mit vielen Jahren rechnen und stetig sein muss, wenn das erwünschte Resultat rechtzeitig und zuverlässig erreicht werden soll." B. legte dem Oberbefehlshaber des Heeres mitsamt der Generalität den Rücktritt nahe und trat zurück, als er erkennen musste, dass ihm zu folgen niemand bereit war. – Seit 1939 verkörperte er die eigentliche Mitte der deutschen Militäropposition (→ Widerstand, → 20. Juli 1944). Vorgesehen als Staatsoberhaupt eines von Hitler befreiten Deutschlands war seine oppositionelle Haltung in einer strengen Pflichtauffassung von Politik und militärischem Oberbefehl begründet. Von daher erklärt sich, dass er Hitlers Vabanquepolitik nicht nur durchschaute (→ Tresckow), sondern die Konsequenzen zog. – Am Abend des 20. Juli 1944 handelte Beck ein letztes Mal, als er der Heeresgruppe Nord befahl, alle Vorbereitungen für den Rückzug zur Verteidigung Ostpreußens zu treffen. In den späten Abendstunden des 20. Juli versuchte er vergeblich, seinem Leben ein Ende zu setzen, und wurde erschossen (→ Bendler-Block). – B. ist der ungewöhnlichste Repräsentant in der Geschichte des deutschen Generalstabs: rastlos tätig wie seine großen Vorgänger Moltke und Schlieffen unterschied er sich von beiden doch in seiner Dienststellung. Immerhin hatten seine berühmten Vorgänger unmittelbares Vortragsrecht – für Beck gab es das nicht. Ihm blieben nur der Protest und der Rücktritt.

Befehl und Gehorsam kennzeichnen das grundlegende Prinzip jeder militärischen Organisation. Als ein wesentliches Ergebnis der Debatte um den Verteidigungsbeitrag in den 1950er-Jahren (→ Konzeption Innere Führung), in denen man Praxis und Missbrauch der Befehlsgewalt diskutierte (→ Wehrmacht), unterliegt dieses Prinzip in der → Bundeswehr besonderen rechtsstaatlichen Einbindungen und in der Anwendung (→ Menschenführung) der Beobachtung sowohl der Vorgesetzten aller Ebenen durch → Dienstaufsicht, als auch der interessierten → Öffentlichkeit. Die Befugnis, Befehle zu erteilen, haben nur → militärische Vorgesetzte (→ Vorgesetztenverordnung) und der → Bundesminister der Verteidigung

(Art. 65a GG). Es handelt sich um eine „Anweisung zu einem bestimmten Verhalten, die ein militärischer Vorgesetzter einem Untergebenen schriftlich, mündlich oder in anderer Weise, allgemein oder für den Einzelfall mit dem Anspruch auf Gehorsam erteilt" (§ 2 Nr. 2 WStG). – Die Bundeswehr ist Teil der vollziehenden Gewalt (Art. 1 Abs. 3 GG) und damit an Recht und Gesetz gebunden (Art. 20 Abs. 3 GG). Im Befehlsrecht (§ 10 Abs. 4 SG) ist daraus die Konsequenz gezogen worden. Die rechtlichen Grenzen der Befehlsbefugnis sind folgendermaßen festgelegt: Regeln des Völkerrechts (allgemeine Regeln des Art. 25 GG, völkerrechtliche Verträge), Gesetze (die gesamte nationale Rechtsordnung: formale Gesetze, Rechtsverordnungen, Gewohnheitsrecht, Satzungen). Andernfalls sind die Befehle rechtswidrig, wenn keine Rechtfertigungsgründe (z. B. Notwehr) vorliegen. Rechtswidrige Befehle muss der Untergebene aber dennoch befolgen, solange sie nicht gleichzeitig unverbindliche Befehle sind (§ 11 SG). Die Unverbindlichkeit eines Befehls ist gegeben, wenn er die → Menschenwürde verletzt, nicht zu dienstlichen Zwecken erteilt wird, unzumutbar (Eingriff in Leben, Gesundheit, Ehre, wirtschaftliches Dasein) oder objektiv unmöglich ist, des Weiteren, wenn mit der Befolgung eine Straftat begangen würde. Im letzten Fall darf der Soldat den Befehl nicht ausführen. Er macht sich strafbar, wenn er die Strafbarkeit seiner Handlung kennt oder hätte erkennen können (§ 22 WStG). Der Vorgesetzte selbst ist immer für seinen Befehl (rechtlich) verantwortlich. Der Missbrauch seiner Befehlsbefugnis wird unter Strafe gestellt (§ 32 WStG). Dem Vorgesetzten stehen einige Möglichkeiten der → Durchsetzung von Befehlen zu. – Soldaten haben erfahrungsgemäß Schwierigkeiten, das komplizierte Befehlsrecht im Detail zu beherrschen.

Beförderungsstau → Verwendungsstau.

Befragungen ausscheidender Soldaten (BAS) werden quartalsweise mit Soldaten (GWDL, SaZ) etwa drei Monate vor Dienstzeitende durchgeführt. Die Befragung ist freiwillig und anonym; sie findet im Auftrage des BMVg statt. Gefragt wird nach: Akzeptanz der → Bundeswehr und des Auftrages, Dienstzufriedenheit, Dienstklima und → Menschenführung, → Ausbildung und Dienstgestaltung, Einsatzfähigkeit, Vertrauen in → Vorgesetzte und Attraktivität der Bundeswehr. Die Ergebnisse sind in der Regel nicht zur Veröffentlichung gedacht.

DIE SPRECHER BEIRAT INNERE FÜHRUNG		
Bohnenkamp, Hans	(1. Beirat)	1958–1963
Stammler, Eberhard	(2. Beirat)	1963–1968
Gillessen, Günther	(3. Beirat)	1969–1972
Jacobsen, Hans-Adolf	(4.–7. Beirat)	1973–1989
Nierhaus, Herbert	(8. Beirat)	1990–1994
Pommerin, Reiner	(9.–11. Beirat)	1994–

Beihilfe → Heilfürsorge.

Beirat Innere Führung, (gebräuchlich für „Beirat für Fragen der Inneren Führung beim Bundesminister der Verteidigung"). Das Beratungsgremium B. wurde 1958 vom BMVg (F.J. Strauß) erstmals berufen; es umfasst mindestens zehn, höchstens 25 Mitglieder, die für vier Jahre gewählt werden und etwa viermal jährlich tagen. Vertreten sind Organisationen und Verbände aus allen Bereichen des öffentlichen Lebens (→ Schautafel: Die Sprecher des B). Der B. nimmt Stellung zu Themen und Einzelfragen der → Inneren Führung, vor allem zum Jahresbericht des → Wehrbeauftragten. Der 11. Beirat konstituierte sich im April 2002 (→ Zeittafel).

Beispiel. Die Forderung an die Vorgesetzten, beispielhafte Pflichterfüllung zu praktizieren, die sich sowohl im → Soldatengesetz (§ 10 Abs. 1) als auch in Führungsvorschriften (z. B. ZDv 10/1, Nr. 218, Nr. 305) findet, lässt sich mit dem in der Lernpsychologie bekannten „Lernen am Modell" erklären. Darunter versteht man die Aneignung von Verhaltensweisen, die bei anderen Personen beobachtet und als nachahmenswert bewertet werden. Die beobachtete Person ist das Modell, der Lernende ist der Beobachter. So erwartet man auch für die militärische Praxis in der → Bundeswehr, dass sich ein durch den → Vorgesetzten gezeigtes pflichtbewusstes Verhalten beim Untergebenen zur Nachahmung empfiehlt. Das beispielgebende Handeln wird besonders vom Vorgesetzten erwartet, um unbeliebte Tätigkeiten oder gefährliche Handlungsweisen (→ Tapferkeit) beim Untergebenen glaubwürdig durchsetzen zu können.

Belastung. Durch eine außergewöhnliche Situation physisch-psychischer Art (Belastungsreiz) wird eine Stressreaktion (→ Stress) ausgelöst. Die Art, Intensität und Häufigkeit des Belastungsreizes einerseits und die Bewertung durch das Individuum und seine Möglichkeiten zur Bewältigung andererseits bestimmen die Belastungsreaktion. Der Belastungsreiz muss auch nicht real vorhanden sein, es genügt häufig die Vorstellung, dass er eintreten könnte. Stressreaktionen helfen dem Individuum unter Umständen, mit der belastenden Situation besser fertig zu werden. – Gegenüber anderen Berufsgruppen treten bei Soldaten im Einsatz und besonders im Gefecht (→ Menschenführung im Gefecht) besondere B. auf durch Gelände, Witterung, Waffenwirkung und Feindverhalten. Belastungsfolgen können Minderung der Kampffähigkeit und -bereitschaft oder sogar der Ausfall des Soldaten sein. Zur Vermeidung bzw. Korrektur dieser Belastungsfolgen werden verschiedene Möglichkeiten im Rahmen der Führung und → Ausbildung von Soldaten vorgeschlagen. Im „Rahmenkonzept zur Bewältigung psychischer Belastungen bei Soldaten" (7. März 2000, in: Allgemeiner Umdruck 1/100, Anlage 22) werden Empfehlungen gegeben. Das → Zentrum Innere Führung hat Ausbildungshilfen zur Vorbereitung, Begleitung und Nachbereitung (→ Reintegration) von Einsätzen erstellt.

Bendler-Block. Name für den historischen Gebäudekomplex in Berlin zwischen Tiergarten und Landwehrkanal; der Name stammt aus den Anfangsjahren der Weimarer Republik und ist seither so gebräuchlich. Benannt nach dem Ratsbaumeister Bendler, der das dortige Gelände der Stadtverwaltung überließ, entstand der Gebäudekomplex 1911 und wurde von 1914 bis 1945 als Dienstsitz oberster Kommandobehörden der Marine, dann auch des Heeres genutzt. Im Februar 1933 eröffnete Hitler hier der versammelten Generalität (Reichswehr) seine politischen Ziele: „Ausrottung des Marxismus mit Stumpf und Stiel", „straffste autoritäre Staatsführung und Beseitigung des Krebsschadens der Demokratie", „Kampf gegen Versailles", „Eroberung neuen Lebensraums im Osten und dessen rücksichtslose Germanisierung". In den 1938 erweiterten Bau wurden Teile des Oberkommandos der Wehrmacht verlegt, so auch das Amt Ausland/Abwehr, das unter dem Kommando des Admirals Canaris ein wichtiges Zentrum des militärischen → Widerstandes (→ Beck) war. Hier entstanden unter Leitung des Generals → Olbricht die Alarmpläne „Walküre" (1941/42), zu deren Bearbeitung → Stauffenberg und → Tresckow herangezogen wurden. Stauffenberg gehörte seit Oktober 1943 zum Stabe Olbrichts, von Juli 1944 an war er der Chef des Stabes beim Befehlshaber des Ersatzheeres, Generaloberst Fromm.

Die Stelle, an der Stauffenberg und seine Kameraden (Olbricht, Merz von Quirnheim, Haeften) in den Nachtstunden des → 20. Juli 1944 erschossen wurden, gehört heute zum Ehrenhof (Ehrenmal, Gedenktafel). 1945 war im B. der Gefechtsstand des letzten Kampfkommandanten von Berlin eingerichtet, bis am 2. Mai die Besetzung durch sowjetische Truppen erfolgte. – Am 20. Juli 1952 wurde im Namen aller Widerstandskämpfer der Grundstein für das Ehrenmal gelegt (1953 eingeweiht), die Umbenennung der Bendlerstraße in Stauffenbergstraße (am Ostteil) folgte 1955; eine Tafel mit den Namen der erschossenen Offiziere wurde 1960 enthüllt, 1980 die Umgestaltung des Ehrenhofes vorgenommen. Seither trägt die Wand im Zugang folgende Inschrift: „Hier im ehemaligen Oberkommando des Heeres organisierten Deutsche den Versuch, am 20. Juli 1944 die nationalsozialistische Unrechtsherrschaft zu stürzen. Dafür opferten sie ihr Leben." – Angeregt, im B. auch eine Gedenk- und Bildungsstätte zum → Widerstand einzurichten, wurde am 20. Juli 1968 eine ständige Ausstellung eröffnet, die ständig erweitert, am 19. Juli 1989 in Form einer Gesamtdokumentation der → Öffentlichkeit zugänglich gemacht worden ist. Der B. ist seit 1999 der zweite Dienstsitz des → Bundesministers der Verteidigung.

Beraterteam → Arbeitskreis Rechtsextremismus.

Beratung soll dem Einzelnen helfen, eigenständig seine Kenntnisse zu verbessern oder Lebensprobleme zu lösen. Im Unterschied zur allgemeinen Aufklärung geht der Berater von der jeweiligen individuellen Lage des Hilfesuchenden aus. Beratung ist wegen der undurchschaubaren Spezialisierung und der Informationsüberflutung für den Einzelnen im alltäglichen Leben immer wichtiger geworden. Im gesellschaftlichen Bereich spielen Rechts- und Verbraucherberatung, aber auch Beratung im sozialen und therapeutischen Bereich eine große Rolle (→ Sozialdienst der Bundeswehr). Die Wirksamkeit von Beratung hängt einerseits von der Persönlichkeit des Hilfesuchenden, andererseits von der Atmosphäre ab, in der sie stattfindet. Der Berater sollte trotz erkannter Schwächen sein Gegenuber als autonome Persönlichkeit achten und ein Vertrauensverhältnis (→ Vertrauen) aufzubauen versuchen. Da sich gerade der junge Soldat nach Eintritt in die → Bundeswehr in eine ihm ungewohnte Situation begibt, die meist eine Umbruchphase seines Lebens bedeutet, wird der militärische → Vorgesetzte im Rahmen der → Menschenführung das Mittel der B. situationsgerecht wählen müssen

(→ Erziehung). In einem weiteren Wortsinn meint B. auch, dass sich der Vorgesetzte vor einer Entscheidung von seinen Soldaten umfassend informieren lassen sollte.

Berkhan → Wehrbeauftragter.

Berufsbild. Die Diskussion um das B. des Soldaten sind häufig Auseinandersetzungen um → Legitimation und Auftrag von Streitkräften, um den Sinn und Zweck und um die Struktur und Funktion militärischer Gewalt. In pluralistischen Gesellschaften wird es nicht gelingen, das Bild des Soldaten oder des → Offiziers konturenscharf zu zeichnen. Es konkurrieren vielmehr verschiedene Auffassungen und Konzeptionen miteinander. Sie lassen sich in der → Bundeswehr auf den Dauerstreit zwischen „Reformern" und „Traditionalisten" zurückführen. Dabei geht es um Fragen eines möglichen Kriegsbildes und die Vorstellungen vom → Frieden, um den Stellenwert des Militärs in der Demokratie und seine → Integration in modernen Gesellschaften sowie um die Organisierung von Streitkräften und die → Führung von Menschen. Letztlich wird die → Innere Führung von dieser B.-Diskussion immer wieder berührt. – Im Laufe der → Militärgeschichte haben sich vier „Soldatentypen" idealtypisch herausgebildet (Kutz, in: Frevert 1997): – 1. Der Typ des Kriegers bewährt sich im Kampf Mann gegen Mann. – 2. Der Soldatenberuf ist ein besonderer Beruf (→ „sui generis"), der aus Erfahrungen der Kriegsgeschichte hergeleitet wird. Der Soldat muss über → soldatische Tugenden verfügen, die ihm durch → Erziehung und in einer → kriegsnahen Ausbildung vermittelt werden. – 3. Der Soldatenberuf ist „professionell" auszuüben. Bestimmungsgröße für das Militär ist seine Kampfkraft. Die Leistungen des Soldaten sind nach rationalökonomischen Maßstäben zu bewerten. Die politisch-gesellschaftlichen Folgen seines Handelns finden keine Beachtung. – 4. Der Soldatenberuf gilt als Beruf wie jeder andere auch, der sich an einem realistischen Bild des künftigen Krieges auszurichten hat. Der Soldat sollte durch Teilnahme und Einbindung in die politische Mitverantwortung die Notwendigkeit seines Berufszweckes erkennen (→ Frieden). Erforderlich ist, dass das Militär sich den gesellschaftlich-technischen Veränderungen anpasst (Übernahme ziviler Problemlösungsverfahren). – Dem letzten „Soldatentypus" entspricht das von → Baudissin entworfenen Leitbild vom → Staatsbürger in Uniform. Die neuen Aufgaben an die Bundeswehr begründen eine weiterführende Diskussion um die Bestimmung und Differenzierung des B. Als Soldatentypus in Konflikten des 21. Jh. wird das Bild vom „miles protector“ (G. Däniker) gezeichnet, der sich sowohl durch Kampftüchtigkeit als auch durch die Fähigkeit zum Schutz, zur Hilfe und zur Rettung charakterisieren lässt. Leitend bleibt die Verinnerlichung des Friedensauftrages. Auf dieser Grundlage ist ein gemeinsames Berufsverständnis, teilstreitkraftübergreifend, im Einklang mit der Gesellschaft und in Übereinstimmung mit den Verbündeten ein langfristig anzustrebendes Ziel (BMVg, Führungsstab der Streitkräfte).

Berufsethos (→ ethische Grundlagen) drückt sich in Einstellungen und Haltungen aus (Werte), die für das subjektive Handeln leitend sind, sofern sie nicht rein funktional verstanden werden. Das militärische B. (→ Bundeswehr) wird nicht mehr einheitlich gedeutet (→ „sui generis“) und scheint Veränderungen zu unterliegen (vgl. Forschungsberichte aus der → Militärsoziologie), die sich international, zudem generationenbedingt verbreiten (→ Berufsbild des Soldaten).

Berufsförderung, → Berufsförderungsdienst.

Berufsförderungsdienst (BFD), in der → Bundeswehrverwaltung zuständig für die zivile berufliche Bildung, Eingliederung, berufliche Rehabilitation und die zivile Aus- und Weiterbildung der Soldaten (→ Soldat auf Zeit). Leistungen zur Eingliederung in das zivile Berufsleben umfassen: → Beratung zur allgemeinen und beruflichen Bildung, Förderung beruflicher Bildungsmaßnahmen während des Wehrdienstes, Förderung beruflicher Bildungsmaßnahmen am Ende der Dienstzeit (Freistellung) und nach Dienstzeitende bis zu drei Jahren an öffentlichen und privaten Bildungseinrichtungen, Fachausbildung, Eingliederungshilfen für das zivile Berufsleben sowie die „Stellenbörse 90“. Förderungen sind abhängig von der Verpflichtungszeit. Grundwehrdienstleistende Soldaten können ebenfalls berufsbildende Maßnahmen beanspruchen. Die Beratung leistet der B. in den Kreiswehrersatzämtern (Anschriften beim Kreiswehrersatzamt am Wohnsitz, → „Schwarzes Brett“). Hinweise zu den allgemeinen Regelungen (GWDL, SaZ), zu den Anerkennungen von Zeugnissen usw., zum fachschulorientierten Studium, zu besonderen Erlassen in den Teilstreitkräften und zu Prüfungsbestimmungen (Ausbildungsberufe, Meisterprüfungen im Handwerk) sind der VMBl.-Sammlung zu entnehmen. Der B. ist im Intr@net aktuell vertreten, außerdem wirbt er mit einer besonderen Druckschrift (Bestell-Nr. 1606, hrsg. v. BMVg).

Berufssoldat ist in den Laufbahngruppen der → Offiziere und → Unteroffiziere der Soldat, der aufgrund freiwilliger Verpflichtung auf Lebenszeit ein Dienstverhältnis in der → Bundeswehr ausübt, das in der Regel mit dem Eintritt in den Ruhestand, ansonsten durch Umwandlung (→ Soldat auf Zeit), Entlassung, Verlust der Rechtsstellung oder Entfernung aus dem Dienstverhältnis durch Urteil in einem gerichtlichen Disziplinarverfahren endet (→ Disziplinarmaßnahmen; § 43 SG).

Beschwerde. Die B. (→ Wehrbeschwerdeordnung) ist ein förmlicher Rechtsbehelf, der dem Soldaten einen Anspruch auf einen begründeten schriftlichen → Beschwerdebescheid einräumt. Der Soldat kann mit ihr geltend machen, von → Vorgesetzten, militärischen Dienststellen oder Dienststellen der → Bundeswehrverwaltung unrichtig behandelt oder durch pflichtwidriges Verhalten von Kameraden verletzt worden zu sein. Der Soldat kann sich auch dagegen beschweren, dass ihm auf einen Antrag innerhalb eines Monats kein Bescheid erteilt worden ist (sog. „Untätigkeitsbeschwerde"). Zu unterscheiden sind nach der Art: die truppendienstliche B., sie betrifft das Vorgesetzten-Untergebenen-Verhältnis sowie pflichtwidriges Verhalten von Kameraden; die Disziplinarbeschwerde, sie richtet sich gegen den Vorwurf, ein → Dienstvergehen begangen zu haben, sowie gegen die Art und/oder Höhe einer einfachen → Disziplinarmaßnahme, die von einem → Disziplinarvorgesetzten verhängt worden ist; die Verwaltungsbeschwerde, sie liegt dann vor, wenn sich der Soldat gegen Verwaltungsangelegenheiten durch Dienststellen oder Vorgesetzte wehrt. Gemeinschaftliche B. sind unzulässig, der Soldat kann sich im → Beschwerdeverfahren aber vertreten lassen.

Beschwerdebescheid. Der B. über eine → Beschwerde wird schriftlich erteilt (§ 12 WBO). Der Bescheid ist zu begründen. In Verwaltungsangelegenheiten entfällt er, wenn der Beschwerde abgeholfen wurde. Hat der Soldat alle Zulässigkeitsvoraussetzungen beachtet (Form, Frist, Beschwer), so erhält er eine Entscheidung in der Sache. Ansonsten wird die Beschwerde als unzulässig abgewiesen. Der B. ist dem Beschwerdeführer förmlich auszuhändigen oder zuzustellen. Dem Betroffenen (gegen den sich die Beschwerde richtet) ist der Inhalt des B. formlos mitzuteilen. Wird der Beschwerde ganz oder teilweise nicht entsprochen, muss dem Soldaten im B. mitgeteilt werden, in welcher Form und innerhalb welcher Frist er weitere Rechtsmittel einlegen kann (= sog. Rechtsbehelfsbelehrung). Nach Ausschöpfung der innerdienstlichen Beschwerdeinstanzen steht dem Soldat der Weg zu unabhängigen Gerichten offen. Das sind je nach Beschwerdeart die Wehrdienstgerichte (→ Rechtspflege in der Bundeswehr) oder die allgemeinen Verwaltungsgerichte. Unabhängig vom Inhalt des B. hat der zuständige → Vorgesetzte bzw. die Dienststelle den beanstandeten Sachverhalt aufzuklären und ggf. Abhilfe zu schaffen.

Beschwerdepraxis. Die Anzahl an Wehrbeschwerdeverfahren wird nicht statistisch erfasst. Allerdings deuten interne Erhebungen und Befragungen seit längerem darauf hin, dass das Vertrauen in diesen förmlichen Rechtsbefehl bei den Soldaten geschwunden ist. Dem entspricht die im zunehmenden Maße in Anspruch genommene Möglichkeit der → Eingabe an den Wehrbeauftragten des Deutschen Bundestages oder der → Petition. Im Jahresbericht 1986 nannte der → Wehrbeauftragte folgende Motive, die die Soldaten von der Beschwerde abgehalten haben könnten: Furcht vor Repressalien, mangelnde Zivilcourage, gestörtes → Betriebsklima, fehlendes → Vertrauen in die tatsächliche Wirksamkeit dieses Rechts sowie in die Objektivität ihrer → Vorgesetzten. Das Bundesministerium der Verteidigung weist in seiner Stellungnahme zum Bericht darauf hin, dass die Vorgesetzten noch stärker über ein vertrauensvolles Verhältnis zu den Untergebenen und mit mehr fürsorglicher Gelassenheit das Rechtsbewusstsein der Soldaten fördern sollten. Auch im Jahresbericht 1987 mahnte der Wehrbeauftragte Fehlentscheidungen und mangelhafte Begründungen in den → Beschwerdebescheiden an. Neuere Erhebungen sind nicht bekannt. Es gilt, die Vorgesetzten zu überzeugen, das Beschwerdeverfahren auch dazu zu nutzen, um Spannungen im Betriebsklima zu lösen. Deshalb wäre der → Disziplinarvorgesetzte gut beraten, den Bescheid um ein → Gespräch mit dem betreffenden Soldaten zu ergänzen. Eine weitere Maßnahme zum Aufbau von Rechtsbewusstsein ist ein didaktisch konzipierter → Rechtsunterricht.

Beschwerdeverfahren. Die → Beschwerde eines Soldaten unterliegt bestimmten Verfahrensregeln, die der Beschwerdeführer und der für die Bearbeitung Zuständige zu beachten haben (→ Wehrbeschwerdeordnung). Der Soldat kann nur geltend machen, durch die unrichtige Behandlung unmittelbar in seinen eigenen Rechten oder Interessen beeinträchtigt zu sein. Die Beschwerde darf frühestens nach Ablauf einer Nacht und muss innerhalb von zwei Wochen nach Kenntnis des Beschwerdeanlasses eingelegt werden. Sonst ist sie unzulässig. Bevor der Soldat sich beschwert, kann er einen Vermittler anrufen, um den Konflikt zu lösen. Der Soldat muss die Beschwerde schriftlich oder mündlich bei seinem nächsten → Disziplinarvorgesetzten oder der zur Entscheidung zuständigen Stelle einlegen. Die letzte Möglichkeit setzt aber genaue Kenntnis über die teilweise komplizierten Zuständigkeiten voraus. Die zuständige Stelle hat den Sachverhalt aufzuklären und dem Beschwerdeführer einen → Beschwerdebescheid zu erstellen. Maßnahmen, gegen die sich der Soldat wendet, können trotz Beschwerde grundsätzlich vollzogen werden. Eine Disziplinarbeschwerde hemmt allerdings die Vollstreckung einer verhängten → Disziplinarmaßnahme. Der Soldat darf in keiner Weise dafür benachteiligt werden, dass er sich beschwert hat. Allerdings muss die Beschwerde selbst frei von unwahren oder beleidigenden Äußerungen sein und darf nicht gegen die Geheimhaltung verstoßen. Das → Wehrstrafgesetz (§ 35) schützt den Beschwerdeführer vor jeder Beeinflussung durch seine → Vorgesetzten (→ Beschwerdepraxis).

Besoldung erhalten → Soldaten auf Zeit und → Berufssoldaten nach den Vorschriften des Bundesbesoldungsgesetzes. Die Dienstbezüge setzen sich aus Grundgehalt, ggf. dem Familienzuschlag und Zulagen zusammen, abgestuft nach Dienstgrad und Alter. Zu den sonstigen Bezügen gehören die jährliche Sonderzuwendung (13. Monatsgehalt), jährliches Urlaubsgeld und vermögenswirksame Leistungen. Soldaten, die Grundwehrdienst leisten oder an Wehrübungen teilnehmen, erhalten Geld- und Sachbezüge entsprechend ihres Dienstgrades nach dem Wehrsoldgesetz. – Zur Abgeltung von herausragenden besonderen Leistungen können seit 1999 bestimmte → Disziplinarvorgesetzte und Dienststellenleiter Prämien und Zulagen in gesetzlich festgelegter Höhe an Soldaten nach vorgegebenen Umfängen gewähren. Ebenso ermöglicht die Neuregelung, dass aufgrund dauerhaft über- oder unterdurchschnittlicher Leistungen die nächsthöhere Grundgehaltsstufe vorzeitig festgelegt bzw. das Aufsteigen in diese Stufe auf Entscheidung eines Divisionskommandeurs oder vergleichbaren Vorgesetzten gehemmt wird. Diese Maßnahmen erweitern den Katalog von → Erziehungsmitteln. In der Praxis ist das Potential dieses Instruments noch nicht ausgeschöpft worden. – Soldaten im → Auslandseinsatz erhalten einen → Auslandsverwendungszuschlag. Besondere zeitliche → Belastungen können ebenfalls finanziell vergütet werden (→ Dienstzeitregelung).

Besondere Vorkommnisse sind alle Ereignisse, die für die Einsatzfähigkeit der → Bundeswehr, für die Einsatzbereitschaft der Truppe oder wegen ihrer (voraussichtlichen) Wirkung in der → Öffentlichkeit von besonderer Bedeutung sind (ZDv 10/13). Sie müssen nach vorgeschriebenen Verfahren gemeldet und statistisch ausgewertet werden. Berühren sie → Grundsätze der Inneren Führung, wird der → Wehrbeauftragte durch das Ministerium informiert. Den größten Anteil an B.n hat die → eigenmächtige Abwesenheit von Soldaten.

Bestpreise → Preise für Bestleistungen.

Beteiligung ist ein nach den Grundsätzen der Mitbestimmung formuliertes rechtsstaatliches Prinzip, der Mitbestimmung und Mitwirkung als Begriff übergeordnet. Soweit der Soldat B. erlebt, erwartet er auch, informiert, gefragt und angehört zu werden, um Mitverantwortung übernehmen zu können. Das Leitbild vom → Staatsbürger in Uniform, das Prinzip der → Auftragstaktik sowie verschiedene Grundsätze der → Menschenführung (z. B. die → „Delegation von Verantwortung" oder ein kooperativer → Führungsstil), sprechen für die angemessene B. der Soldaten an der → Dienstgestaltung (→ Motivation). B. gewinnt also an Bedeutung, die positiv zu interpretieren ist im Sinne von „Gestaltungsspielräumen" (→ Soldatenbeteiligungsgesetz, → Bundespersonalvertretungsgesetz). B. an der täglichen Dienstgestaltung ist beispielsweise in der Sportausbildung (→ Sport in der Bundeswehr), in der → politischen Bildung, bei der → Betreuung (z. B. → Freizeitbüro), im → Innendienst und in der → Personalführung möglich.

Beteiligungsgesetz → Soldatenbeteiligungsgesetz.

Betreuung. Unter B. werden alle Leistungen und Einrichtungen verstanden, die ihre Grundlage in der Fürsorgepflicht des → Dienstherrn und in der Sorgepflicht des Vorgesetzten haben (→ Fürsorge, §§ 31, 10 Abs. 3 SG). B. zählt zu den wichtigsten → Anwendungsbereichen der → Inneren Führung. Mit ihr sollen die Besonderheiten des militärischen Dienstes erträglicher gemacht werden (z. B. Dienst in abgelegenen Standorten oder zu ungünstigen Zeiten). Dafür werden Leistungen und Einrichtungen (→ Freizeiteinrichtungen) angeboten. Eine Übersicht der Einzelerlasse zur B. ist im → EXTRA-DIENST Nr. 3/2000, S. 7 abgedruckt und im Intr@net aktuell eingestellt (→ Schaubild „Organisation der sozialen Fürsorge", S. 115). Gesondert davon sind die Maßnahmen zur → Auslandsbetreuung geregelt.

Betreuungsausschuss. Der für die Heimbewirtschaftung zuständige B. setzt sich aus dem Kasernenkommandanten, dem Leiter der Truppenverwaltung, den Vertretern der Heimnutzer (→ Soldatenbeteiligungsgesetz), dem Heimbetreiber sowie dem Leiter des → Freizeitbüros zusammen. Er hat u. a. über Betreuungsgelder (2,5 v. H. des Umsatzes der Heimbetriebe, → Mannschafts- und → Unteroffizierheim) zugunsten der → Betreuung der Soldaten zu entscheiden und Angelegenheiten des Heims zu besprechen (Heimbewirtschaftungsbestimmungen vom 26. März 2001).

Betriebsklima ist ein in der Führungslehre verwendeter Begriff, um die Gesamtheit der Einstellungen der Mitarbeiter zu ihrem Betrieb zu beschreiben (→ Unternehmenskultur). B. entsteht, indem alle Faktoren, die Zufriedenheit fördern oder behindern, bei Mitarbeitern stabile Einstellungen gegenüber dem Betrieb insgesamt erzeugen. – In einer Stellungnahme der → Dienststelle Blank (1953) wird B. als „der Geist und die Form, in der Ausbildung und Erziehung gehandhabt werden" beschrieben. Seitdem verwendet auch die → Bundeswehr den Begriff, um die → Einstellung der Soldaten zu den Dienstbedingungen zu kennzeichnen und die zwischenmenschlichen Beziehungen in den militärischen Einheiten und Dienststellen zu bewerten. Werden noch weitere Faktoren, die Einfluss auf die → Motivation der Soldaten haben, einbezogen (z. B. → Legitimation), kann auch von der „Moral der Truppe" gesprochen werden. – Der Klima-Bezug befindet sich ebenfalls in den Zustandbeschreibungen. So stellte der Wehrbeauftragte in seinem Jahresbericht 1986 fest, dass eine wachsende Neigung von Vorgesetzten bestehe, „den Soldatenberuf als einen ‚Job wie andere' zu betrachten und ihn – sozusagen mit der Stoppuhr – abzureißen" (→ „Arbeitsplatz Bundeswehr"); er folgerte daraus eine „merkliche Kühle", auch zwischen den höheren Rängen. Diese Kritik wurde unter dem Begriff „Kälte" weiter aufgegriffen und in einen Zusammenhang mit der Konkurrenzsituation in den Streitkräften aufgrund ungünstiger Fördermöglichkeiten (→ Verwendungsstau), den einengenden Rahmenbedingungen für die → Führung vor Ort und generell mit den Problemen des Soldatenberufs gestellt. Aktuelle Erkenntnisse zum B. sammelt auch der → Beauftragte für Erziehung und Ausbildung.

Beurteilung. Die B. ist eine wichtige Grundlage der Personalentscheidung, sie beeinflusst wesentlich den Werdegang eines Soldaten. Die nach der ZDv 20/6 (Neufassung 1998) durch die dafür zuständigen Vorgesetzten zu erstellenden B. müssen über die Persönlichkeit des Soldaten sowie dessen dienstliche → Eignung, Befähigung und Leistung Aufschluss geben. Sie sind Grundlage von Auswahlverfahren für Verwendungen und Beförderungen. Der Vorgesetzte hat die B. langfristig vorzubereiten und muss dazu die zu Beurteilenden kennen und mit ihnen während des Beurteilungszeitraums → Gespräche über ihr Leistungsbild (Stärken und Schwächen) führen. Die B. wird dem Soldaten im Entwurf ausgehändigt und erörtert, anschließend nach Ablauf von Fristen in vollem Wortlaut eröffnet. Der nächsthöhere Vorgesetzte muss, die weiteren Vorgesetzten können eine Stellungnahme zur B. abgeben. Der Beurteilte erhält abschließend eine Ausfertigung seiner B.

Beutelsbacher Konsens ist der Name für das Übereinkommen, das am Tagungsort der Landeszentrale für politische Bildung Baden-Württemberg (Beutelsbach, Remstal) getroffen wurde. Didaktiker diskutierten 1976 die Ziele der → politischen Bildung. Die kontroversen bildungspolitischen Auffassungen erbrachten ein Ergebnis mit folgenden Grund-

BEUTELSBACHER KONSENS*) Drei Grundsätze politischer Bildung		
Verbot/Gebot	betrifft	umgesetzt in der ZDv 12/1
Verbot der Überwältigung (Indoktrination, Manipulation)	Unterrichtenden	Grundsätze: Nr. 115 (3) Durchführung: Nr. 504 (2), (5)
Gebot der Kontroversität	Auswahl und Präsentation des AusbStoffs	Grundsätze: Nr. 115 (4) Durchführung: Nr. 504 (4), (5)
Gebot der Berücksichtigung individueller Interessenlagen	Lernenden	Grundsätze: Nr. 115 (5) Durchführung: Nr. 307, 502 (2), 504 (3), 504 (4)

*) **Wehling, Hans-Georg:** Konsens à la Beutelsbach? in: Schiele, S., Schneider, H. (Hrsg.): Das Konsensproblem in der politischen Bildung, Stuttgart 1977, S. 173 ff.

sätzen: Überwältigungsverbot, Thematisierung politischer Kontroversen und Orientierung an den Interessen der Lerngruppen. Dieser „Beutelsbacher Konsens" ist zum Prinzip der politischen Bildung in der → Bundeswehr erhoben worden („Minimalkonsens" → Schautafel, S. 58).

Bibliographie Innere Führung. Druckschriftenverzeichnisse, z. T. kommentiert, wurden unter diesem Titel vom Streitkräfteamt 1977 (1 300 Titel) und 1980 (2 700 Titel) zusammengestellt. Eine Titelaufnahme aller deutschsprachigen Veröffentlichungen zur → Inneren Führung (Begriff, Geschichte, Konzeption) ist im Bibliothekskatalog → Zentrum Innere Führung enthalten. Eine weitere B. ist von der → Karl-Theodor-Molinari-Stiftung dokumentiert worden (1 237 Titel in: Reihe „Forschung aktuell", Bd. 2), ebenso vom → Militärgeschichtlichen Forschungsamt mit Band 3: „Anfänge westdeutscher Sicherheitspolitik" (1993).

Biehle → Wehrbeauftragter.

Bilaterale Jahresprogramme → Zusammenarbeit Ost.

Bildung ist, neben → Erziehung, der ursprüngliche und seit dem 18. Jh. umstrittene, vieldeutige Fundamentalbegriff in der deutschen pädagogischen Fachsprache. Von B. sprechen verlangt, dass von vornherein Verständigung darüber erzielt wird, was gemeint ist, weil B. nicht nur → Ausbildung, sondern auch Bildungschance, Bildungsdefizit, Bildungsforschung und Bildungspolitik, Bildungskritik und „Bildungskatastrophe" (G. Picht), Bildungsökonomie, Bildungsplanung und Bildungsrecht, „Bildungsprivileg", Bildungswesen usw. bedeuten kann. Häufig wird übersehen, dass das alte Wort B. heute nur noch die Verbesserung der beruflich verwertbaren Kenntnisse und Fähigkeiten ausdrückt, was an den Begriffen → Fortbildung, → Weiterbildung und Berufsbildung erkennbar wird. – B. lässt sich möglicherweise dann einem Individuum zusprechen, wenn es in der Lage ist, sein jeweiliges Handeln nach ethischen Maßstäben begründet zu vertreten bzw. dieses selbstkritisch zu prüfen und dadurch Verantwortung zu tragen. In dieser Deutung könnte z. B. heute vor allem auch → politische Bildung verstanden werden. – Im militärischen Sprachgebrauch meint B. den Zusammenhang von → Ausbildung und → Erziehung (→ Beauftragter für Erziehung und Ausbildung).

Bildungsreformen. Die → Ausbildung und → Bildung des → Offiziers, der in den Streitkräften besondere Verantwortung trägt, stärken sein politisches und militärisches Urteil. Sie sind somit eine notwendige Voraussetzung seines Berufs. Aufgrund dieser Erkenntnis ist in der → Bundeswehr über Notwendigkeit und Stellenwert von Ausbildung und Bildung für den Offizier in regelmäßigen Abständen neu beraten und entschieden worden. Ergebnisse dieser Überlegungen flossen in sog. Bildungsreformen ein. Anlässlich der Überlegungen zur Europäischen Verteidigungsgemeinschaft (EVG) wurden damals schon Programme für eine wissenschaftliche Ausbildung des Offiziers erstellt. Entsprechende Vorstellungen (→ Baudissin) mussten in der Bundeswehr wegen des Zwangs zum raschen Aufbau zurückgestellt werden. 1965 entstanden dann „Vorläufige Richtlinien für die Bildungsarbeit innerhalb der Berufsausbildung des Offiziers", wonach den Offizieren in einem „Drei-Stufen-Plan" Kenntnisse und Qualifikationen vermittelt werden sollten: in einem Offizierlehrgang II, an der → Wehrakademie und an der → Stabsakademie der Bundeswehr (→ Will). Diese neue Konzeption konnte nur teilweise realisiert werden. Aufgrund des gesellschaftlichen Drucks auf die Streitkräfte, der militärischen Krisen (→ „Schnez-Studie") sowie der Rekrutierungsprobleme ordnete die sozial-liberale Bundesregierung eine neue Bildungsreform für die Bundeswehr an (Gutachten „Neuordnung der Ausbildung und Bildung in der Bundeswehr" 1971). Im Mittelpunkt der Modernisierung stand der Aufbau von wissenschaftlichen Hochschulen. Durch eine akademische Ausbildung erhoffte man sich nicht nur eine Attraktivitätssteigerung des Offizierberufs und einen verbesserten Übergang in das zivile Berufsleben, sondern gerade auch demokratisch-emanzipatorische Entwicklungen (M. Jopp 1983). Der wissenschaftlich ausgebildete Offizier sollte, ausgestattet mit theoretischem Wissen und methodischen Kenntnissen, die verschiedenen Anforderungen seines Berufslebens besser bewältigen, aber auch seine Rolle als Offizier kritisch reflektieren können. Ein didaktischer Versuch, um diesen Erwartungen zu entsprechen, war das erziehungs- und gesellschaftswissenschaftliche Anleitstudium (→ Universitäten der Bundeswehr). Die zweite Konzeption konnte ebenfalls nur ansatzweise durchgesetzt werden, weil die Vorstellungen vom → Berufsbild des Offiziers zu unterschiedlich geblieben sind. Auch die Reform der Stabsoffizierausbildung (→ Führungsakademie der Bundeswehr) hat nicht alle Erwartungen der Bildungsreformer von 1970/71 erfüllen können.

Blank → Bundesminister der Verteidigung, → Dienststelle Blank.

Blankeneser Erlass. Im B. des → Bundesministers der Verteidigung (21. März 1970) sind u.a. die Verantwortung des → Generalinspekteurs für die Gesamtaufgaben der Streitkräfte und die Verantwortung der Inspekteure für die Einsatzbereitschaft ihrer Teilstreitkräfte neu geregelt worden. Angelegenheiten der → Inneren Führung gelten demnach übergreifend im Führungsstab der Streitkräfte (Referat Fü S I 4), ebenso für die Teilstreitkräfte in den jeweiligen Referaten ihrer Führungsstäbe. Dem Generalinspekteur ist unmittelbar ein → Beauftragter für Erziehung und Ausbildung zur Seite gestellt worden. Ergänzungen bzw. Präzisierungen der Zuständigkeiten (vgl. BMVg vom 8. Januar 1990: „Gesamtkonzeption der militärischen Verteidigung"; → Bürokratie, → Koordinierungsgruppe Innere Führung; → Bundeswehrreform) haben zu einer weiteren Veränderung dieser Organisationsstruktur geführt.

Blauhelme. Als B. werden Soldaten in VN-Friedenstruppen („Peace Keeping Forces") und in VN-Beobachtermissionen („Observer Missions") bezeichnet, weil sie ein blaues Barett bzw. einen blauen Stahlhelm tragen. B. haben keinen Kampfauftrag und unterscheiden sich deshalb von Soldaten, die in militärischen Operationen (Kapitel VII der VN-Satzung) eingesetzt werden. B.-Einsätze sind nicht ausdrücklich in der VN-Satzung benannt, gelten aber gewohnheitsrechtlich zum „Standardprogramm" für die Sicherung des Weltfriedens. Nach Beitritt (1973) der Bundesrepublik Deutschland zu den → Vereinten Nationen hatte sie sich zunächst finanziell, logistisch (Lufttransport) und materiell an B.-Einsätzen beteiligt. An der UNTAC-Mission in Kambodscha 1992 nahm die → Bundeswehr mit einer verstärkten Sanitätstruppe erstmals an einem B.-Einsatz teil (→ Auslandseinsätze).

Blinder Gehorsam → Kadavergehorsam.

Bohnenkamp → Beirat Innere Führung.

Brandt → Generalinspekteur.

Bundesadler. Der B. ist ein Staatssymbol der Bundesrepublik Deutschland. Der Adler ist in der Kulturgeschichte der Völker seit der Antike als das Wahrzeichen religiöser, politischer, aber auch militärischer Macht geführt worden. Er wurde in der frühen deutschen Reichsgeschichte (11. Jh.) als schwarzfarbenes Wappentier auf goldfarbigem Grund gezeigt und symbolisierte den Rechts- und Schutzgedanken der deutschen Kaiser und Könige.

Mit der zweiten deutschen Reichsgründung (1871–1919) wurde der einköpfige schwarze Adler zum Wappensymbol, in der romanisch-gotischen Form der Hohenstaufen-Kaiser zum Reichswappen (1919/33) und schließlich zum Bundeswappen seit 1950 (BGBl. 1950, 26, 205; 1964 I, 285). Der B. wird in der Standarte des → Bundespräsidenten, der Dienstflagge der Bundesbehörden, der Dienstflagge der Marine (→ Bundesflagge), im Bundeswappen und im Bundessiegel geführt. Näheres regeln die Anordnungen des Bundespräsidenten.

Bundesakademie für Sicherheitspolitik (BAkS). Die B. wurde 1992 als die oberste Fortbildungsstätte des Bundes sowie als nationales und internationales Diskussionsforum auf dem Gebiet der Sicherheitspolitik gegründet. Aufgabe der B. ist die Vermittlung eines umfassenden Verständnisses der sicherheitspolitischen → Interessen Deutschlands an gegenwärtige und künftige Führungskräfte in Politik, Regierung, Wirtschaft, den Medien und anderen wichtigen gesellschaftlichen Organisationen. Dazu werden sowohl Kurzveranstaltungen als auch ein mehrmonatiges Seminar angeboten.

Anschrift: Bundesakademie für Sicherheitspolitik, Rosenburgweg, 53115 Bonn.

Bundesflagge. Die B. ist schwarz-rot-gold (Art. 22 GG). Eine Anordnung des Bundespräsidenten vom 15. Mai 1956 (BGBl. I S. 447) bestimmt zur Dienstflagge der Marine die „Bundesdienstflagge" in der Form des Doppelstanders, belegt mit dem → Bundesadler. Die Truppendienstflagge ist die Bundesdienstflagge in der nach einer Anordnung vom 18. September 1964 (BGBl. I S. 817) festgelegten Form. – Die Entstehungsgeschichte der sog. „Deutschen Farben" ist unklar. Fest steht nur, dass sie in der heute geläufigen Form zur Eröffnung der Frankfurter Nationalversammlung gezeigt wurden (18. Mai 1848) und deshalb zum Bestand der demokratischen und nationalen deutschen Staatssymbole gerechnet werden. Erst mit den Bestimmungen der Reichsverfassung der Weimarer Republik (11. August 1919) wurden die Farben zum Staatssymbol erklärt (Art. 2), jedoch neben anderen Staatssymbolen geführt, was den „Flaggenstreit" verursachte. Mit der Verkündung des → Grundgesetzes (23. Mai 1949) folgte erneut die Festlegung der Farbensymbole der B. Sie ist das einzige im Grundgesetz definierte Staatssymbol der Bundesrepublik Deutschland.

Bundesminister der Verteidigung (BMVg). Der B. übt in Friedenszeiten die Befehls- und Kommandogewalt

DIE BUNDESMINISTER DER VERTEIDIGUNG	
Blank, Theodor (CDU)	1955–1956
Strauß, Franz Josef (CSU)	1956–1962
Hassel, Kai-Uwe von (CDU)	1963–1966
Schröder, Gerhard (CDU)	1966–1969
Schmidt, Helmut (SPD)	1969–1972
Leber, Georg (SPD)	1972–1978
Apel, Hans (SPD)	1978–1982
Wörner, Manfred (CDU)	1982–1988
Scholz, Rupert (CDU)	1988–1989
Stoltenberg, Gerhard (CDU)	1989–1992
Rühe, Volker (CDU)	1992–1998
Scharping, Rudolf (SPD)	1998–2002
Struck, Peter (SPD)	2002–

über die Streitkräfte aus. Nach dem → Grundgesetz ist er der „Bundesminister für Verteidigung" (Art. 65a) und danach zuständig für die äußere Sicherheit der Bundesrepublik Deutschland. Die Grundlagen der Sicherheitspolitik gibt der Minister im Auftrage der Bundesregierung u. a. in Form des sog. → Weißbuches bekannt. Das Bundesministerium der Verteidigung ist seit dem Beitritt der Bundesrepublik Deutschland zur → NATO (1955) die Nachfolgeorganisation der → Dienststelle Blank. Bisher wurden 13 Minister in dieses Amt berufen (→ Schautafel). – Die Bezeichnung „Bundesminister der Verteidigung" gilt seit dem 20. Dezember 1962 (ursprünglich: Bundesminister für Verteidigung – vgl. Art. 65a GG). Der B. hat seit 1993 seinen zweiten Dienstsitz in Berlin, seit 1999 im → Bendler-Block.

Bundespersonalvertretungsgesetz (BPersVG) vom 15. März 1974 (BGBl. I S. 693; zuletzt geändert 2001, BGBl. I S. 1510) bestimmt die Rechte der Personalvertretungen in den Dienststellen des Bundes und der Länder. Wenn Soldaten Vertreter wählen (→ Soldatenbeteiligungsgesetz, §§ 48 ff. SBG) bilden sie eine Gruppe und sind in „jeder Beziehung" als „integrierter Teil der Personalvertretung" anzusehen (gem. § 5 BPersVG). Ein Soldat kann folglich auch zum Vorsitzenden des Personalrates gewählt werden. Weitere Einzelheiten regeln die §§ 35 ff. SBG. In Angelegenheiten, die nur die Soldaten betreffen, haben die Soldatenvertreter die Befugnisse der → Vertrauensperson. Eine Übersicht der geltenden Bestimmungen zum B. im Geschäftsbereich des → Bundesministeriums der Verteidigung enthält die VMBl.-Sammlung (1974–2002).

Bundespräsident. Der B. ist das ernannte Staatsoberhaupt der Bundesrepublik Deutschland. Er wird von der Bundesversammlung gewählt, die aus den Mitgliedern des Deutschen Bundestages und den Vertretern der Bundesländer besteht (Art. 54 Abs. 3 GG). Das Amt des Bundespräsidenten dauert fünf Jahre, die Wiederwahl ist nur einmal zulässig (Art. 54 Abs. 2 GG). Zu den Aufgaben des Bundespräsidenten gehören: die Ernennung und Entlassung der Bundesrichter; die Ernennung und Entlassung von → Offizieren/Unteroffizieren der → Bundeswehr und damit auch die Festsetzung von Dienstgradbezeichnungen sowie die Ausübung des Begnadigungsrechts im Einzelfall (Art. 60 GG). – Während der Debatte um die → Wehrverfassung in den 1950er-Jahren war die Frage des Oberbefehls über die Streitkräfte (ausgeübt durch den Bundespräsidenten) strittig. Wegen der Erfahrungen in der Weimarer Republik wurde eine positive Entscheidung endgültig verworfen. Die Bundespräsidenten (→ Schautafel) haben in unterschiedlicher Weise zum Verhältnis von Bundeswehr und Gesellschaft Stellung genommen.

Bundeswehr. Die B. besteht aus den Streitkräften, der → Bundeswehrverwaltung sowie den Bereichen → Rechtspflege und → Militärseelsorge. Anlässlich der 200. Wiederkehr des Geburtstages von → Scharnhorst wurde die B. am 12. November 1955 gegründet. Allerdings entschied man sich im

DIE BUNDESPRÄSIDENTEN	
Heuss, Theodor (FDP)	1949–1959
Lübke, Heinrich (CDU)	1959–1969
Heinemann, Gustav (SPD)	1969–1974
Scheel, Walter (FDP)	1974–1979
Carstens, Carl (CDU)	1979–1984
Weizsäcker, Richard Freiherr von (CDU)	1984–1994
Herzog, Roman (CDU)	1994–1999
Rau, Johannes (SPD)	1999–

Deutschen Bundestag erst später für ihren Namen, der auf einen Vorschlag des Abgeordneten R. Jaeger (CSU) zurückgeht und mit dem → Soldatengesetz (§ 2) am 1. April 1956 eingeführt wurde. – Die Bundeswehr als Instrument einer umfassend angelegten, vorausschauenden Sicherheits- und Verteidigungspolitik sichert die außenpolitische handlungsfähigkeit, leistet einen Beitrag zur Stabilität im europäischen und globalen Rahmen, gewährleistet die nationale Sicherheit und Verteidigung und trägt zur Verteidigung der Verbündeten bei, fördert mulitnationale Zusammenarbeit und Integration. Seit Mitte der 1990er-Jahre beteiligt sich die B. zunehmend an → Auslandseinsätzen. Die Anpassung an die neuen Aufgaben macht eine umfassende → Bundeswehrreform erforderlich.

Bundeswehrfachschule → Berufsförderungsdienst.

Bundeswehrreform. Reformen zielen auf eine grundlegende Erneuerung. Die → Bundeswehr, ein Jahrzehnt nach Ende des Zweiten Weltkrieges neu aufgestellt, wurde in der Folgezeit den sicherheitspolitischen, gesellschaftlichen und technologischen Bedingungen angepasst. Die seitdem umfassendsten Reformmaßnahmen erfolgten nach Ende des Kalten Krieges und der Aufstellung von Bundeswehrverbänden im Beitrittsgebiet 1990 (→ „Armee der Einheit"). Bei gleichzeitiger Einlösung der „Friedensdividende" wandelten sich in den 1990er-Jahren die Aufgaben der deutschen Streitkräfte (→ Auslandseinsätze). Da sie hierfür nicht aufgestellt wurden und Anpassungen nicht ausreichend waren, traten Defizite zutage. Augenfällig waren eine unausgewogene Personalstruktur (→ Verwendungsstau), der Verlust an Attraktivität des Soldatenberufs, veraltete Waffensysteme und fehlende Ersatzteile, ein hoher Aufwand im täglichen Betrieb und ausgeprägte bürokratische Strukturen (→ Bürokratie). Die B. wurde von Bundesminister Scharping mit umfassenden Bestandsaufnahmen (→ Kommission „Gemeinsame Sicherheit und Zukunft der Bundeswehr") eingeleitet. Die hierbei gewonnenen Erkenntnisse mündeten am 14. Juni 2000 in einen Beschluss der Bundesregierung zu „Eckpfeilern der Neuausrichtung" ein. Auf dieser Grundlage erfolgten Grob- und Feinplanungen von neuen Strukturen, ein Stationierungskonzept (2001), ein Material- und Ausrüstungskonzept (2001) sowie gesetzgeberische Maßnahmen im Dienst- und Besoldungsrecht. Die B. beruht im Wesentlichen auf drei Säulen: 1. Attraktivitätsmaßnahmen (→ Attraktivitätsprogramme) und Qualifizierungs- und Bildungsprogramme für die Soldaten, 2. Modernisierung und aufgabenbedingte Anpassung des Wehrmaterials sowie 3. Steigerung der Wirtschaftlichkeit und Effizienz von Beschaffungen und Betrieb. Im letzten Bereich setzt die B. auf Kooperation mit der Wirtschaft und auf Privatisierung (Gesellschaft für Entwicklung, Beschaffung und Betrieb) sowie auf neue Managementmethoden (Controlling, → Ökonomisierung). Die → Innere Führung behält in dieser B. ihren anerkannten Stellenwert. Es wird erwartet, dass der Abbau der Defizite zur Verbesserung des Soldatenberufs führen wird. Die B. erstreckt sich in das nächste Jahrzehnt.

Bundeswehr-Sozialwerk e. V. (BwSw). Das B. wurde von Soldaten und zivilen Mitarbeitern des Bundesministeriums der Verteidigung als Selbsthilfeeinrichtung gegründet (1960). Zweck des B. ist es, die Fürsorgemaßnahmen des Dienstherrn (→ Fürsorge) durch Familienfürsorge für Soldaten, Beamte und Arbeitnehmer der Bundeswehr zur vorbeugenden Gesunderhaltung zusätzlich zu fördern. Weiterhin gehören dazu: Kindererholungsmaßnahmen, Jugendfreizeiten und Jugendlager, Austauschmaßnahmen mit Jugendlichen der verbündeten Streitkräfte, Freizeiten („Mutter und Kind"), Müttergenesungskuren, Seniorenfreizeiten, Behindertenmaßnahmen und Sonderfreizeiten (siehe G 1/A 1-Hinweis des → Generalinspekteurs vom 2. Juli 2002).

Anschrift: Bundeswehr-Sozialwerk e. V, Mönkemöllerstr. 37, 53129 Bonn.

Bundeswehr-TV, seit 2002 im Aufbau befindliches Fernsehen zur → Truppeninformation. B. soll als Führungsinstrument eingesetzt und zum unmittelbaren Kontakt zwischen Führung und Truppe genutzt werden („Telekommunikationsmöglichkeiten"); außerdem ist beabsichtigt, B. für die → Ausbildung zu nutzen (→ info-forum, → infomagazin) und der Truppe ein „positives Bild der Streitkräfte und des Dienstes" zu vermitteln (→ Selbstverständnis des Soldaten, → Motivation – Lit.: EXTRA-DIENST 2/2002, IFDT 2/2002).

Bundeswehrverwaltung. Die B. gehört in den Geschäftsbereich des → Bundesministers der Verteidigung und wird „mit eigenem Verwaltungsunterbau geführt. Sie dient den Aufgaben des Personalwesens und der unmittelbaren Deckung des Sachbedarfs der Streitkräfte." (Art. 87b GG) Weitere Aufgaben können ihr zugewiesen werden (Art. 87b Abs. 2 GG). Ihre Organisation entspricht dem mehrstufigen

Verwaltungsaufbau: Von der Ebene der Ortsbehörden (Standortverwaltungen) reicht er über die Mittelbehörden (Wehrbereichsverwaltungen) bis zum BMVg; in den Streitkräften sind Truppenverwaltungen eingerichtet.

Bürgergesellschaft als Idee oder Programm setzt den freien, aktiven und eigenverantwortlichen Bürger voraus, der zusammen mit anderen öffentliche Angelegenheiten wahrnimmt. Der Staat beschränkt sich nach diesem Modell auf seine zentralen Aufgaben (Sicherheit, Wohlfahrt) und gewährleistet die Rahmenbedingungen für dieses gemeinwohlorientierte Engagement. Der Begriff Zivilgesellschaft („civil society") wird mit B. häufig synonym verwendet. Im Zusammenhang mit den Demokratisierungsprozessen in Osteuropa nach 1989 diente er auch als Leitvorstellung einer gegen den Totalitarismus gewandten Gesellschaft. „Civil society" kann des Weiteren als Teilaspekt der B. zur Kennzeichnung von Aktivitäten im sog. Dritten Sektor (ehrenamtliche Tätigkeiten, freiwillige Sozialdienste, Nicht-Regierungsorganisationen) verstanden werden.

Bürokratie. Der Begriff B. entstand im 18. Jh. in Frankreich, seine Bedeutung ist negativ besetzt. Mit B. sind bestimmte Organisationselemente einer (hauptsächlich) staatlichen Verwaltung gemeint: Zentralisierung der Herrschaft, Unpersönlichkeit der Beziehungen zwischen Bürger und Staat sowie ein Funktionssystem der Regeln und Zuständigkeiten, die für Außenstehende unverständlich sind. Im Militär, das für bürokratische Entwicklungen besonders anfällig zu sein scheint, sind die Auswirkungen bereits früher kritisch beurteilt worden, wofür die Legende vom „Hufnagel-Erlass" angeführt wird (IFDT 4/1982, S. 119). Heute richtet sich die Kritik, besonders in der Truppe, gegen die Fülle einer sachfremd empfundenen „Regelungsdichte", gegen die Schwerfälligkeit im Handlungsvollzug (→ de Maizière-Kommission, → Entbürokratisierung) und die übermäßige Wertschätzung an Schriftlichkeit. Der → Wehrbeauftragte gibt in einer an die Analyse der klassischen Soziologie erinnernden Prägnanz Symptome der fortschreitenden Bürokratisierung in der Bundeswehr wieder. Danach ist auffällig, möglichst alle Sachverhalte des täglichen Lebens zu normieren und zunehmend „Absicherungsmentalität" zu Lasten der Untergebenen zu verbreiten (Jahresbericht 1998, S. 7).

Carstens → Bundespräsident.

Christen in der Bundeswehr. Unter dem Auftrag und der Absicht der → Militärseelsorge (M.), Christen in der Bundeswehr zu begleiten, gibt es eine Reihe von Zusammenschlüssen, die partnerschaftlich mit ihr (M.) besondere Ziele verfolgen. – Die Cornelius-Vereinigung (CoV e. V.), die aus den 1930er-Jahren stammt, ist um die Verbreitung des christlichen Worts bemüht. – Die deutsche evangelische Arbeitsgemeinschaft Soldatenseelsorge (ags) ist eine Organisation, die 1987 gegründet wurde und sich zur Aufgabe gemacht hat, zur Verbreitung der christlichen Botschaft in den Kasernen beizutragen. Die „Gemeinschaft Katholischer Soldaten" (GKS), gegründet 1970, widmet sich den friedens- und berufsethischen Aspekten des Soldatenberufs. An grundwehrdienstleistende Soldaten wendet sich die katholische „Aktion Kaserne" (a. k.). – Die „Evangelische" und die „Katholische Arbeitsgemeinschaft für Soldatenbetreuung in der Bundesrepublik Deutschland e. V." (EAS, KAS) sind Trägerorganisationen von Begegnungsstätten und Einrichtungen für Freizeitgestaltung im Inland (→ Freizeit, → Soldatenheime) und Ausland; mit einer „offenen Betreuung" soll der Kontakt zwischen Soldaten und Zivilbevölkerung gefördert und den Soldaten Unterhaltungs- und Bildungsmöglichkeiten geboten werden (VMBl. 2000, S. 154).

CIMIC → Zivil-Militärische Zusammenarbeit (ZMZ).

Clauß → Zentrum Innere Führung.

Collmann → Zentrum Innere Führung.

Cornelius-Vereinigung → Christen in der Bundeswehr.

Courage (franz. Mut, Tapferkeit). Das Lernspiel „Courage. Wir halten dagegen" ist eine Methode der → politischen Bildung. Die Spielanweisung ist der CD-ROM bzw. dem Lehrerbegleitheft zu entnehmen (CUA – Lernprogramm, Zentrum Innere Führung), → Rechtsextremismus.

CUA, Abkürzung für computerunterstützte Ausbildung (Lehr- und Lernverfahren) zur militärischen → Ausbildung. So sollen junge Unteroffiziere mit „interaktiven" Computerprogrammen (Kombination aus Computer-Software, Video-Film, Text, Bild und Ton) Methoden der → Erwachsenenbildung lernen und ihr → Führungsverhalten mit Hilfe dieser neuartigen Ausbildungsmittel trainieren und verbessern; ebenfalls sollen damit anwendungsorientierte, praktische Umgangserfahrungen im Truppenalltag ergänzt werden. CUA ist nicht allein auf Kenntnisvermittlung beschränkt, sondern strebt auch die Verbesserung des Vorstellungsvermögens und Einstellungsverhaltens positiv an (Übersicht der CUA-Lernprogramme → Zentrum Innere Führung).

Darmstädter Signal. Das D. ist ein Anfang der 1980er-Jahre gegründeter Arbeitskreis, dem mehr als 100 ehemalige und aktive Berufs- und Zeitsoldaten angehören; sie nehmen eine kritische Haltung innerhalb und außerhalb der → Bundeswehr zur Sicherheitspolitik und zum Soldatenberuf (→ Berufsbild) ein. Bekannt geworden ist der Arbeitskreis durch seine öffentlich bekundete Ablehnung des NATO-Doppelbeschlusses (im September 1983) sowie durch gerichtliche Auseinandersetzungen zwischen seinen Mitgliedern und dem Bundesministerium der Verteidigung. Auch zu anderen aktuellen sicherheitspolitischen Angelegenheiten bezieht das D. eine kritische Position.

„Das aktuelle Gespräch" → Truppeninformation.

„Delegation von Verantwortung". Der → Vorgesetzte überträgt dem Untergebenen Funktionen für einen fest umrissenen Aufgabenbereich, in dem dieser dann selbstständig handeln und entscheiden soll. Die Gesamtverantwortung bleibt jedoch beim Vorgesetzten. Meistens erfolgt die Übertragung von Kompetenzen als Beweis für das → Vertrauen des Vorgesetzten in die Fähigkeiten des Untergebenen. Sie kann als → Erzieherische Maßnahme ausgesprochen werden, ist eine Form der → Beteiligung von Untergebenen und fördert ggf. die Anerkennung ihrer Persönlichkeit.

Deutscher Bundeswehr-Verband (DBwV). Der Verband wurde von Soldaten der → Bundeswehr in Munster-Lager am 14. Juli 1956 gegründet. Er vertritt unabhängig von politischen Parteien und dem → Bundesminister der Verteidigung die Interessen der aktiven und ehemaligen Soldaten der Bundeswehr, ihrer Familienangehörigen und Hinterbliebenen. Der Verband bekennt sich zum Prinzip des → Staatsbürgers in Uniform. Außerdem gelten für seine Verbandspolitik freiwillige Selbstbeschränkungen wie die Nichteinmischung in truppendienstliche Angelegenheiten, die Wahrung konfessioneller/parteipolitischer Unabhängigkeit oder der Verzicht auf Streik zur Durchsetzung von Verbandsforderungen. Die Verbandsmitglieder sind in 1300 Truppenkameradschaften organisiert, die, auf Bataillons- (oder vergleichbarer) Ebene in Standortkameradschaften und 33 Bezirken zusammengefasst, den derzeit vier Landesverbänden zugeordnet sind. Als Spitzenorganisation der Soldaten wird der Verband vom Bundestag und der Bundesregierung an den vorbereitenden Arbeiten aller gesetzlichen Regelungen, die die Interessen der Soldaten, ihrer Familienangehörigen und Hinterbliebenen berühren, beteiligt. Seit 1972 besteht auf Betreiben des Verbandes die internationale „Europäische Organisation der Militärverbände (→ EUROMIL)". Darüber hinaus werden mehrere soziale Einrichtungen zur Unterstützung von Mitgliedern unterhalten. Mit der → Karl-Theodor-Molinari-Stiftung e. V. hat der Verband eine Einrichtung der politischen Bildungsarbeit gegründet.

Anschrift: Deutscher Bundeswehr-Verband e. V., Südstraße 123, 53175 Bonn.

Dialog bezeichnet das → Gespräch zwischen zweien oder mehreren Personen (Gegensatz: Monolog). In der ZDv 12/1 Politische Bildung wird die Bedeutung des D. ausdrücklich betont: „Politische Bildung in der Bundeswehr muss sich so weit wie möglich im Dialog vollziehen, weil sie den Soldaten immer unbeschadet aller möglichen Bildungsunterschiede als mündigen Staatsbürger zu respektieren hat" (Nr. 501, Abs. 2).

Dienen im demokratischen Staat meint die Übernahme von Verantwortung für das Gemeinwesen. Soldaten der → Bundeswehr leisten aufgrund der → Wehrpflicht oder als → „Freiwillige" ihren Dienst zur Erhaltung von → Frieden und → Freiheit.

Dienst ist zunächst jede Verrichtung eines Soldaten innerhalb seiner → Dienstpflichten aufgrund einer Vorschrift, eines Befehls oder anderer militärischer Grundsätze. Allgemeiner kann als Dienst die durch die Dienststellung (z. B. Kompaniechef; Flugzeugmechaniker) festgelegte Tätigkeit oder sogar die Verwendung als Soldat (z. B. zur Berechnung versorgungsrechtlicher Ansprüche) verstanden werden.

Dienstaufsicht ist eine Pflicht des militärischen → Vorgesetzten, die Untergebenen zu überwachen und zu kontrollieren, um sie zur Erfüllung ihrer Pflichten und Ausführung von Befehlen anzuhalten und um das Begehen von Pflichtverletzungen zu verhindern, d. h. Schaden von den Soldaten und anderen fernzuhalten. D. ist über die rechtliche Verpflichtung hinaus eine Führungsaufgabe. Durch ihre Wahrnehmung spürt der Untergebene nicht nur kontrollierende Elemente, sondern erhält auch das Gefühl, dass er und seine Tätigkeit von dem Vorgesetzten ernst genommen werden. Durch D. kann der Vorgesetzte die Stärken und Schwächen seiner Soldaten im täglichen Dienst kennen lernen. Er erkennt, wo Hilfe und Anleitung der Untergebenen, aber auch die Korrektur seiner Befehle notwendig sind. D. wird meist ergänzt um andere Maßnahmen der → Menschenführung, wie die Anwendung von Lob und Tadel (→ Erziehungsmittel).

D. erfolgt sowohl direkt durch Kontrollen, Überprüfungen und Meldungen als auch indirekt durch Einweisungen und Belehrungen.

Diensteid → Eid.

Dienstgestaltung. Der militärische → Dienst umfasst hauptsächlich Einsatzaufgaben, Einsatz- und Mobilmachungsvorbereitungen, → Ausbildung, Materialerhaltung, → Innendienst und administrative Aufgaben. D. ist die Organisation, Planung und Durchführung dieser Dienste und wirkt sich aus in der Dienstplangestaltung der einzelnen Dienst-/Ausbildungsstunde sowie im Tages-/Wochendienst. D. bedarf der längerfristigen Planung (z. B. Quartalsausbildungsplan) als auch der richtigen Methode (z. B. in der Ausbildung). Der → Vorgesetzte sieht sich neben der Forderung, den militärischen Auftrag zu erfüllen, den Erwartungen der Soldaten, aber auch der Gesellschaft an eine sinnvolle, wirtschaftliche und umweltverträgliche Gestaltung des militärischen Dienstes gegenüber. Neben einer sachgerechten Planung kann die → Beteiligung der Untergebenen eine erfolgreiche D. garantieren helfen. Notwendige Routineaufgaben, die bei Soldaten unbeliebt sind (→ „Gammeln") sollten erklärt und durch abwechslungs- und erlebnisreiche Vorhaben ergänzt werden. Indem der Vorgesetzte im Dienst persönlich teilnimmt, → Dienstaufsicht ausübt und mit den unterstellten Soldaten umsichtig und verantwortungsbewusst umgeht (→ Dienstzeitausgleich), trägt er (außerdem) zur → Motivation der Soldaten bei.

Dienstherr der Soldaten ist die Bundesrepublik Deutschland (→ Eid), mit der sie ein gegenseitiges Treueverhältnis eingegangen sind. Sie wird im Wehrdienstverhältnis vertreten durch den → Bundesminister der Verteidigung, dem obersten → Vorgesetzten in Friedenszeiten.

Dienstliche Veranstaltungen geselliger Art erfüllen u. a. die Förderung der → Kameradschaft in den Truppenteilen. Zu den D. können auch Persönlichkeiten der → Öffentlichkeit eingeladen werden (→ Öffentlichkeitsarbeit). Durch die Bereitstellung von Sachmitteln (Nutzung von Dienstfahrzeugen, Räume und Personal), Haushaltsmitteln und Gewährung von Versorgungsschutz für die Teilnehmer werden diese Veranstaltungen gefördert (VMBl. 2002, S. 123, G 1-Hinweise Nr. 4130). Der Veranstalter ist zum sparsamen Einsatz und zur wirtschaftlichen Nutzung der Mittel verpflichtet.

Dienstpflichten des Soldaten. Wie jeder andere Bürger ist auch der Soldat mit seinen Pflichten und Rechten in den demokratischen Rechtsstaat einbezogen. § 6 → Soldatengesetz stellt daher fest, dass der Soldat die gleichen staatsbürgerlichen Rechte besitzt wie jeder andere Bürger, die nur insoweit zu beschränken sind, als dies zur Erfüllung des militärischen Auftrages erforderlich ist. Erstmals in der deutschen → Militärgeschichte sind die soldatischen Pflichten und Rechte abschließend gesetzlich geregelt (§§ 6 ff. SG). Inhaltlich knüpft der Pflichtenkatalog an soldatische Verhaltensweisen und Charaktermerkmale an, die seit jeher zu den → soldatischen Tugenden gezählt werden. Insofern wird gerade von jungen Soldaten (→ Wertewandel) die Sprache des Pflichtenkatalogs als unzeitgemäß empfunden. Solange auch der Wille zur Gesetzesänderung nicht vorhanden ist, liegt es am Geschick der militärischen → Vorgesetzten, die sehr allgemein beschriebenen D. dem gewandelten Verständnis der Zeit anzupassen, ohne die eigentliche Absicht zu berühren. Hierin zeigt sich die Anwendung des dynamischen Aspektes der → Konzeption Innere Führung auf die alltägliche → Menschenführung. – Die Grundpflicht des Soldaten besteht darin, der Bundesrepublik Deutschland treu zu dienen (→ Treue). Sie fordert vom Soldaten, im Dienst und außerhalb des Dienstes nach besten Kräften zu handeln, um den Auftrag der Streitkräfte im Frieden und im Verteidigungsfall zu erfüllen, und alles zu unterlassen, was die Auftragserfüllung beeinträchtigt. Aus der Treuepflicht folgt eine Vielzahl von Einzelpflichten, wie: Pflicht zur Dienstleistung, zum Dienst mit der Waffe, zur gewissenhaften Diensterfüllung, das Vermögen des Bundes zu wahren, zur pfleglichen Behandlung von Waffen und Gerät, zum gesetzestreuen Verhalten gegenüber der → Bundeswehr und den Verfassungsorganen der Bundesrepublik Deutschland. Dann bestimmt das Soldatengesetz folgende D.: → Tapferkeit, → Kameradschaft, Pflicht zum Eintreten für die freiheitliche demokratische Grundordnung (→ Werteordnung), zur Wahrheit und zur Verschwiegenheit, zur Wahrung der → Disziplin, zur Gesundheit, zum Wohnen in der → Gemeinschaftsunterkunft und zur Teilnahme an der → Gemeinschaftsverpflegung. Weitere D. betreffen die → politische Betätigung, das Verhalten in anderen Staaten, die Annahme von Belohnungen und Geschenken, die Ausübung von Nebentätigkeiten sowie die Übernahme einer Vormundschaft und von Ehrenämtern. Daneben gibt es besondere → Pflichten des Vorgesetzten. – Zu den D. gehört die Teilnahme an besonderen Auslandsverwendungen

(→ Auslandseinsätze). Grundwehrdienstleistende werden dazu nur aufgrund freiwilliger Verpflichtung herangezogen.

Dienstplangestaltung → Dienstgestaltung.

Dienststelle Blank. Kurzbezeichnung für „Der Bevollmächtigte (später: Der Beauftragte) des Bundeskanzlers für die mit der Vermehrung der alliierten Truppen zusammenhängenden Fragen". Zum Leiter dieser Dienststelle wurde am 26. Oktober 1950 der Bundestags-Abgeordnete Th. Blank (CDU) ernannt. Er war dem Bundeskanzler direkt unterstellt, seine Dienststelle dem Bundeskanzleramt angegliedert. Am 7. Juni 1955 ist die D. in das Bundesministerium für Verteidigung überführt worden (seit dem 20. Dezember 1961 offizielle Bezeichnung: Bundesministerium der Verteidigung = BMVg). In der D. sind die Vorbereitungen zur Aufstellung der Streitkräfte (→ Bundeswehr) getroffen worden (→ Konzeption Innere Führung).

Dienstvergehen. Der Soldat begeht ein Dienstvergehen, wenn er schuldhaft seine → Dienstpflichten verletzt (§ 23 SG). Art und Weise der Reaktion darauf werden im → Disziplinarrecht beschrieben.

Dienstzeit ist für den Soldaten die Zeit, in der er nach dem Dienstplan oder aufgrund anderer Befehle zur Dienstleistung zur Verfügung steht.

Dienstzeitregelung. Nach langjährigen, zum Teil heftigen Auseinandersetzungen im politisch-parlamentarischen Bereich trat erstmals 1989 eine Dienstzeit- und Dienstausgleichsregelung für die Soldaten in Kraft, die allerdings nach einem Jahr überarbeitet werden musste. Der → Verteidigungsausschuss hatte schon wiederholt eine praktikable und gerechte D. angemahnt. Mit dem Erlass wurden alle militärischen → Vorgesetzten aufgefordert, mit der Zeit der unterstellten Soldaten gewissenhaft umzugehen, die zeitlichen Belastungen auf das unvermeidbare Maß zu beschränken und auszugleichen sowie frühzeitig über → Dienst und → Freizeit zu entscheiden, um damit dem einzelnen Soldaten seine Freizeit verfügbar und planbar zu machen. Erstmals wurde eine Rahmendienstzeit festgelegt: Sie beträgt im Kasernen-/Standortbereich bis zu 46 Stunden, davon montags bis donnerstags bis zu zehn, freitags bis zu sechs Stunden einschließlich der Pausen. Dienstzeitausgleich soll durch finanziellen Ausgleich oder → Freistellung vom Dienst gewährt werden, wenn die Rahmendienstzeiten überschritten wurden. – Die

Praxis der D. blieb auch nach ihrer Einführung und Überarbeitung ein häufiger Kritikpunkt, der sich in den Stellungnahmen des → Wehrbeauftragten niederschlug und zeigte, wie sehr über die D. die Stimmung und → Motivation in der Truppe beeinflusst werden kann. Während die Soldaten die finanzielle Regelung als unzureichend bemängelten und stattdessen einem Freizeitausgleich den Vorrang einräumten, kritisierten Vorgesetzte den Verlust an Ausbildungszeit aufgrund der D. Die dringend notwendige Neufassung zum 1. Januar 1996 berücksichtigte zwar die verkürzte Grundwehrdienstzeit (→ Wehrpflicht), der ursprüngliche Vorrang „Freizeit vor Geld" kehrte sich vom vierten bis zehnten Dienstmonat in sein Gegenteil. Die weiterhin vorhandenen Umsetzungsschwierigkeiten bei einer einheitlichen Anwendung führten schließlich zu der jetzt seit 1. Januar 1999 geltenden Fassung (Erlass vom 20. Oktober 1998, BMVg – Fü S I 1 – Az 19-02-00 = BwKalender C 41e). – In der fehlenden gesetzlichen Regelung sieht der → Deutsche Bundeswehrverband die auffälligste Abweichung im Dienstrecht der Soldaten von der gesellschaftlichen Realität. Das BMVg begründet mit dieser Rechtslage seine Ablehnung der vermehrt von Soldatinnen gewünschten Einführung einer Teilzeitbeschäftigung.

Dienstzeugnis. Dem Soldaten ist bei Beendigung seines → Wehrdienstes von mindestens der Dauer des Grundwehrdienstes ohne Antrag ein D. vom → Disziplinarvorgesetzten zu erteilen (§ 32 SG; ZDv 20/6, Anlage 12). Bei einem kürzeren, jedoch mindestens vier Wochen dauernden Wehrdienst, erhält der Soldat ein D. auf Antrag. Das D. gibt Auskunft über die Art und Dauer der wesentlichen von ihm besuchten Ausbildungsgänge und bekleideten Dienststellungen, über seine Persönlichkeit sowie seine Führung, sein Verhalten und seine Leistung im Dienst. Es soll dem Soldaten den Übergang in das Zivilleben erleichtern, muss also im Hinblick auf den zivilen Arbeitgeber entsprechend sprachlich abgefasst werden und die zivil-beruflich nutzbaren Qualifikationen des Soldaten hervorheben. Es muss vor der Ausfertigung mit dem Soldaten besprochen werden, um dessen Vorstellungen und individuelle Erfordernisse für Bewerbung und Berufswahl berücksichtigen zu können.

Direktorenkonferenz → Aufgabenverbund Innere Führung.

Distance Learning → Fern@usbildung.

Disziplin. Das lateinische Fremdwort D. (disciplina: Unterricht, Zucht) hat in der europäischen Kulturgeschichte des Erziehungs- und Unterrichtswesens eine bis in die Gegenwart des 20. Jh. eigene Bedeutung für die Praxis der Persönlichkeitsformung (Gewöhnung); im Verlaufe des 16. Jh. ist ihre eigenständige Einflussnahme für das Ausbildungswesen und → Selbstverständnis der Soldaten von der militärgeschichtlichen Forschung aufgezeigt worden (→ soldatische Tugenden). Lange Zeit verstand man unter D. (= disciplina militaris, militärische D.) nichts anderes als das tägliche Exerzieren, d.h. den → Drill im Waffengebrauch und in den umfangreichen Gefechtsübungen, dazu im engeren Sinne das Üben von Schanzarbeiten und den Bau von Lagerbefestigungen. D. war somit zunächst zweckgebundene Anwendungsform mit dem immer wieder angestrebten Ziel des → Gehorsams des Soldaten zur Ausführung notwendiger Tätigkeiten und zur weiterführenden Erkenntnis in die geltende Ordnung der Gefechtsführung (MGFA 1979 I). Von daher erklärt sich auch die sog. „innere Haltung" der jeweiligen soldatischen Persönlichkeit, die zusätzlich in einem besonderen didaktischen System von Belohnungen und Bestrafungen (→ Erziehungsmittel) geformt wurde. Das dem militärischen System eigentümliche Verständnis von D. war über Jahrhunderte der immer wiederkehrende „äußere" Ausdruck der vorhandenen Heeresstrukturen (MGFA 1969 I), die z.B. in der Kommandosprache, in der Organisation der Unterstellungs- und Befehlsgegebenheiten (→ Hierarchie) oder auch den vielfältigen Symbolstrukturen der → Uniform erkennbar ist. Eine besondere eigentümliche Entwicklung des Disziplinverständnisses lässt sich für den Einfluss des preußischen Militärwesens innerhalb der deutschen → Militärgeschichte nachweisen. – Seit Bestehen der → Bundeswehr wird versucht, neue Denk- und Anwendungsformen für D. zu entwickeln (→ Konzeption Innere Führung, → „Kursbuch 2000" usw.), um von daher auch den Sinn (→ Sinnvermittlung) des militärischen Dienstes, vor allem die → Legitimation der Bundeswehr allgemein verständlich zu machen. In Anlehnung an einen bekannten Satz ließe sich für alle Lebensformen sagen (nicht nur der militärischen), dass Erfahrungen ohne D. blind sind, D. ohne Erklärungen aber leer bleiben muss.

Disziplinararrest besteht in einfacher Freiheitsentziehung von mindestens drei Tagen und höchstens drei Wochen (§ 26 WDO). Vor Verhängung dieser schwersten unter den einfachen → Disziplinarmaßnahme bedarf es auf Antrag des → Disziplinarvorgesetzten der Zustimmung des zuständigen, notfalls des nächst erreichbaren Truppendienstrichters (→ Rechtspflege in der Bundeswehr). Während des Vollzugs nimmt der Soldat in der Regel am Dienst teil. Ein Wehrpflichtiger, der Grundwehrdienst leistet, muss die Tage, an denen er keinen Dienst leistet, nachdienen. Der D. wird wegen dieser „doppelten Sanktion" sowie auf dem Hintergrund eines modernen Jugendstrafrechts auf Notwendigkeit und Zweckmäßigkeit diskutiert, da keine andere Berufgruppe mit einer derartigen Maßnahme belegt wird. Es war stets strittig, ob der Arrest die erwartete erzieherische Wirkung ausübt. Allein aus Gründen der „Abschreckung" (Aufrechterhaltung der militärischen Ordnung) dürfte er nicht gerechtfertigt sein, zumal die Vollzugsorgane nicht über geeignete Sozialisationsmöglichkeiten verfügen.

Disziplinarbefugnis des → Disziplinarvorgesetzten besteht darin, einfache → Disziplinarmaßnahmen zu verhängen und sonstige Entscheidungen, die ihm nach der → Wehrdisziplinarordnung zugewiesen sind, zu treffen. Die D. ist nach der Dienststellung des Disziplinarvorgesetzten abgestuft (§ 28 WDO; ZDv 14/5, B110). Sie hat den Begriff Disziplinargewalt ersetzt.

Disziplinarbuße. Durch die D. wird dem Soldaten eine finanzielle Last auferlegt, die ihn verpflichtet, einen Geldbetrag bis zur Höhe des monatlichen Bruttobetrages der Dienstbezüge oder des Wehrsoldes an die Staatskasse abzuführen (§ 24 WDO). Im Hinblick auf die Wirkung materieller Einbußen greifen → Disziplinarvorgesetzte häufig zu dieser → Disziplinarmaßnahme, ohne den eigentlichen Zweck des → Disziplinarrechts im Auge zu haben (→ Disziplinarpraxis).

Disziplinargewalt → Disziplinarbefugnis.

Disziplinarmaßnahmen. In der → Wehrdisziplinarordnung (WDO) wird unterschieden in einfache und gerichtliche D., die früher als Disziplinarstrafen bezeichnet wurden (geändert 1972). Gerichtliche D. können nur von einem Truppendienstgericht (→ Rechtspflege in der Bundeswehr) verhängt werden. Sie sind eine Reaktion auf besonders schwer wiegende → Dienstvergehen und betreffen mehr die → Berufs- und → Soldaten auf Zeit. Dazu zählen: Kürzung der Dienstbezüge, Beförderungsverbot, Herabsetzung in der Besoldungsgruppe, Dienstgradherabsetzung, Entfernung aus dem Dienstverhältnis, Kürzung des Ruhegehalts sowie Aberkennung des Ruhegehalts. Die Verhängung der einfachen D. obliegt dem → Disziplinarvorgesetzten. Die WDO nennt: → Verweis, → Strenger Verweis, → Disziplinarbuße, (verschärfte) → Ausgangsbeschränkung sowie → Disziplinararrest. – In der Reformdiskussion wurde die Frage gestellt, inwieweit dieser Katalog nach den gesellschaftlichen Veränderungen (→ Wertewandel) und der → Disziplinarpraxis modifiziert werden sollte (→ Wehrdisziplinarordnung). D. werden ihrem Wesen nach → Gehorsam und → Disziplin allein nicht bewirken können. Ein erwünschtes Handeln aus Einsicht setzt schließlich die Einbettung dieses → Erziehungsmittels in ein kooperatives Führungsverhalten voraus. Die WDO nennt deswegen als Richtschnur: „Bei Art und Maß der Disziplinarmaßnahme sind Eigenart und Schwere des Dienstvergehens und seine Auswirkungen, das Maß der Schuld, die Persönlichkeit, die bisherige Führung und die Beweggründe des Soldaten zu berücksichtigen" (§ 38 Abs. 1).

Disziplinarpraxis. Die Einstellung der → Disziplinarvorgesetzten zur → Disziplin hat sich im Laufe der Jahre gewandelt. Heute werden einzelne Sachverhalte nicht mehr ohne weiteres als → Dienstvergehen bewertet. Dennoch beurteilen Einheitsführer (→ Kompanie) den Grad an Disziplin, der für die Aufrechterhaltung der Ordnung in den Streitkräften erforderlich ist, erheblich höher als die Wehrpflichtigen. Sie wenden das → Disziplinarrecht nicht nach dem Zweck der Vorschriften, sondern nach der zu erwartenden Wirkung auf die Soldaten an. Denn die Einheitsführer sind primär daran interessiert, Funktionsstörungen in ihrer Dienststelle auszuschalten. Sie nehmen es auch in Kauf, das Disziplinarrecht auf militärische Vorgesetzte nicht so konsequent wie auf Untergebene anzuwenden. Das → Disziplinarverfahren beinhaltet für sie unnötige Formalismen; dass damit Rechtssicherheit gewährleistet werden soll, wird leicht übersehen. Die Anwendung von → Erzieherischen Maßnahmen oder anderen → Erziehungsmitteln dort, wo → Disziplinarmaßnahmen angebracht wären, sind dafür ein Beleg. Auch werden regelmäßig fehlende Rechtskenntnisse festgestellt. – In den letzten beiden Jahrzehnten hat sich die Verhängung von einfachen Disziplinarmaßnahmen jeweils um die Hälfte verringert. Die Gesamtzahl nimmt seit 1978 stetig ab und lag 2001 bei gut 13 000 Maßnahmen (→ Schaubild S. 79). Neben teilweise verbesserten Rahmenbedingungen dürften die Gründe sowohl in der Anpassungsbereitschaft der jungen Soldaten als auch in der größeren Toleranzbereitschaft der militärischen Vorgesetzten

DISZIPLINARMASSNAHMEN 1972–2001

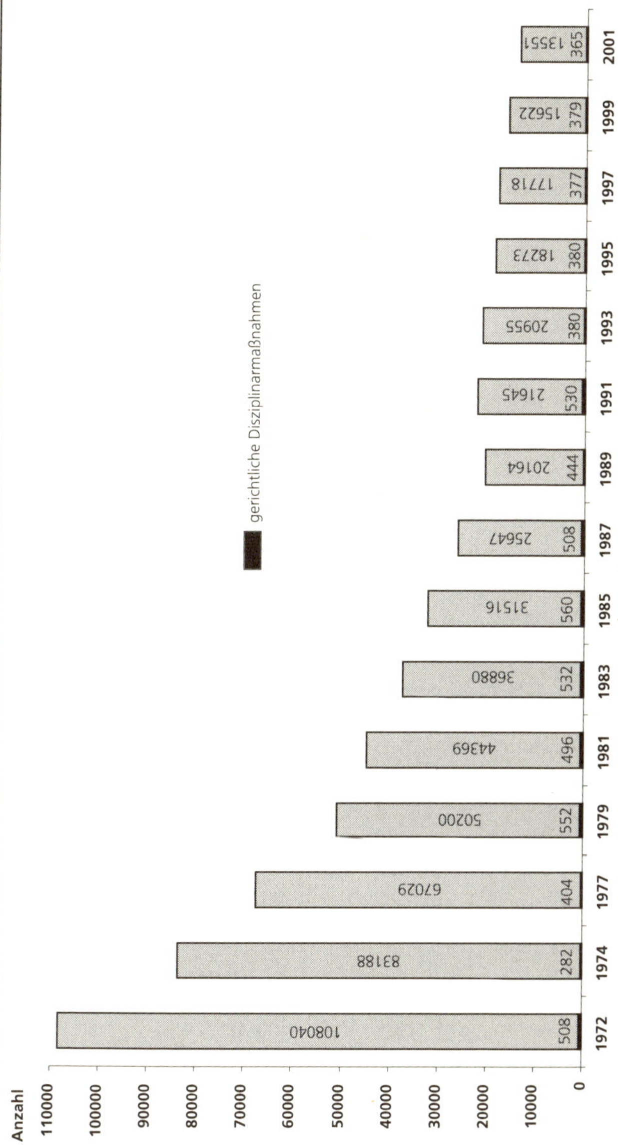

Quellen: Aufgeführt in H.-J. Reeb, Militär und Recht, München 1989, S. 30; Bundesamt für Wehrverwaltung

liegen. Die Ahndung von → Dienstvergehen im → Auslandseinsatz wird dagegen häufig als zu streng wahrgenommen, insbesondere wenn neben der Disziplinarmaßnahme die Rückführung in den Heimatverband erfolgt. Spürbare finanzielle Einbußen sowie Beschränkung der → Freizeit haben nach Auffassung der Disziplinarvorgesetzten unverändert den höchsten „erzieherischen" Wert. Der Anteil der Disziplinarbuße lag 2000 mit über 40 v. H. an der Spitze aller verhängten Maßnahmen vor dem Disziplinararrest (über 20 v. H.).

Disziplinarrecht ist der Teil des Wehrrechts, der sich mit der Ahndung von → Dienstvergehen sowie der Würdigung besonderer Leistungen durch → förmliche Anerkennungen befasst. Die Verfahrensregeln sind in der → Wehrdisziplinarordnung zusammengefasst. Das D. unterscheidet sich in mehrfacher Hinsicht vom Strafrecht. Sein Zweck besteht in der Einflussnahme des → Disziplinarvorgesetzten auf den Soldaten, um dessen zukünftige Pflichterfüllung (→ Dienstpflichten) zu bewirken. Deshalb steht es prinzipiell in seinem Ermessen, ob und wie er auf Pflichtverletzungen oder gute Leistungen seiner Untergebenen reagiert. Neben dem D. kann er auf eine Reihe von → Erziehungsmitteln zurückgreifen. Die Ahndung strafrechtlicher Handlungen ist nach den Bestimmungen eines Erlasses (ZDv 14/3 B 115) an die Strafverfolgungsbehörden abzugeben. Eine → Disziplinarmaßnahme bleibt Funktionsrecht, d. h. der Soldat ist dadurch nicht vorbestraft. Seine Disziplinarunterlagen werden nur im internen Dienstbetrieb verwendet. – Das D. ist 2001 unter verschiedenen Aspekten grundlegend überarbeitet worden (→ Wehrdisziplinarordnung).

Disziplinarverfahren. Das D. muss einerseits rechtsstaatlichen Kriterien genügen und soll andererseits einen kooperativen → Führungsstil unterstützen helfen. Deshalb kommt dem D. als Reaktion auf erkannte → Dienstvergehen eine Wirkung selbst dann zu, wenn am Schluss von → Disziplinarmaßnahmen abgesehen wird. Die → Wehrdisziplinarordnung gibt dem → Disziplinarvorgesetzten verschiedene Richtlinien zur pflichtgemäßen Ermessensausübung vor. So soll er erst dann disziplinar einschreiten, wenn andere → Erziehungsmittel erfolglos geblieben sind. Aufklärung des Sachverhalts, Verhängung und Vollstreckung der Maßnahmen sind an rechtsförmige Verfahren gebunden, die in der WDO vorgeschrieben sind. Auch kann der Soldat → Rechtsmittel gegen Disziplinarmaßnahmen einlegen (→ Beschwerde). Einzelheiten zum D. regelt die ZDv 14/3.

Disziplinarvorgesetzter. Der D. übt → Disziplinargewalt über die Soldaten seines Befehlsbereichs aus (§ 27 WDO). Dies kann nur ein → Offizier sein, der die Dienststellung eines unmittelbaren Vorgesetzten inne hat (→ Vorgesetztenverordnung). Einzelheiten regelt ein Erlass (ZDv 14/3, B 110). D. der 1. Stufe ist meistens der Kompaniechef oder ein Offizier in vergleichbarer Stellung. Es folgen in der → Hierarchie auf 2. und 3. Stufe der Bataillonskommandeur, der Regiments- bzw. Brigadekommandeur. Besonderheiten unter den D. ergeben sich im Bundesministerium der Verteidigung sowie in Stäben und Ämtern.

Drill, sprachlich verkürzt aus „Drillen" (ursprünglich: „Trillen", 16. Jh.). Unter D. wurde seit der Entstehung des Wortes die mechanisch wirkende Handhabung von Waffen und Geräten sowie die automatisch bewirkten Gefechtsbewegungen des Truppenkörpers auf dem Marsch und zur Einnahme befohlener Gefechtsordnungen verstanden. Die vollendete Beherrschung der Waffe bildete nach Auffassungen in der militärtheoretischen Literatur die eigentliche Grundlage für die Bewährung des Kämpfers im Gefecht. Die Entdeckung des Waffendrills und seine Anwendung war ursprünglich eine militärische Gegenmaßnahme besonders der deutschen Truppenführer (16./17. Jh.) auf die qualitative Überlegenheit der französisch-spanischen Soldheere (MGFA 1979, I., S. 83 ff.). – Die Empfehlungen, dass zur Verteidigung erfahrene Soldaten des „notwendigen drillen und exercirens" gehalten werden müssen (1626) sind ebenso zahlreich wie die Klagen aus jener Zeit, dass sich die Soldaten „nicht gern trillen" lassen (1680). – Die moderne militärtheoretische Erkenntnis bestätigt alte Erfahrungseinsichten, dass situationsbedingt richtiges, eingeübtes Handeln zur erheblichen Verminderung des körperlich-seelischen Belastungsdrucks bei Soldaten führt (→ Belastung), wie es von der zweckgebundenen Handhabung von Waffen und Gerät verlangt wird. Allerdings wurde schon im → Handbuch Innere Führung auf die Unsinnigkeit irgendwelcher pädagogischer Absichten hingewiesen, wenn D. bloß „stur als Selbstzweck stattfindet, um ‚Zeit zu füllen' oder ‚Druck zu geben'". So hielten die Herausgeber an der Empfehlung fest, dass „Praktischer Drill als Waffen- und Gefechtsdrill, d. h. als Einüben automatischer Fertigkeiten in der Bedienung von Waffen und Gerät und von Verrichtungen im Gefecht ... unentbehrlich" sei (1957, S. 113 f.).

Dritte Welt und Bundeswehr. Seit den 1960er-Jahren wurden für die Dritte Welt weit über 100 → Humanitäre Einsätze von der → Bundeswehr durchgeführt. Die Luftwaffe transportierte Hilfsgüter (Lebensmittel, Zelte, Decken, Medikamente) in einzelne Regionen Afrikas und Asiens. Die Lufttransportgeschwader sind international zum Symbol der deutschen Hilfe geworden (Übersicht 1980–2000 in: Intr@net aktuell; → Hilfeleistungen, → Katastrophenhilfe). Bedeutende Hilfsprojekte der Bundeswehr („Die Bundeswehr hilft Kindern in der Dritten Welt") sind 1983 für Thailand, Ruanda und Senegal eingerichtet worden. Daneben leistet die Bundeswehr „Ausstattungshilfen" für Länder der Dritten Welt, um deren Infrastrukturen (Verkehrs- und Fernmeldewesen) zu verbessern; zusätzlich wird Ausbildungsunterstützung für Qualifikationen (Bedienung und Instandsetzung von zivilem Gerät) angeboten. Ausgeschlossen davon bleiben ausdrücklich „Hilfen", die militärischen Zwecken dienen (Waffen, Munition und entsprechende Herstellungsanlagen).

Drogen lautet die Sammelbezeichnung für solche Arzneimittel, die aus Pflanzen gewonnen und in besonderer Weise haltbar gemacht werden; weiterhin sind D. Substanzen, die auf den Organismus (Zentralnervensystem) einwirken und dadurch Abhängigkeiten hervorrufen können. Diese Bedeutung leitet sich vom Englischen „drug dependence" her (Drogenabhängigkeit → Sucht), die im Sinne der Weltgesundheitsorganisation (1964) von „drug abuse" (dt. Drogenmissbrauch) unterschieden wird. Der Konsum von D., dessen Verbreitung in den 1960er-Jahren besonders unter Jugendlichen einsetzte („Drogenwelle"), ist auch in der → Bundeswehr nicht ungewöhnlich (vgl. Jahresberichte des → Wehrbeauftragten 1994–2002). So ist, wie ein Bericht erkennen lässt, nicht damit zu rechnen, dass junge Soldaten vom Konsum „weicher Drogen" abzuhalten sind, auch wenn sie schärfsten Sanktionsandrohungen unterliegen (1996, S. 10). Zur Erklärung des Zusammenhangs ist auf die Verhaltensweisen von Jugendlichen hingewiesen worden (außerhalb der Bundeswehr), die einen gelegentlichen Konsum „weicher Drogen" (Cannabis satira = „Haschisch" bzw. Marihuana) als „normal" ansehen. Die Übersicht der Konsumgewohnheiten und deren Verbreitung veröffentlicht regelmäßig die Bundesanstalt für gesundheitliche Aufklärung (Köln, seit 1971); die Ergebnisse zum Berichtsjahr 2001 sind im Internet eingestellt (www.bzga.de). Für den militärischen Bereich gelten wegen D. besondere Gefahren: der Umgang mit Waffen, Munition, Fahrzeugen und Gerät. Vor der Anwendung von → Disziplinarmaßnahmen (ZDv 14/3 B 172: Missbrauch von Betäubungsmitteln) und der vorzeitigen Entlassung von → „Freiwilligen" steht allerdings das Bemühen einer umfassenden Drogenprävention (→ Soldatenselbsthilfe gegen Sucht).

Durchsetzung von Befehlen. Das → Soldatengesetz räumt dem militärischen → Vorgesetzten ein, seine Befehle in der den Umständen angemessenen Weise durchzusetzen, denn er allein trägt die Verantwortung (§ 10 Abs. 5 SG, → Pflichten des Vorgesetzten) und verhilft somit dem Prinzip → Befehl und Gehorsam zur Geltung. Zunächst hat der Vorgesetzte durch → Dienstaufsicht, wann immer möglich, die Ausführung seiner Befehle zu überwachen. Droht der Gehorsam zu unterbleiben, kann der Vorgesetzte die Befehle nach den Grundsätzen der Verhältnismäßigkeit der Mittel durchsetzen. Er wägt stets im Einzelfall das berechtigte Interesse an der Befehlsausführung mit den Persönlichkeitsrechten des Soldaten ab. Die Anwendung von physischer Gewalt wird nur im Wachdienst und im Einsatz gerechtfertigt sein. Waffengewalt zur Durchsetzung von Befehlen bleibt besonderen Situationen im Krieg vorbehalten. Immer möglich ist die Drohung mit einer straf- oder disziplinarrechtlichen Verfolgung durch Meldung an den → Disziplinarvorgesetzten oder die Anwendung von → Erzieherischen Maßnahmen. Wegen eines → Dienstvergehens können, wenn es die Aufrechterhaltung der → Disziplin gebietet, Soldaten auch vorläufig festgenommen werden (§ 21 WDO).

Ehre. Das Wort E. erfasst in seiner historischen Bedeutung Elemente der griechisch-römischen und germanisch-christlichen Weltauffassung, wonach der persönlichen Tüchtigkeit bereits eine besondere Wertschätzung entgegengebracht wurde. E. berührt jedenfalls Eigenschaften einer Person in ihrer Beziehung zu anderen bzw. zu einer politischen Gemeinschaft. So drückt Aristoteles diese Beziehung „eher in den Ehrenden als in den Geehrten aus" (Nikomachische Ethik), womit schon das Element der Anerkennung oder Wertschätzung betont wird. Nach neuzeitlich-philosophischer Lehre ist E. ein Lebensgut, zugleich ihr höchstes (Kant, Grundlegung der Metaphysik der Sitten). In der politischen Gemeinschaft wird die bürgerliche E. als Rechtsgut insoweit geschützt, als sie im äußeren Verhältnis von Achtung der Rechtssubjekte voreinander objektiv feststellbar und dadurch einklagbar ist. E. ist normativ gleichbedeutend mit → Menschenwürde und somit unantastbar (Art. 1, Abs. 1 GG), andererseits antastbar insoweit, als der „Anspruch eines Menschen auf Achtung seiner Persönlichkeit" durchaus verletzlich ist oder sein kann (Bundesgerichtshof) und deswegen nach Art. 5, Abs. 2 GG der Meinungs-, Informations- bzw. Pressefreiheit ausdrücklich Grenzen gesetzt sind. Im Hinblick auf die Rechtspraxis sichert geltendes Strafrecht und Zivilrecht den E.schutz der Rechtssubjekte. Die → Integration der Streitkräfte (→ Bundeswehr) in den demokratischen Verfassungsstaat brachte die Beseitigung der traditionellen Exklusivität militärischer Berufsehre (Standesethos) mit sich, was mit dem Fortfall der besonderen Militärgerichtsbarkeit erkennbar ist. Ein besonderes Spannungsverhältnis zwischen bürgerlicher Existenz und Militärstatus dürfte sich im Zusammenhang mit den → „Soldaten-Urteilen" insofern ergeben haben, als die mit dem Problem befassten Richter diesen prinzipiellen Schutz nicht gelten lassen.

Ehrenzeichen der Bundeswehr → Orden und Ehrenzeichen.

Ehrgefühl → Ehre.

Eid und Gelöbnis. Während Eidesleistungen zur Bekräftigung einer besonderen Verpflichtung oder schwer wiegender Aussagen jahrtausendealte Tradition haben, stellt das Gelöbnis eine aus den Erfahrungen der jüngsten deutschen Geschichte resultierende Hilfskonstruktion dar, um Soldaten bei gleichzeitiger Inpflichtnahme vor dem Zugriff des Staates auf das → Gewissen zu schützen. Der Eid als

x) stimmt so nicht, siehe d. Soldbuch des dt. Soldaten letzte Seite

besondere Art der Beteuerung der Zuverlässigkeit gegenüber einer Person oder mit dem Ziel, die Funktionsfähigkeit der Gemeinschaft zu sichern, findet sich in fast allen Kulturen. – Soldaten-Eide (→ Fahneneid) gibt es in historisch vielfältigen Formen. Eidnehmer war in der Regel der Landesherr bzw. der Fürst. Verfassungsmäßige Bindung der Streitkräfte durch Eide blieb in Deutschland bis 1919 Ausnahme. Massiv missbraucht wurde der Soldateneid in der Wehrmacht (1935), weil die Eidesleistung nicht an Verfassung oder Gesetze, sondern auf die Person Hitlers, mit unbedingtem Gehorsam, geleistet wurde (→ Zwanzigster Juli 1944); mit den späteren Regelungen in der Nationalen Volksarmee (1961), der Forderung nach unbedingtem Gehorsam, Selbstverfluchung und politisch-ideologischer Bindung lag ebenfalls eklatanter Missbrauch vor. – Die für die → Bundeswehr geltende Regelung fand 1956 nach kontroversen Diskussionen Aufnahme in § 9 Abs. 1 und 2 SG. → Berufs- und → Soldaten auf Zeit haben einen Diensteid, Wehrpflichtige ein feierliches Gelöbnis zu leisten. Durch die gleich lautende Treuepflicht (§ 7 SG, → Treue, → Dienstpflichten) entbindet eine Gelöbnisverweigerung nicht von den Soldatenpflichten. Sie wird zwar als Verstoß angesehen, nach einer ministeriellen Weisung (1968) und Bestätigung in der Rechtsprechung jedoch nicht disziplinar gemaßregelt. Allerdings sind die betreffenden Soldaten von jeglicher Beförderung ausgeschlossen. Ebenso ist die Ablegung des Gelöbnisses unter Vorbehalt unzulässig. Die Eidesverweigerung führt bei Berufs- und Soldaten auf Zeit zwangsläufig zur Beendigung des Dienstverhältnisses (ZDv 14/5 B 193). – Militärische Regelungen von E. nennt die ZDv 10/8 (Kap. 1). Die Zeremonie soll möglichst in der → Öffentlichkeit stattfinden, um die → Integration der Bundeswehr in die Gesellschaft zu unterstreichen. Diese Praxis hat zeitweise zu erheblichen Konflikten geführt (1980: → Zeittafel). – Vor Ablegung des Eides oder Gelöbnisses sollen die Soldaten vom Einheitsführer (→ Kompaniechef) und im → Lebenskundlichen Unterricht eingehend „belehrt" werden. E. können nach heutigem Verständnis nicht nur als „Inpflichtnahme", sondern auch als Schutz vor unzulässigen Forderungen, die der → Werteordnung des → Grundgesetzes widersprechen, an den Soldaten verstanden werden.

Eigenmächtige Abwesenheit und → Fahnenflucht (§ 16 WStG) gehören zu den am häufigsten begangenen und geahndeten Taten des → Wehrstrafrechts. Der Anteil von E. an der Gesamtzahl der → besonderen Vorkommnisse beträgt regelmäßig mehr als die Hälfte. Der Soldat macht sich strafbar, wenn er ohne dienstliche Erlaubnis seine Truppe oder Dienststelle verlässt oder ihr fernbleibt und dann schuldhaft länger als drei Kalendertage abwesend ist (§ 15 WStG). Diese für das Selbstverständnis der → Bundeswehr nicht unerheblichen Delikte waren häufiger Gegenstand von soziologischen und wehrpsychologischen Untersuchungen. E. ist nicht auf eine Ursache zurückzuführen, sondern nur durch ein Motivbündel erklärbar. Es steht in enger Wechselwirkung zur Reaktion von Gesellschaft und Militär auf → abweichendes Verhalten. Der Soldat, der sich dem → Dienst entzieht, ist auf seine militärische Rolle ungenügend vorbereitet und kann sie nicht bewältigen. Meistens sind dann Probleme im persönlich-privaten Bereich oder subjektiv empfundene unerfüllbare Aufgaben bzw. Zwangslagen im militärischen Bereich Auslöser zur Flucht. Der militärische → Vorgesetzte sieht sich häufig in einem Rollenkonflikt, einerseits Strafverfolgung von Amts wegen zu unterstützen und andererseits das notwendige → Vertrauen zu dem Soldaten aufzubauen, um die Motive seiner Abwesenheit aufzuklären und helfend tätig zu werden.

Eignung ist neben Befähigung und Leistung ein Ernennungs- und Verwendungsgrundsatz im öffentlichen Dienst (§ 33 GG), speziell für Soldaten (§ 3 SG). E. meint die charakterlichen, geistigen und körperlichen Eigenschaften, die zur Erfüllung der Aufgaben als Soldat erwartet werden. Das wichtigste Instrument zur Feststellung der charakterlichen und geistigen E. von → Berufs- und → Soldaten auf Zeit ist die → Beurteilung. Die körperliche E. wird durch sanitätsärztliche Untersuchungsbefunde festgestellt.

Eingabe. Jeder Soldat hat das Recht, sich einzeln und ohne Einhaltung des Dienstweges mit einer Eingabe an den → Wehrbeauftragten des Deutschen Bundestages zu wenden (§ 7 WBeauftrG). Anonyme Eingaben werden nicht behandelt. Mit dieser Sonderform des allgemeinen → Petitionsrechts nach Art. 17 GG werden die Möglichkeiten des → Rechtsschutzes von Soldaten erweitert. Die Eingabe schränkt die übrigen Rechte aber nicht ein. Mit ihr begeht der Soldat eine Überprüfung, ob Maßnahmen des → Dienstherrn oder von → Vorgesetzten ihn in seinen → Grundrechten verletzt haben oder den → Grundsätzen der Inneren Führung widersprechen. Das Überprüfungsverfahren, das auf Ersuchen des Wehrbeauftragten durch Vorgesetzte (falls

GESAMTZAHL DER EINGEGANGENEN EINGABEN 1959–2001

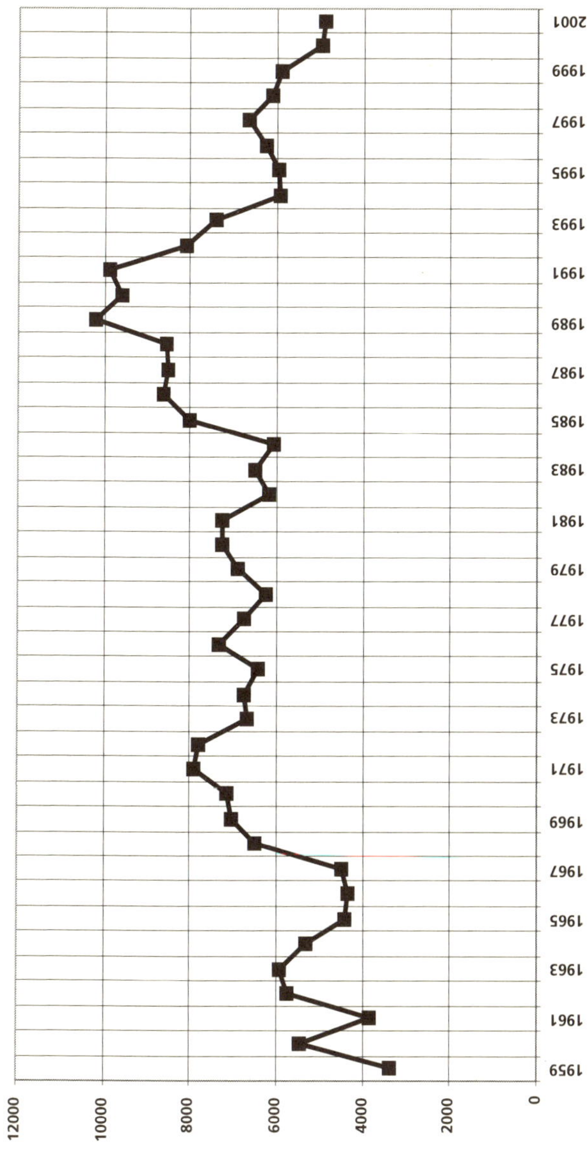

Quelle: Wehrbeauftragter des Deutschen Bundestages, Jahresbericht 2001 (BT-Drs 14/8330 vom 12. März 2002)

sachdienlich) oder sonst in Frage kommende Dienststellen der Bundeswehr durchgeführt wird, soll den Sachverhalt aufklären helfen und ist darüber hinaus ein Element der → parlamentarischen Kontrolle. Der Soldat erhält nach Abschluss der Bearbeitung seiner E. einen Schlussbescheid. Gegenüber den zuständigen Stellen kann der Wehrbeauftragte empfehlende Ausführungen zur Regelung der Angelegenheit machen (allgemeine Anregungsbefugnis) oder auch den Vorgang der für die Einleitung eines Straf- oder Disziplinarverfahrens zuständigen Stelle zuleiten. Solche Anregungen sind keine verbindlichen Weisungen oder Befehle. Will der Soldat aber seine Rechte einklagen, so muss er andere Rechtsschutzmöglichkeiten in Anspruch nehmen. Dennoch verfehlen die Ausführungen des Wehrbeauftragten in der Regel nicht ihre Wirkung, weil sie meistens an die übergeordnete Instanz des gemeldeten Vorgesetzten bzw. der Dienststelle ergehen (→ Hierarchie). Um wirksam seine Rechte wahrnehmen zu können, wird dem Soldaten bereits in den ersten Tagen der Grundausbildung der gesamte Umfang des ihm zur Verfügung stehenden Rechtsschutzes dargestellt. Die Anschrift des Wehrbeauftragten hat sich als Daueraushang an der Informationstafel der Einheit zu befinden: Der Wehrbeauftragte des Deutschen Bundestages, Platz der Republik, 11011 Berlin.

Eingliederung von Soldaten der ehemaligen NVA → „Armee der Einheit".

Einsatz heißt, dass Streitkräfte nach dem vom → Grundgesetz vorgegebenen Auftrag handeln (→ Auslandseinsätze).

Einsatzmedaille. Die E. wird „als sichtbares Zeichen für die Teilnahme an Einsätzen oder besonderen Verwendungen außerhalb des deutschen Hoheitsgebietes im Rahmen von humanitären, friedenserhaltenden oder friedensschaffenden Maßnahmen" den Soldaten und zivilen Mitarbeitern der → Bundeswehr, in Ausnahmefällen auch an Angehörige ausländischer Streitkräfte, in den Stufen Bronze (nach 30 Tagen Dienst), Silber (360 Tage) und Gold (690 Tage) verliehen. Der Dienst muss nicht zusammenhängend geleistet werden. Näheres regelt der Erlass über die Stiftung der E. der Bundeswehr vom 25. April 1996 (geändert am 6. Nov. 2002) sowie Verfahrenshinweise zur Verleihung (VMBl. 1996, S. 227; VMBl. 1997, S. 146, VMBl. 2003, S. 86). Für welche → Auslandseinsätze und mit welcher Bezeichnung die E. verliehen wird, bestimmt der BMVg. Die E. hat allein einen zeitbezogenen Teilnahme-, jedoch keinen Verdienstcharakter im Sinne eines Erinnerungsabzeichens. Die ersten E. hat Bundesminister Rühe am 26. Juni 1996 überreicht.

Einstellung zum Wehrdienst. Nach den regelmäßig durchgeführten Meinungsumfragen (SINUS) liegen Befunde über die E. von jungen Bürgern vor (→ Jugend und Bundeswehr, → Akzeptanz). Ergebnis (2000): Die 14- bis 20-jährigen Jugendlichen interessieren sich kaum für die Bundeswehr. Gut 50 v. H. nehmen ihr gegenüber eine positive Haltung ein. Die persönliche Bereitschaft zur Teilnahme an Einsätzen der Bundeswehr ist wesentlich geringer ausgeprägt als eine allgemeine Befürwortung solcher Aufgaben.– Das Bild der Streitkräfte in der Gesellschaft gehört neben dem → Führungsverhalten der → Vorgesetzten, der militärischen Bezugsgruppe und dem militärischen Umfeld zu den wichtigsten Faktoren, die sich auf die Einstellung der Wehrpflichtigen (→ Motivation) auswirken. Im Vergleich zu Tendenzen in den 1980er-Jahren empfinden die heutigen Soldaten, dass ihnen gesellschaftliche Anerkennung entgegengebracht wird. Der Anteil der Wehrpflichtigen, die ihrem Dienst positiv gegenüberstehen, ist relativ hoch. Beeinträchtigt wird ihre → Motivation durch eine negative Wahrnehmung der höheren Vorgesetzten (→ Autorität). So wird das Verhalten der Vorgesetzten als wenig entgegenkommend und fürsorglich beurteilt (→ Betriebsklima). Jedenfalls bezieht ein Großteil der wehrpflichtigen Soldaten ihre positiven Eindrücke fast ausschließlich auf die Grundausbildung zu Beginn des Wehrdienstes. – In der täglichen → Dienstgestaltung werden besonders Tätigkeiten im Zusammenhang mit Technik und → Sport, auch → politische Bildung geschätzt, Routinedienste stoßen dagegen auf Ablehnung (→ „Gammeln").

Eisernes Kreuz. Name für die ursprünglich preußische Kriegsauszeichnung, die unterschiedslos an alle Soldaten dann verliehen wurde, wenn sie sich nachweislich im Kampf bewährt hatten und dadurch der Auszeichnung für würdig befunden wurden. Das E. wurde vom preußischen König entworfen (Friedrich Wilhelm III.), künstlerisch von dem Architekten K. F. Schinkel (1781–1841) in der Form des sog. Tatzenkreuzes gestaltet und am 10. März 1813 der preußischen Armee zunächst für die Dauer des Befreiungskrieges (1813–1815) gestiftet. In erneuerter Form wurde es als Auszeichnung in beiden Weltkriegen (1914–1918; 1939–1945) verliehen. Nach dem Ordensgesetz (1957) ist das Tragen der Auszeichnung (ohne NS-Emblem) wieder zulässig. – Als Erkennungszeichen wird an Fahrzeugen (Flugzeugen, Schiffen, Panzern) und Geräten (Artilleriewaffen) der → Bundeswehr das E. geführt. Die → Traditionsrichtlinien für die Bundeswehr erklären im Wortlaut das E. als „Sinnbild für Tapferkeit, Freiheitsliebe und Ritterlichkeit" (20. September 1982, Nr. 23).

Elite. Als Fremdwort (lat. eligere, auswählen, franz. Auswahl, auserlesen), fand E. im Laufe des 18. Jh. Eingang in die deutsche Sprache. Es meint eine herausgehobene, die Spitzenpositionen einer Gesellschaft einnehmende Minderheit. Über die Zugehörigkeit und den Zugang in eine E. sowie deren Einfluss innerhalb einer Gesellschaft gibt es unterschiedliche Deutungen in den Sozialwissenschaften. – In der → Bundeswehr (Streitkräfte) zählen sich die Inhaber der Spitzenpositionen (Generale/Admirale), die Anwärter für derartige Spitzenpositionen (Offiziere im General-/Admiralstabsdienst) und Angehörige von bestimmten Truppengattungen (Heer: z.B. Fallschirmjägertruppe; Luftwaffe: z.B. Jagdflieger; Marine: z.B. Kampfschwimmer) zur E. gehörig.

Ellwein, Prof. Dr. Thomas (1927–1998), Erziehungs- und Politikwissenschaftler, seit 1970 Direktor des Wissenschaftlichen Instituts für Erziehung und Bildung in den Streitkräften (→ Sozialwissenschaftliches Institut) und Vorsitzender der Kommission beim → Bundesminister der Verteidigung zur Neubildung der Ausbildung und Bildung in den Streitkräften (→ Bildungsreformen), 1973/76 Präsident der Hochschule der Bundeswehr in Hamburg (→ Universitäten der Bundeswehr) und 1976/91 Professor für Politik- und Verwaltungswissenschaft an der Universität Konstanz.

Empathie (griech. Leidenschaft) ist ein psychologischer Fachbegriff, der auf den Philosophen Th. Lipps zurückgeht und der damit die Fähigkeit umschrieb, sich in die Vorstellungen anderer Menschen versetzen zu können (verstehen, einfühlen). E. ist in die sicherheitspolitische Terminologie aufgenommen worden, was als Indiz dafür gewertet werden kann, dass sich die semantischen Voraussetzungen der herkömmlichen militärischen Terminologie zu verändern beginnen. E. drückt demnach → „interkulturelle Kompetenz" aus, besonders in der Rolle des → Offiziers, neben seiner herkömmlichen Führungsaufgabe als Vermittler zwischen verschiedenen Konfliktparteien zu handeln.

Engagement. Ein aus dem Sprachgebrauch der französischen Philosophie übernommener Ausdruck für die frei gewählte Bindung an eine Sache (→ Freiheit) und das aktive Eintreten für diese (engagieren i. S. v. sich verpflichten, sich binden). Der Ausdruck E. hat in der politisch-sozialen Sprache, aber auch im militärischen Bereich Eingang gefunden.

Entbürokratisierung ist die geforderte Konsequenz aus der Kritik an der → Bürokratie, an der Undurchsichtigkeit der Verfahrens- und Entscheidungsabläufe, an einer unverständlichen und formalisierten Amtssprache, der Ausdehnung ihres Verwaltungsapparats und dem Einfluss auf alle Lebensbezüge („Regelungsdichte"). – Für die → Bundeswehr gilt E. der Streitkräfte als Voraussetzung für eine gelingende → Innere Führung. Der Trend zur Bürokratisierung steht im Gegensatz zur Forderung nach der Selbstständigkeit des Handelns (→ Auftragstaktik), wie aus den Ergebnissen der → „de Maizière-Kommission" deutlich wird. Die E. wurde zunächst unter dem Aspekt der militärischen „Effizienzsteigerung" gefordert, jetzt wird sie unter dem Gesichtspunkt des → Wertewandels vertreten (→ „Kursbuch 2000").

Entwürdigende Behandlung. Der → Vorgesetzte, der einen Untergebenen entwürdigend behandelt oder ihm böswillig den Dienst erschwert oder fördert oder duldet, dass ein Untergebener die Tathandlung bzgl. eines anderen Soldaten ausführt, macht sich nach dem → Wehrstrafrecht (§ 31) strafbar. Neben den anderen „Straftaten gegen die Pflichten des Vorgesetzten" (§§ 30–41) macht diese Regelung deutlich, dass die Beachtung der Unantastbarkeit der → Menschenwürde in der → Bundeswehr auf jeden Fall durchzusetzen ist. Auch Beleidigungen erfüllen dann den Tatbestand der E., wenn sie den Soldaten seelisch treffen, in seiner → Ehre kränken, ihn vor Untergebenen demütigen, in unzüchtiger Weise ausgedrückt werden oder ihn der Lächerlichkeit preisgeben (J. Schölz/E. Lingens 2000). Verschiedene Beispiele in den Jahresberichten des → Wehrbeauftragten zeigen, dass einzelne Vorgesetzte glauben, die militärische Gemeinschaft für ihr menschenverachtend wirkendes Denken und Handeln ausnutzen zu können. Begriffe wie „Männergesellschaft" oder „rauhes Klima" sollten jedoch nicht den Schutz der Menschenwürde, im Interesse jedes Soldaten, vergessen lassen.

ERGOMAS → Sozialwissenschaften und Bundeswehr.

Ersatzdienst. Verfassungsrechtliche Bezeichnung (Art. 12a Abs. 2 GG) für den Zivildienst, der von anerkannten Kriegsdienstverweigerern anstelle des → Wehrdienstes zu leisten ist. Einzelheiten sind im Zivildienstgesetz (i. d. F. vom 1. Januar 2002) geregelt. In der gesellschaftspolitischen Auseinandersetzung wurde der E. gegenüber dem Wehrdienst öfter als die sittlich höherwertigere und sozial wertvollere Aufgabe bezeichnet, um auf diese Weise bei Wehrpflichtigen auf ihre Entscheidung zur → Kriegsdienstverweigerung hinzuwirken. Allerdings ist der E. so organisiert, dass praktisch jeder anerkannte Kriegsdienstverweigerer eine Zivildienststelle erhält.

Erwachsenenbildung. Der Begriff E. ersetzte die Bezeichnung „Volksbildung", die ursprünglich bis in die 1920er-Jahre für die → Bildung der unteren Bevölkerungsschichten gültig war (W. Flitner). Dem Vorschlag des Deutschen Bildungsrates, „Erwachsenenbildung" an Stelle der allgemeinen (nicht berufsspezifischen) Bildung zu verwenden, ist man nicht gefolgt und hat stattdessen nun den Begriff → Weiterbildung eingeführt. Nach F. Pöggeler ist mit E. heute die „Weiterbildung von Erwachsenen" gemeint, die von besonderen Institutionen organisiert wird und allen Bevölkerungsgruppen zugänglich ist. – Die Praxis der E. ist dem Anspruch nach von einem kooperativen Verhältnis der Lehrenden und Lernenden bestimmt, das der einseitigen Belehrung (→ Kommunikation) die Anregung zum selbst- und eigenständig geleisteten → Lernen vorsieht. Die Didaktik und Methodik der E. umfasst eine Fülle unterschiedlicher Methoden zur Gestaltung der Lernerfahrungen, die auf die Ideen des französischen Philosophen und Kulturkritikers J. J. Rousseau (1712–1778) zurückgehen. Demnach kann alles Lernen in einer gemeinsamen Begegnung von Lehrenden und Lernenden nur dann vollzogen werden, wenn der Lehrende sich aus seiner → Autorität von vornherein entlässt und in die Gemeinschaft der Lernenden eintritt (siehe „Emile oder über die Erziehung", 1762). Vor allem gruppendynamische Ansätze bestimmen die didaktischen Vorstellungen zur E. der Gegenwart (T. Brocher). Obwohl auf den Vortrag als Mittel der → Information nicht verzichtet werden kann, werden gruppenpädagogisch orientierte Methoden (Diskussion, Lehrgespräch, → Gruppenselbstarbeit) heute stärker bevorzugt als das noch in den 1960er-Jahren der Fall war. Die E. als Element der Demokratisierung wird ebenfalls stärker beachtet, da durch sie Kooperationsbereitschaft und Mitverantwortung geweckt und eingeübt werden kann (→ politische Bildung, → Beutelsbacher Konsens). Bereits im →

Handbuch Innere Führung wurde die politische Bedeutung der E. betont und als Praxis der Gruppenselbstarbeit gefordert (1957). – Das politische Ziel einer flächendeckenden Versorgung der Bevölkerung mit Angeboten der E. (vierter Bildungssektor) wird durch Institutionen auf kommunaler Ebene (z. B. Volkshochschulen), Einrichtungen und Akademien des zweiten und dritten Bildungsweges, der Wirtschaft, Gewerkschaften und Kirchen sowie der politischen Parteien, des Bundes und der Länder angestrebt. – Einrichtungen der E. sind in der → Bundeswehr vor allem die → Akademie der Bundeswehr für Information und Kommunikation, die → Führungsakademie der Bundeswehr und das → Zentrum Innere Führung.

Erweitertes Aufgabenspektrum → Auslandseinsätze, → Bundeswehr.

Erzieherische Maßnahmen. Der Erlass „Erzieherische Maßnahmen" (EM) wurde nach einer intensiven Diskussion um die → Erziehung von Soldaten 1988 grundsätzlich überarbeitet. Die jeweilige Fassung (zuvor 1958, 1965, 1970) gibt das zeitbezogene Verständnis der Streitkräfte zur erzieherischen Einwirkung auf Erwachsene wieder. – Mit den E. sollen gute Leistungen anerkannt und Mängel soldatischer Pflichterfüllung behoben werden. Daneben verfügt der → Vorgesetzte über weitere → Erziehungsmittel. Weil die meisten Soldaten willig ihren → Dienst verrichten, müssen Anleiten und Fördern, nicht Strafen und Vergelten, im Vordergrund stehen. Der Erlass E. bietet dazu einen Maßnahmenkatalog bei guten Leistungen – abgestuft nach Verantwortungsebenen – an. Für erzieherisches Einwirken auf Gleichgültige und Unwillige sind – ebenfalls abgestufte – Maßnahmen bei Mängeln vorgesehen. Lebenserfahrung und Alltagspraxis zeigen jedoch, dass es häufig schon genügt, anzuspornen oder Pflichterfüllung anzumahnen. Darüber hinaus zeigt der Erlass E. Hintergründe und Zusammenhänge auf und enthält vor allem für junge Vorgesetzte Begründungen zur Führungspraxis in den Streitkräften. Neben der pädagogischen Zielrichtung sind E. ein Mittel zur → Durchsetzung von Befehlen in der Hand der Vorgesetzten. Die erzieherische Wirkung und rechtsstaatliche Anwendung der E. soll durch die Benennung von Regeln zur Handhabung sowie allgemeine und besondere Zulässigkeitsvoraussetzungen garantiert werden. Es gilt der Grundsatz „Lob vor Tadel". Auf die Situation junger Soldaten soll genauso Rücksicht genommen werden wie auf den veränderten Stellenwert der

ERZIEHERISCHE MASSNAHMEN			
Anlass	**Allgemeine Erzieherische Maßnahmen**, anwendbar durch **jeden** Vorgesetzten	**Zusätzliche Erzieherische Maßnahmen**, anwendbar durch ■ **Kompaniefeldwebel** ■ **Unteroffiziere m. P.** und **Offiziere**, die – unmittelbare Vorgesetzte (§ 1 VorgV) – Fachvorgesetzte (§ 2 VorgV) – Vorgesetzte mit besonderer Anordnung (§ 5 VorgV) sind und ■ **Unteroffiziere o. P.**, die mit der Führung eines Zuges beauftragt sind	**Besondere Erzieherische Maßnahmen**, anwendbar nur durch **Disziplinarvorgesetzte**
Bei guten Leistungen	(Nr. 502 a–e) a) **Lob** b) **Herausstellen einer besonders guten Leistung/eines vorbildlichen Verhaltens** c) **Übertragen einzelner Aufgaben mit erhöhter Verantwortung** d) **Dienstpausen** e) **Meldung der besonders guten Leistung an Vorgesetzte**	(Nr. 602 a–c) a) **Übertragung oder Erweiterung von Führungsverantwortung für eine bestimmte Zeit** b) **Befreiung von bestimmten Dienstverrichtungen/Ausbildungsabschnitten im Einzelfall** c) **Vorzeitige Beendigung eines Ausbildungs-/Dienstabschnittes**	(Nr. 702 a–c) a) **Vorzeitige Beendigung des Dienstes** b) **Förderung durch Erweiterung des Verantwortungsbereichs/ Weiterbildungsmaßnahmen** c) **Aufhebung von Erzieherischen Maßnahmen**
Bei Mängeln	(Nr. 503 a–e) a) **Belehrung** b) **Zurechtweisung** c) **Warnung** d) **Verlängerung eines einzelnen Dienst-/Ausbildungsabschnittes** e) **Meldung des Mangels an Vorgesetzte**	(Nr. 603 a–b) a) **Schriftliche Ausarbeitungen** b) **Wiederholungsdienst bis zu einer Stunde**	(Nr. 703 a–c) a) **Zusatzdienst als Wiederholungsdienst** b) **Versagen von Nachtausgang an Tagen, auf die ein Dienst für den betroffenen Soldaten folgt** c) **Einschränkung der Befugnisse zur Anwendung von Erzieherischen Maßnahmen**

→ Freizeit. Daraufhin ist mit der Neufassung 1988 auf die eingefahrene Praxis reagiert worden, Soldaten durch Beschneidung ihrer Freizeit zu disziplinieren (→ Disziplinarpraxis). Die E. finden stets eine Grenze in der Wahrung der → Menschenwürde und der persönlichen → Ehre, der Beachtung der Gesetze und sonstigen Rechtsbestimmungen, der Gesundheit des Soldaten und den Sicherheitsbestimmungen. Das Prinzip der Verhältnismäßigkeit der Mittel ist ebenso zu beachten wie einige pädagogische Grundprinzipien. So ist zwischen Ausbildungs- und Erziehungsmängeln deutlich zu unterscheiden. Die Anwendung hat trotz der pädagogischen Zielsetzung rechtsstaatlichen Prinzipien zu entsprechen. Dazu gehört die Anhörung des Soldaten, eine Abgrenzung zum → Disziplinarrecht und die Möglichkeit der Aufhebung von E. Der Maßnahmenkatalog wird in der Schautafel dargestellt.

Erziehung. Das viel sagende, bisweilen rätselhaft wirkende Wort E. gehört nach Sprachentwicklung und Ideengeschichte (Geschichte der Pädagogik) zum festen Wortbestand der Gegenwart. Die „Bedeutungen" im alltäglichen Sprachgebrauch reichen vom bloßen „Dressieren" bis zum „Beraten". Im reflektorischen Kontext des Wissenschaftsbetriebs (Erziehungswissenschaft) kommt ihm nur eine begrenzte Bedeutung zu, denn die „offene Gesellschaft" (→ Wertewandel) hat sich längst dem alten Anspruch auf klare pädagogische Begrifflichkeit entzogen. – E. erscheint seit Aufstellung der → Bundeswehr in deren Sprachgebrauch (→ Wehrpädagogik). In Anlehnung an E. Weniger reservierte bereits die → Dienststelle Blank E. als „juristisch nicht-fassbare Seite" der → Inneren Führung (→ Wehrrecht). Ungeachtet der Änderungen in der ZDv 11/1 („Leitsätze für die Erziehung des Soldaten", 1971), hielt man an E. fest, so in den Erlassen (→ „Erzieherische Maßnahmen"), in den Richtlinien des → Generalinspekteurs und der Inspekteure der Teilstreitkräfte, in den Amtsbezeichnungen (→ Beauftragter für Erziehung und Ausbildung), in der Nachwuchswerbung für die Luftwaffe (Plakat: „Erziehung in der Luftwaffe") und im militärischem Alltagsjargon („Der Offizier als Führer, Erzieher und Ausbilder"). Eine offizielle Definition lautete: E. „in den Streitkräften ist bewusstes, wertegebundenes Einwirken auf geistige, charakterliche und körperliche Kräfte des Soldaten, damit er seine Aufgaben im Frieden und im zu verhindernden Kriege erfüllt bzw. erfüllen kann" (TKBA „Ausbildung", 1990). Der Einwand von H.-J. Reeb

(„Denken der Kaiserlichen Armee, der Reichswehr und der Wehrmacht"), man tradiere damit Gehorsamszwang (→ Hierarchie) und ideologische Vorstellungen des Einwirkens auf Untergebene (→ Vorgesetzter), markiert die Schwächen der militärischen Strukturen, die mit Veränderungen der Gegenwart nicht Schritt zu halten vermögen (→ Bürokratie). Aus den zum Artikel E. bereits in der Erstauflage (1991) zitierten Einwänden ist bekannt, dass Wehrpflichtige einen „Erziehungsanspruch" als Provokation auffassten („Erziehungsstudie" → Sozialwissenschaftliches Institut). Bislang wurde der Vorschlag nicht beachtet, das Wort E. durch → Menschenführung zu ersetzen.

Erziehungsmittel sind im militärischen Sprachgebrauch Möglichkeiten (→ Vorgesetzte), den Untergebenen zu beeinflussen (→ Erziehung), u. a. mit „Lob und Tadel", Anleitung und → Beratung. Der Vorgesetzte darf jedoch nicht willkürlich handeln, sondern hat die geltenden Bestimmungen zu beachten. Die meisten E. sind in der → Wehrdisziplinarordnung (→ Disziplinarmaßnahmen) und im Erlass → Erzieherische Maßnahmen geregelt. Dem Vorgesetzten stehen außerdem mit dem Vorschlagsrecht (→ Ehrenzeichen der Bundeswehr, → Preise für Bestleistungen), ebenso mit der → Beurteilung der Untergebenen weitere E. zur Verfügung; anleitende und beratende Maßnahmen sind Bestandteil der → Menschenführung (→ Leitsätze für Vorgesetzte).

Ethische Grundlagen der → Inneren Führung ergeben sich aus → der Werteordnung des Grundgesetzes (→ „Menschenbild des Grundgesetzes", → Berufsethos). An Formulierungen für ein grundlegendes Ethos beteiligt sich u. a. die „Evangelische Kirche in Deutschland". Der gegenwärtige Stand der Diskussionen hat vorrangig Bemühungen um die Erhaltung des → Friede(ns) zum Ziel, indem diplomatisch-zivile Konfliktlösungen einer endgültig militärischen vorgezogen werden (Denkschriften „Schritte auf dem Weg zum Frieden", 1994; „Zwischenbilanz", 2001; SOWI-Arbeitspapier Nr. 132, 2002).

EUROMIL, Kurzwort, gebildet aus den Anfangssilben von Europäische Organisation der Militärverbände, 1972 gegründet, vertritt inzwischen eine halbe Million Soldaten von 19 europäischen Staaten in 26 Organisationen. EUROMIL hat sich dem Leitbild vom → Staatsbürger in Uniform verpflichtet und das Vereinigungs- und Koalitionsrecht für europäische Soldaten während des aktiven Dienstes zum Ziel gesetzt; weitere Interessenschwerpunkte der Organisation sind auf sozialverträgliche Lösungen bei europaweiten Truppenverminderungen, auf gesicherte soziale Rahmenbedingungen bei VN-Einsätzen, auf die Unterstützung einer Europäischen Außen- und Sicherheitspolitik und den internationalen Erfahrungsaustausch gerichtet.

Anschrift: EUROMIL, 33, Av. Général de Gaulle, B-1050 Brüssel.

Europäisches Zentrum für militärische Führungskultur, Management und Wehrrecht → Multinationalität.

Europäische Verteidigungsgemeinschaft (EVG), eine übernationale Gemeinschaft von sechs europäischen Staaten (Belgien, Bundesrepublik Deutschland, Frankreich, Italien, Luxemburg, Niederlande) zur Aufstellung von gemeinsamen Streitkräften. Der Vertrag wurde am 27. Juni 1952 unterzeichnet, er scheiterte am Abstimmungsverhalten der französischen Nationalversammlung (30. August 1954). Das Scheitern ist als Rückschlag für das europäische Einigungswerk gedeutet worden; andererseits förderte es die Annäherung Deutschlands an die USA (→ Adenauer).

Exerzitien sind Veranstaltungen der katholischen → Militärseelsorge, deren Zweck es ist, persönliche und gemeinschaftliche Glaubenserfahrung zu vermitteln und Anstöße für Lebensgestaltung aus christlichem Glauben zu geben. E. werden von Exerzitien-Meistern in der Regel unter Beteiligung von Militärgeistlichen geleitet. Durchführung, Teilnehmer und Teilnahme entsprechen den → Rüstzeiten.

EXTRA-DIENST, eine vom → Bundesministerium der Verteidigung herausgegebene achtseitige Druckschrift, die seit 1998 erscheint und sich speziell an Kommandeure, Dienststellenleiter, Einheitsführer und Rechtsberater richtet (→ Intr@net aktuell). Er enthält eine Übersicht aus allen Bereichen der → Inneren Führung, die nach folgendem Themenschlüssel geordnet ist: → Menschenführung, → Politische Bildung, → Soldatische Ordnung, → Betreuung und Fürsorge, → Militärseelsorge, → Wehrrecht, → Dienstgestaltung usw.

Extremismus, Begriff für eine Haltung, die in ihrer Ausschließlichkeit und Unbedingtheit demokratiefeindliche Ziele verfolgt und Gewalt als politisches Mittel nicht ausschließt (z. B. Terror → Terrorismus). Charakteristische Merkmale des E. sind die Beseitigung von Rechtsstaatlichkeit und Pluralismus. Als Links-E. werden sozialrevolutionäre, doktrinär verengte Auffassungen bezeichnet (→ Radikalismus). Historisch gesehen kämpft der Links-E. gegen den → Rechts-E., der sich ebenso autoritär gibt und eine rassistisch-nationalistische Ideologie vertritt. Im Unterschied zur ersten Demokratiegründung 1919/33 (Weimarer Republik) formuliert das Bonner Grundgesetz der Bundesrepublik Deutschland einen Wertekanon (→ Grundgesetz), der mit den Mitteln der streitbaren Demokratie zu schützen ist. Hierzu rechnen die Vorkehrungen gegen den E. (z. B. nach Art. 9 Abs. 2; 21 Abs. 2; 33 Abs. 4 u. 5 GG). Der Bundestag wird jährlich von der Bundesregierung über die Entwicklung und Lage des E. unterrichtet (Verfassungsschutzbericht). Ein Beschluss der Bundesregierung und der Länderregierungen von 1972 wurde eindringlich in der breiten → Öffentlichkeit diskutiert, wonach der Bundeskanzler die einheitliche Behandlung der Verfassungstreue im öffentlichen Dienst forderte (W. Brandt), die später im sog. Radikalenerlass aufgenommen wurde. Seine Anwendung ist umstritten geblieben, das Verfahren wird in den Bundesländern unterschiedlich angewendet, wobei vereinheitlichende Tendenzen inzwischen festzustellen sind.

Fachinformationszentrum der Bundeswehr (FIZBw), ist als Fachabteilung des Streitkräfteamtes (Bonn) zuständig, Fachliteratur und -materialien in der Bundeswehr bereitzustellen und zu dokumentieren. Eine Datenbank steht zur Bestellung und Recherche auch der → Öffentlichkeit zur Verfügung (Einzelheiten: Intr@net Bw; Tel.: 02 28-9 47 13 50).

Anschrift: Fachinformationszentrum der Bundeswehr, Friedrich-Ebert-Allee 34, 53113 Bonn.

Fahneneid. Bezeichnung für den Diensteid der Soldaten (→ Eid). Ursprünglich erfolgte der F. auf die Standarte bzw. die Fahne eines Truppenteils, bei der Artillerie auf das Geschütz.

Fahnenflucht ist nach der → eigenmächtigen Abwesenheit der mit Abstand am häufigsten begangene Tatbestand im → Wehrstrafrecht (§ 16). Gemeint ist eine dauerhaft angestrebte Entfernung vom → Wehrdienst. Motive und Problemfelder dieses Verhaltens sind mit der eigenmächtigen Abwesenheit vergleichbar.

Familie → Soldatenfamilie.

Familienbetreuungszentrum → Soldatenfamilie.

Familienheimfahrt. Soldaten, die aufgrund der → Wehrpflicht Grundwehrdienst oder eine Wehrübung von mehr als zwölf Tagen leisten, erhalten im Rahmen der → Fürsorge (§ 31 SG) in der Regel kostenlose Fahrten mit öffentlichen Verkehrsmitteln zwischen der → Gemeinschaftsunterkunft am Dienstort und der Wohnung (VMBl. 1990, S. 322). Dazu erhalten sie einen „Berechtigungsschein". Ein Zuschuss zum Erwerb der Bahncard an → Soldaten auf Zeit mit niedriger → Besoldung sowie der „Berechtigungsschein" ermöglichen darüber hinaus beliebig viele Bundesbahn-Fahrten 2. Klasse zur Hälfte des Tarifs (VMBl. 1996, S. 103). Die festgestellte missbräuchliche Verwendung der Scheine durch ehemalige Grundwehrdienstleistende oder Soldaten auf Zeit beeinträchtigen das → Ansehen der Bundeswehr in der Öffentlichkeit. – Berufssoldaten und Soldaten auf Zeit, die Trennungsgeld empfangen, haben i. d. R. Anspruch auf Urlaub zur Durchführung von F. (ZDv 14/5, F511, Nr. 81) und erhalten Reisebeihilfen.

Feierliches Gelöbnis → Eid.

Feindbild. Das F. ist eine besondere Art des Vorurteils (Stereotyp) in Formen des diffamierenden Schlagwortes bzw. des abwertenden Urteils gegenüber Einzelpersonen, sozialen Gruppen, religiösen und weltanschaulich-politischen Gemeinschaften. Die Entstehungsgründe (F.) sind außerordentlich vielfältig und vor allem nicht nur auf die „Neuzeit" beschränkt. Klar ist seine Funktion: es verbindet und einigt die sozialen Gruppen und Verbände, ggf. eine Gesellschaft, indem das Aggressions- bzw. Hassobjekt („Feind") der eigenen psychischen Entlastung dient (Bedrohungs-, Unterlegenheitsempfindungen, Ängste). Die besondere Gefährlichkeit liegt in der Manipulierbarkeit der → Öffentlichkeit mit Hilfe von Mitteln der Indoktrination (Propaganda). – In der deutschen Geschichte hat das F. seit der zweiten Hälfte des 19. Jh. eine besondere Rolle gespielt und zu tief greifenden Störungen im Verhältnis der politischen Beziehungen besonders zu Frankreich, später dann zu den Völkern im Südosten und Osten Europas geführt. Die Folgen ließen sich bisher nur zum Teil in äußerst mühsamen Prozessen der allgemeinen und öffentlichen Vertrauensbildung beseitigen. – In der sozialistischen Wehrideologie (SED) nahm das F. eine besondere Funktion ein (→ Wehrkunde). Die Bundesregierung erklärte bereits im → Weißbuch 1973, dass die Bundeswehr kein F. brauche (→ Legitimation). In den → Traditionsrichtlinien (1982) ist der Verzicht auf das ideologische F. ebenfalls unterstrichen worden.

Feldwebel-Schmid-Kaserne, Name der Heeresflugabwehrschule in Rendsburg, am 5. Mai 2000 nach dem Wehrmachtsangehörigen Anton Schmid (1900–1942) benannt. Feldwebel Schmid, aus Wien gebürtig, leitete eine Sammelstelle für Wehrmachtsangehörige in Wilna/Litauen. Er war Zeuge zahlreicher Verbrechen im jüdischen Ghetto; daraufhin bemühte er sich, die Bevölkerung vor Deportationen und Massenhinrichtungen zu bewahren – soweit möglich. Im Januar 1942 wurde er wegen seiner Hilfen für Juden verhaftet, kriegsgerichtlich verurteilt und im April erschossen. In einer amerikanischen Dokumentation ist 1955 über sein mutiges Handeln berichtet worden, ebenfalls in der Dokumentation von L. Poliakov und J. Wulf über das „Dritte Reich und seine Diener" (1956). Ein Zeuge machte auf ihn während des Eichmann-Prozesses ausdrücklich aufmerksam (1961). Postum wurde A. Schmid in der israelischen Gedenk- und Forschungsstätte Yad Vashem geehrt (1967). Mit der → Kasernenbenennung soll ein verändertes Traditionsverständnis zum Ausdruck gebracht werden (→ Bundeswehr, → Politische Bildung, → Traditionspflege).

Fern@usbildung ist der Aufbau einer kooperativen Lernwelt unter Beachtung zusätzlicher didaktischmethodischer Möglichkeiten des Fernlernens (Distance Learning), der Telekommunikation und Telekooperation (Studienbericht F.). F. ist eine neue und eigenständige Ausbildungsform, die sich die Anwendungsmöglichkeiten der neuen Technologien (→ Internet) und neuer Lernmittel (→ CUA) zunutze macht und ausgehend von der selbstständigen und aktiven Rolle des Lernenden der Forderung nach lebenslangen Lernen (→ Erwachsenenbildung) entgegenkommt. Die → Bundeswehr führt seit 2001 drei Ausbildungsverfahren der F. ein: das virtuelle Klassenzimmer, die virtuelle Gruppenkooperation und das individuelle, auch asynchrone Einzellernen. Das → Zentrum Innere Führung ist an der F. beteiligt.

Foertsch → Generalinspekteur.

Förmliche Anerkennung. Die F. ist eine in der Regel im Kompanie- oder Tagesbefehl bekannt gemachte Würdigung einer vorbildlichen Pflichterfüllung oder einer hervorragenden Einzeltat. Diese Maßnahme der → Wehrdisziplinarordnung (§§ 11–14 WDO) kann mit bis zu 14 Tagen Sonderurlaub verbunden sein. Der → Disziplinarvorgesetzte hat ein weites Ermessen für eine Würdigung. Außerhalb der WDO steht ihm ein großer Katalog weiterer positiver → Erziehungsmittel zur Verfügung. Deshalb wird die F. nur als eine von mehreren Maßnahmen angesehen. Die Anzahl der F. betrug in den letzten Jahren um 14 000 (→ Schaubild S. 102).

Formales Erscheinungsbild. Darunter wird die Diskussion um die Zeitgemäßheit traditioneller, detailliert geregelter Konventionen in den Streitkräften geführt, die sich deutlich von den Umgangsformen in weiten Teilen der übrigen Gesellschaft unterscheiden (→ Wertewandel), wie z. B. bei → Gruß, → Anrede, Grundstellung, Kopfbedeckung, → Uniform, Kennzeichnung des Status und (Befehls-)Sprache. Jüngere Soldaten halten einen großen Teil dieser Regelungen für überholt, sinnlos, unwürdig oder auch belustigend. Sie sind außerdem vom Umfang der detaillierten Regeln verunsichert und halten die Form ihrer Durchsetzung, besonders den militärischen Umgangston, für eine unangemessene Machtausübung. Andererseits stellt ein Teil der deutschen Bevölkerung nach wie vor hohe Erwartungen an die formale → Disziplin und sieht darin ein Merkmal für die Zuverlässigkeit von Streitkräften. Empfehlungen (→ „Kursbuch 2000") weisen aber auf die Abschaffung nicht mehr begründbarer Regelungen und die Anpassung an gesellschaftlich gültige Formen hin. Die in der Truppe ak-

FÖRMLICHE ANERKENNUNGEN 1972–2001

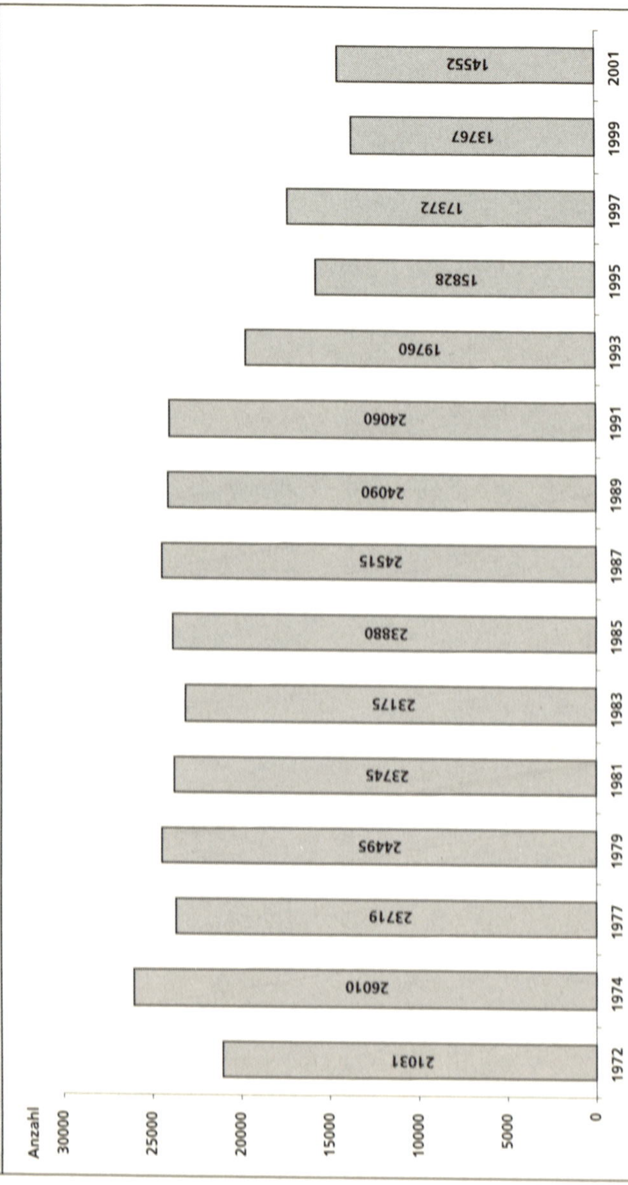

Quellen: Weißbuch 1975/76; Streitkräfteamt, Jahresberichte Soldatische Ordnung; Bundesamt für Wehrverwaltung

zeptierten Besonderheiten im F. bleiben davon unberührt. – In einem Gutachten soll das → Sozialwissenschaftliche Institut der Bundeswehr ermitteln, welche Veränderungen im F. angezeigt sind.

Fortbildung heißt der Teil der → militärischen → Ausbildung, der die Kenntnisse, Fertigkeiten und Fähigkeiten der Soldaten enthält, erweitert oder vertieft und ihre berufliche, auch zivilberuflich verwertbare Qualifikation verbessert.

Forum für Soldatenfrauen e. V., ein bundesweit vollzogener Zusammenschluss engagierter Soldatenfrauen, die sich ehrenamtlich und parteienunabhängig für die → Soldatenfamilie einsetzen. Der Aufbau einer flächendeckenden Organisation (→ Standort) ist geplant. Das F. arbeitet mit dem → Deutschen Bundeswehrverband zusammen (Übersicht, Anschriften usw.: Intr@net aktuell).

Forum Innere Führung, Reihenwerk der → Karl-Theodor-Molinari-Stiftung; bisher sind 21 Bände (2003) zu Themen der → Inneren Führung, → Militärsoziologie, → Militärseelsorge, → Militärgeschichte, → Traditionspflege und dem → Wehrrecht erschienen (1998 ff.).

Frauen und Bundeswehr. Weil es keine → Wehrpflicht für Frauen (Art. 12a GG) gibt, können sie nur freiwillig als Zeit- bzw. Berufssoldatinnen in den Streitkräften dienen. Seit 1990 sind alle Laufbahnen des Sanitätsdienstes (bedingt zugänglich seit 1975, vgl. Zeittafel) und des Militärmusikdienstes für Frauen geöffnet worden. Das Urteil des Europäischen Gerichtshofes (11. Januar 2000) zu deutschen Gesetzen, die Frauen allgemein vom Waffendienst ausschließen, stellt einen Verstoß gegen den Grundsatz der Gleichbehandlung fest (Europäischer Rat, 9. Februar 1976), so dass sich die Bundesregierung (BMVg) zu einer prinzipiellen Änderung gezwungen sah. Nach Änderung des Grundgesetzes (Art. 12a Abs. 4) und soldatenrechtlicher Regelungen steht seit 2001 dem freiwilligen Dienst von Frauen in allen Laufbahnen nichts im Wege. Der Frauenanteil in den Streitkräften beträgt (2003) 4,4 v. H. und wird auf 8 v. H. aller Berufs-/Zeitsoldaten veranschlagt (entspricht rd. 15 000 Soldatinnen). Bevorzugt werden folgende Dienste: Logistik, Fernmeldewesen, Stabs- und Sanitätsdienst; Offizierbewerberinnen entscheiden sich häufig für den fliegerischen Dienst. – Frauen wurden erstmals 1918 für das Reichsheer rekrutiert („Nachrichtenkorps"), jedoch nicht mehr eingesetzt; eine halbe Million Frauen diente während des Zweiten Weltkriegs als Helferinnen in der Wehrmacht, ihr Status wurde erst 1945 geregelt. In den 1970er-Jahren ist dann um einen Zugang von Frauen in der → Bundeswehr diskutiert worden (Gleichberechtigungsanspruch, Nachwuchsschwierigkeiten → „Horrorkurve"). Dabei scheint es sich in der Bundeswehr zunächst um ein „Reizthema" gehandelt zu haben (FIZBw: U 8873). In der → NVA waren Frauen, die sich freiwillig meldeten, in den rückwärtigen Diensten eingesetzt (seit 1956, ca. 2 000). In den Streitkräften sind inzwischen besondere „Ansprechstellen" für Frauen eingerichtet worden (→ Intr@net aktuell; „Die Bundeswehr", 5/2002, S. 23), zumal männliche Vorbehalte und Vorurteile offensichtlich sind (besonders im Heer, wo Frauen als Konkurrenten angesehen werden). Außerdem hat sich die sozialwissenschaftliche Gender-Forschung des Themas F. umfassend angenommen. Das → Zentrum Innere Führung erarbeitete Arbeitshilfen für die militärische Praxis. An soziale Maßnahmen wird gedacht (→ Betreuung, Mutterschutz). – Neben den militärischen Laufbahndiensten sind in den Dienststellen der → Bundeswehrverwaltung und den Streitkräften etwa 49 000 Frauen (ziviler Status) tätig. (Lit.: BMVg, Broschüre: Frauen in der Bundeswehr; FIZBw: Sonderheft 262, 2002; Hoffmann u. Prüfert 2001).

Frauenbeauftragte → Gleichstellungsbeauftragte.

Freie Heilfürsorge → Heilfürsorge.

Freie Meinungsäußerung. Das → Grundrecht auf F. ist „unmittelbarster Ausdruck der menschlichen Persönlichkeit und damit eines der vornehmsten Menschenrechte" (BVerfG). Es ist für die freiheitlich demokratische Grundordnung bestimmend, weil es erst die ständige Auseinandersetzung ermöglicht, von der die Demokratie lebt. Eine an der Würde des Menschen (→ Menschenwürde) orientierte → Werteordnung kann nicht bestehen, ohne die jedem einzelnen Staatsbürger garantierte Möglichkeit, sich im Streit der Meinungen, Interessen, Weltanschauungen (Pluralismus) für eine selbstständige Position zu entscheiden und diese ggf. aktiv zu vertreten (→ politische Betätigung). Art. 5 GG garantiert dem Einzelnen unter Beachtung anderer Gesetze, der gesetzlichen Bestimmungen zum Schutze der Jugend und des Rechts der persönlichen Ehre, seine Meinung in Wort, Schrift und Bild frei zu äußern und zu verbreiten (Meinungsfreiheit) sowie sich aus allgemein zugänglichen Quellen ungehindert zu unterrichten (Informationsfreiheit). Untrennbar damit verbunden sind die Pressefreiheit und Zensurfreiheit. Während die Informationsfreiheit im Allgemeinen von Einschränkungen ausgenommen ist, gibt es jedoch für Soldaten besondere Grenzen der Meinungsfreiheit (Art. 17a GG). Die im → Soldatengesetz normierten Einschränkungen sind durch Erfordernisse des militärischen → Dienstes notwendig. Dazu zählen die Pflichten zum → Gehorsam, zur → Kameradschaft, zur Wahrheit und Verschwiegenheit in dienstlichen Angelegenheiten, dem → Ansehen der Bundeswehr nicht zu schaden sowie die Pflicht des Vorgesetzten, in seinen Äußerungen Zurückhaltung zu wahren. Besondere Bestimmungen müssen die Soldaten in ihrer → politischen Betätigung beachten. – Die F. ist trotz dieser Einschränkungen generell für Soldaten garantiert. In der → politischen Bildung wird sogar erwartet, dass Meinungsunterschiede als normal und alternative Überzeugungen als nützlich angesehen werden. Soldaten dürfen ebenso Meinungen bilden und artikulieren, die einer aktuellen Meinung eines militärischen Vorgesetzten oder der militärischen Führung widersprechen (G 1-Hinweise Nr. 2510; Bundesverwaltungsgericht, NZWehrr 1986, S. 163).

Freiheit ist die Möglichkeit, so zu handeln, wie man will (Selbstbestimmung). Demzufolge ist F. stets Willensfreiheit bzw. Ausdruck des freien Willens. Eine derartige Willensfreiheit gründet in der philosophischen Auffassung des Handelns aus eigenem Entschluss und in eigener Verantwortung ohne irgendeine Bestimmung „von außen her“ (→ Menschenwürde). F. meint daher auch die Selbstbestimmung des Handelns (Handlungsfreiheit) als Gegensatz zu äußerem Zwang und normativer Bindung (wie soziale Zwänge). Sie ist sowohl F. der Person vor Übergriffen des Staates und der Gesellschaft als auch F. vor Not, Benachteiligung und Unterdrückung. Die F. einer politischen Ordnung verwirklicht sich in ihrer Gerechtigkeit, dem höchsten normativen Prinzip institutionellen Zusammenlebens. Der freiheitliche demokratische Staat bekennt sich deshalb zur Gleichheit der Menschen, zur Souveränität des Volkes, zum Prinzip der Volksrepräsentation, zur → Rechtsstaatlichkeit und zur Teilung der staatlichen Macht. Der Staat hat die Aufgabe, diese Werte nach innen und außen zu schützen (→ Legitimation). Der Freiheitsbegriff der Neuzeit hat seinen Ursprung in der amerikanischen Unabhängigkeitserklärung (1776) und in der französischen Verfassung (1793). F. ist „die Befugnis des Menschen, alles zu tun, was keinem anderen schadet“. In der Tradition dieses Freiheitsverständnisses steht die Paulskirchen-Verfassung (1848/49), die Weimarer Reichsverfassung (1919) und schließlich das → Grundgesetz (1949). F. ist zum politisch-bewegenden Moment für die europäischen Völker geworden. Das belegen die revolutionären Veränderungen im östlichen Teil Europas (1989/90), ebenso die Protesthaltung der ostdeutschen Bevölkerung („Wir sind das Volk"), die zur Beseitigung des SED-Regimes führte.

Freiheitliche demokratische Grundordnung → Werteordnung.

Freiherr-vom-Stein-Preis. Der Preis ist bestimmt zur Auszeichnung von „Schöpfern beispielhafter sozialer Betriebsordnungen und Betriebsverhältnissen oder eines zeitgemäßen Programms". Auf Vorschlag eines unabhängigen Kuratoriums hin sollte „die Entwicklung und Durchsetzung der Grundsätze der Inneren Führung" ausgezeichnet werden. Am 10. Februar 1965 wurde deshalb die → Konzeption der Inneren Führung öffentlich anerkannt und der Preis von der Hamburger Universität an die Generale W. Graf von → Baudissin, J. A. Graf → Kielmansegg und U. → de Maizière vergeben. 25 Jahre später wurden stellvertretend für die Gesamtheit der Einheitsführer der → Bundeswehr (→ Kompaniechef), die 35 Jahre erfolgreich politische Bildungsarbeit in den Streitkräften geleistet hatten, die Hauptleute H. Hupka (Heer) und O. Nötzing (Luftwaffe) sowie Kapitänleutnant H. Schlüter (Marine) am 30. Oktober 1990 mit der Freiherr-vom-Stein-Medaille in Gold ausgezeichnet.

Freistellung vom Dienst (FvD) ist der Ausgleich für besondere zeitliche Belastungen und wird nach den Bestimmungen der → Dienstzeitregelung gewährt (vgl. Soldatenurlaubsverordnung, ZDv 14/5 F 511). Die Freistellung soll möglichst im Anschluss an diese zeitliche Belastung erfolgen und muss innerhalb von zwölf Monaten danach gewährt werden. Aufgrund der hohen Bedeutung von → Freizeit benutzen → Vorgesetzte die F. entgegen der geltenden Vorschrift auch als → Erziehungsmittel. Die Bestimmungen über die → Dienstzeitregelung haben einen erheblichen Anstieg von F. bewirkt.

„Freiwilliger" ist eine umgangssprachliche Umschreibung für die → Berufs- und → Soldaten auf Zeit der → Bundeswehr. Seit 1996 können auch Wehrpflichtige über den Grundwehrdienst hinaus (bis zum 23. Dienstmonat einschließlich) freiwillig → Wehrdienst leisten und erhalten dafür Zulagen.

Freizeit ist ein sprachgeschichtlich erklärbares Wort, das entstanden ist aus der: freien Zeit von Arbeit (H. Ahrendt). Sie umfasst heute eine Vielzahl von Beschäftigungen, denen der Einzelne nach eigenem Ermessen nachgeht, um sich zu entspannen, persönliche Interessen zu befriedigen, sich für andere oder die Gesellschaft zu engagieren, sich weiterzubilden oder anderen Tätigkeiten nachzugehen. F. wird nicht nur von der Arbeitszeit, sondern auch von den sonstigen Zeiten zur Erfüllung häuslicher, familiärer und sozialer Pflichten abgegrenzt. Die gesellschaftliche und individuelle Bedeutung der F. ist sowohl wegen der kontinuierlichen Reduzierung der Arbeitszeit (Stand 2000: Ø 37 Wochenstunden geleistete Arbeit) als auch wegen des veränderten Freizeitverständnisses und -verhaltens in den letzten Jahrzehnten angestiegen (→ Wertewandel). F. ist ein wichtiges Objekt wirtschaftlicher Betätigungen. – In den Streitkräften kann F. von der durch den Dienstplan festgelegten Zeit abgegrenzt werden. Die → Bundeswehr unterbreitet eine Vielzahl von Freizeitangeboten in der → Kaserne (→ Freizeiteinrichtungen) oder am → Standort (→ Freizeitbüro, → Freizeitpass). Allerdings belegen Untersuchungen des → Sozialwissenschaftlichen Instituts der Bundeswehr, dass die Mehrzahl der Wehrpflichtigen mit den Freizeitmöglichkeiten in der Kaserne nicht zufrieden sind und kein Interesse haben, den Standort näher kennen zu lernen, wenn er keine attraktiven Freizeitangebote aufweist. Die Zufriedenheit mit den Freizeitgegebenheiten in der Kaserne und am Standort steht in deutlich erkennbarem Zusammenhang mit der → Einstellung der Wehrpflichtigen zur Bundeswehr. Zum Freizeitverhalten von Soldaten liegen neuere Studien des Sozialwissenschaftlichen Instituts der Bundeswehr vor.

Freizeitbüros sind Einrichtungen in Verbänden, Kasernen und Standorten, in denen Informationen und Angebote zur Freizeitgestaltung der Soldaten gesammelt werden (→ Freizeit, → Fürsorge). Hinweise zur Organisation, zur materiellen Ausstattung, Einrichtung und Betrieb (Richtlinien) sind im VMBl. 2000, S. 250 und einem Handbuch (Streitkräfteamt) enthalten. Die Leiter der F. werden in → Seminaren geschult.

Freizeiteinrichtungen. Für die → Betreuung der Soldaten in der → Freizeit stehen der Truppe Betreuungseinrichtungen und Geldmittel zur Verfügung (VMBl. 2001, S. 101). Betreuungseinrichtungen sind: → Mannschafts-, Unteroffizier-, Offizier- und → Soldatenheime, Saunas, Kraftfahrzeugpflegehallen, Fotolabors, Werk- und Bastelräume, außerdem: Sportplätze, Sporthallen, Schwimmbäder, Schwimmhallen und Schießplätze, die nicht nur dienstlich, sondern auch für Freizeitaktivitäten genutzt werden können. Zu den Betreuungsmaßnahmen gehören: Filmbetreuung, Freizeitgruppen, Truppenbüchereien, Mediotheken, Betreuungsfahrten, gesellige, kulturelle und Unterhaltungsveranstaltungen, Massenmedien sowie Beratungen. In Kooperation mit zivilen Stellen (→ Freizeitpass, → Freizeitbüro) kann dieses Angebot noch erheblich erweitert werden. Zur Finanzierung von Angeboten und Maßnahmen zur Betreuung der Soldaten in der Freizeit stehen Haushaltsmittel und Betreuungsmittel (→ Betreuungsausschuss) zur Verfügung, die nicht für Sonderinteressen Einzelner, sondern nur zweckgebunden und unter → Beteiligung aller interessierten Soldaten verwendet werden dürfen.

Freizeitpass, eine freiwillige Einrichtung der Gemeinden, um den Wehrpflichtigen Vergünstigungen von kommunalen Leistungen einzuräumen. Dazu können Ermäßigungen für die Benutzung von Nahverkehrsmitteln, Sporteinrichtungen und -veranstaltungen, Kinos, Theater und Museen gehören.

Fremdenfeindlichkeit wird die aggressiv-ablehnende Haltung gegen Menschen genannt, die aus einer anderen Gemeinde oder Region, aus einem anderen Volk oder Kulturkreis stammen. F. ist eine häufige Erscheinungsform des Regionalismus, Nationalismus und Rassismus; sie durchzieht die Geschichte der Menschheit, verneint das Verbindende zwischen den Menschen verschiedener Herkunft und Kultur, schafft oder vertieft Vorurteile bzw. fördert Hassgefühle (→ Radikalismus); im andersgearteten Menschen wird das bedrohliche und zu bekämpfende Objekt gesehen. F. ist damit eine häufige Kriegsursache. Sie begünstigt in einer Gesellschaft außerdem die Ungleichbehandlung und Benachteiligung (Diskriminierung) von ethnischen und nationalen Minderheiten.

Frieden ist ein Zustand der Ordnung, der gesetzlich oder vertraglich gesichert, weder durch Krieg oder andere gewalttätige kollektive Konflikte gefährdet ist. Nach völkerrechtlicher Lehre herrscht F., wenn der Zustand des Nicht-Krieges (Abwesenheit von Krieg) eingetreten ist, der zwischen Kriegsbeendigung (durch Friedensvertrag) und Kriegserklärung liegt. Seit der Unterscheidung, die von J. B. Sartorius (1830) stammt, bedeutet „negativer" F. Nicht-Krieg und „positiver" F. „organisierte Harmonie des Völkerrechts". Letzteres entspricht dem modernen Verständnis von politischer Gerechtigkeit, → Freiheit und Selbstbestimmungsrechten im Leben der Völker (Menschenrechte). Die permanente Gefährdung des F. erklärt sich jedoch nicht allein aus kollektiven Gewaltmaßnahmen, sondern auch aus den Bedingungen der Bevölkerungs-, Wirtschafts- und Umweltpolitik. Diesen friedensgefährdenden, aggressionsfördernden Mechanismus nennt J. Galtung „strukturelle Gewalt" (→ Friedens- und Konfliktforschung). Mit „äußerem" F. wird der Zustand im Zusammenleben der Staaten (internationale Ordnung), mit „innerem" F. die nationale Ordnung im Zusammenleben der Staatsbürger bezeichnet, wobei hier nach Interessen unterschieden wird, rechtlich z. B. in Friedenspflicht (Arbeitsfrieden der Tarifparteien, Hausfrieden usw.). Nach 1945 verbreitete sich der Eindruck eines durch → Militarismus gefährdeten F. der Völker (A. Toynbee), was neuerdings mit der Auffassung vom „Kampf der Kulturen" eine nuancenreiche Interpretation erfahren hat (S. P. Huntington). Doch ist unverkennbar, dass seit der Antike auch Anstrengungen unternommen worden sind, Konfliktvermeidungen zu praktizieren (I. Eibl-Eibesfeldt), die über eine bloße periodische Waffenruhe entschieden hinausgingen. Zu nennen sind: die Einrichtung des Olympischen F., die pax romana, dann mit dem 11. Jh. die Einsetzung des Gottes- und Königsfriedens, die Bestimmung der Landfriedensgebote, die Aufhebung des Fehderechts, die Beseitigung des Duellwesens (seit dem 19. Jh.) und die Übertragung des Gewaltmonopols (Waffenrecht) auf den Staat in alleiniger Zuständigkeit (→ Bundesminister der Verteidigung, → Bundeswehr, → Wehrpflicht). Militärhistorisch gesehen sind für die Phase des Imperialismus zunächst auch die großen Anstrengungen unverkennbar, die zur Deeskalation von internationalen Konflikten führten. – Seit der wegweisenden Programmatik I. Kants „Zum ewigen Frieden" (1795) ist die Welt-Öffentlichkeit bemüht, internationale Organisationen (→ VN) und völkerrechtliche Regelungen zu stärken und Abrüstungs- und vertrauensbildende Maßnahmen zu fördern.

Friedenserziehung. Unter F. lassen sich alle theoretischen und praktischen Ansätze ordnen, die auf Überlegungen und pädagogische Projekte der frühen Neuzeit zurückgehen (E. von Rotterdam, J. A. Comenius). Prominentester Repräsentant einer frühen Theorie und Praxis der F. wurde J. H. Pestalozzi (1746–1827). Nach dem Ende des Ersten Weltkrieges gewann die F. an Bedeutung (F. W. Foerster, M. Montessori, P. Oestereich), doch wurden unter dem Einfluss des NS-Regimes diese Ansätze zerstört. Erst nach Beendigung des Zweiten Weltkrieges konnten frühere Entwicklungen wieder aufgenommen werden. Die theoretische Fundierung der F. basiert seitdem auf den Erkenntnissen der biologisch-psychologischen Aggressionsforschung, der → politischen Bildung und der sozialwissenschaftlich-historisch orientierten → Friedens- und Konfliktforschung. Unter dem Einfluss einer gesellschaftskritischen Position wurde die F. folgendermaßen hinterfragt (D. Senghaas): „Wie ist eine Erziehung zum Frieden in einer Welt organisierter Friedlosigkeit überhaupt denkbar und möglich?" (1969). Ansätze zur F. finden sich im öffentlichen Bildungswesen der Bundesrepublik Deutschland (z. B. Kindergärten, Vorschulen). Die Diskussionen in den 1980er-Jahren, als es um sicherheitspolitische Themen im öffentlichen Schulwesen ging (→ Schule und Bundeswehr) und darin ein Gegensatz zur F. erkannt wurde, waren eher nebensächlich. Auf einen besonderen Aspekt der F. hatte bereits F. Tenbruck mit der Frage (1973) aufmerksam gemacht, ob sie sich nicht von vornherein immer schon einer Utopie verpflichte und dadurch zur Wirkungslosigkeit verurteilt sei.

Friedens- und Konfliktforschung ist die Bezeichnung für die Forschungsrichtungen und wissenschaftlichen Disziplinen, in denen die Ursache von Konflikten und die Bedingungen für den → Frieden untersucht werden. Forschungen dazu kamen nach dem Ersten Weltkrieg in den USA und in Großbritannien (1919) auf; in Deutschland setzte die F. mit der Gründung der „Hochschule für Politik" in Berlin ein (1920). Neue Anstöße erhielt die F. in der Bundesrepublik Deutschland mit der Entstehung der Protestbewegungen gegen „Wiederbewaffnung" und Kernwaffen-Ausrüstung der Bundeswehr (1950er-Jahre); im weiteren Verlaufe entstand die „Arbeitsgemeinschaft für Friedens- und Konfliktforschung" (AFK). Unter den zahlreichen Wissenschaftsdisziplinen zur F. haben die Politik- und Gesellschaftswissenschaften den größten Anteil. In den Naturwissenschaften scheint das Interesse an F. mit der Technologisierung der Rüstungsprogramme gewachsen zu sein (→ Feindbild, Unterentwicklung, Armut und Dritte Welt, Nord-Süd-Konflikt, Abrüstung/Rüstungskonversion). Die von der Bundesregierung (2000) gegründete Deutsche Stiftung Friedensforschung soll die Politik bei der Krisenprävention und Konfliktbeilegung beratend unterstützen.

Frühwarnsystem ist eigentlich eine Bezeichnung für operativ-taktische Einrichtungen der Luftwaffe. Das F. wird aber auch seit längerem schon im Zusammenhang mit den Lagefeststellungsverfahren zur → Inneren Führung im militärischen Sprachgebrauch verwendet (→ Lagefeststellung Innere Führung); es soll rechtzeitig Entwicklungen und Veränderungen im gesellschaftlichen und militärischen Umfeld aufzeigen, wenn dadurch → Integration (der Bundeswehr in die Gesellschaft) und die → Motivation der Soldaten beeinträchtigt würden. Der → Wehrbeauftragte des Deutschen Bundestages versteht sich in diesem Sinne ebenfalls als ein F.

Führen unter Belastung → Belastung.

Führerweiterbildung. F. erfolgt durch Lehrteams des → Zentrum Innere Führung auf Großverbands-/Flottenebene zur Unterstützung der Truppe vor Ort zu Themen der → Menschenführung, der → politischen Bildung sowie des → Humanitären Völkerrechts.

Führung in den Streitkräften ist ein vielschichtiger Begriff. Nach einer amtlichen Definition (HDv 100/200, Nr. 101) heißt Führung: „der zielgerichtete Einsatz von Kräften und Mitteln nach Raum und Zeit. Sie ist ein ständiger Prozess und lebt von → Informationen". Danach ist F. sowohl personen- (→ Menschenführung) als auch aufgabenorientiert.

Führungsakademie der Bundeswehr (FüAkBw). Die F. begann 1957 getrennt in den Führungsakademien von Heer, Luftwaffe und Marine (Bad Ems) die Ausbildung von Generalstabs- und Admiralstabsoffizieren; sie wurde 1958 unter Zusammenfassung der Akademien der drei Teilstreitkräfte zu einer Dienststelle nach Hamburg-Blankenese verlegt. Seit 1974 ist die F. Ausbildungsstätte für die → Aus- und Fortbildung aller (angehenden) Stabsoffiziere (→ Bildungsreformen). Dementsprechend werden Stabsoffiziergrundlehrgänge, Fortbildungslehrgänge („Generalstabs-/Admiralstabsdienst", „Führungslehrgang Streitkräfte") sowie Fortbildungs-, Führungs- und sicherheitspolitische Seminare angeboten. Sechs Fachbereiche unter Leitung eines „Direktors Lehre" sollen die sowohl militärfachliche als auch wissenschaftliche Ausbildung umsetzen: „Sicherheitspolitik und Strategien", „Führung und Management", „Sozialwissenschaften", „Führungslehre Heer/Luftwaffe/Marine". Neu dazu gekommen ist ein „Zentrum Führung Gemeinsamer Operationen". Das „Konsilium", bestehend aus Mitgliedern „von Amts wegen" und gewählten Vertretern der Dozenten und Lehrgangsteilnehmer berät den Kommandeur der Akademie in Ausbildungsangelegenheiten von „grundsätzlicher Bedeutung". Das 1999 eingerichtete Internationale Clausewitz-Zentrum (ICZ) dient der Auseinandersetzung mit den Ideen des Militärphilosophen. – Themengebiete der → Inneren Führung sind fester Bestandteil des Lehrangebots. In der Generalleutnant-Graf-v.-Baudissin-Kaserne der F. ist seit 2002 ein → Baudissin-Dokumentationszentrum dauerhaft untergebracht.

Anschrift: Führungsakademie der Bundeswehr, Manteuffelstr. 20, 22587 Hamburg.

Führungsbegleitung ist die militärische Bezeichnung für das der Wirtschaft entlehnte Verfahren, Mitarbeiter eines Unternehmens durch Vorgesetzte zu fördern und anzuregen, sog. Coaching (C., von engl. to coach, „auf eine Prüfung vorbereiten", „trainieren"). Dabei entwickeln Mitarbeiter gemeinsam mit ihren Vorgesetzten bestimmte Zielsetzungen unter ausgleichender Vermittlung von Bedürfnissen der Mitarbeiter und der Leitung (Management); unter ständiger Beobachtung und individueller Beratung wird dann die Realisierung der Ziele unterstützt. Das Verfahren wird auch zur Beratung von Führungskräften angewendet (Konfliktlösungen usw.). Mit C. ist die Verbesserung individueller → Motivation (→ Menschenführung) und die Steigerung der Produktivität beabsichtigt. In der Bundeswehr geht F. ursprünglich auf das Konzept zur „Steigerung der Attraktivität des Grundwehrdienstes" zurück: Aus der Zufriedenheit mit dem militärischen Dienst sollte der junge Soldat für den „Arbeitsplatz Bundeswehr" werben (Multiplikator). Inzwischen wird F. zur Verbesserung des Dienstes als Führungshilfe angeboten (→ Zentrum Innere Führung).

Führungsgrundgebiet 1. Das F. fasst die Stabsarbeit auf den Gebieten Personal, → Innere Führung sowie Presse- und → Öffentlichkeitsarbeit zusammen. Haupt- und nebenamtliche Mitarbeiter sind im Bereich G 1/A 1 ab Divisionsebene sowie S 1 auf Verbandsebene für die Bearbeitung von inhaltlichen und organisatorischen Fragen der Inneren Führung zuständig. Gleichwohl bleibt die Anwendung der Inneren Führung im Truppenalltag eine Angelegenheit aller militärischen → Vorgesetzten.

Führungskräftetraining. Um die → Menschenführung in den Streitkräften deutlich zu verbessern, wird F. in der → Aus-, → Fort- und → Weiterbildung angewendet. Hierzu werden neben Anregungen aus den Streitkräften auch Erfahrungen aus Unternehmen der Wirtschaft ausgewertet und unter dem Begriff F. zusammengefasst (→ Unternehmenskultur). Durch regelmäßig stattfindende → Seminare im Verlauf seiner Dienstzeit soll der militärische → Vorgesetzte sein soziales Verhalten verbessern, mit Unsicherheiten in den zwischenmenschlichen Beziehungen angemessen umgehen, sein Handlungsspektrum im → Führungsverhalten erweitern und Verhaltenssicherheit gewinnen (→ Führungsbegleitung). Das F. gehört zu den Aufgaben des → Zentrums Innere Führung und der → Führungsakademie der Bundeswehr.

Führungslehre. Die allgemeine Führungslehre geht davon aus, dass Führen weitgehend durch gewonnene Kenntnisse und bewertete Erfahrungen erlernbar ist. Ihre Konzeption zielt auf Handlungsempfehlungen für Führen durch Vermittlung von Führungswissen, der Weitergabe von Einstellungen und Anregung zu kritischer Selbsterkenntnis, um das Handlungsrepertoire des militärischen Führers zu erweitern (FüAkBw, Fachbereich Führung und Management). Dabei geht es um die Erklärung typischer Führungsaufgaben, ihrer Lösung, die Kenntnis von Führungsmethoden und um Hilfen des Führens. Im Gegensatz zur Ausbildung in der → Menschenführung behandelt die F. auch Aspekte der Führungstätigkeit, die über das → Führungsverhalten von Vorgesetzten hinausgehen, wie Führungsverfahren, -mittel und -organisation. Die Konzeption der Allgemeinen F. ordnet ihre theoretischen Inhalte dem Denken in Kompetenzfeldern und in Schlüsselqualifikationen zu.

Führungsstil. Der F. ist die Art und Weise des Umgangsverhaltens von → Vorgesetzten mit unterstellten Soldaten und militärischen Gruppen. Der F. wird beeinflusst durch die Persönlichkeit des Führers, die Struktur der → Gruppe und deren Mitglieder, die gestellte Aufgabe, die organisatorischen Rahmenbedingungen des Führungsvorganges und die gesellschaftlichen Erwartungen an „zeitgemäße" → Führung (→ Wertewandel). Seit den Ergebnissen zur amerikanischen Kleingruppenforschung in den 1930er-Jahren wird unterschieden in einen autoritären, einen kooperativen (demokratischen) und den Laissez-faire-F. Durch den autoritären F. betont der Vorgesetzte seine → Autorität von Amts wegen durch seine Befehlskompetenz. Er lenkt und kontrolliert die Gruppe oder einzelne Mitglieder mit positiv oder negativ verstärkenden → Erziehungsmitteln (Lob und Tadel).

Dagegen beschränkt sich der Vorgesetzte im Laissez-faire-Stil auf bloße Informationen, überlässt der Gruppe oder dem Einzelnen die Entscheidungsfindung und Lösung einer Aufgabe und verzichtet auf korrigierende Eingriffe (→ Dienstaufsicht). Der Vorgesetzte, der einen kooperativen F. praktiziert, zeichnet sich durch steuernde Anregungen und Vorschläge aus, die der Gruppe oder dem Einzelnen zur eigenen Entscheidungsfindung und Selbstkontrolle verhelfen sollen. Dieser F. korrespondiert in der Bundeswehr mit dem Prinzip der → Auftragstaktik sowie dem Verständnis von → Menschenführung.

Führungsverhalten meint das konkrete Handeln des militärischen → Vorgesetzten in der → Menschenführung.

Fürsorge ist im herkömmlichen Sinne die organisierte Hilfe in der Gesellschaft für solche Personen, die nicht in der Lage sind, sich aus ihrer häufig wirtschaftlich begründeten Notlage zu befreien. Diese sozialstaatlich definierte „öffentliche F." geht auf den Gedanken der allgemeinen Wohlfahrt in der Staats- und Verfassungsrechtslehre der späten Aufklärung zurück (18. Jh.) und wurde nach ersten Rechtsmaßnahmen (19. Jh.) als „Reichsfürsorgepflicht" in der Weimarer Republik eingeführt (1924), dann in der Bundesrepublik Deutschland endgültig im Bundessozialhilfegesetz (1961, i. d. F. d. B. 1994, BGBl. I S. 646, 2975) verankert. – Im → Wehrrecht ist der Gedanke, dass es zur Verpflichtung des → Dienstherrn gehört, für die Soldaten der → Bundeswehr (in und außer Dienst sowie deren Familienangehörigen) zu sorgen, ebenfalls vertreten (§ 31 SG), jedoch auf besondere Anrechte eingegrenzt, die als Anspruch geltend gemacht werden können, weil sie im „Dienst- und Treueverhältnis" begründet liegen. Der militärische → Vorgesetzte hat die besondere → Dienstpflicht, „für seine Untergebenen zu sorgen" (§ 10 Abs. 3 SG). F. ist ein zentraler Anwendungsbereich der → Inneren Führung (ZDv 10/1, Nr. 333–336). – Ansprüche der Soldaten, die sich aus diesem Fürsorgegedanken ableiten, sind geregelt: im Unterhaltssicherungsgesetz (für Wehrpflichtige und ihre Familien), im Soldatenversorgungsgesetz, in § 30 SG „Geld- und Sachbezüge, Heilfürsorge, Versorgung" und in ergänzenden Erlassen. – Zur Durchführung der Fürsorgeverpflichtungen gibt es in der Bundeswehr den → Sozialdienst der Bundeswehr (→ Schaubild S. 115).

ORGANISATION DER SOZIALEN FÜRSORGE IN DER BUNDESWEHR

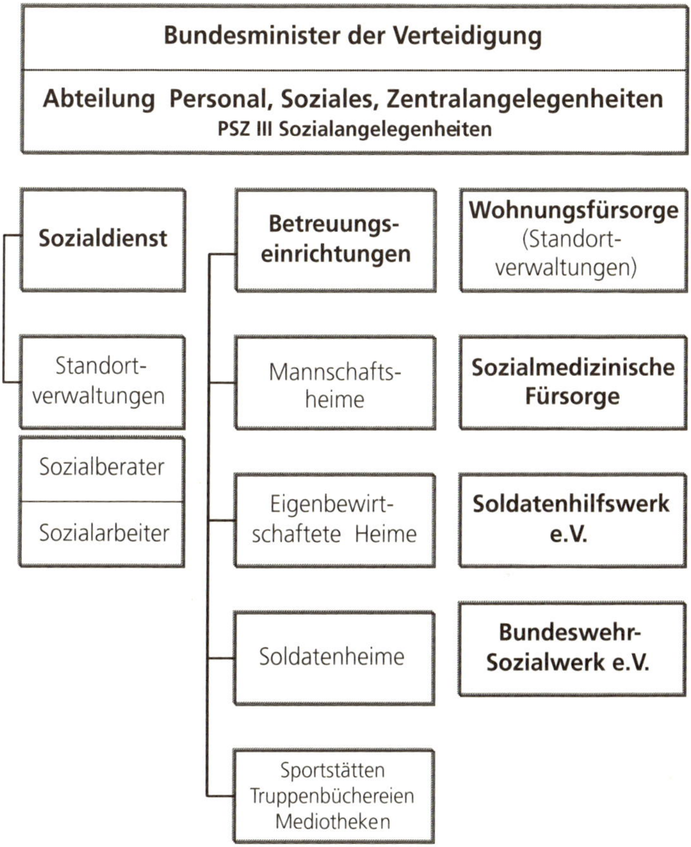

G 1-Hinweise. Das Grundwerk ist eine amtliche Loseblattsammlung (seit 1994) der Stabsabteilung I im Führungsstab der Streitkräfte (→ Blankeneser Erlass), um Bestimmungen, Erlasse oder Weisungen auf dem Gebiet der → Inneren Führung zeitgerecht zu erläutern. Es handelt sich um Interpretationshilfen ohne Weisungs- und Befehlscharakter. Weitere Informationen aus dem gesamten Bereich der Inneren Führung werden seit 1998 von Fü S I im EXTRA-DIENST an → Disziplinarvorgesetzte übermittelt (abrufbar im Intr@net aktuell).

G 1/S 1-Stabsoffizier → Führungsgrundgebiet 1.

„Gammeln“, umgangssprachlich für „verkommen“, „verderben“, „faulen“, eigentlich „vergammeln“, meint das Wort in der → Soldatensprache den Vorwurf des eintönigen, wenig Abwechslung enthaltenden Dienstbetriebs (→ Dienstgestaltung). Im übertragenen Sinne steht G. auch als Kritik an bestimmten Dienstverrichtungen (technischer Dienst, Reviserreinigung) und als Einwand gegen das Unvermögen von → Vorgesetzten, Soldaten ausbildungs- und kenntnisgerecht einzusetzen. Als Schlagwort war G. seit den 1970er-Jahren gleichbedeutend für die generelle Unzufriedenheit der Wehrpflichtigen mit dem → Wehrdienst; es wurde auch als Fundamentalkritik an der → Bundeswehr (→ Legitimation; → Akzeptanz) gebraucht. Die Bundesregierung griff den Sachverhalt im → Weißbuch 1970 auf („Gammeldienst“), ebenso der → Wehrbeauftragte im 24. Jahresbericht 1982 („Kampf dem Gammeln“).

Garnison → Standort.

Gefangenschaft → Kriegsgefangenschaft.

Gegenvorstellung. Eine G. ist die Anregung an den → Vorgesetzten oder eine Dienststelle, einen → Befehl oder eine Maßnahme zu überprüfen, an deren Rechtmäßigkeit oder Zweckmäßigkeit der Soldat ernstliche Bedenken erhebt. Sie ist an die Stelle zu richten, die die beanstandete Entscheidung getroffen hat. Besondere Verfahrensvorschriften sind nicht zu beachten. Eine G. begründet aber keinen Anspruch auf einen Bescheid. Es liegt bei der angerufenen Stelle, ob und in welchem Umfang sie der G. entspricht. Die G. entbindet den Soldaten auch nicht von seiner Gehorsamspflicht.

Gehorsam. G. meint im militärischen Bereich die Verpflichtung eines Untergebenen, den → Befehl eines → Vorgesetzten auszuführen. Der Untergebene hat nur verbindlichen → Befehlen zu folgen, d.h. solchen, die einen dienstlichen Zweck beinhalten, nicht gegen die → Menschenwürde verstoßen und nicht unzumutbar sind. Diese Befehle hat er nach besten Kräften vollständig, gewissenhaft und unverzüglich auszuführen. Der Soldat darf einen Befehl nicht befolgen, wenn er dadurch offensichtlich eine Straftat begehen würde (§ 11 SG). Das geltende Recht schließt somit „gedankenlosen" G. (→ Kadavergehorsam) aus. Es bezieht vielmehr den Untergebenen als mitdenkende Person in die Verantwortung für den empfangenen Befehl ein. Bei unverbindlichen Befehlen hat der Soldat das Recht auf → Gehorsamsverweigerung. – Da die rechtlichen Grundlagen, aufgrund derer ein soldatischer G. verlangt werden muss, ethischen Maßstäben entsprechen (→ Grundgesetz), ist G. gerechtfertigt. Dennoch gibt es Grenzsituationen von Gehorsamspflicht (→ Gewissen, → Gewissensfreiheit).

Gehorsamsverweigerung liegt im Sinne des Wehrstrafgesetzes (§ 20) vor, wenn der Soldat sich gegen einen verbindlichen → Befehl mit Wort und Tat auflehnt oder wenn er darauf beharrt, einen Befehl nicht zu befolgen, nachdem dieser wiederholt worden ist. Befehle, die unverbindlich sind, kann bzw. muss (bei Straftaten) der Soldat verweigern (→ Gehorsam).

Geiselhaft → Geiselnahme.

Geiselnahme. Eine Person wird zur Geisel, wenn sie entführt und/oder durch Zwang in ihrer selbstbestimmten Bewegungs- und Entscheidungsfreiheit beschränkt wird. Zur G. gehört meistens die Androhung, getötet (→ Tod) oder schwer beschädigt zu werden (Folter, Verstümmelung, Verwundung), wenn die Geisel nicht willens ist, bestimmte Forderungen des Geiselnehmers zu erfüllen. Nach deutschem Strafrecht ist G. ein Verbrechen, worauf mehrjährige, u.U. lebenslange Freiheitsstrafen verhängt werden (§ 239b StGB). G. ist völkerrechtlich verboten, dennoch wird von einzelnen Staaten dagegen verstoßen (Materialien zum Thema → Kriegsgefangenschaft).

Geistige Rüstung. Als Anwendungsbereich der → Inneren Führung wurde in der Anfangsphase der → Bundeswehr neben der → „zeitgemäßen Menschenführung" die „geistige Rüstung" angesehen. Der Soldat sollte im „Krieg der politischen Ideen und Schlagworte, der Propaganda und psychologischen Kampfführung" einen „festen geistigen Standort" haben, sollte wissen, wofür und wogegen er kämpfe (→ Handbuch Innere Führung, S. 169). Der staatsbürgerliche Bildungsauftrag sah daher die Auseinandersetzung mit dem kommunistischen Herrschaftssystem vor und nahm die Bezeichnung „geistige Rüstung" in die ZDv 12/1 von 1966 auf, die die Richtlinien für die → politische Bildung enthielt. Mit der Überarbeitung dieser Dienstvorschrift 1973 ist auch der Begriff aus dem offiziellen Sprachgebrauch gewichen und somit Ergebnis eines veränderten Verständnisses von politischer Bildung.

Gelöbnis → Eid und Gelöbnis.

Gemeinschaft Katholischer Soldaten → Christen in der Bundeswehr.

Gemeinschaftsunterkunft nennt man die Einrichtungen in → Kasernen (§ 18 SG), in denen die Wehrpflichtigen, alle → Soldaten auf Zeit und → Berufssoldaten bis zum Dienstgrad Oberleutnant, sofern sie das 25. Lebensjahr noch nicht vollendet haben, verpflichtet sind zu wohnen (ZDv 70/1, Anlage 1 und 2 zu Anhang Teil A). Aufgrund von Ausnahmeregelungen ist eine Befreiung möglich. Die derzeitige Regelung wird von diesen Soldaten als unzeitgemäß angesehen. Sie beeinträchtigt die Attraktivität der Bundeswehr, weil diese Soldaten auf Zeit eine gekürzte → Besoldung erhalten und bei der Gewährung von Trennungsgeld schlechter gestellt sind. Eine Abmilderung dieses Problems könnte in der Verringerung des Verpflichtungsalters auf das 21. Lebensjahr bestehen. Aufgrund fehlender Finanzmittel wurde eine solche Regelung bisher verworfen. Darum ist auch die Qualität der Truppenunterkünfte unbefriedigend.

Gemeinschaftsverpflegung. Die G. ist Bestandteil der Sachbezüge des Soldaten, auf die, neben den Geldbezügen (→ Besoldung), Wehrpflichtige Anspruch nach Maßgabe besonderer Gesetze haben (vgl. § 30 SG). G. wird den Soldaten, die aufgrund der Wehrpflicht → Wehrdienst leisten, unentgeltlich bereitgestellt. Für die Tage, an denen die Soldaten von der Teilnahme an der G. befreit sind, wird Verpflegungsgeld in Höhe des Betrages gewährt, den → Berufssoldaten und → Soldaten auf Zeit für ihre Teilnahme an der G. zu entrichten haben. Für die Dauer des Erholungsurlaubs (→ Urlaub) wird der doppelte Betrag des Verpflegungsgeldes gewährt (§ 3 Wehrsoldgesetz, ZDv 36/1, Anlage 1/3). Der Wertansatz für die gesamte Tagesverpflegung beträgt 3,60 EUR (Stand 1. Juli 2003). Dazu gibt es noch verschiedene Zulagen und

Sonderregelungen (Auslandsaufenthalt, Übungen, besondere Einsätze, sportliche Anforderungen usw.). Neben der Truppenverpflegung sind Marschverpflegung, Schonkost und andere Varianten der G. vorgesehen. – Gemäß ZDv 36/1 ist die Truppenverpflegung an den Maßstäben der Ernährungslehre auszurichten. Obwohl das durchschnittliche Kalorienangebot bei leichter Tätigkeit bei 2 800 Einheiten und bei mittelschwerer Tätigkeit bei 3 400 Einheiten täglich liegt, werden erhebliche Gewichtszunahmen festgestellt (zehn v. H. der Soldaten sind fettsüchtig: Generalinspekteurbrief 1/02). Die Einführung einer Verpflegung aus Komponenten, von denen gewählt werden kann, und die Berücksichtigung religiös begründeter Ernährungsregeln stellen die G. auf eine individuellere Grundlage. – Verpflegungspläne und Speisezettel werden vom Truppenarzt geprüft und von der Standortverwaltung sowie vom Kommandeur des Wirtschaftstruppenteils genehmigt. An der Prüfung und Mitzeichnung sind die Sprecher des → Küchenausschusses beteiligt.

Generalinspekteur. Die Bezeichnung „Generalinspekteur der Bundeswehr" wurde vom damaligen Bundesverteidigungsminister F. J. Strauß mit Wirkung vom 1. Juni 1957 eingeführt, entsprechend dem vom → Verteidigungsausschuss gebilligten, im Bundestag jedoch nicht ver-

DIE GENERALINSPEKTEURE DER BUNDESWEHR	
General A. **Heusinger**	1957–1961
General F. **Foertsch**	1961–1963
General H. **Trettner**	1963–1966
General U. **de Maizière**	1966–1972
Admiral A. **Zimmermann**	1972–1976
General H. **Wust** (Luftwaffe)	1976–1978
General J. **Brand**	1978–1983
General W. **Altenburg**	1983–1986
Admiral D. **Wellershoff**	1986–1991
General K. **Naumann**	1991–1996
General H. **Bagger**	1996–1999
General H.-P. **von Kirchbach**	1999–2000
General H. **Kujat** (Luftwaffe)	2000–2002
General W. **Schneiderhan**	2002–

abschiedeten Organisationsgesetz zur Umgliederung des Bundesministeriums der Verteidigung (zuvor: „Leiter der Abteilung Gesamtstreitkräfte"). Der G. ist der ranghöchste Soldat der Bundeswehr. Er ist militärischer Berater sowohl des Ministers als auch der Bundesregierung, er hat Inspektionsrecht gegenüber den Streitkräften (im Namen des Ministers) und Weisungsrecht als ministerielle Instanz in „streitkräftegemeinsamen" Angelegenheiten (→ Blankeneser Erlass). Ein Erlass des → Bundesministers der Verteidigung (8. Januar 1990) gibt dem G. die Verantwortung für die „Gesamtkonzeption der militärischen Verteidigung" und die sich daraus ergebenden „streitkräftegemeinsamen Aufgaben". Die → Bundeswehrreform (2000) wies ihm den Vorsitz in neuen ministeriellen Gremien zu (Rüstungsrat, Einsatzrat → Auslandseinsätze). Zu den Aufgaben des G. gehört u. a. das „Erarbeiten von Zielen, Grundlagen und Grundsätzen für Innere Führung, Informationsarbeit der Streitkräfte sowie Erziehung, Bildung und Ausbildung". Der G. besitzt keine → Disziplinargewalt, neuerdings (2002) aber Kommandogewalt gegenüber dem für Auslandseinsätze zuständigen Einsatzführungskommando. Bisher haben 14 Offiziere dieses Amt ausgeübt (→ Schautafel S. 119).

Generalskrise. Die sog. G. (1966) wurde durch Spannungen zwischen der zivilen und militärischen Führung im Bundesministerium der Verteidigung verursacht, Kompetenzprobleme der zivilen Beamtenschaft und der führenden Offiziere scheinen ausschlaggebend dafür gewesen zu sein (→ Entbürokratisierung). Anlass dafür gab der Ministererlass zum Koalitionsrecht der Soldaten (→ Gewerkschaften und Militär), wonach ihnen der „Beitritt und die Betätigung in Gewerkschaften" erlaubt wurde. Daraufhin traten die Generale W. Panitzki (Inspekteur Luftwaffe), H. Trettner (→ Generalinspekteur) und G. Pape (Befehlshaber Wehrbereichskommando III) zurück. Allgemein wurde nun befürchtet, dass die Reaktion des Militärs gegen den → Primat der Politik gerichtet werden könnte, was jedoch (wie sich herausstellte) grundlos war. – Weitere spektakuläre Affären um Generale der Bundeswehr entstanden: 1969/70 anlässlich der Polemik (→ Grashey-Affäre) gegen die → Konzeption Innere Führung (→ „Schnez-Studie"), 1976 anlässlich eines Traditionstreffens mit dem ehemaligen Kampfflieger der Wehrmacht, Oberst a. D. H.-U. Rudel (daraufhin Entlassung der Generale W. Krupinski und K.-H. Franke) sowie 1984 wegen der Entlassung des Generals G. Kießling (Stellvertretender Oberster Alliierter

Befehlshaber Europa) wegen unhaltbarer Vorwürfe gegen seine Person (→ Ehre).

Genfer Zentrum für die demokratische Kontrolle der Streitkräfte, im Oktober 2000 durch die Schweiz gegründete Stiftung, an der über 30 Staaten aus dem euroatlantischen und afrikanischen Bereich beteiligt sind, um die → Integration des Militärs in die Demokratie durch Projekte und Maßnahmen (systematische Analysen, Entwicklung von Standards) zu unterstützen (→ Zusammenarbeit Ost). Deutschland ist Mitglied im G.

George C. Marshall-Center. Das George C. Marshall European Center for Security Studies (Europäische Zentrum für Sicherheitsfragen) ging 1993 aus dem Russischen Institut der US-Streitkräfte in Europa hervor. Aufgrund einer Regierungsvereinbarung mit dem Bundesministerium der Verteidigung entstand 1994 ein deutsch-amerikanisches Partnerschaftsprojekt (→ Partnerschaftspflege). Das darin integrierte Institut für Sicherheits- und Verteidigungspolitik bietet Bildungsangebote für Teilnehmer aus über 45 Staaten an, bevorzugt aus den MOE/SOE-Staaten; es fördert damit den sicherheitspolitischen Dialog und das Verständnis für Streitkräfte in der Demokratie (→ Zusammenarbeit Ost). Daneben werden Konferenzen durchgeführt und Forschungsstudien erarbeitet. Der deutsche Anteil des M. untersteht dem Zentrum für Analysen und Studien in Waldbröl.

Anschrift: George C. Marshall Center, Gernackerstr. 2, 82467 Garmisch-Partenkirchen.

Gesamtvertrauenspersonenausschuss → Soldatenbeteiligungsgesetz.

Gesang. Das Singen in den deutschen Streitkräften gehört zu den alten militärischen Brauchtümern (seit dem 18. Jh.). Der G. dient der Zusammengehörigkeit und ist Ausdruck der → Kameradschaft. Das Singen auf dem Marsch soll auch das Marschieren in der Kolonne erleichtern. Soldatenlieder werden gelegentlich wegen ihrer Texte und vor allem der Herkunft des Liedgutes in der → Öffentlichkeit beachtet. Das → Liedgut der → Bundeswehr ist im Liederbuch „Kameraden singt!“ zusammengefasst. Seit 1996 liegt auch ein neues evangelisches Soldatengesangbuch vor.

Geschichte der Inneren Führung. Vom → Militärgeschichtlichen Forschungsamt ist die „innere Entwicklung der Bundeswehr“ als G. aus den amtlichen Quellen erarbeitet worden, und zwar für die Zeit von 1950 bis 1961 („Anfänge westdeutscher Sicherheitspolitik 1945–1956", Bd. 3, S. 851 ff.). Die von G. Meyer verfasste Darstellung berücksichtigt die Planungsarbeiten in der → Dienststelle Blank, Diskussionsfragen zur Konzeption (→ Menschenführung), die Lehrgangsarbeit an der „Schule für Innere Führung" (→ Zentrum Innere Führung), die Entstehung des → Beirats Innere Führung und der Institution des → Wehrbeauftragten. Ältere Untersuchungen zur Ideen- und Konzeptionsgeschichte der → Inneren Führung (→ „Himmeroder Denkschrift") stammen von H. Boog (in: Verteidigung im Bündnis, hrsg. vom MGFA 1975) und D. Abenheim (1989). Hinweise auf die Vorgänge, die zur Namensgebung „Innere Führung" geführt haben, sind andeutungsweise in den Untersuchungen von D. Krüger (1993) und G. Meyer (2001) enthalten. Eine in sich geschlossene systematische Geschichtsdarstellung der Inneren Führung gibt es zurzeit nicht.

Gesellschaft für Wehrkunde → Gesellschaft für Wehr- und Sicherheitspolitik e. V.

Gesellschaft für Wehr- und Sicherheitspolitik e. V. (GfW). 1952 unter dem Namen „Gesellschaft für Wehrkunde" gegründet, 1990 umbenannt (GfW), bietet die Gesellschaft sicherheitspolitische Informationen in Vorträgen und Seminaren an zu den Themen: Die Welt im Wandel; Risiken, Krisen und Konflikte; Migrationsprobleme; deutsche Sicherheitsinteressen; die europäische Sicherheitsarchitektur; Zusammenhänge von äußerer und innerer Sicherheit; Bundeswehr in der → NATO. Die G. arbeitet mit 106 Sektionen in sieben Landesbereichen (2001) und betreibt eine breite, über den Kreis ihrer Mitglieder hinausreichende sicherheitspolitische → Öffentlichkeitsarbeit; ihr Publikationsorgan ist die Zeitschrift „Europäische Sicherheit".

Anschrift: Gesellschaft für Wehr- und Sicherheitspolitik e. V., Wenzelgasse 42, 53111 Bonn.

Gespräch. Dem G. kommt in der → Menschenführung eine zentrale Aufgabe in der vertrauensvollen Zusammenarbeit zwischen → Vorgesetzten und Untergebenen zu. Ein Grundsatz der → Inneren Führung lautet, dass der Vorgesetzte das G. mit seinen Soldaten suchen soll (→ Dialog). Im militärischen Bereich sind verschiedene Gesprächstypen vorstellbar, abhängig vom Anlass und den Teilnehmern: die → Gruppe kann einbezogen werden in Informations- und Planungsgespräche, die der Vorbereitung von Entscheidungen dienen (→ Beratung). Für einzelne Soldaten sind Kontaktgespräche sinnvoll, ebenso Beurteilungsgespräche (→ Beurteilung) und G. zur Lösung von Konflikten (→ Konfliktverhalten). Dabei gilt, dass nicht nur das Wort, sondern auch die Form (→ Anrede, Sitzordnung) und die „Atmosphäre" (Vertraulichkeit, Ungestörtheit, ausreichend Zeit) die Qualität eines Gesprächsverlaufs bestimmen.

Gewerkschaften und Militär. Die Öffnung des Militärs für die Gewerkschaften vollzog sich in Deutschland allmählich mit dem Entstehen der → Bundeswehr, wobei die Frage eines Koalitionsrechts für Soldaten zunächst ungelöst blieb, vor allem wegen traditioneller gegensätzlicher Auffassungen; sie stammten aus dem 19. Jh., der monarchischen Gesinnung im (preußisch-)deutschen Offizierkorps und der erklärten Staatsfeindlichkeit von Gewerkschaftsfunktionären und Sozialdemokraten („vaterlandslose Gesellen"). Der Deutsche Gewerkschaftsbund (DGB) reagierte in der Aufbauphase der → Bundeswehr mit politischen Richtlinien (1956), wonach „reaktionäre" bzw. „nationalistische" Elemente abzuwehren, eine isolierende Tendenz (→ „Staat im Staate") durch die → parlamentarische Kontrolle des Militärs zu beseitigen, vormilitärische Erziehung (→ Wehrkunde) abzulehnen und demokratisch-soziale Rechte der Arbeitnehmer trotz „Aufrüstung" gestärkt werden sollten. Im Februar 1964 wurde die „Fachgruppe Soldaten" der ÖTV („Öffentliche Dienste, Transport und Verkehr") gegründet, in der man im → Bundesministerium der Verteidigung eine „Politisierung" zu erkennen meinte (→ politische Betätigung). Dennoch kam es 1966 zum „Gewerkschaftserlass" (Koalitionsfreiheit der Soldaten bestätigt). Aus der 1981 erarbeiteten „Gemeinsamen Erklärung für die künftige Zusammenarbeit von Spitzenvertretern des DGB und der Bundeswehr" geht hervor, dass die gegenseitigen Vorbehalte einem historischen Spannungsverhältnis zuzuschreiben sind. Das Koalitionsrecht wird von Soldaten der → Bundeswehr in der Einzelgewerkschaft „Ver.di" (bisher ÖTV) und im → Deutschen Bundeswehrverband wahrgenommen (Einzelheiten: VMBl. 1971, 454; 1975, 318).

Gewissen ist die allgemein gebräuchliche Bezeichnung für die Fähigkeit des Individuums, sich bewusst handelnd zwischen gut und böse, recht oder unrecht entscheiden zu können (→ Freiheit). Von G. als der zentralen „inneren" Entscheidungsinstanz muss die Gewissensentwicklung unterschieden werden, die unterschiedlichen Deutungs- und Erklärungsansätzen unterliegt (z. B. psychologisch-lerntheoretisch usw.). Die Annahme, dass „im" Menschen die sittliche Grunderkenntnis (G.) ursprunghaft angelegt sei, geht auf Vorstellungen in der antiken Philosophie zurück, wonach die „innere Stimme" vor den schlechten Handlungen warne (Sokrates) oder auf die mittelalterlich-theologischen Deutungssysteme, dass der Mensch von den sittlichen Grundsätzen wisse und diese in konkreten Einzelfällen auch anzuwenden versteht. – In der Gegenwartsdiskussion zur Verbindlichkeit moralischer Überzeugungen (G.) werden drei Fragenkomplexe berührt: 1. ob moralische Urteile unter Berufung auf das G. gefällt werden können und dann gerechtfertigt sind (Unfehlbarkeit des G.)? 2. ob das Individuum immer seinem G. folgen müsse (Gewissenszwang) und 3. ob man andere Individuen gegen deren Gewissensüberzeugungen unter Berufung auf Rechtsnormen u. Ä. zu Handlungen zwingen darf (Gewissensfreiheit)? Gerade der dritte Fragenkomplex ist mit Bezug auf die Streitkräfte von erheblicher Bedeutung, soweit es die Anwendung einzelner → Grundrechte betrifft (so die Glaubens- und Bekenntnisfreiheit gem. Art. 4 GG, vor allem, dass kein Zwang zum Kriegsdienst mit der Waffe gegeben ist [Art. 4 Abs. 3]: → Kriegsdienstverweigerung). Weiterhin sind für jeden Soldaten konkrete Gewissensfragen dort gestellt, wo es um die Anerkennung des Friedensgebotes (gem. Präambel GG), die → Menschenwürde (Art. 1 GG), die Verantwortung in der Befehlsgebung (§ 10 Abs. 5 SG) bzw. um die Verbote von gesetzes- und völkerrechtswidrigen Befehlen geht (§§ 10 Abs. 4, 11 Abs. 2 SG). – In der → militärischen Sozialisation (→ Aus- und → Weiterbildung) gewinnen Gewissensfragen ständig an Gewicht (→ politische Bildung, → Lebenskundlicher Unterricht, → Völkerrechtlicher Unterricht), allein schon ausgelöst durch die andauernde Vielfalt tages- und weltpolitischer Ereignisse. – Inwieweit jedoch das G. dahin bemüht werden kann, um jeweils individuelle Interessen wirkungsvoller in der Gesellschaft entfalten zu können, ist keineswegs nebensächlich: Während der Verhandlungen des Parlamentarischen Rates hatte bereits Th. → Heuss kritisch angemerkt, er befürchte zur Frage des Rechts auf → Kriegsdienstverweigerung einen „Massenverschleiß des Gewissens." Die Bezugnahme auf das G. scheint eher den soziologischen Phänomenen zuzugehören (→ Wertewandel), die auf eine prinzipielle Veränderung in der staatlich-gesellschaftlichen Struktur hindeuten (→ Pluralismus, → Informationsgesellschaft).

Gillessen → Beirat Innere Führung.

Glaubens- und Gewissensfreiheit. Das Recht auf Freiheit des Glaubens, des Gewissens, des religiösen und weltanschaulichen Bekenntnisses sowie auf ungestörte Religionsausübung gilt für Soldaten uneingeschränkt (Art. 4 Abs. 1 u. 2 GG, → Grundrechte). Sie haben gem. § 36 SG Anspruch auf Seelsorge und unbehinderte Religionsausübung (→ Militärseelsorge). Die Verpflichtung des Soldaten zum treuen Dienen und notfalls die Bundesrepublik Deutschland mit der Waffe zu verteidigen, ist im Individualfall problematisch (Gewissenskonflikt). Deshalb hat er prinzipiell das Recht auf → Kriegsdienstverweigerung. Als Gewissensentscheidung ist jede ernste sittliche, d. h. an den Kategorien von „Gut" und „Böse" orientierte Entscheidung anzusehen, die der Einzelne in einer bestimmten Lage für sich bindend und unbedingt verpflichtend innerlich erfährt, so dass er gegen sie nicht ohne ernste Gewissensnot handeln könnte (BVerfG). Generell ist der Waffendienst des Soldaten ethisch legitimiert, weil er ausschließlich auf Friedenssicherung und -gestaltung zielt und unter Berücksichtigung des geltenden Völker- und Verfassungsrechts nur in der Notwehr- und Hilfesituation als Konsequenz aus der Schutzverpflichtung gegenüber der Gemeinschaft gefordert werden kann (→ Legitimation).

Gleichstellungsbeauftragte (früher: Frauenbeauftragte) sind zur Frauenförderung im Geschäftsbereich des Bundesministeriums der Verteidigung tätig. Über Zweck und Umfang der Aufgaben informieren die einschlägigen Erlasse (VMBl. 1996, 2002).

Globalisierung meint die zunehmende Internationalisierung des Handels, der Geldwirtschaft und der Waren- und Dienstleistungsmärkte, die durch neue Technologien im Informations-, Kommunikations- und Transportsektor befördert wird (→ Informationsgesellschaft). Damit einher gehen wachsende weltweite Abhängigkeiten, Abnahme nationalstaatlicher Steuerungskompetenzen und Bedeutungszuwachs transnationaler Unternehmen und Organisationen. Treffen G.-Entwicklungen auf regionale und lokale Besonderheiten, wird auch von der „Glokalisierung" (Robertson, in: Beck 1998) gesprochen. Auswirkungen von G. auf die Streitkräfte und das → Selbstverständnis des Soldaten werden diskutiert.

Grashey-Affäre. Die G. entstand um die Person des stellvertretenden Inspekteurs des Heeres, Generalmajor H. Grashey, der vor Absolventen der → Führungsakademie seine Besorgnis zum Zustand der → Bundeswehr äußerte (19. März 1969) und drei Missstände in der Truppe nannte: den aufgeblähten Verwaltungsapparat (→ Bürokratie), die Rolle des → Wehrbeauftragten sowie die → Konzeption Innere Führung (eine „Maske", die nach erfolgtem Aufbau der Bundeswehr abgenommen werden könne). Die wichtigsten Passagen seiner Rede wurden vom Nachrichtenmagazin „Der Spiegel" am 7. April 1969 veröffentlicht. Sie lösten Protest im politisch-parlamentarischen Raum und Kontroversen in der → Öffentlichkeit aus.

Grolmann → Wehrbeauftragter.

Großer Zapfenstreich. Der G. ist eine militärmusikalische Veranstaltung der Truppe. Seine Aufführung ist nur zu protokollarischen und besonderen militärischen Anlässen erlaubt (ZDv 10/8, Nr. 208) und stellt neben der Vereidigung das bedeutendste militärische Zeremoniell in der Bundeswehr dar. Der G. entstand 1838 anlässlich des Besuchs des russischen Zaren in Berlin, als bestimmte Signale und Märsche kompositorisch zu einem Groß-Konzert (daher der Name) der preußischen → Militärmusik zusammengefasst wurden. Mit „Zapfenstreich" bezeichnete man früher das Hornsignal zum Beginn der Nachtruhe. 1922 wurde der G. durch Abspielen der National-Hymne erweitert. Inzwischen ist er Bestandteil der → Traditionspflege in der Bundeswehr (Richtlinien 1982, Nr. 23), wodurch Anfang der 1980er-Jahre heftige Diskussionen entstanden, begleitet von Krawallen in einzelnen Städten (z. B. Bonn, Bremen, Hannover) und den Verteidigungsminister H. Apel veranlassten, eine Konferenz zum Thema „Soldat und Gesellschaft" (Schriftenreihe Innere Führung 4/1981) einzuberufen.

Grundgesetz. Das G. der Bundesrepublik Deutschland (1949) ist das Fundament für Auftrag, Selbstverständnis und Stellung der Streitkräfte und der Soldaten im demokratischen Rechtsstaat (→ Rechtsstaatsprinzip). Es setzt den ethischen Maßstab und enthält das abendländisch-humanistisch geprägte → Menschenbild, das vom Menschen und seiner Würde (→ Menschenwürde) sowie der freien Entfaltung der Persönlichkeit in Selbstbestimmung und Eigenverantwortung ausgeht und es unter den Schutz staatlichen Handelns stellt. An diese verfassungsrechtlichen Grundentscheidungen knüpft die → Konzeption Innere Führung an. Das G. hat die Integration der Streitkräfte und der Soldaten in der → Wehrverfassung geregelt.

Grundlagen der Inneren Führung sind in der ZDv 10/1 Innere Führung

(1993, Nr. 102 ff.) formuliert. Das → Grundgesetz (GG) und das → Völkerrecht legitimieren alle staatliche Gewalt, die von der Bundesrepublik Deutschland, dem souveränen, freiheitlich demokratisch verfassten Rechtsstaat und gleichberechtigten Mitglied der Staatengemeinschaft, ausgeht. Zweck, Auftrag und Stellung der Streitkräfte im Staat werden aus dem GG abgeleitet.

Grundlagenprogramm Innere Führung. Die sozialwissenschaftliche Grundlagenarbeit für die Streitkräfte machte deutlich, dass eine systematische, langfristige Beurteilung der zukünftigen Einflussfaktoren aus Politik, Wirtschaft, Bildungswesen und anderen gesellschaftlichen Bereichen, die für die Innere Lage der → Bundeswehr an der Schwelle zum Jahr 2000 wirksam werden, nötig ist (→ Lagefeststellung Innere Führung). Aufgrund eines Auftrages des Stellvertretenden Generalinspekteurs vom 20. Juni 1989 entwickelten → Zentrum Innere Führung und → Führungsakademie der Bundeswehr einen Plan für das G. Er benannte die wichtigsten Forschungsfragen der nächsten Zeit und beschrieb das dafür notwendige Forschungsvorhaben. Die hohen Erwartungen an das Programm konnten nicht erfüllt werden. Es kam im Zuge der Verlegungen von Dienststellen (→ Sozialwissenschaftliches Institut) Mitte der 1990er-Jahre zum Erliegen.

Grundrechte. Im Grundgesetz (GG) bekennt sich der Verfassungsgeber in Artikel 1 zur Unverletzlichkeit der Würde des Menschen. Die → Menschenwürde ist der „Grund der Grundrechte" (J. Isensee). Nach dieser ersten Wertentscheidung der Verfassung verbinden sich mit ihr alle weiteren Grundrechte der Art. 1–19 GG zu einer → Werteordnung, die das gesamte staatliche Leben beeinflusst. Die G. werden damit insgesamt zum unveräußerlichen Recht aller Menschen. Sie haben Schutz-, Anspruchs- und Pflichtcharakter für den Einzelnen gegenüber Staat und Mitmenschen und geben zugleich den Rahmen für das Handeln des Staates und seiner Bürger vor. Die G. umfassen Unverletzlichkeitsrechte, Freiheitsrechte, Gleichheitsrechte, soziale G. und nach Auslegung des BVerfG auch Teilhaberechte und Ansprüche. Dem Staat erwächst die Verpflichtung, diese G. für seine Bürger auch gegen Gefahren und Risiken von außen zu schützen. Nach Auffassung des BVerfG hat der Staat diese verfassungsrechtliche Schutzverpflichtung mit Hilfe seiner Bürger zu garantieren (→ Wehrpflicht). Deshalb behält der Soldat prinzipiell auch die G., für deren Bestand er notfalls unter Einsatz seines Lebens eintreten muss. Er hat aber einige Einschränkungen der G. in Kauf zu nehmen, um ihren Schutz insgesamt zu gewährleisten. Diese Einschränkungen sind im Art. 17a GG benannt und müssen in Gesetzen konkretisiert werden (→ Soldatengesetz); sie unterliegen den Anforderungen der Verhältnismäßigkeit und betreffen nur einige G., um den militärischen Auftrag erfüllen zu können, z. B. Art. 5 Abs. 1, Satz 1, Art. 8 und Art. 17.

„Grundsätze der Ausbildungslehre" lautet die ZDv 3/1 (1997), die die Vorbereitung, Durchführung und Kontrolle von Ausbildungsvorhaben (Unterricht, praktische Ausbildung) thematisiert. Sie beschreibt den Lernprozess, die didaktische Analyse mit ihren Elementen, die Ausbildungsformen und -verfahren sowie Ausbildungsmittel, Erfolgskontrolle und → Dienstaufsicht. In der → Ausbildung zum → Offizier und → Unteroffizier nimmt die Vorbereitung auf die G. einen großen Raum ein. Ergänzend liegen verschiedene Druckschriften, → Audio-visuelle Medien und CD-ROM vor (→ Ausbildungshilfen, → CUA). Die Neufassung berücksichtigt neuere fachwissenschaftliche Erkenntnisse. Die frühere Vorschrift „Methodik der Ausbildung" (1976) wurde grundlegend überarbeitet. Mit der → Fern@usbildung erfolgt die Einführung einer weiteren Ausbildungsform.

Gruppe. Eine G. besteht aus einer bestimmten Anzahl von Personen, die regelmäßig miteinander in Beziehung treten und gemeinsame Ziele zu realisieren suchen. G.n werden nach Umfang, Dauer der Beziehungen, Art der Organisation usw. unterschieden. Militärische G.n entstehen aufgrund organisatorischer Erfordernisse. Sie bestehen aus einem militärischen → Vorgesetzten und Soldaten, die meist zuvor keinen sozialen Kontakt unterhielten. Deshalb kommen in militärischen G.n dem Verhältnis zwischen dem Gruppenführer (→ Autorität, → Führungsstil) und den einzelnen Gruppenmitgliedern erhebliche praktische Bedeutung zu. Der Vorgesetzte trägt für die Schaffung einer allmählich sich entwickelnden vertrauensvollen Atmosphäre genauso Sorge wie für die Integration von Gruppenmitgliedern, die den Gruppenprozess (→ Gruppendynamik) fördern oder hemmen können (→ informeller Führer). Die G. erfüllt den vorgegebenen Auftrag, aber sie dient auch individuellen Bedürfnissen (→ Kameradschaft). Untersuchungen darüber lassen erkennen, dass im Gefecht der Gruppenzusammenhalt eine wesentliche Voraussetzung für die Erzeugung von → Motivation bedeutet (→ Kleine

Kampfgemeinschaft). In Anlehnung an die Sprache des Sports und des Managements wird die militärische G., wenn ihre Mitglieder zueinander stabile Beziehungen aufweisen, auch als Team bezeichnet (Teamgeist, Teamwork).

Gruppendynamik ist ein Begriff, der in der Sozialpsychologie zur Erforschung von Gruppenprozessen angewendet wird; er dient ebenfalls zur Kennzeichnung von therapeutischen Veranstaltungen („Selbsterfahrung", → Gruppe). Erkenntnisse zur G. gehen auf die Arbeiten von K. Lewin (1890–1947) zurück (Kleingruppenforschung). Sie wurden für die → Bundeswehr genutzt, nachdem Mitarbeiter der → Dienststelle Blank gruppendynamische Verfahren („Gruppenmethodik") kennen gelernt hatten. Die Anwendung der „Gruppenmethodik" in der → politischen Bildung wurde „als zentraler Teil der Menschenführung" empfohlen (→ Baudissin). Erkenntnisse der G. (→ Motivation) gehören zur militärischen Weiterbildung (→ Führungsbegleitung, -verhalten).

Gruppenselbstarbeit wurde im → Handbuch Innere Führung (1957) als wirkungsvollere Lernmethode (→ Lernen) gegenüber den herkömmlichen Lehrmethoden (Vortrag oder Lehrgespräch) den Unterrichtenden empfohlen. Praktische Anregungen für die → Ausbildung und die Darstellung der Wirksamkeit der G. in der Wirtschaft begründeten die Zweckmäßigkeit dieser pädagogischen Methode. Die Autoren des Handbuchs stellten den methodischen Ansatz in Zusammenhang mit den Grundsätzen einer demokratischen → Erwachsenenbildung heraus. Praktische Erfahrungen hatten einige Mitarbeiter der → Dienststelle Blank in der „Arbeitsstätte für Gruppenpädagogik Haus Schwalbach" (Taunus) sammeln und sich von der Wirksamkeit dieses methodischen Ansatzes überzeugen können. In der Ausbildungslehre ist die G. heute selbstverständlich geworden (ZDv 3/1, Nr. 703).

Haar-Erlass, so lautet die umgangssprachliche Formulierung der Regelungen zur „Haar- und Barttracht des Soldaten". Ein Erlass aus dem Jahre 1971 wollte der damaligen modischen Neigung zum Haar- und Bartwuchs entgegenkommen, dies jedoch mit den militärischen Erfordernissen und Hygienebestimmungen in Einklang bringen (Ausgabe von Haarnetzen). Der Erlass wurde in der → Öffentlichkeit diskutiert und bereits ein Jahr später wieder zugunsten der heutigen Regeln (ZDv 10/5, Anlage 1, Aufnahme in die ZDv 37/10 vorgesehen) aufgehoben. Das Bundesverwaltungsgericht bestätigte außerdem, dass ein Befehl, das männliche Haar entsprechend kurz schneiden zu lassen, weder gegen die → Menschenwürde noch gegen das Recht auf freie Entfaltung der Persönlichkeit oder der körperlichen Unversehrtheit verstößt, weil ausschließlich Kriterien der Funktionsfähigkeit und der → Hygiene gelten. Soldaten sehen darin dennoch einen Verstoß gegen den Gleichbehandlungsgrundsatz von Männern und Frauen. Das Bundesverwaltungsgericht (1983) hatte zum „Irokesen-Schnitt" von Wehrpflichtigen keinen Verstoß gegen die Soldatenpflichten festgestellt, doch sind auffällige Frisuren nicht erlaubt (→ Ansehen der Bundeswehr).

„Hackordnung". Bezeichnung aus der Tierverhaltensforschung, um das soziale Verhalten von Tieren (Hühnerhof) zu charakterisieren. Die Bezeichnung wurde in die Sozialwissenschaften übernommen und fand weiterhin wegen ihrer Anschaulichkeit Eingang in die Alltagssprache. – Das Phänomen der H. unter wehrpflichtigen Soldaten beschrieb H. H. Ganser (1980) in seinem Buch „Technokraten in Uniform. Die Krise der Bundeswehr". Er wies in diesem Zusammenhang auf negative Erscheinungen der → Bürokratie, des Effizienzdenkens unter → Vorgesetzten und ihre unzulänglichen pädagogischen Vorbereitungen hin.

Handbuch Innere Führung. Das H. wurde vom Bundesministerium der Verteidigung 1957 zum ersten Mal, dann 1960, 1964, 1966 und 1970 in weiteren unveränderten Auflagen herausgegeben. In zehn Kapiteln wurden die Erfahrungen, die man in der Offizierausbildung (Sonthofener Tagung) mit der → Konzeption Innere Führung gesammelt hatte, sowie „Hilfen zur Klärung von Begriffen" dargestellt: Eid, Situation und Leitbild, soldatische → Tradition, der → Zwanzigste Juli 1944, Leitsätze für Menschenführer, Erläuterung der Leitsätze, → Gruppenselbstarbeit, Truppen-Information, Truppen-Betreuung und Freizeitpflege, Zusammenfassung: Innere Führung.

Die Darstellungen zur Konzeption der Inneren Führung (S. 172 f.), die prägnanter als die Schrift der → Dienststelle Blank „Vom künftigen deutschen Soldaten" (1955) formuliert waren, fanden erst 1972 ihren Niederschlag in der ZDv 10/1 „Hilfen für die Innere Führung".

Hassel → Bundesminister der Verteidigung.

Hauptleute von Unna. Name für die 30 Kompaniechefs der ehemaligen 7. Panzergrenadierdivision in Unna, die nach Art der → „Schnez-Studie" einen Mängelkatalog (1971) zusammengestellt hatten, der vom Divisionskommandeur angeregt worden war (→ Öffentlichkeit). Der Katalog formulierte Kritik an den unzulänglichen politischen, personellen und materiellen „Rahmenbedingungen", die eine loyale Auftragserfüllung der Einheitsführer angeblich erschwerten. Das geäußerte Misstrauen in die politische Führung und der Vorwurf der Politisierung der Armee ließen die demokratische Zuverlässigkeit dieser Offiziere fraglich erscheinen. Der Vorfall der „Hauptleute von Unna" stellte den Höhepunkt des „Zweifels von Soldaten an der → Inneren Führung dar" (Abenheim 1989).

Heilfürsorge. Bestimmungen zur H. sind Gegenstand der ZDv 60/7. Ein Soldat erhält unentgeltliche truppenärztliche Versorgung, solange er Anspruch auf Besoldung hat (§ 30 Abs. 1 SG). Die unentgeltliche truppenärztliche Versorgung gehört zu den Sachbezügen des Soldaten. Ein Soldat, der eine Wehrdienstbeschädigung erlitten hat, erhält dann Leistungen nach dem Soldatenversorgungsgesetz, wenn diese während des Wehrdienstverhältnisses eingetreten ist. Der Anspruch auf truppenärztliche Versorgung geht dem Anspruch auf Gewährung von Beihilfen vor; sie berührt nicht die Beihilfeberechtigung von Familienangehörigen des Soldaten. Im Jahresbericht des → Wehrbeauftragten werden seit längerem Mängel der H. angemahnt; dazu gehören: die Infrastruktur der Bundeswehrkrankenhäuser, die verschärfte Personallage bei den Sanitätsoffizieren, der häufige Wechsel der Truppenärzte (vgl. Jahresberichte 1988–2002). In diesem Zusammenhang ist auf die zunehmende Beteiligung von Vertragsärzten im System der H. hinzuweisen, wodurch der Arztmangel eingeschränkt werden soll.

Heimatnahe Einberufung oder Versetzung meint die Verwendung wehrdienstleistender Soldaten in Standorten, die bis zu 100 km von ihren Wohnorten entfernt → Dienst leisten (Jahresbericht des → Wehrbeauftragten 1999). Dieses Prinzip ist den personalbearbeitenden Stellen vom → Bundesminister der Verteidigung aus Gründen der Leistungsfähigkeit, der → Motivation und der → Integration in die Gesellschaft vorgegeben. Ende der 1990er-Jahre konnten etwa 60 v. H. der Soldaten heimatnah einberufen werden. Weil die Verbände und Dienststellen der → Bundeswehr nicht nur in Ballungszentren, sondern gerade auch in bevölkerungsschwachen Gebieten stationiert sind, lassen sich ungünstigere Einberufungen nicht vermeiden. Das gilt auch für den Einsatz von speziell ausgebildeten Soldaten (z. B. Informatiker). Härten können durch eine datengeschützte „Tauschbörse" und eine zügige Bearbeitung von Versetzungsgesuchen gemildert werden. Werden Grundwehrdienstleistende mehr als 30 km vom Wohnort in einer → Gemeinschaftsunterkunft am Standort untergebracht, erhalten sie einen Mobilitätszuschlag (seit 2002: 0,51 EUR für jeden Entfernungskilometer und Monat bis max. 204 EUR).

Heimfahrt → Familienheimfahrt.

„Heimschläfer" werden umgangssprachlich die Soldaten genannt, die vom Wohnen in der → Gemeinschaftsunterkunft befreit sind.

Heinemann, Gustav W. (1899–1976), Rechtsanwalt, Politiker und → Bundespräsident. H. trat 1950 vom Amt des Bundesinnenministers (CDU) zurück, weil er die sicherheitspolitischen Bemühungen K. → Adenauers für falsch hielt. Nach Tätigkeiten als neues Mitglied der Bundestagsfraktion der SPD (seit 1957) und als Bundesjustizminister (1966/69), wurde H. 1969 von der Bundesversammlung zum dritten Bundespräsidenten gewählt. Das Amt versah er nach seinem Verständnis als „Bürgerpräsident". Im Geiste eines kritischen Beobachters der → Bundeswehr äußerte er sich u. a. vor der Schule der Bundeswehr für Innere Führung (→ Zentrum Innere Führung) zu den Aufgaben der Streitkräfte und fragte: ob denn die politische Aufgabe der Rüstung und des Soldatentums heute noch so seien, wie zu der Zeit ... als man damit begann? In diesen Zusammenhang gehört auch sein Hinweis, dass jede Bundeswehr grundsätzlich bereit sein müsse, sich um einer besseren politischen Lösung willen in Frage stellen zu lassen (1972).

Herzog → Bundespräsident.

Heusinger, General a. D., Adolf (1897–1982), während des Ersten Weltkriegs Eintritt in das Heer (1915), an der Westfront schwer verwundet (Verdun), 1916 zum Leutnant befördert, 1919 aus britischer Kriegsgefangenschaft entlassen, 1920 neu vereidigt, seither Berufssoldat in vier Armeen. 1957 erster → Generalinspekteur der → Bundeswehr, dann Vorsitzender des Ständigen Militärausschusses der → NATO (1961/64), stand seine letzte Verwendung wohl im Zeichen des hohen Ansehens in der NATO, das man ihm entgegenbrachte. Die operativen Planungen für den deutschen Verteidigungsbeitrag im Bündnis (→ „Himmeroder Denkschrift") gehen auf ihn ebenso zurück wie alle sicherheitspolitischen Beratungen der Bundesregierung in den frühen 1950er-Jahren (→ Adenauer); hervorragenden Anteil hatte er wenig später an den nuklearstrategischen Diskussionen im Bündnis. Vor dem eigentlichen Aufbau der Bundeswehr kannte H. die „Probleme" der → Inneren Führung (→ Baudissin, → Dienststelle Blank). Auf die Entwicklung der Streitkräfte nahm er seit 1956 unaufdringlich Einfluss (→ Traditionspflege, die Ausbildung der → Jugendoffiziere [→ Zeittafel]). Das autobiographisch-militärgeschichtliche Werk, in dem er eine Antwort auf die Schuldfrage des deutschen Soldaten 1950 zu geben suchte („Befehl im Widerstreit"), gilt als wichtiges Dokument zur Zeitgeschichte. Der Aufruf zum → Zwanzigsten Juli 1944, den er 1959 an die Bundeswehr richtete, ist insofern bemerkenswert, weil H. an jenem Tage als Chef der Operationsabteilung den Lagevortrag hielt und dort stand, wo → Stauffenberg die Bombe zündete. – Eine Kaserne der Bundeswehr ist nach ihm benannt, sein Werdegang biographisch eingehend gewürdigt worden (→ Quellen- und Literaturverzeichnis).

Heuss, Prof. Dr. Theodor (1884–1963). Der Historiker und Publizist war nach seinen Tätigkeiten im Reichstag, im Landtag von Baden-Württemberg und im Parlamentarischen Rat der erste Bundespräsident der Bundesrepublik Deutschland (1949/59). Maßgeblich an der Formulierung des → Grundgesetzes beteiligt, knüpfte er bewusst an den geistigen Traditionen Deutschlands an, die das NS-Regime geschändet hatte. H. förderte außenpolitisch das deutsche Ansehen und verstand es in einzigartiger Weise innenpolitische Kontroversen beizulegen. Während der Arbeiten des Parlamentarischen Rates zum Grundgesetz erklärte er im Kontext der Diskussionen um das Recht zur Kriegsdienstverweigerung (→ Gewissen) die → Wehrpflicht als „das legitime Kind der Demokratie". Militärische → Traditionen sichtete er kritisch, an die → Bundeswehr richtete er den Appell, den politischen → Widerstand („Opfergang" vom → Zwanzigsten Juli 1944, → politische Bildung) zu achten.

Heye, Hellmuth Guido (1895–1970), seit dem Ersten Weltkrieg

Marineoffizier, zuletzt Vizeadmiral, Mitglied des Deutschen Bundestages (CDU, 1953/61) war 1961/64 zweiter → Wehrbeauftragter des Deutschen Bundestages. H. schrieb in seinem Jahresbericht 1962, dass die Kritiker der → Inneren Führung die „Grundsätze für wirklichkeitsfremd" hielten, weil sie für die Heranbildung einer „schlagkräftigen Armee ein Hemmnis" bildeten. Er befürchtete auch, dass diese Kritiker zunehmend Anhänger fänden, die das Prinzip der → Rechtsstaatlichkeit in den Streitkräften nicht anerkennen wollten. Deswegen veröffentlichte H. unter dem Titel „In Sorge um die Bundeswehr" 1964 in der Illustrierten „Quick" eine Reihe von Artikeln, um sich die notwendige Aufmerksamkeit in der → Öffentlichkeit zu verschaffen. Dort heißt es u. a.: „Es ist bedauerlich, es aussprechen zu müssen: Wenn wir das Ruder nicht jetzt herumwerfen, entwickelt sich die Bundeswehr zu einer Truppe, wie wir sie nicht gewollt haben. Der Trend zum → Staat im Staate ist unverkennbar ...". Nach Auseinandersetzungen mit dem Verteidigungsminister trat H. am 10. November 1964 vorzeitig von seinem Amt zurück. Das Parlament zog aus diesen Vorkommnissen die Konsequenzen und räumte dem Wehrbeauftragten ein besonderes Anhörungsrecht nach der Geschäftsordnung des Deutschen Bundestages ein (heute § 115).

Hierarchie. Die H. ist ein Ordnungssystem, in dem alle Entscheidungsbefugnisse, Kommunikationswege und Zuständigkeiten von einer obersten Führung bis hinunter zu einem sich stufen- und rangweise immer weiter verzweigenden Unterbau eingeordnet sind. Das Militär stellt eine klassische H. dar (→ Bürokratie), funktional unterstützt durch das Prinzip von → Befehl und Gehorsam. – In der Bundeswehr gilt das hierarchische System jedoch nicht uneingeschränkt: die → Auftragstaktik, die komplexen Abläufe bei der Bedienung moderner Waffensysteme (Teamarbeit) und die „Abhängigkeiten" von den Soldaten mit Spezialausbildungen haben hierarchisches Denken verdrängt.

Hilfeleistungen der Bundeswehr im Frieden werden als Amtshilfe im zivilen Rettungswesen und als Maßnahmen für den Umweltschutz, bei Naturkatastrophen und besonders schweren Unglücksfällen geleistet (→ Katastrophenhilfe). In diesem Zusammenhang ist an die beeindruckenden H. anlässlich der Flutkatastrophen 1997 (Oder) und 2002 (Elbe) sowie des schweren Eisenbahnunglücks in Eschede (1998) zu erinnern. Einzelheiten regeln Erlasse (VMBl. 1998, S. 270 ff.)

„Himmeroder Denkschrift", Titel des Entwurfs, der vom → Militärgeschichtlichen Forschungsamt in den „Militärgeschichtlichen Mitteilungen" 1977 veröffentlichte wurde; die H. stellte 1950 die deutsche Position für die Gespräche mit den westlichen Alliierten in militärischen Fragen dar. Diese forderten (zu der Zeit noch Besatzungsmächte) eine rasche Aufstellung deutscher Truppen. Auf der Grundlage einer für den Bundeskanzler (→ Adenauer) von → Heusinger, → Speidel und Foertsch verfassten Denkschrift im August 1950 wurden am 9. Oktober 1950 im Eifelkloster Himmerod die Besprechungen („Aufstellung eines Deutschen Kontingents im Rahmen einer übernationalen Streitmacht zur Verteidigung Westeuropas") abgeschlossen; an ihnen nahmen 15 Generäle, Admirale und Generalstabsoffiziere der ehemaligen Wehrmacht teil. Die Denkschrift wurde als Kanzlervorlage erarbeitet (→ Kielmansegg) und war ein Diskussionsvorschlag. Ausgehend von der militärpolitischen Lagebeurteilung, den Vorschlägen zur Aufstellung und Gliederung von deutschen Verbänden (Heer, Luftwaffe, Marine), sind im 5. Abschnitt zukunftsweisende Gedanken zum → „inneren Gefüge" der Streitkräfte enthalten (→ Anhang, S. 307): der „Neuaufbau", „ohne Anlehnung an die Formen der alten Wehrmacht heute grundlegend Neues zu schaffen"; weiterhin, dass „Geist und Grundsätze des inneren Neuaufbaus ... auf lange Sicht festgelegt werden und über etwa notwendige Änderungen der Organisation ihre Gültigkeit behalten". (→ Geschichte, → Konzeption der Inneren Führung).

Hinkelbein → Zentrum Innere Führung.

Historisch-politische Bildung → Politisch-historische Bildung.

Hochschulen der Bundeswehr → Universitäten der Bundeswehr.

Hoogen → Wehrbeauftragter.

„Horrorkurve" wurde in den 1980er-Jahren die demographische Entwicklung des verfügbaren Reservoirs an wehrpflichtigen jungen Männern genannt („Die Welt", Sonderdruck für die Bundeswehr, Oktober 1984). Sie zeigt, dass 1988 die Bedarfsgrenze um 250 000 Mann unterschritten worden wäre und von da an → Bundeswehr, Polizei und andere öffentliche Dienste den benötigten Nachwuchs nicht mehr hätten finden können. Gegenmaßnahmen waren die 1986 beschlossene und 1989 wieder ausgesetzte Verlängerung des Grundwehrdienstes auf 18 Monate (→ Wehrpflicht), Regelungen bei der Einberufung von Wehrpflichtigen und → Reservisten, sowie Erhöhung des Umfangs an Längerdienenden (u. a. durch die sog. → Attraktivitätsprogramme).

Humanitäre Einsätze umfassen die Gesamtheit der Hilfsleistungen und Unterstützungsmaßnahmen der Streitkräfte außerhalb des Hoheitsgebietes der Bundesrepublik Deutschland in Not- und Katastrophenfällen (Handbuch für Auslandseinsätze im Frieden, Kapitel 73). Durch die → Verteidigungspolitischen Richtlinien (2003) sind die H. über die klassische → Katastrophenhilfe hinaus auf → Auslandseinsätze zur Linderung von Not in Folge von Kriegen und Bürgerkriegen ausgedehnt worden, z.B. 1999 in Mazedonien, Albanien und im Kosovo.

Humanitäre Intervention ist nach dem Völkerrecht das gewaltsame Eingreifen eines oder mehrerer Staaten auf dem Hoheitsgebiet eines anderen Staates zum Schutz fremder Staatsangehöriger vor massiven Menschenrechtsverletzungen. Der Begriff (19. Jh.) wird nicht einheitlich ausgelegt; humanitäre Motive scheinen häufig nur als Vorwand für eine I. gedient zu haben. Mit der Entwicklung der Idee der Menschenrechte (→ Vereinte Nationen) wurde ein Rechtsverständnis im Völkerrecht geschaffen, dem jedoch nicht alle Staaten verbindlich zustimmen. Ungeachtet der kontroversen Auffassungen darüber, ob ein oder mehrere Staaten humanitäre I. ausüben dürfen und ungeachtet formalrechtlicher Praktiken im VN-Sicherheitsrat (Vetorecht), scheint sich die Ansicht zu verbreiten, dass Völkermord und Vertreibungen von Volksgruppen nicht zu den „innere(n) Angelegenheit(en)" eines Staates rechnen. Bemerkenswert ist die Unterrichtung des Bundestages durch das Europäische Parlament (1994), dass das geltende Völkerrecht der Anerkennung des Rechts auf humanitäre I. nicht im Weg stehen muss und der Schutz der Menschenrechte humanitäre I. „mit oder ohne Einsatz militärischer Gewalt rechtfertigen kann, wenn alle anderen Mittel versagt haben." (Drucksache 12/7513, S. 3). Wichtige Vereinbarungen dafür sind außerdem: die KSZE-Schlussakte von Helsinki (1975), in der die Menschenrechtslage nicht mehr ausdrücklich zur inneren Angelegenheit eines Staates zählt; die Erklärung der Staats- und Regierungschefs beim Gipfeltreffen des VN-Sicherheitsrates (1992), die zur Durchsetzung der Menschenrechte Einschränkungen der staatlichen Souveränität duldet.

Humanitäres Völkerrecht. Das H. umfasst die Gesamtheit der Rechtsnormen, die dem Schutz des Menschen in bewaffneten Konflikten dienen. Es stellt eine Fortentwicklung des traditionellen Kriegsvölkerrechts (ius in bello) dar. Dabei erfassen kriegsvölkerrechtliche Regeln zunehmend auch solche bewaffneten Konflikte, die von den Parteien nicht als Kriege angesehen werden. Der Begriff „humanitäres Völkerrecht" trägt dieser Entwicklung Rechnung. Dieses Rechtsgebiet regelt sowohl das Verhalten der Konfliktparteien zueinander und zu neutralen Staaten als auch das Verhalten der neutralen Staaten zu diesen Parteien. Es setzt der Gewaltanwendung zur Niederwerfung eines Gegners gewisse Grenzen. Neben Regeln, die für alle Arten der Kriegsführung gelten, bestehen besondere Regeln des Landkriegsrechts, Luftkriegsrechts, See-

GRUNDREGELN FÜR DAS VERHALTEN DES SOLDATEN IM KAMPF nach dem Humanitären Völkerrecht	
Grundregel 1:	In einem bewaffneten Konflikt haben die Parteien (und damit auch die einzelnen Soldaten) kein unbeschränktes Recht in der Wahl der Methoden und Mittel der Kampfführung.
Grundregel 2:	Der Soldat darf keine Kriegsmittel verwenden, die geeignet sind, überflüssige Verletzungen oder unnötige Leiden zu verursachen.
Grundregel 3:	Der Soldat unterscheidet Kombattanten von Nichtkombattanten und militärische Ziele von zivilen Objekten. Er bekämpft nur Kombattanten und militärische Ziele.
Grundregel 4:	Militärische Ziele dürfen nicht bekämpft werden, wenn der zu erwartende militärische Vorteil in keinem Verhältnis zu den damit herbeigeführten Verlusten der Zivilbevölkerung und ziviler Objekte steht.
Grundregel 5:	Der Soldat schont zur Ergebung bereite und wehrlose Gegner (wie Kriegsgefangene, Verwundete, Kranke, Schiffbrüchige), die in seiner Hand befindliche Zivilbevölkerung sowie Personen, die sich an Hilfsaktionen zugunsten dieser Kriegsopfer beteiligen.
Grundregel 6:	Der Soldat behandelt den Gegner nicht heimtückisch, sondern respektiert dessen Vertrauen auf die Schutzrechte des humanitären Völkerrechts.

Zitiert bei: Zentrum Innere Führung, Materialien zur Weiterbildung im Kriegsvölkerrecht Nr. 1/88: Kampfführung und Schutz der Zivilbevölkerung

kriegsrechts und des Neutralitätsrechts. Im Krieg ist nur diejenige Gewaltanwendung erlaubt, die zur Niederschlagung des Gegners erforderlich ist. Kriegshandlungen sind nur dann zulässig, wenn sie militärisch notwendig sind. Militärische Notwendigkeit lässt aber auf keinen Fall zu, die Regeln des H. in bewaffneten Konflikten zu durchbrechen, um einen militärischen Vorteil mit verbotenen Mitteln zu suchen. Das H. stellt einen Kompromiss zwischen der militärischen Notwendigkeit und den Geboten der Menschlichkeit dar, berücksichtigt also umfassend militärische Gesichtspunkte. Die für die Bundesrepublik Deutschland geltenden völkerrechtlichen Verpflichtungen binden nicht nur den Staat und die oberste militärische Führung, sondern jeden Einzelnen. Der Soldat hat die allgemeinen Regeln des Völkerrechts und alle Verträge des H., die für die Bundesrepublik Deutschland verbindlich sind, einzuhalten und ggf. ihre Einhaltung durchzusetzen (ZDv 15/1 ff.). Die vier Genfer Abkommen von 1949, die Zusatzprotokolle von 1977 und § 33 SG fordern zur Durchführung des → völkerrechtlichen Unterrichts in der → Bundeswehr auf. Für den Soldaten der Bundeswehr ist es Pflicht, den Regeln des H. zu entsprechen und im Kampf die → Menschenwürde des Gegners, der Verwundeten, der Gefangenen und der Zivilbevölkerung zu achten. → Vorgesetzte dürfen nur → Befehle geben, die dem Völkerrecht entsprechen. Einem völkerrechtswidrigen Befehl, der eine Straftat beinhaltet, muss der → Gehorsam verweigert werden (→ Schautafel). – Seit dem 1. Juli 2002 ist mit der Einführung eines Völkerstrafgesetzbuches eine nationale Rechtsgrundlage geschaffen worden, um Straftaten gegen das H. zusammenzufassen und zu ahnden. Damit hat die Bundesrepublik Deutschland auf die zeitgleiche Errichtung des Internationalen Strafgerichtshofes reagiert.

Hundt → Zentrum Innere Führung.

Hygiene (griech. gesund, heilsam). Die H. ist die Lehre von der Gesundheit und deren Pflege. Im speziellen Sinne meint H. auch vorbeugende medizinische Maßnahmen. Nach militärischem Verständnis und Sprachgebrauch (vgl. ZDv 10/5) gehören dazu die persönliche H. (Körperreinigung, -pflege), die Bestimmungen für sanitäre Anlagen und Einrichtungen, Ordnungsanweisungen für militärische Unterkünfte sowie Regelungen für Besonderheiten bei Auslandseinsätzen. Im militärischen Alltag kann es zu Einschränkungen des gewohnten Hygienestandards kommen, wobei der → Dienstherr (→ Vorgesetzter) verpflichtet ist (→ Fürsorge), Hygieneforderungen zur Gesundheitsvorsorge der Soldaten zu beachten (vgl. ZDv 46/28, ZDv 49/29).

Ideologie. Das Kunstwort I. wurde aus dem Griechischen am Ende des 18. Jh. gebildet und heißt soviel wie Ideenlehre. Unter I. wird die Gesamtheit systematisch geordneter und verknüpfter Gedanken, Vorstellungen und Wertungen einer Kultur, eines Staates, einer Gesellschaft über philosophische, religiöse, wirtschaftliche, soziale und sonstige politische Tatbestände und deren zukünftige Entwicklung verstanden. Unter dem Einfluss des soziologischen Denkens kam im Laufe des 19. Jh. die sog. Ideologiekritik auf, deren Ansatz darin besteht, jeglichen Absolutheitsanspruch einer I. dadurch zu bestreiten, dass sie deren ökonomisch-soziale Bedingtheit und ihre politische Interessengebundenheit offen zu legen sucht. Die Neigung jedoch, eine I. als „falsches Bewusstsein" zu erklären bzw. zu interpretieren, führt häufig zur Entstehung von Vorurteilen (→ Feindbild) und → Indoktrination, mindestens jedoch zur bloßen Absicherung eigener Positionen im alltäglichen politischen Meinungskampf. Sie lässt nämlich unberücksichtigt, dass „objektiv" wahrgenommene Tatbestände erfahrungsgemäß Ausdruck subjektiven Meinens (Glaubens) sind und sich in der Pluralität der Meinungen widerspiegeln (vgl. auch → politische Bildung).

Iller-Unglück. Beim Durchqueren der Iller ertranken am 3. Juni 1957 15 → Rekruten des Luftlandejäger-Bataillons. Das Unglück und die Gerichtsverhandlungen wurden in der → Öffentlichkeit aufmerksam verfolgt; gefragt wurde nach einer falsch verstandenen Härte der → Ausbildung (→ Tradition) und nach Möglichkeiten der → Gehorsamsverweigerung (→ Kadavergehorsam). Die Vorgänge sind von G. Schmückle (1982) beschrieben worden. Das Unglück war Anlass zu spontanen Hilfeleistungen für die Angehörigen der verunglückten Soldaten („Hilfsaktion Iller"); kurz darauf folgte die Gründung des → Soldatenhilfswerkes.

„Impulse" → Winterarbeiten.

Individuum → Menschenbild.

Indoktrination. Unter I. wird die bewusste und zweckgerichtete Einflussnahme auf andere, also die geistige Unterwerfung verstanden (Agitation, Propaganda). In totalitären Herrschaftssystemen ist I. das politische Mittel, um die Einstellungen in der Bevölkerung gefühlsmäßig (affektiv) zu formen, wodurch der politische Gegner wirksam bekämpft und gleichzeitig von den jeweils aktuellen gesellschaftlichen Problemen abgelenkt werden kann (→ Feindbild). – Bewährte Mittel gegen I. in demokratisch verfassten Gesellschaften sind Meinungsvielfalt und → Pluralismus, obwohl auch dort die Gefahren der Einflussnahme keineswegs gering einzuschätzen sind, so dass sich die Forderung nach politischer Toleranz („Streitkultur") alltäglich stellt. – Im Bereich von → Ausbildung und → Bildung staatlicher Einrichtungen und privater Träger (→ Erwachsenenbildung) stellt I. einen schweren Verstoß gegen die Persönlichkeitsrechte des Staatsbürgers und gegen die Prinzipien von Toleranz und Pluralität dar. Der → Vorgesetzte der → Bundeswehr verhält sich pflichtwidrig, wenn er versucht, seine Untergebenen für oder gegen eine politische Meinung zu beeinflussen (Art. 15 Abs. 4 SG, → politische Betätigung). In der → politischen Bildung muss die Kontroversität der Meinungen zur Geltung kommen können (§ 33 SG, ZDv 12/1, Nr. 115, Abs. 4: → Beutelsbacher Konsens).

info-extra → Audio-visuelle Medien.

info-forum → Audio-visuelle Medien.

info-german → Audio-visuelle Medien.

info-magazin → Audio-visuelle Medien.

Information (lat. informatio), das Verhalten „von etwas" (in einer Form), meint eigentlich „Auskunft", „Unterrichtung", „Nachricht" oder „Botschaft", die eine Person/Gruppe einer anderen direkt ober über ein Medium (→ Massenmedien) übermittelt (→ Kommunikation). I. sind die Voraussetzung für soziales Handeln. Sie können Vorgang und Ergebnis zugleich sein. – Die → Informationsgesellschaft ist gekennzeichnet durch Informationsmenge und schnelle Informationsverarbeitungskapazitäten. Gesellschaftliche Teilhabe und individuelle Entfaltungschancen des einzelnen Bürgers sind daher immer stärker davon abhängig, ob er sich I. schnell zugänglich machen, sie bewerten und situationsentsprechend handeln kann. – I. sind auch eine Vorkehrung für die Minderung von Ungewissheit. Im militärischen Bereich bekommt I. deshalb als Führungsmittel und als Voraussetzung für → politische Bildung immer größere Bedeutung, um die → Motivation der Soldaten zu verbessern und unter dem Einfluss der Informationsflut eine Orientierungshilfe zu geben. Jeder militärische → Vorgesetzte, der seine unterstellten Soldaten über die Gründe und Ziele seines Handelns informiert, stärkt nicht nur das Vertrauensverhältnis (→ Vertrauen), sondern weckt Einsicht und Verständnis für den Auftrag (→ Sinnvermittlung). Einer I. von „unten nach oben" kommt in der → Beratung der Vorgesetzten vor einer Entscheidung eine wichtige Funktion zu. – In der politischen Bildung ist I. eine notwendige Voraussetzung zur eigenen Meinungs- und Urteilsbildung. I. sollen → Indoktrination und Manipulation verhindern. Der Soldat hat deshalb ein Recht auf ungehinderte I. (→ Truppeninformation). Er darf sich der gleichen Informationsmittel bedienen wie jeder andere Staatsbürger auch. Politische Bildung hat aber nicht Informationsfülle, sondern Informationsvielfalt (→ Pluralismus) anzubieten, denn Informationsüberflutung verursacht erst recht Orientierungsprobleme und führt zum Gegenteil von Aufklärung. Deshalb sollte in der politischen Bildung der Umgang mit I. und ihren Trägern, den Massenmedien, gelernt werden.

„Information für die Truppe" ist die seit August 1956 (→ Will) im DIN-A5-Format monatlich (seit 2001 vierteljährlich) erscheinende Zeitschrift, in der man sich mit Themen der → Inneren Führung beschäftigt. Die von der → Informations- und Medienzentrale der Bundeswehr herausgegebene Zeitschrift ist Bestandteil der → Truppeninformation (VMBl. 1996, S. 215). Sie behandelt in den Sparten „Streitkräfte und Friedenssicherung", „Bürger und Staat", „Zeitfragen", „Die Welt", „Geschichte" sowie „Zukunft Bundeswehr" allgemeine oder aktuelle Themen. Ergänzend werden Leserbriefe, Schaubilder, Buchbesprechungen und Kurzberichte abgedruckt. Das äußere Erscheinungsbild hat sich im Laufe der Zeit mehrmals geändert. Seit Januar 1991 wird die Zeitschrift unter dem Titel „IFDT. Information für die Truppe. Zeitschrift für Innere Führung" im größeren Format und in einer neuen Aufmachung (Auflage: etwa 50 000, davon: etwa 25 v. H. für die interessierte → Öffentlichkeit) herausgegeben. In sog. Beiheften wurden bis 1993 spezielle Themen abgehandelt (→ Schriftenreihe Innere Führung).

Informationsarbeit. Ein Begriff, in der → Bundeswehr geprägt, um die Bedeutung von → Informationen herauszustellen. I. ist ein → Anwendungsbereich der Inneren Führung (ZDv 10/1, Nr. 360) und umfasst alle Maßnahmen der politischen Leitung und der militärischen Führung zur Verdeutlichung der Sicherheitspolitik, des Auftrages der Bundeswehr und der sich daraus ergebenden Erfordernisse des militärischen → Dienstes. I. wird in → Kommunikation, Pressearbeit, → Öffentlichkeitsarbeit, Nachwuchswerbung und → Truppeninformation unterteilt (Rahmenrichtlinie für die I. der Bundeswehr vom 10. September 1997). Sie findet ihre Grundlage in dem Grundrecht der Informations- und Meinungsfreiheit (Art. 5 GG). Sachverhalte sind wirklichkeitsgetreu darzustellen, eine bewusste Unterdrückung oder Überbetonung einzelner Informationen oder eine Falschdarstellung sind verboten. Neben die Information tritt das → Gespräch mit den Bürgern (→ Jugendoffiziere). Für die I. bei → Auslandseinsätzen gelten besondere Regeln (Rahmenweisung für die I. bei Auslandseinsätzen der Bundeswehr vom 8. Februar 2001). – Den Soldaten ist der Zugang zu öffentlichen → Massenmedien und den Trägern der Truppeninformation uneingeschränkt zu ermöglichen. Gelder werden bereitgestellt, damit sich die Soldaten Zeitungen oder Nachrichtenmagazine ihrer Wahl zur Beschaffung auswählen können (VMBl. 2000, S. 266). Sendungen des Fernsehens können zur Information der Soldaten aufgezeichnet werden (VMBl. 1990, S. 377).

Informationsbrett, auch schwarzes Brett genannt, ist in jeder Einheit vorhanden, um → Befehle, Dienstpläne und die Wach- und Bereitschaftsdiensteinteilung bekannt zu machen. Außerdem kann es genutzt werden für Mitteilungen über Betreuungsmaßnahmen, Ausbildungs- und Bildungsangebote, Mitteilungen der → Vertrauenspersonen und Informationen von allgemeinen Interesse (→ Truppeninformation). Vor allem muss die Adresse des → Wehrbeauftragten erkennbar angeschlagen sein. Ebenso haben der → Deutsche Bundeswehrverband und die Gewerkschaft Ver.di das Recht, ihre berufsbezogenen Informationen an solchen Tafeln zum Aushang zu bringen (VMBl. 1975, 318).

Informationsgesellschaft. Der Ausdruck I. steht für die Zusammenführung verschiedener Entwicklungen: die Verknüpfung von bisher unverbundenen informationstechnischen Systemen, die zunehmende Abhängigkeit der Menschen von dieser Technisierung und die damit steigende wirtschaftliche Bedeutung der Informations- und Kommunikationstechnik (→ Massenmedien, → Internet).

Informationsmanager, → Informationsarbeit, → Truppeninformation.

Informationstagungen → Bundeswehrreform.

Informations- und Medienzentrale der Bundeswehr (IMZBw), (Abteilung I im Streitkräfteamt), fachlich dem → Generalinspekteur, dem die Medienarbeit in den Streitkräften untersteht, zugeordnet. Aufgaben sind die Herstellung, Beschaffung, Verteilung und Archivierung von Bild- und Tonträgern sowie Druckerzeugnissen (Printmedien) der → Truppeninformation und der → Öffentlichkeitsarbeit der → Bundeswehr sowie medienfachliche Lehrgänge (→ Ausbildung); eine neue Aufgabe ist die Produktion des → Bundeswehr-TV.

Anschrift: Informations- und Medienzentrale der Bundeswehr, Alte Heerstraße 90, 53757 Sankt Augustin.

Informeller Führer. In militärischen → Gruppen kann es neben dem formellen → Vorgesetzten auch I. geben. Das sind Soldaten, auf die die übrigen Gruppenmitglieder hören und die eventuell eigene Absichten (abweichend von den Gruppenzielen) verfolgen. Aufgabe des Vorgesetzten ist es, solche Soldaten rechtzeitig zu erkennen und sie durch → Beteiligung und Delegation von Aufgaben in die militärische Gruppe einzubinden.

Innendienst heißt der allgemeine Dienst der Soldaten in den Unterkünften der Truppenteile und der militärischen Dienststellen; er ist mit der Vorschrift „Leben in der militärischen Gemeinschaft" geregelt (ZDv 10/5). Unter dem Begriff I. können Dienstverrichtungen wie Aufstehen, persönliche → Hygiene, Essen, Reinigungsdienst, Pflege und Instandsetzung von Handwaffen, Bekleidung und Ausrüstung, ärztliche Versorgung sowie Nachtruhen zusammengefasst werden. Durch festgelegte Regeln soll die Ordnung des Gemeinschaftslebens sowie die Erhaltung und Förderung des Gemeinschaftslebens (→ Kameradschaft) gewährleistet werden. Die Besonderheiten bei → Auslandseinsätzen und das Zusammenleben von → Frauen und Männern (→ Sexualität) werden berücksichtigt. Die geltenden Bestimmungen sollten nach heutigem Verständnis auf ein absolut dienstlich notwendiges Minimum beschränkt bleiben, um ausreichend Raum für Selbstgestaltung zu ermöglichen. So haben die Regeln für das Leben in der militärischen Gemeinschaft an die Verantwortlichkeit des Einzelnen anzuknüpfen. Sie sollen zur → Beteiligung auffordern, nicht reglementieren und bevormunden.

Innere Führung. Der Name geht auf eine Regelung der → Dienststelle Blank zurück (10. Januar 1953), in der es heißt: „Alle Arbeiten auf dem Gebiet ‚Innere Führung' haben das Ziel, den Typ des modernen Soldaten zu schaffen und fortzubilden, der freier Mensch, guter Staatsbürger und vollwertiger Soldat zugleich ist" (siehe Anhang, S. 312). Die verwickelten Umstände der Regelung sind von G. Meyer

ORGANISATION DER INNEREN FÜHRUNG IN DER BUNDESWEHR

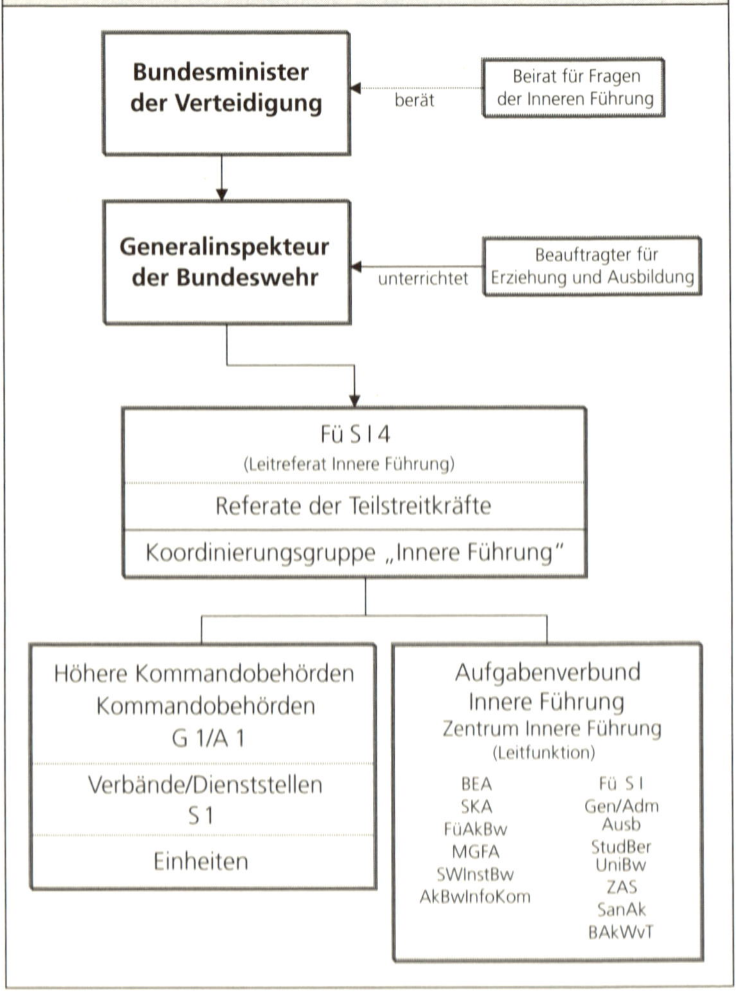

(1994, 2001) dargestellt worden, ohne dass geklärt werden konnte, was zur Entstehung des Namens führte; die historische Entwicklung ist bis 1960 untersucht worden (→ Geschichte der Inneren Führung, → Militärgeschichtliches Forschungsamt). Zur Organisation der I. in der → Bundeswehr → Schaubild S. 144.

Inneres Gefüge. Der Ausdruck ist für den ersten Chef der Heeresleitung der Reichswehr nachweisbar (General Reinhard, 1919/20). Nach seiner Beurteilung war die Lage der Reichswehr anfänglich so, dass ihr „inneres Gefüge und ihr äußeres Ansehen großen Schaden genommen" hatte. In Wehrmachtserlassen um 1942, dann während der geheimen Militärberatungen in Himmerod (1950 → „Himmeroder Denkschrift") und in der Aufbauphase der → Bundeswehr (1956/65) war er verbreitet. In der Bedeutung kommt er dem Ausdruck „Betriebsklima" nahe. Im militäramtlichen Schriftverkehr ist er gebräuchlich (z. B. in den „Hilfen" bei extremistischen Verhaltensweisen, 1998), in der juristischen Interpretation des → Soldatenbeteiligungsgesetzes durchaus üblich (vgl. Gronimus 2002, S. 7). Der verbindliche übergeordnete Sammelbegriff lautet → Innere Führung.

Integration meint (aus dem Lateinischen entlehnt) ursprünglich die Wiederherstellung eines Ganzen. Im politischen Sprachverständnis heißt I. Angleichungen von Personen oder → Gruppen bzw. Organisationen an geltende Wertordnungen einer Gesellschaft. I. gehört zu den Schlüsselbegriffen der Bundeswehr (→ Innere Führung). Der → Wehrbeauftragte schrieb im Jahresbericht 1968: Gesellschaft ist ein System, in dem verschiedene Bereiche (Politik, Kirche, → Erziehung und Wissenschaft, Wirtschaft und soziale Sicherung, Technik, Militär usw.) in ständiger Wechselwirkung zueinander stehen und gleichermaßen der → Werteordnung des Grundgesetzes unterliegen (→ Schaubild S. 146). I. heißt demnach, dass die Streitkräfte unter den Bedingungen der Verfassung in einem realen Bezug zur Gesellschaft stehen sollen, ohne ihre Strukturen und Funktionen (Auftrag, → Hierarchie, → Befehl und Gehorsam) aufzugeben bzw. zu beeinträchtigen. Die ständige Beobachtung gesellschaftlicher Entwicklungen, ihr Einfluss auf die Streitkräfte, sind deswegen unumgänglich (→ „Kursbuch 2000", → Grundlagenprogramm Innere Führung). I. der Bundeswehr in die Gesellschaft zeigt sich im → Engagement der Soldaten (z. B. → politische Betätigung), in Verbindungen zu anderen gesellschaftlichen Berei-

INTEGRATIONSVERHÄLTNIS MILITÄR UND GESELLSCHAFT

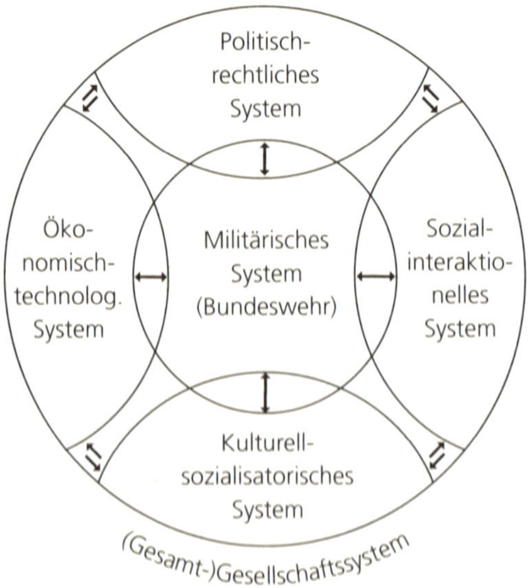

Entwurf: W. R. Vogt (1986)

chen (z. B. → Kirchen und Bundeswehr, → Schule und Bundeswehr, → Arbeitskreise Bundeswehr und Wirtschaft). – Neben der I. in die Gesellschaft wird auch von I. in den Verfassungsstaat (→ Wehrverfassung), I. in → Nordatlantische Allianz (→ Bundeswehr) gesprochen. Praktische Probleme einer I. im oben ausgeführten Sinne hat der → Wehrbeauftragte angesprochen (Jahresbericht 1998, S. 18).

Interessen, nationale (deutsche). I. beschreiben Sachverhalte, Dinge oder Entwicklungen, an denen Einzelne, Gruppen oder Institutionen teilhaben und zu ihrem Nutzen erzielen, erhalten oder verbessern wollen. Im internationalen Raum können als I. auch Staatsziele genannt werden, die es – notfalls auch mit militärischen Mitteln (z. B. Wahrung der territorialen Integrität) – zu erreichen gilt. Aufgrund der verbrecherischen Politik des NS-Regimes vermieden es Politiker der Bundesrepublik Deutschland, nationale I. zu definieren. Nach Ende des Ost-West-Konfliktes trat der Begriff dann häufiger im deutschen Sprachgebrauch auf, ohne dass man sich in Politik und Wissenschaft auf nationale I. verständigen konnte. Erstmals finden sich 1992 konkret formulierte I. deutscher Sicherheitspolitik in den → Verteidigungspolitischen Richtlinien des BMVg. Eine umfassende gesellschaftliche Debatte um die Rolle Deutschlands fand bisher nicht statt. Das außenpolitische und militärische Engagement (→ Auslandseinsätze) ist eher situationsbedingt zu erklären. Einigkeit besteht bei der Formulierung von sicherheitspolitischen Zielen: 1. die transatlantische Partnerschaft festigen, 2. die Gemeinschaft der EU stärken, sie um europäische Demokratien erweitern und ihre internationale Handlungsfähigkeiten erweitern, 3. eine alle Staaten Europas einschließende kooperative Sicherheitsordnung schaffen und 4. die internationale Ordnung mitgestalten und dabei Rüstungskontrolle, Abrüstung und die Nichtverbreitung von Massenvernichtungswaffen aktiv fördern.

Interkulturelle Kompetenz gewinnt angesichts von → Multinationalität und → Auslandseinsätzen in der → Bundeswehr zunehmend an Bedeutung. Anknüpfend an den Kompetenzfeldern und Schlüsselqualifikationen der → Führungslehre sollen die interkulturellen Handlungskomponenten beim Soldaten entwickelt werden, die ihm die Erfüllung seiner Aufgaben im internationalen Raum bewältigen helfen. Dazu gehören das Wissen über den Einfluss der eigenen Kultur auf das Denken und Handeln, das Verstehen fremder Kulturen (→ Empathie), das Einüben ungewohnter Verhaltensweisen beim Umgang mit Fremden sowie das Erlernen von Strategien zum Umgang mit emotionalen Belastungen. I. baut insbesondere auf sozialer Kompetenz auf.

Internationale Kooperation → Zusammenarbeit Ost.

Internet ist ein weltweiter Verbund von Millionen miteinander über Netzwerke kommunizierender Computer und Rechensysteme auf der Basis einer gemeinsamen Kommunikationssprache. Seine dezentrale Struktur basiert auf Überlegungen des US-Verteidigungsministeriums in den 1960er-Jahren, ein von einem Zentralcomputer unabhängiges Netz zu schaffen. Nach Ausweitung dieses sog. ARPA-Nets auf den universitären Bereich und der Entwicklung benutzerfreundlicher

Software fand das I. in den 1990er-Jahren auch Eingang in die private Nutzung. Die Anzahl an Nutzern („User") steigt ständig an. In Deutschland können über 40 v. H. der Bevölkerung (2002) dazu gerechnet werden. Zu den wichtigsten I.-Modi zählen die Versendung von elektronischen Textnachrichten und Dateien (E-Mail), der Abruf gespeicherter Informationen (World Wide Web), die Beteiligung an Diskussionsforen (Newsgroups), die sprachliche Interaktion mit anderen Nutzern (Chat) sowie die Interaktion in virtuellen Räumen. Obwohl mittlerweile das Angebot an Informationen (Homepages) den größten Anteil am I. einnimmt und es deshalb zu den → Massenmedien gerechnet werden kann, liegt sein Mehrwert gegenüber klassischen Medien in der Interaktivität und der hohen Individualität der Nutzung. – Die → Bundeswehr nutzt die neuen Technologien in der Kommunikation mit der Öffentlichkeit (→ Informationsarbeit) und mit den Angehörigen der Bundeswehr (→ Truppeninformation, → Intr@net aktuell). Seit 1996 hat der → Presse- und Informationsstab eine zentrale I.-Adresse eingerichtet (http://www.bmvg.de). Dort werden alle Aspekte von Sicherheitspolitik und der Streitkräfte aus offizieller Sicht dargestellt. Bestellungen, Kopien usw. sind jederzeit über die oben angegebene Anschrift bzw. spezielle I.-Adressen möglich (→ Quellen- und Literaturverzeichnis).

Intr@net aktuell, internes Kommunikationsnetz für Angehörige der Bundeswehr, das als ein neues Element der Konzeption „Truppeninformation 2000" flächendeckend ab 2000 in die Truppe eingeführt wurde. Wegen veränderter Mediennutzungsgewohnheiten (→ Internet) sollen → Informationen schnell, kompakt, jederzeit abrufbar (Archiv) und visuell anschaulich eingestellt werden. Auch Chats mit der politischen und militärischen Führung sowie Online-Befragungen werden praktiziert. Der Intranet-Zugang ermöglicht des Weiteren den Abruf von Informationen zahlreicher Bundeswehr-Dienststellen. Andere Nutzungsmöglichkeiten sollen folgen (→ Fern@usbildung).

Jacobsen → Beirat Innere Führung, → Unabhängige Kommission für die künftigen Aufgaben der Bundeswehr.

Jahresbericht → Wehrbeauftragter.

Jahrespreis Politische Bildung. Der J. ist durch Weisung des → Generalinspekteurs (Fü S I 4 – Az 35-20-00) am 16. Oktober 1998 eingeführt worden und hat den Zweck, den Stellenwert der → politischen Bildung im Bewusstsein derjenigen Vorgesetzten zu festigen, die für Leitung und Durchführung der politischen Bildung in der Truppe verantwortlich sind. Der J. gehört zu den Maßnahmen, die der → Arbeitskreis Rechtsextremismus vorgeschlagen hatte. Gewürdigt wird die ideenreiche, didaktisch-methodisch geschickte und kontinuierlich betriebene politische Bildungsarbeit. Auf Vorschlag der → Disziplinarvorgesetzten zeichnet der Divisionskommandeur oder ein vergleichbarer Vorgesetzter die Preisträger mit einer Schmuckurkunde aus, wobei zwei bis fünf Preise im Jahr vergeben werden können.

Jugendoffiziere. Die Institution der J. ist im September 1958 vom → Generalinspekteur der Bundeswehr eingerichtet worden, um der Jugend das neue Verständnis von Streitkräften in der Demokratie zu erläutern. Die zunehmend erfolgreiche Arbeit der J. und das verstärkte Informations- und Diskussionsbedürfnis – seit 1990 auch in den neuen Bundesländern – bewirkten eine schrittweise Erhöhung ihrer Zahl (13) auf 94 (Stand: 2002), die hauptamtlich tätig sind und von jeweils einem nebenamtlichen J. und Jugendunteroffizier auf Bataillonsebene unterstützt werden. Die J. haben den Auftrag, in der → Öffentlichkeit zu militärischen und sicherheitspolitischen Grundsatzfragen Stellung zu nehmen und den Sinn des Soldatseins in der heutigen Zeit sowie die Notwendigkeit der → Bundeswehr im Rahmen des Bündnisses zu verdeutlichen (→ Legitimation). Damit erfüllen J. eine Aufgabe, die in keiner anderen Armee sonst gestellt ist. Zielgruppen sind die Schüler und die Jugendlichen (in Verbänden). Der J. sucht in seinem Betreuungsbereich, einem regional zugewiesenen Gebiet, selbstständig Kontakte und wird aufgrund von Einladungen tätig in Unterrichten, Projekten, Podiumsdiskussionen und anderen Formen der → Information, Meinungsbildung und → Beratung (über 9000 in 2001). Er ist dem Aufgabenbereich der → Öffentlichkeitsarbeit zugeordnet, von dessen Dienststellen er fortgebildet sowie informatorisch und materiell unterstützt wird. Nachwuchssicherung gehört nicht zu seinen Aufgaben. Die Auswahl zum J. erfolgt freiwillig. Ausgebildet werden J. in einem Grundlehrgang und einem Aufbaulehrgang für hauptamtliche J. an der → Akademie für Information und Kommunikation. Die hauptamtlichen J. gehören zur → Streitkräftebasis, sie sind für die Fortbildung und Information der nebenamtlichen J. und Jugendunteroffiziere ihres Betreuungsbereichs verantwortlich. Sie haben jährlich einen Tätigkeitsbericht vorzulegen. Einzelheiten ihrer Tätigkeit regelt ein Erlass (VMBl. 1975, S. 517). – Die Institution des J. war in der → Öffentlichkeit, aber auch in der Truppe umstritten („verkappte Werber"; „Politruk"). Im Zusammenhang mit der Diskussion um die Sicherheitspolitik der Bundesrepublik Deutschland im Schulunterricht (→ Schule und Bundeswehr) wurde mit seiner Tätigkeit die Repräsentanz einer staatlich verordneten → Wehrkunde vermutet. Allgemein anerkannt werden seine umfassenden Sachkenntnisse zu politischen und militärischen Themen sowie seine ausgeprägten kommunikativen Fähigkeiten. Spätestens seit der Debatte um den NATO-Doppelbeschluss Anfang der 1980er-Jahre haben sich die J. ein hohes Ansehen in der Politik erworben. Ihr Jahresbericht wird dort als ein Indikator für die Einstellungen von Jugendlichen zur Kenntnis genommen.

Anschriften der Jugendoffiziere erhältlich bei: Streitkräfteamt, Dezernat Jugendoffiziere, Alte Heerstraße 90, 53757 Sankt Augustin.

Jugend und Bundeswehr. Die Meinungslage von Jugendlichen zur Sicherheitspolitik und zu den Streitkräften wird seit langem von der Meinungsforschung – auch im Auftrag des Bundesministeriums der Verteidigung – untersucht. Die in der → Öffentlichkeit bekannt gemachten Ergebnisse stimmen mit denen der Jugendforschung überein (z. B. Shell-Studien). Auch das → Sozialwissenschaftliche Institut der Bundeswehr bestätigt mit seinen Befunden einen Tatbestand, der als wohlwollendes Desinteresse gegenüber der → Bundeswehr bezeichnet werden kann (Lagebild „Jugend heute", 2000). So halten nach den Umfrageergebnissen (2000) zwar knapp 60 v. H. der befragten männlichen Jugendlichen die Bundeswehr „für sehr wichtig" oder „wichtig", aber nur knapp 40 v. H. zeigten für sie ausgeprägtes Interesse. Der hohen Zustimmung steht nur eine begrenzte Bereitschaft zum persönlichen Engagement in der Bundeswehr gegenüber. Dabei wird der → Auslandseinsatz als primärer Auftrag angesehen und akzeptiert, so dass die →

Wehrpflicht nach Auffassung der Jugendlichen entbehrlich geworden ist. Wehr- und Zivildienst stellen für diese Personengruppe eine gleichrangige Wahlmöglichkeit dar. Die „Wahl" fällt häufig aus persönlichem Nutzen zugunsten des Zivildienstes aus. Teile der Jugend betrachten dennoch den „Arbeitsplatz Bundeswehr". Die vollständige Öffnung der militärischen Laufbahnen für → Frauen wird allgemein als gerecht empfunden. Junge Männer beklagen aber die Tatsache, dass Frauen dienen dürfen und Männer dienen müssen.

Kadavergehorsam. Das Wort stammt aus dem Regelwerk des Jesuitenordens (1534). In einer eher abschätzig gemeinten Wendung verlangte Ignatius von Loyola, dass die Angehörigen seines Ordens ihren Oberen folgen sollten, als wären „sie ein Kadaver, der sich überall hintragen und auf jede beliebige Weise behandeln ließe". Zum politischen Schlagwort wurde K. gegen die Tendenzen des → Militarismus in verschiedenen Phasen der Weimarer Republik. Blinder Gehorsam kennzeichnete (mit Blick auf die → Wehrmacht) die Soldaten, die sich bis zur Unterwürfigkeit missbrauchen ließen oder glaubten, damit persönliche Vorteile gewinnen zu können (C. G. von Ilsemann). Das Phänomen dieser Gehorsamsform ist sozialpsychologisch von St. Milgram untersucht und in Kontrolluntersuchungen von der Max-Plank-Gesellschaft nachträglich bestätigt worden: Menschen neigen nämlich unabhängig von Alter, Geschlecht, Beruf, Herkunft usw. dazu, sich sehr schnell einer sog. → Autorität zu unterwerfen und deren Position auch dann noch anzuerkennen, wenn unverantwortliche Handlungen erwartet bzw. verlangt werden. Um die Grenzen des militärischen → Gehorsams festzulegen, wurde das Befehls- und Gehorsamsrecht der → Bundeswehr (→ Befehl und Gehorsam) von Anfang an neu definiert.

Kälte → Betriebsklima.

Kameradschaft, Ausdruck der Solidarität unter Soldaten, indem der Einzelne innerhalb einer militärischen Organisation für das Ganze wirkt (W. Bernsdorf). Über die theoretische und militärische Erklärung des Phänomens K. (→ Militärsoziologie) hinaus ist K. von rechtlicher Bedeutung, was ihre Normierung im Soldatengesetz anbelangt (§ 12 SG): Soldaten sind verpflichtet, die Würde, die → Ehre und die Rechte eines bzw. ihrer Kameraden nicht nur zu achten, sondern auch in Not und Gefahr Beistand zu leisten (z. B. Kameradenhilfe, siehe ZDv 10/1); gegenseitige Anerkennung, Rücksicht und Achtung fremder Anschauungen gehören ebenso zur K. (ebd.). Das Leben in der militärischen Gemeinschaft ist auf K. angewiesen. Hinweise zur praktischen Kameradenhilfe in Notlagen enthalt das Arbeitspapier „Psychische Selbst- und Kameradenhilfe" des → Zentrum Innere Führung (FIZBw PP 5704).

Kampfmotivation → Motivation.

Karl-Theodor-Molinari-Stiftung e. V. (KTMS). Bildungswerk des → Deutschen Bundeswehrverbandes (DBwV), 1988 in Bonn gegründet, benannt nach dem ersten Bundesvorsitzenden (DBwV), Generalmajor a. D. Molinari. Die Stiftung widmet sich der Bildungsarbeit für Erwachsene (→ Politische Bildung); das Jahresprogramm umfasst die Bereiche: Gesellschaft, Staat, Politik, Sozialpolitik, Internationale Beziehungen und Methodentraining. Ergebnisse der Bildungsarbeit werden in der Reihe „Dokumentationen", wissenschaftliche Arbeiten (Dissertationen von Offizieren der beiden → Universitäten der Bundeswehr, Umfrageforschungen) in der Reihe „Forschung aktuell" veröffentlicht (→ Forum Innere Führung).

Anschrift: Karl-Theodor-Molinari-Stiftung e. V., Bildungswerk des Deutschen Bundeswehr-Verbandes, Südstraße 121, 53175 Bonn.

Karst, Heinz (1914–2002). Brigadegeneral a. D., war in der → Dienststelle Blank im Referat „Innere Führung" Stellvertreter von W. von → Baudissin, anschließend in der Schule der Bundeswehr für Innere Führung (→ Zentrum Innere Führung) und im Truppendienst tätig, dann Referent für Erziehung und Bildung (ab 1959), Brigadekommandeur und bis 1970 General für Erziehung und Bildung im Heer. K. war ein konsequenter, auch unbequemer Kritiker → Baudissins in Fragen zur → Inneren Führung. Er provozierte mit seiner Denkschrift „Gedanken über Erfahrungen meines Truppenkommandos" (1957) die politische Führung und sorgte mit kritischen Bemerkungen zur militärischen → Erziehung („Vom Bild des Soldaten", 1964) für Kontroversen innerhalb der → Bundeswehr und in der → Öffentlichkeit.

Kaserne. Aus dem Französischen („Caserne"), seit dem 17. Jh. im Deutschen gebräuchliche Bezeichnung für militärische Unterkünfte. Anlagen dieser Art sind in München seit 1672 und in Berlin seit 1738 nachgewiesen (→ Standort). Die Kasernen der Bundeswehr umfassen u. a. die Gemeinschaftsunterkünfte (typisch: die „4-Mann-Stube", → Attraktivitätsprogramme) sowie → Freizeiteinrichtungen.

„Kaserne 2000" → Attraktivitätsprogramme.

Kasernenbenennung. Die Benennung von → Kasernen, militärischen Verbänden, Truppenteilen, Schiffen usw. der → Bundeswehr gehört zum militärischen Brauchtum (→ Militärgeschichte, → Tradition). Kasernen können mit Zustimmung des → Bundesministers der Verteidigung (BMVg) nach Persönlichkeiten der Geschichte, nach Landschaften usw. und nach Truppengattungen benannt werden. Die in der Kaserne stationierte Truppe wählt den Namen aus; die örtlichen Behörden sind am Vorschlagsverfahren dann zu beteiligen. Bei der Auswahl von Persönlichkeiten der deutschen Geschichte und → Militärgeschichte gelten besondere Maßstäbe. Das Antrags- und Genehmigungsverfahren ist in den G 1-Hinweisen dargestellt (Nr. 2710 ff.). Einige Kasernennamen (z. B. Mackensen, Lettow-Vorbeck, Generaloberst Dietl) sind unter dem Eindruck der kritischen Initiative zum Traditionsverständnis der Bundeswehr vom BMVg aufgegeben worden (→ Traditionspflege). Kasernennamen der ehemaligen → NVA wurden nicht anerkannt (vgl. ZDv 10/1, Vorwort). Namen aus der Geschichte des Widerstandes (→ Zwanzigster Juli 1944) haben nur einen kleinen Anteil im Gesamtbestand der K. Eine ältere Untersuchung des → Sozialwissenschaftlichen Instituts der Bundeswehr zeigt, dass jüngere Soldaten andere Formen der Namensgebung bevorzugen.

Katastrophenhilfe. Nach Art. 35 Abs. 2 GG können bei einer Naturkatastrophe oder bei einem besonders schweren Unglücksfall im Staatsgebiet der Bundesrepublik Deutschland auch die Streitkräfte zur Hilfeleistung angefordert werden. Die → Bundeswehr ist seit den 1960er-Jahren ein wichtiges Element der Gesellschaft geworden (→ Hilfeleistungen der Bundeswehr), so besonders während der schweren Naturkatastrophen im Bundesgebiet (1962, 1975, 1979, 1989, 1997, 2002). Auch anlässlich schwerer Naturkatastrophen im Ausland wurde die Bundeswehr eingesetzt (z. B. Nordafrika 1960, 1969, Norditalien 1976, Türkei 1976, Äthiopien 1984, Sudan 1985, 1989, Griechenland 1990, 1993 und Mosambik 2000; → Dritte Welt und Bundeswehr).

Kielmansegg, Johann Adolf Graf (geb. 1906). General a. D., seit 1926 Berufssoldat. K. war seit 1950 in der → Dienststelle Blank, dann im Bundesministerium der Verteidigung und anschließend in hohen Truppenverwendungen in der → Bundeswehr und der → NATO tätig, zuletzt als Oberbefehlshaber der alliierten Streitkräfte Europa-Mitte. Er bearbeitete die → „Himmeroder Denkschrift" und war maßgeblich an den Vorarbeiten zur → Konzeption Innere Führung beteiligt. Zusammen mit den Generalen W. von → Baudissin und U. → de Maizière wurde K. 1965 mit dem → Freiherr-vom-Stein-Preis für seine Verdienste um die Innere Führung ausgezeichnet.

Kirchbach, von → Generalinspekteur.

Kirchen und Bundeswehr. Der Soldat ist, unabhängig von der → Militärseelsorge, Teil seiner Kirchengemeinde am Wohnort. Eine Zusammengehörigkeit von Bundeswehrangehörigen und Kirchengemeinde erweist sich auch daraus, dass an nahezu allen → Standorten die Ortskirchen für die Gottesdienste der Soldaten genutzt werden können. Im Prozess der Meinungsbildung der Evangelischen Kirche ist der Auftrag der → Bundeswehr Gegenstand der Diskussion, wobei das Ergebnis in Denkschriften zur Friedensethik veröffentlicht wird (→ Friede). Jüngste Stellungnahmen dazu sind 1994 in „Schritte auf dem Weg zum Frieden" und 2001 mit einer ergänzenden „Zwischenbilanz" erfolgt (→ Ethische Grundlagen).

Kleine Kampfgemeinschaft. Die militärsoziologischen Forschungen seit Ende des Zweiten Weltkrieges haben gezeigt, dass die Kampfmotivation (→ Motivation) von Soldaten und ihr Kampfverhalten im Gefecht weniger von → Ideologien und → Symbolen, vielmehr von den wechselseitigen persönlichen Beziehungen der Soldaten untereinander und zu ihren Führern beeinflusst werden. So bilden die Mitglieder der militärischen Bezugsgruppe eine K. (→ Gruppe), die nicht unbedingt mit einer militärischen Organisationseinheit identisch sein muss. Wesentliche Faktoren für ein gutes → Betriebsklima einer Truppe sind demnach wechselseitiges → Vertrauen, Achtung, Zuneigung und Solidarität der Kameraden (→ Kameradschaft, vgl. als Gegensatz dazu auch → „Hackordnung").

Kommission des Bundesministers der Verteidigung zur Stärkung der Führungsfähigkeit und Entscheidungsverantwortung in der Bundeswehr → „de Maizière-Kommission".

Kommission „Gemeinsame Sicherheit und Zukunft der Bundeswehr". Die im Frühjahr 1999 vom → Bundesminister der Verteidigung einberufene Kommission unter Leitung von Bundespräsidenten a. D. R. v. Weizsäcker beriet über Bedingungen einer „Erneuerung der Bundeswehr von Grund auf". Ausgehend von der sicherheitspolitischen Lage sprach sie Empfehlungen aus, die der Bundesregierung am 23. Mai 2000 vorgelegt und veröffentlicht wurden. Zu den wichtigsten Vorschlägen zählen: eine „bündniskonforme Bundeswehr", die verkleinert und modernisiert, der Einsatzfähigkeit von Streitkräften der wichtigsten europäischen Partner entsprechen muss. Die zukünftige Wehrform (→ Wehrpflicht) wurde kontrovers beraten und dokumentiert. Die K. geht davon aus, dass die Realisierung der Vorschläge zehn bis fünfzehn Jahren dauern wird (→ Bundeswehrreform, → Schaubild, S. 156).

Kommunikation (lat. communicatio, Verbindung, Mitteilung), ist ein mehrdeutiger Ausdruck für die

KOMMISSIONEN ZUR WEITERENTWICKLUNG DER BUNDESWEHR

Name	**Wehrstrukturkommission der Bundesregierung**	**Kommission des BMVg zur Stärkung der Führungsfähigkeit und Entscheidungsverantwortung in der Bundeswehr**	**Unabhängige Kommission für die künftigen Aufgaben der Bundeswehr**	**Kommission „Gemeinsame Sicherheit und Zukunft der Bundeswehr"**
Kurzform	Wehrstruktur-Kommission	„De Maizière-Kommission"	„Jacobsen-Kommission"	„Weizsäcker-Kommission"
Auftraggeber	Bundesregierung	BMVg vom 5. Oktober 78	Bundesregierung gemäß Beschluss Deutscher Bundestag (Antrag CDU/CSU u. FDP-Fraktionen)	Bundesregierung
Auftrag	Untersuchung der heutigen Wehrstruktur, ihre Entwicklungsfähigkeit in die Zukunft hinein sowie mögliche andere Wehrstrukturen für die Bundeswehr. Entwicklung von Grundsätzen für die Wehrstruktur, die nach ihrer Auffassung geeignet erscheinen, die sicherheitspolitischen mit den wirtschaftlichen und gesellschaftlichen Möglichkeiten und voraussichtlich verfügbaren finanziellen Mitteln am wirksamsten zu verknüpfen.	Aufzeigen von bürokratischen Fehlentwicklungen in der Bundeswehr, um die Führungsfähigkeit und Entscheidungsverantwortung auf allen Ebenen stärken zu können.	Untersuchung längerfristiger Aufgabenstellungen, Entwicklungen und Probleme der Bundeswehr aufgrund der Bundeswehrplanung 1989.	Untersuchung, wie die Bundeswehr künftig ihre Aufgaben im Rahmen umfassender Sicherheitspolitik wahrnehmen kann. Dazu gehört auch ein Urteil darüber, welche militärischen Fähigkeiten – qualitativ und quantitativ – Deutschland für seine Außen- und Sicherheitspolitik erhalten, verstärken oder neu erwerben sollte.
Mitglieder	18 aus Politik, Wissenschaft, Militär, Publizistik, Wirtschaft und Gewerkschaften	21 aus Militär, Verwaltung, Wissenschaft, Verbänden und Gewerkschaften	27 aus Politik, Militär, Publizistik, Wissenschaft, Wirtschaft	21 Persönlichkeiten des öffentlichen Lebens (u. a. ehem. Politiker u. Generale, aus Wissenschaft, Wirtschaft, Publizistik, Kirchen)
Vorsitzender	Dr. Karl Mommer, MdB	General a. D. Ullrich de Maizière	Prof. Dr. Dr. h. c. Hans-Adolf Jacobsen	Bundespräsident a. D. Dr. Richard Freiherr von Weizsäcker
Beratungszeit	9. Juli 70–17. November 72	10. November 78–Oktober 79	7. September 90–7. September 91	3. Mai 99–11. Mai 00
Bericht	28. November 72	31. Oktober 79	24. September 91	23. Mai 00
Inhalte	Sicherheit und Bündnisfähigkeit Finanzielle Mittel Personalplanung (unter wirtschaftlichen und gesellschaftlichen Bedingungen) Wehrform	Auftrag und Mittel Verantwortung und Befugnisse Führen durch Aufträge (Auftragstaktik) Menschenführung Einzelthemen: Personalführung, Ausbildung und Erziehung, materielle Versorgung, Öffentlichkeitsarbeit	Europa im Umbruch: Von der Konfrontation zur Kooperation Künftige Aufgaben, Aufträge und Struktur deutscher Streitkräfte Zur Wehrform deutscher Streitkräfte Bundeswehr in Staat und Gesellschaft	Risiken und Interessen deutscher Sicherheitspolitik, auch unter europ. Perspektive Auftrag, Wehrform und Personal Struktur, Ausrüstung und Bewaffnung Reform und Haushalt Teilaspekte: u. a. Innere Führung, Bildung und Ausbildung, Controlling

Übermittlung von Nachrichten oder den wechselseitigen Verständigungsprozess zwischen Personen. Innerhalb eines Kommunikationsverlaufs können unterschieden werden: die Herstellung von Beziehungen zwischen Kommunikationsteilnehmern, die Produktion von Informationen (wie z. B. Texte, Bilder) und die Handlungen als Folge dieser K. Gegenüber früheren Auffassungen, die K. aus der Nachrichtentechnik (Sender-Empfänger) ableiteten, gilt heute, dass Informationen (auch Gefühle und Ideen) nicht nur sprachlich, sondern auch durch Ausdruck und Körperhaltung übermittelt und die Mitteilungen durch die zwischenmenschlichen („sozialen") Beziehungen geprägt werden. Jede erfolgreiche K. setzt ein Verständnis von sozialem Verhalten voraus, das durch die Auseinandersetzung mit der Umwelt entwickelt wird. Diese Auffassungen zu den Bedingungen und Möglichkeiten von K. gelten somit auch für die Streitkräfte und sollten vom militärischen → Vorgesetzten gegenüber Untergebenen sowohl im → Gespräch als auch in der → Information bewusster berücksichtigt werden.

Kompanie heißt die Grundform der Einheit als die unterste militärische Gliederungsform, deren Führer (Kompaniechef) → Disziplinargewalt hat (ZDv 1/50). Andere Bezeichnungen sind: Staffel, Batterie, Inspektion, Boot, Depot, Werft oder Sektor.

Kompaniechef → Kompanie.

Kompaniefeldwebel oder → Unteroffiziere auf vergleichbaren Dienstposten (→ Kompanie) leiten im Auftrag des Einheitsführers und nach dessen Weisung den → Innendienst in der Einheit (ZDv 10/5, Nr. 204). Der im militärischen Sprachgebrauch → „Spieß" bezeichnete Soldat steht an der Spitze des Unteroffizierskorps seiner Einheit. In seinem Aufgabenbereich ist er → Vorgesetzter gegenüber allen Unteroffizieren und Mannschaften. Er verfügt über genügend Einfluss, um auf die Soldaten zu wirken. Wegen ihrer zentralen Stellung in der Kompanie wird den Kompaniefeldwebeln ein Lehrgang für Innere Führung am → Zentrum Innere Führung angeboten.

Konfliktverhalten. K. meint die Gesamtheit von Erwartungen, Einstellungen und Handlungen bei Auseinandersetzungen, Spannungen, Gegnerschaften, Feindschaften (→ Feindbild), Streitigkeiten oder Kampf in verschiedenen Graden der Gewalttätigkeiten zwischen Personen bzw. sozialen Gruppen, Organisationen (Verbänden, Gesellschaften, Staaten). Verhalten im/in Konflikt(en) ist die Art und Weise des Umgangs mit der Person bzw. den Gruppen usw., die den Gegenstand des Konflikts symbolisieren, nämlich in der Auseinandersetzung um „Werte" bzw. „Güter" (z. B. Herrschafts-, Macht-, Lebensverhältnisse, Statuspositionen, knappe Ressourcen). – K. meint im Sprachgebrauch der → Bundeswehr die Fähigkeit des → Vorgesetzten, die Ursachen von Konflikten zu erkennen und darauf vorbereitet zu sein (→ Menschenführung), um diese lösen zu können. – Im → Zentrum Innere Führung wird seit längerem versucht, K. auf theoretischer und praktischer Ebene zu bearbeiten (vgl. Führungshilfen für Vorgesetzte, Bd. 1: Menschenführung in den Streitkräften).

Konzeption der Inneren Führung ist in der ZDv 10/1 Innere Führung (1993) für die Streitkräfte beschrieben. Ausgehend von der Werteordnung des Grundgesetzes, den verfassungsrechtlichen Grundlagen der Bundeswehr und der Stellung der Streitkräfte in der Gesellschaft werden mit der K. Ziele und Grundsätze der Inneren Führung zur Wahrnehmung der militärischen Aufgaben festgelegt. Die Vorschrift geht dabei von den gesicherten Erfahrungen und Erkenntnissen erfolgreich praktizierter Innerer Führung aus und setzt sie in Handlungsanweisungen für den Dienst in den Streitkräften um. – Ideengeschichtlich sind Ansätze im frühen 19. Jh. nachweisbar, so die Vorschläge zur Neuordnung der Militärgerichtsbarkeit in der preußischen Armee (→ politisch-historische Bildung), die der Staatsminister Karl Wilhelm Reichsfreiherr v. Schroetter (1748–1819) im Zusammenhang mit dem Reformwerk des Reichsfreiherrn vom Stein (1757–1831) vorbrachte. Schroetter erkannte (Brief zum Immediatbericht der preuß. Militär-Reorganisationskommission, 1808) als „großen Zweck" der Militärgesetzgebung, dass diese in der „Verschmelzung des Militärs mit dem Zivil" bestehe; in Friedenszeiten sollte die Militärgerichtsbarkeit für Zivil- und Kriminalfälle ganz aufgehoben, nur im Kriegsfalle anders geregelt werden: der Militärgerichtsstand bilde eine „Scheidewand zwischen dem Bürger und dem Soldaten", die „beide Stände zu einem schädlichen esprit de corps anreizt", den Soldaten isoliere und dem Gemeinzweck des Staates widerspreche. – Mit der kalkulierten Option → Adenauers, den deutschen Verteidigungsbeitrag für eine zugesicherte staatliche Souveränität anzubieten, bot sich die Chance, diese Idee einer militärisch-zivilen Verschmelzung zu realisieren (→ Baudissin, → Heusinger, → „Himmeroder Denkschrift", → Innere Führung, → Speidel). In den parlamentarischen Arbeiten wurden 1954 bis 1957 die eigentlichen Grundlagen der → Wehrverfassung der Bundesrepublik Deutschland geschaffen. Stichworte zur Konzeption sind im → Handbuch Innere Führung enthalten (1957), dann in der ZDv 10/1 Innere Führung (Fassung v. August 1972). Anregungen gingen in den 1980er-Jahren vom → Zentrum Innere Führung aus (→ „Kursbuch 2000", → Quellen- und Literaturverzeichnis). Dass Innere Führung nicht ständiger Interpretationen bedarf (→ Weißbuch, 1971/72), zudem wissenschaftsmethodisch eine Theoriebildung vergeblich ist (Walz), dem wiederum die Behauptung eines Definitionsmangels entgegensteht (Preuss), gehört zu den die Fachliteratur anreichernden Kontroversen. Massive Kritik zur konzeptionellen Praxis erhebt neuerdings H. P. Jermer (vgl. Hoffmann, Prüfert); Mängel könnten beseitigt werden, wenn „die politische Leitung und die militärische Führung sich konsequent auf ihre Verantwortung besinnen und – von oben her – die Rahmenbedingungen des Dienstes verbessern" würden.

Konzeptionelle Leitlinien → Bundeswehr.

Korpsgeist ist eine besondere Form des Ausdrucks und Verhaltens in sozialen Gruppen, Verbänden oder Gemeinschaften, die negativ als „standesgebundener Dünkel" (Arroganz, Hochmut) gedeutet wird. Das Phänomen verbreitete sich im 18. Jh. unter französischem Einfluss („esprit de corps") in Deutschland und trat deutlich später in den bürgerlich-studentischen Gruppen (Burschenschaften, Korps), den militärischen Freikorps und den Kadettenkorps hervor. Den Kommandeuren der kaiserlichen deutschen Armee und Marine, der Reichwehr und der Wehrmacht wurde die Pflege des K. in den ihnen unterstellten Offizierskorps zur besonderen Aufgabe (→ Erziehung) gemacht. Das Phänomen des K. kann als Reaktion der Krise einer Gesellschaft gedeutet werden, ihrem ständigen Wandel, der besonders die „klassischen" Institutionen berührt. In der Entwicklung von der alten Ständegesellschaft zur demokratischen Gesellschaft moderner Prägung brauchte das Militär eine Stütze, um sein → Berufsethos zu wahren. In der pluralistischen Gesellschaft erfüllt der K. keinerlei soziale Funktion mehr, so dass ihm bestenfalls nur noch verbale Bedeutung zukommt.

Kosten- und Leistungsverantwortung → Bürokratie, → Ökonomisierung.

Kretschmer → Zentrum Innere Führung.

Kriegsdienstverweigerung (KDV). Das Recht auf K. reicht zurück in die Zeit der frühen amerikanischen Geschichte (18. Jh.) und den wenig später entstandenen Friedensbewegungen (→ Friedenserziehung). Die Aufnahme des Grundrechts der K. aus Gewissensgründen in das GG (1949) war umstritten. So befürchtete der spätere → Bundespräsident Th. → Heuss einen „Massenverschleiß des → Gewissens" im Kriegsfalle. Demgegenüber führten aber die Erfahrungen mit dem NS-Regime, was das Vorgehen gegen Verweigerung des Waffendienstes betrifft, des Weiteren die erklärte Absicht, Deutsche vor Zwangsverpflichtungen in alliierten Kontingenten zu schützen sowie eine grundsätzliche Bereitschaft, dem Friedensgedanken verfassungsrechtlichen Raum zu geben, zur Aufnahme von Art. 4 Abs. 3 GG. – Mit der → Wehrverfassung (1956) wurde durch Art. 12a Abs. 2 GG ein ziviler Ersatzdienst eingeführt. Das Verfahren für die Anerkennung der K. sah eine Entscheidung durch unabhängige Prüfungsausschüsse vor. Die Kritik an der Praxis dieser „Gewissensprüfung" und ein erheblicher Überhang tauglicher Wehrpflichtiger führten 1977 zur Aussetzung des Anerkennungsverfahrens für ungediente Wehrpflichtige („Postkartenregelung"). Nachdem das BVerfG 1978 dieses Verfahren für verfassungswidrig erklärt hatte und mehrere Gesetzesentwürfe scheiterten, konnte erst 1983 ein „Gesetz zur Neuordnung der K. und des Zivildienstes" (KDVNG, BGBl. 1983 I S. 203, 1986 I S. 850, 1989 I S. 1290) beschlossen werden, das für ungediente Wehrpflichtige ein schriftliches Anerkennungsverfahren, für Wehrpflichtige mit Einberufungsbescheid, Soldaten und → Reservisten ein Verfahren vor einem Ausschuss vorsah. Das Recht auf K. wird derzeit (Juli 2003) neu geregelt. Das Verfahren für ungediente Wehrpflichtige sowie Soldaten und Reservisten findet künftig einheitlich beim Bundesamt für den Zivildienst statt. Auf Ausschüsse und Kammern für K. wird verzichtet. Der schriftliche Antrag muss einen tabellarischen Lebenslauf und die ausführlichen Beweggründe für die K. enthalten. Wenn keine Zweifel an der Wahrheit der Angaben in einem solchen Antrag aufkommen, ist die K. anzuerkennen. Für K. von Soldaten gilt, dass der zuständige → Disziplinarvorgesetzte den Antrag an das zuständige Amt übersendet. Er trifft auch die Entscheidung über die Befreiung des Antragstellers von der unmittelbaren Bedienung der Waffen. Der als Kriegsdienstverweigerer anerkannte Soldat soll bis zur Rechtskraft der Entscheidung beurlaubt werden. – Das BVerfG hat wiederholt klargestellt, dass das Recht auf K. aus Gewissensgründen nur von Pazifisten in Anspruch genommen werden kann, die geltend machen, gegen den Dienst mit der

Waffe prinzipiell zu sein. Tatsächlich ist K. in der Bundesrepublik Deutschland als eine Wehrdienstverweigerung zu bewerten, denn die genannten Regelungen bestimmen über die Freistellung vom → Wehrdienst. Mittlerweile werden 38 v. H. (2002) der ungedienten Wehrpflichtigen eines Geburtsjahrganges als Kriegsdienstverweigerer anerkannt.

Kriegsgefangenschaft ist das erlaubte Mittel, um Angehörige gegnerischer Streitkräfte an der Fortsetzung des Kampfes zu hindern. K. ist völkerrechtlich geregelt (3. Genfer Abkommen 1949 – BGBl II 1954, S. 838; 1. Zusatzprot. zu den Genfer Abkommen – Prot. BGBl II 1990, S. 1551). Allgemeine Schutzvorschriften regeln den Anspruch von Kriegsgefangenen auf menschliche Behandlung; gesundheitsgefährdende Handlungen oder → Tod werden als schwere Verletzung des Völkerrechts gewertet; Vergeltungsmaßnahmen sind verboten; weiterhin gilt: der Anspruch auf Ehrenschutz, Verpflegung, ärztliche Versorgung u. a. m.; speziell sind geregelt: Gefangennahme und Gefangenenlager, Arbeit und Entlohnung, Postverkehr, Gewahrsamsstaat, Entlassung und internationale Kontrolle (→ Menschenrechte). Zum Thema K. und → Geiselnahme: Arbeitspapier (FIZBw GG 7642); Film (ZInFü, Bereich 2, Stand: 1997).

Kriegsnahe Ausbildung war eine militärische Forderung der 1980er-Jahre, als die letzten kriegsgedienten Jahrgänge die → Bundeswehr verlassen hatten. Um eine militärische → Ausbildung, mit Kampferfahrungen des Zweiten Weltkrieges, fortzusetzen, sollte die K. (einsatz- bzw. gefechtsnah) realistisch nachempfunden und persönlichkeitsbetonte Fähigkeiten ausgebildet werden (→ Vertrauen, → Belastung). Neben der Verbesserung der körperlichen Leistungsfähigkeit war die Waffenwirkung unter Beachtung von Sicherheitsbestimmungen zu demonstrieren (z. B. Überschießen von Stellungen). Eine Weisung des Kommandierenden Generals II. Korps (1984) führte zu heftigem Protest im Bayerischen Landtag, man glaubte, dass K. mit der → Inneren Führung unvereinbar sei. Ausbildungshilfen (Heeresamt, → Zentrum Innere Führung) vermochten jedoch damals den Ausbildungsansatz zu verdeutlichen.

Kriegsvölkerrecht → Humanitäres Völkerrecht.

Kritik. K. ist ein wesentliches Element des philosophisch-systematischen Denkens und eine methodische Regel des Problemlösens; sie gehört außerdem zur politischen Kultur einer demokratischen Gesellschaft. – In zwischenmenschlichen Beziehungen meint der Begriff „K."

die negative Stellungnahme zu einer schlecht bewerteten Leistung oder einem Fehler. Sie kann sich äußern als aufbauende K., die eher sachlich urteilt, indem sie auf bessere Lösungen verweist und das Handeln anregt, oder der zerstörerischen K., die das Gegenteil bewirkt. – Zwischen der Fähigkeit, K. zu üben und anzunehmen, sollte ein ausgewogenes Verhältnis bestehen. Im Rahmen seiner Befugnisse und Pflichten muss der → Vorgesetzte, wenn nötig Untergebene, kritisieren oder maßregeln (→ Erziehungsmittel). Im → Erlass Erzieherische Maßnahmen werden Grundsätze und Handlungsanweisungen für eine konstruktive K. ausdrücklich genannt. Der „Umgang mit K." ist Bestandteil der Ausbildung zum → Vorgesetzten. Dazu liegen → Ausbildungshilfen und Materialien des → Zentrums Innere Führung vor.

Küchenausschüsse treten in der Regel einmal im Monat zusammen, um über die → Kritik an der → Gemeinschaftsverpflegung und über Verbesserungsvorschläge beim Aufstellen des Verpflegungsplanes und des Speisezettels zu beraten. Mitglieder sind meist die → Vertrauenspersonen der Mannschaften und → Unteroffiziere, der Versorgungsoffizier für die Truppenküche, der Küchenchef sowie Vertreter der Standort- und Truppenverwaltung und des Sanitätsbereichs (ZDv 36/1).

Kujat → Generalinspekteur.

„Kursbuch 2000" ist die gängige Kurzbezeichnung des Projekts „Anforderungen an die Innere Führung in den kommenden Jahren", das im → Zentrum Innere Führung bearbeitet wurde. Der erste Entwurf zum Zwischenbericht lag in zwei Auflagen 1988/89 dem → Aufgabenverbund Innere Führung unter dem Titel „Innere Führung – Kursbuch 2000" vor. Der Entwurf beinhaltete eine Beschreibung der Probleme und machte auf Lösungen aufmerksam, die für die → Bundeswehr von Bedeutung sind. Die Probleme wurden nach dem folgenden Gliederungsschema bearbeitet: 1. Internationale Beziehungen, 2. Gesellschaft, 3. Bundeswehr als Organisation, 4. Zwischenmenschliche Beziehungen (Interaktion, Kommunikation), 5. Der einzelne Soldat. – Das K. weckte, obwohl nur zur internen Prüfung gedacht, kurzfristig das Interesse der → Öffentlichkeit, nachdem es auszugsweise zum Abdruck kam (Frankfurter Rundschau vom 17. Juli 1989, S. 10). 1990/91 überarbeitet eine Projektgruppe des Zentrums Innere Führung das K.; die Forschungsergebnisse des → Grundlagenprogramms sollten darauf überprüft werden, ob sie den derzeitigen wissenschaftlichen Erkenntnissen entsprechen.

Lagefeststellung zur Inneren Führung. Zur L. stützt sich der → Bundesminister der Verteidigung auf: Truppenbesuche des Ministers oder seiner Mitarbeiter, Berichte des → Beauftragten für Erziehung und Ausbildung beim → Generalinspekteur, Meldungen über → Besondere Vorkommnisse, → Disziplinarmaßnahmen u. a., Auswertung von → Beschwerden und → Eingaben an den → Wehrbeauftragten sowie militärische Zustandsberichte des nachgeordneten Bereichs. Seit 1989 werden ergänzend die Informationen aus der → Befragung ausscheidender Soldaten (BAS) herangezogen, einer fortlaufend geführten empirischen Erhebung des Streitkräfteamtes.

Lange → Zentrum Innere Führung.

Laufbahn. Jeder Soldat der → Bundeswehr gehört einer bestimmten L. an: Truppendienst, Sanitätsdienst, Militärmusikdienst, Geoinformationsdienst der Bundeswehr, allgemeiner Fachdienst oder Militärfachlicher Dienst. Weitere Unterteilungen erfolgen nach Laufbahngruppen der Mannschaften, → Unteroffiziere (Fachunteroffizier, Feldwebel) und → Offiziere, dann nach Dienstgradgruppen und Dienstgraden. Der Eintritt in die Laufbahngruppen der Unteroffiziere und Offiziere ist abhängig von einer freiwilligen Verpflichtung (→ Soldat auf Zeit, → Berufssoldat) und von den gesetzlichen Voraussetzungen (entsprechende Bildungs- und Berufsabschlüsse). Näheres regelt die Soldatenlaufbahnverordnung.

Leadership in der → Bundeswehr meint die Fähigkeit, Soldaten in unterschiedlichsten Einsätzen unter schwierigsten Bedingungen überzeugend führen zu können. „Gedanken" des Inspekteurs des Heeres (Generalleutnant Willmann) vom 25. Juni 1998 sind in der Teilstreitkraft als Grundlage für Ausbildung und Lehre verbindlich gemacht worden. Die beiden Grundpfeiler für L. werden darin mit geistig ethischer Bindung und dem Prinzip der → Auftragstaktik beschrieben. Insofern handelt es sich um eine Variante der Grundsätze zur → Menschenführung. Andere Elemente der → Inneren Führung (→ politischen Bildung) klammert L. aus.

Lebenskundlicher Unterricht (LKU) wird mit der Absicht angeboten, dass der Soldat ethische Fragestellungen kennen lernt (ZDv 66/2). Der L. wird vom zuständigen Militärgeistlichen nach dessen Glauben und Bekenntnis während des Dienstes erteilt. Der Unterricht soll dem freien Austausch von Gedanken über ethische Grundfragen dienen. Soldaten, die nicht am L. teilnehmen, ist für diese Zeit eine entsprechende Selbstbeschäftigung anzusetzen; Dienst an Stelle des L. ist nicht vorzusehen (ZDv 66/2, Merkblatt), Lit.: SOWI-Berichte 1981 ff.

Leber → Bundesminister der Verteidigung.

Legitimation. Unter L. werden die Rechtfertigungsbemühungen der in Politik und Militär Verantwortlichen zur Begründung von Grundsatz- und Einzelfallentscheidungen der Sicherheitspolitik verstanden. Die Streitkräfte der Bundesrepublik Deutschland, in einer konkreten historischen Situation entstanden und seitdem den Einflüssen internationaler und gesellschaftlicher Wandlungen ausgesetzt, wurden in den Zeiten des Ost-West-Konfliktes mit der militärischen Bedrohung durch den Warschauer Pakt begründet. Heute lautet „die neue Geschäftsgrundlage" gegenseitiges → Vertrauen und Schaffung kooperativer Sicherheitsstrukturen auf dem Weg zu einer europäischen Friedensordnung. – Nach anderer Auffassung sollten die Streitkräfte mit der Souveränität und nationalen Identität eines jeden Staates begründet werden. Indem K. → Adenauer den westdeutschen Verteidigungsbeitrag mit dem Gewinn an Souveränität für die Bundesrepublik Deutschland verknüpfte, ist die → Bundeswehr als Bündnisarmee (→ Multinationalität) gedacht und geplant worden. Insofern erscheint es nicht sinnvoll, den Begriff Souveränität zur Rechtfertigung für Streitkräfte zu verwenden. – Der Zweck der Bundeswehr wurde auch damit begründet, die nationale Politikfähigkeit und internationale Bündnisfähigkeit aufrechtzuerhalten. Damit sind Überlegungen verknüpft, → Interessen der Bundesrepublik Deutschland innerhalb der → NATO, aber auch im globalen Raum („out of area") durchsetzen zu können. Streitkräfte werden hiernach als Bestimmungsgröße politischen Einflusses in der Welt gedeutet. – Eine weitere Auffassung macht die sicherheitspolitische L. stärker von jenen ethischen Grundlagen abhängig, die für den Verteidigungsauftrag des Verfassungsstaates gelten. → Baudissin formulierte bereits 1951, dass im Zeitalter der Massenvernichtungswaffen der Soldat in allererster Linie für die Erhaltung des Friedens einzutreten hat („Wofür dienen wir?"). Die Bundeswehr leitet demnach ihren Auftrag aus Artikel 1 des Grundgesetzes ab (→ Menschenwürde), nämlich aus der Verpflichtung aller staatlichen Gewalt, die menschliche Würde zu schützen (Schutzauftrag des Staates). Sie nimmt damit das in der Satzung der → Vereinten Nationen verankerte Recht der individuellen und kollektiven Selbstverteidigung in Anspruch (Art. 51). Deshalb hat der Bund Streitkräfte zur Verteidigung aufgestellt. Sicherheitspolitik muss sich im heutigen Zeitalter daran messen lassen, inwieweit sie das universelle Rechtsprinzip, dass jedem Menschen die gleiche Würde zuerkannt wird, garantiert und verbreitet (→ Frieden). Militärische Sicherheitspolitik hat den einzig legitimen Zweck darin, eine Politik zu gewährleisten, die sich für → Freiheit und Gerechtigkeit einsetzt. Die staatliche Schutzverpflichtung nach außen ist unter den Bedingungen der Weltpolitik, aber auch aus der anthropologischen Erkenntnis von der Unvollkommenheit des Menschen, mit militärischen Mitteln notwendig. Zur Friedenssicherung und Konfliktbewältigung bedarf es in einer unübersichtlichen Weltpolitik weiterhin militärischer Macht. Da Gefährdungen des Friedens und der (nationalen) Sicherheit außerhalb der eigenen staatlichen Grenzen beginnen, müssen auch Streitkräfte einen Beitrag zur – auch gewaltsamen – Durchsetzung des international anerkannten und geforderten Rechts in solchen Regionen leisten (→ Auslandseinsätze). Damit helfen sie, Menschenrechte, stabile wirtschaftliche Strukturen und soziale Gerechtigkeit in einer politisch angestrebten zivilisierten Welt zu ermöglichen. Nebenbei können die vorhandenen militärischen Ressourcen für → humanitäre Einsätze genutzt werden.

Lehr- und Studiensammlungen, militärgeschichtliche → Museumswesen der Bundeswehr.

Leistungsbezogene Besoldung → Besoldung.

Leistungsmotivation → Motivation.

Leitbild → Staatsbürger in Uniform.

Leitsätze für die Praxis der Inneren Führung. Die L. sind in die ZDv 10/1 (1993) aufgenommen worden und ersetzen die → Leitsätze für Vorgesetzte. Mit den L. strebt man an, die → Konzeption Innere Führung in praxisbezogene Leitlinien des Verhaltens aller Soldaten zu fassen. Die L. stellen besondere Anforderungen an das → Führungsverhalten und gelten in der Mehrzahl für die → Menschenführung in den Streitkräften.

Leitsätze für Vorgesetzte waren als ein Bestandteil der ZDv 10/1 „Hilfen für die Innere Führung" (1972) aufgestellt worden, nachdem die ZDv 11/1 „Leitsätze für die Erziehung des Soldaten" (1957) außer Kraft gesetzt wurde. Eingeteilt in die Absätze → Führungsstil, Methoden der Ausbildung, Truppenfürsorge und → Personalführung gaben die 28 Leitsätze dem Vorgesetzten Anregungen und Handlungsanweisungen für sein tägliches → Führungsverhalten. Die Leitsätze wurden in der ZDv 10/1 (1972) durch praktische Beispiele erläutert und waren Bestandteil in der Ausbildung zum Offizier und Unteroffizier. Sie sind durch → Leitsätze für die Praxis der Inneren Führung ersetzt worden.

Lernen ist die Bezeichnung für den relativ dauerhaften Erwerb einer neuen oder die Veränderung einer schon vorhandenen Fähigkeit, Fertigkeit oder Einstellung. Der Lernvorgang wird unterschiedlich erklärt. Eine Denkrichtung beschreibt ihn mit dem universellen Schema von Reiz und Reaktion. Ausprägungen dieses Ansatzes finden sich in didaktischen Modellen, die von der Annahme eines vorplanbaren Lerngeschehens ausgehen, damit aber die Bedürfnisse, Interessen und Erfahrungen der Lernenden nur bedingt berücksichtigen. In der → Erwachsenenbildung sollte dagegen von einem Lernverständnis ausgegangen werden, das Sinn und Einsicht beim Lernen betont (→ Sinnvermittlung). Der Erwachsene gilt nämlich generell als lebenslang lernfähig, bringt aber andere Erfahrungen als der Heranwachsende ein. Aufgrund der unterschiedlichen sozialen, gesellschaftlichen und politischen Prägungen der Erwachsenen sind Lernkonzepte, die die Ziele und Inhalte nicht im Einzelnen festlegen, die angemessene Form des Erwachsenenlernens. Vor allem sind die Teilnehmer am Lerngeschehen zu beteiligen (→ Beteiligung), in dem sie ihre Erfahrungen einbringen können. Diese Lernkonzeption gilt auch in der → Bundeswehr dort uneingeschränkt, wo nicht die Vermittlung von Kenntnissen und Fertigkeiten, sondern die Meinungsbildung im Vordergrund steht (→ politische Bildung). Hilfen für den Ausbilder enthält die ZDv 3/1 → „Grundsätze der Ausbildungslehre" (1997).

Lernwerkstatt → „Streitkräfte in der Demokratie".

Lernzielkatalog Innere Führung, wurde vom → Generalinspekteur der Bundeswehr 1988 herausgegeben als Richtlinie für das Ausbildungsgebiet → Innere Führung. Aufgenommen wurden Ziele der Ausbildungsteilgebiete → Menschenführung, → politische Bildung, → Betreuung und → Fürsorge sowie → Wehrrecht, → Soldatische Ordnung und Kriegsvölkerrecht (→ Humanitäres Völkerrecht) für den Grundwehrdienst, für die → Aus-,

→ Fort- und → Weiterbildung der → Unteroffiziere und der → Offiziere. Inzwischen ist der L. überholt (entspricht nicht der ZDv 10/1 Innere Führung, Fassung v. 1993).

Leutnant 70. Name für ein Thesenpapier (1969), das von acht Lehrgangsteilnehmern der Heeresoffizierschule II für eine Diskussion (→ Baudissin) verfasst wurde. Die jungen Offiziere kritisierten in neun Thesen u. a. die Auffassung der → „Schnez-Studie", wonach die Werte → Tapferkeit, Ritterlichkeit, Opferbereitschaft „um ihrer selbst willen" als „elementare Grundlagen der alten Soldatentugenden" definiert waren. Stattdessen entwarfen sie ein → Berufsbild, das die politische Mitbestimmung hervorhebt, traditionelle Rollenerwartungen an den Offizierberuf ablehnte und zwischen → Dienst und → Freizeit trennte („weil ich meinen Beruf als verantwortungsvollen und strapaziösen Job sehe", These 8). Die Stellungnahme → Baudissins ist beachtenswert. Thesen der L. regten ein weiteres Thesenpapier an (→ Hauptleute von Unna).

„Lied der Deutschen" → Nationalhymne.

Liedgut. Das L. der Bundeswehr ist im Liederkanon zusammengestellt worden (Liederbuch der Bundeswehr). Das L. wird aktiv von den Soldatenfreizeit-Chören gepflegt. Die Mehrzahl der Soldaten kennt nach Einschätzung des Bundesministeriums der Verteidigung aber keine Lieder mehr, die in der Gemeinschaft gesungen werden könnten (→ Gesang).

Linksextremismus → Extremismus.

Lübke → Bundespräsident.

Maizière, Ulrich de (geb. 1912), General a. D., Berufssoldat seit 1933. M. wurde 1951 Mitarbeiter in der → Dienststelle Blank, dann im Bundesministerium der Verteidigung tätig, anschließend war er Kommandeur der Schule für Innere Führung (→ Zentrum Innere Führung), der → Führungsakademie der Bundeswehr und wurde nach seiner Verwendung als Inspekteur des Heeres schließlich → Generalinspekteur der Bundeswehr (1966/72). M. machte sich in allen diesen Verwendungen verdient um die Darstellung und Verwirklichung der → Konzeption Innere Führung; er erhielt dafür zusammen mit den Generalen W. von → Baudissin und J. A. → Kielmansegg den → Freiherr-vom-Stein-Preis (1965). Nach der Beendigung seines aktiven Dienstes arbeitete er u. a. in der → „de Maizière-Kommission" weiter mit. Seine Veröffentlichungen sind wichtige Dokumente zur Geschichte der Bundeswehr (→ Quellen- und Literaturverzeichnis).

„De **Maizière-Kommission"** (umgangssprachlich), eigentlich: „Kommission des Bundesministers der Verteidigung zur Stärkung der Führungsfähigkeit und Entscheidungsverantwortung in der Bundeswehr". Sie wurde im September 1978 eingesetzt und schloss ihre Arbeit am 30. Oktober 1979 ab. Auftrag war, bürokratische Fehlentwicklungen in den Streitkräften abzuklären (→ Bürokratie), die die Führungsfähigkeit und Entscheidungsverantwortung vor allem der unteren und mittleren Führungsebene beeinträchtigen. Dazu legte die hauptsächlich mit Offizieren, aber auch Persönlichkeiten aus Verwaltung, Wirtschaft und Wissenschaft besetzte Kommission einen Schlussbericht vor, der umfangreiche Empfehlungen enthielt. Eine zentrale Forderung für den Bereich der → Inneren Führung war die Verbesserung der Ausbildung in → Menschenführung sowie die Förderung des Zusammenhalts in der Truppe. Der → Bundesminister der Verteidigung ist 1981 (Bericht vom September 1981) auf die Empfehlungen der Kommission eingegangen. Nach Meinung von Beobachtern sind nur wenige Vorschläge wirkungsvoll umgesetzt worden (→ Schaubild, S. 156).

Mannschaftsheime und einige Unteroffizierheime werden von gewerbewirtschaftlich tätigen Heimbetriebsleitern geführt, die an eine zentrale Heimbetriebsgesellschaft m. b. H. in Bonn angeschlossen sind (ZDv 60/2). M. haben die sog. Truppenkantinen abgelöst. Wegen ihrer Monopolstellung im Kasernenbereich werden für ein Grundsortiment die Preise zentral festgelegt. 2,5 v. H. des Umsatzes müssen für die → Betreuung der Soldaten verwendet werden (→ Betreuungsausschuss).

Marienfeld → Wehrbeauftragter.

Massenmedien sind Mittel der → Kommunikation. M. produzieren und verbreiten mit Hilfe von Techniken Aussagen für ein großes, unterschiedlich zusammengesetztes Publikum. In demokratischen Gesellschaftssystemen sind staatliche Institutionen wie die → Bundeswehr auf M. angewiesen, denn politische → Legitimation kann sich nicht ohne Kommunikation konstituieren. Eine → Integration von Streitkräften in die Gesellschaft gelingt nur dann, wenn ein allgemeiner Informationsaustausch stattfindet. Da zwar viele, aber nicht alle Bürger direkten Kontakt mit der Bundeswehr unterhalten, stellt die Berichterstattung der Medien diesen her und befördert zumindest Eindrücke sekundärer Art. Damit üben die M. gleichzeitig eine gesellschaftlich gewünschte Kontrollfunktion über das Militär aus. Andererseits sind Institutionen auf die Zustimmung (→ Akzeptanz) der Gesellschaft angewiesen, die nur durch → Information und Bekanntmachung ihres Handelns erzielt werden kann. Medien übernehmen im Interesse der Institutionen, unterstützt durch deren Presse- und → Öffentlichkeitsarbeit (→ Informationsarbeit), diese Verbreitungsfunktion und können dabei zur Akzeptanzvermittlung der Institutionsziele beitragen. Auch der → Staatsbürger in Uniform kann seine politische Mitverantwortung nur dann wahrnehmen, wenn er über entsprechende Informationen verfügt, die ihn zur eigenständigen Meinungsbildung befähigen. M. sind der wichtigste Mittler zwischen dem Individuum und den Teilen der Außenwelt, die sich außerhalb seiner erfahrbaren Lebensbereiche befinden (z. B. Politik). – Die Berichterstattung über die Streitkräfte ist nach vorliegenden Untersuchungen ausgewogen. Die Bundeswehr bildet eine feststehende Größe im öffentlichen Leben und im öffentlichen Bewusstsein, die, wie andere Institutionen von ähnlichem Gewicht, kontinuierliche Berücksichtigung durch die Presse erfährt. In der Berichterstattung dominiert der Alltagsaspekt mit gesellschaftlichen Themen. Sie knüpft an Erfahrungen an, die der Leser oder seine Angehörigen in der Bundeswehr gesammelt haben oder die zum Erlebnisbereich gehören. Als Handlungsträger sind vorrangig Personen des administrativen und parlamentarischen Bereichs Gegenstand der Berichte. Das Thema Sicherheitspolitik wird eher im internationalen Rahmen problematisiert. Der Begriff → Innere Führung steht in der Berichterstattung häufig im Zusammenhang mit diesbezüglichen Institutionen (→ Wehrbeauftragter), seltener als Kennzeichnung für die → Konzeption. In den letzten Jahren haben die → Auslandseinsätze der Bundeswehr große Beachtung in den M. gefunden. Die M. werden im publizistischen und wissenschaftlichen Bereich auch danach analysiert, inwieweit ihre Berichterstattung über militärische Konflikte der Realität nahe kommt.

Meier-Welcker, Hans (1906–1983), Dr. phil., Oberst (i. G.) a. D. 1925 Eintritt in die Reichswehr (Heer), 1936 Kommandierung zur Ausbildung als Generalstabsoffizier (Kriegsakademie Berlin), bis 1945 im Generalstabsdienst verschiedener Armeeoberkommandos und Divisionen eingesetzt, Kriegsgefangenschaft, 1948 Studium (Geschichte, Philosophie), 1952 Eintritt in die → Dienststelle Blank (Referent für Militärwissenschaft), 1958 Amtschef des → Militärgeschichtlichen Forschungsamtes (MGFA). Neben grundlegenden Forschungsarbeiten von internationalem Rang zur Mittelmeerkultur und zur deutschen Heeresgeschichte (u. a. Seeckt – Biographie 1967) gab M. frühzeitig Diskussionsanstöße zur Frage des Nutzens kriegsgeschichtlicher Studien, was eine prinzipielle Veränderung im Verständnis von militärhistorischer Forschung und Lehre bewirkte (→ Militärgeschichtliches Forschungsamt). M. gründete das in sechs Bänden 1979 ff. veröffentlichte Standardwerk „Handbuch zur deutschen Militärgeschichte 1648–1939". Sein umfangreiches wissenschaftliches Oeuvre ist vom MGFA unter dem Titel „Soldat und Geschichte" dokumentiert worden.

„Menschenbild des Grundgesetzes". Das M. stellt den Menschen und seine Würde in den Mittelpunkt und unter den Schutz staatlichen Handelns (BVerfG Entscheidungssammlung, Bd. 4, S. 7 ff.): Es beschreibt aber nicht das Bild eines isolierten autonomen Individuums. Das Grundgesetz hat vielmehr die Spannung Individuum zu Gemeinschaft im Sinne der Gemeinschaftsgebundenheit und Gemeinschaftsbezogenheit der Person formuliert, ohne dabei ihren Eigenwert anzutasten. Danach ist der Mensch fähig zur → Freiheit und Verantwortung, er ist frei zur Selbstbestimmung und Selbstgestaltung. Der Mensch ist gebunden durch sein → Gewissen und durch seine Verantwortung gegenüber der Gemeinschaft.

Menschenführung ist ein für die → Führung von Angehörigen in Streitkräften, aber auch in Verwaltung und anderen Organisationen typischer Fachausdruck. M. hebt die zwischenmenschlichen Beziehungen im Vorgesetzten-Untergebenen-Verhältnis hervor und richtet sich „an Herz und Verstand gleichermaßen", d. h. schließt neben der Berücksichtigung der instrumentellen Komponenten des Führungsvorganges zur Erfüllung des militärischen Auftrages die Betrachtung der Soldaten mit ihren Fähigkeiten, Eigenschaften und Einstellungen ein. Als → Anwendungsbereich der → Konzeption Innere Führung (ZDv 10/1, Nr. 307–316) hat M. in der → Bundeswehr eine spezifische Bedeutung, die sie von der M. in anderen Armeen unterscheidet. M. hat im Spannungsfeld zwischen den funktionalen Anforderungen durch die militärische Aufgabe einerseits und der Pflicht zur Achtung von Persönlichkeit und berechtigtem Anspruch des Soldaten als → Staatsbürger in Uniform andererseits einen Ausgleich zu schaffen. Der → Vorgesetzte hat sein Handeln in diesem Spannungsfeld ständig neu festzulegen und beide Anforderungen glaubwürdig und ernsthaft gegeneinander abzuwägen. Vorgesetzte der Bundeswehr werden in Lehrgängen und → Seminaren auf diese Aufgabe vorbereitet und weitergebildet (→ Führungskräftetraining). Ihr → Führungsverhalten wird von nächsthöheren Vorgesetzten überprüft und in den → Beurteilungen bewertet. Vom Vorgesetzten wird erwartet, dass er eine vertrauensvolle und aufgeschlossene Einstellung zu seinen → Kameraden einnimmt (→ Belastung, → Vertrauen). Er muss die → Menschenwürde und Persönlichkeit des/der anderen achten und die → Grundsätze für die Anwendung der Inneren Führung im Truppenalltag beachten und anwenden. Solche Forderungen werden praktisch als „Leitlinien" relevant in der → Sinnvermittlung, der → Information und → Kommunikation, im Umgang mit → Autorität und im → Führungsstil, in → Gesprächen, bei der → Beteiligung und im → Konfliktverhalten gegenüber der → Gruppe und dem einzelnen Soldaten. – M. ist von vielfältigen Rahmenbedingungen abhängig: den internationalen und gesellschaftlichen Entwicklungen (→ Wertewandel) sowie den organisatorischen Veränderungen der Streitkräfte (Organisation, Struktur, → Personalführung) und verfügbaren Mitteln (Haushalt). – Eine besondere Herausforderung an die M. stellen aufgrund ungewohnter Umgebung und ständiger Anwesenheit der Soldaten die → Auslandseinsätze dar.

Menschenführung im Gefecht gilt für das → Führungsverhalten, das der militärische Vorgesetzte vor, während und nach Kampfhandlungen zu praktizieren hat, um die Kampffähigkeit und -bereitschaft der Soldaten aufrechtzuerhalten (→ Motivation). Gefecht wird verstanden als „Situation höchster physisch/psychischer Belastungen im Kriege, denen ein Soldat durch unmittelbare Teilnahme an Kampfhandlungen ausgesetzt ist" (Zentrum Innere Führung, Texte und Studien 1/90). M. wird heute unter dem übergreifenden Begriff Führen unter → Belastung behandelt, weil jede Belastungssituation ein besonderes Führungsverhalten verlangt.

Menschenwürde. Die Forderung nach M. leitet den Katalog der → Grundrechte ein: „Die Würde des Menschen ist unantastbar. Sie zu achten und zu schützen ist Verpflichtung aller staatlichen Gewalt" (Art. 1 Abs. 1 GG). In Anlehnung an die Rechtsprechung des Bundesverfassungsgerichts ist „unter der Würde der menschlichen Persönlichkeit ... der innere und zugleich der soziale Wert- und Achtungsanspruch zu verstehen, der dem Menschen als Träger höchster geistiger und sittlicher Werte zukommt. Der Mensch verkörpert einen sittlichen Eigenwert, der unverlierbar und auch gegenüber jedem Anspruch der Gemeinschaft eigenständig und unantastbar ist" (C. Creifelds). – Der Primat der Unveräußerlichkeit der M. gilt uneingeschränkt in der → Bundeswehr. Ein Verstoß gegen die M. (besonders verwerfliche Formen der Missachtung) durch militärische → Vorgesetzte wird strafrechtlich verfolgt (→ entwürdigende Behandlung).

Methodik der Ausbildung → „Grundsätze der Ausbildungslehre".

Methodik-Didaktik-Seminar → Politische Weiterbildung.

Militarismus ist ein gebräuchliches politisches Schlagwort mit gesellschaftskritischer Tendenz. Es entstand in Frankreich (1816) und fand dann auch zunehmend in Deutschland Verbreitung. Der Begriff weist auf mögliche Gefahren und prägende Einflüsse des Militärischen auf alle Lebensformen in Staat und Gesellschaft hin. M. wurde im Verlauf des Ersten Weltkrieges ein Propaganda-Schlagwort zur abwertenden Kennzeichnung des preußischen Staates. Als Begründung des deutschen Nationalcharakters erhielt M. aber auch eine „positive" Deutung: Der Gedanke daran wurde im NS-Regime sorgfältig gepflegt und spielte eine große Rolle in der ideologischen Grundlegung der NS-Kriegspolitik, der es auf die Formierung der „Volksgemeinschaft" im Geiste „eines wahrhaftigen Volksmilitarismus" zur „Verschmelzung von Volk und Heer" (1936) und zur „Wehrhaftigkeit des Volkes" besonders ankommen musste. In den Erklärungen der alliierten Siegermächte über Deutschland wurde M. und Nationalsozialismus gleichbedeutend verstanden (z.B. im Potsdamer Abkommen 1945). Die SED-Propaganda benutzte diese Interpretation zur Diffamierung der Bundesrepublik Deutschland, in der „Imperialismus und M." mit Unterstützung der Vereinigten Staaten von Amerika angeblich weiterlebten. – In der Auseinandersetzung um den deutschen Verteidigungsbeitrag wurde auch vor der Gefahr des M. gewarnt. K. → Adenauer erklärte dazu am 15. Dezember 1954: „In der Schlussdeklaration der Moskauer Konferenz ... warnen die Sowjets vor den Gefahren eines deutschen M., der die Welt erneut in Flammen setzen werde ... Der deutsche M. ist tot, und wenn es ein wirksames Mittel dagegen gibt, ... dann sind es die Pariser Abkommen! In Deutschland ... wird die Armee unter dem Gesetz stehen, das vom Bundestag erlassen werden wird. Über seine Ausführungen werden alle, die in Deutschland politische Verantwortung tragen, gemeinsam wachen. Die Armee hat in der Gegenwart nicht mehr die zentrale Stellung, die sie in der alten Gesellschafts- und Staatsform besaß." Diese programmatischen Aussagen wurden infolge der → Integration der Bundesrepublik Deutschland in die westliche Verteidigungsgemeinschaft (→ NATO) und der → Konzeption Innere Führung zur politischen und gesellschaftlichen Realität.

Militärgeschichte, „Teildisziplin der Geschichtswissenschaften", wurde früher als „Kriegsgeschichte" bezeichnet, inzwischen als Forschungs- und Lehrfach an der Universität Potsdam vertreten (→ Militärgeschichtliches Forschungsamt). In der M. werden die Beziehungen der „bewaffneten Macht" zum Staat und zur Gesellschaft untersucht, die Forschungsergebnisse dokumentiert das → Militärgeschichtliche Forschungsamt im Gesamtverzeichnis der Veröffentlichungen. M. gehört zur Offizierausbildung, wofür das zweibändige Lehrwerk „Grundzüge der deutschen Militärgeschichte" (1993) herangezogen wird. Die Weiterbildung erfolgt fachspezifisch (ZDv 12/1, Nr. 207 f.), worüber eine separate Publikation des MGFA informiert (1999, S. 15 f.).

Militärgeschichtliches Forschungsamt (MGFA), 1957 gegründet (→ Meier-Welcker), untersteht dem Bundesministerium der Verteidigung, gehört dem → Aufgabenverbund Innere Führung und der → Streitkräftebasis an. Die Aufgaben des M. sind die Erforschung beider Weltkriege und der deutschen Sicherheitspolitik (Bundesrepublik und DDR); weitere Aufgaben sind Auskünfte (Expertise), Fachstudien zur Ausbildung, Leitung im „Verbund der Museen und Sammlungen" zum → Museumswesen der Bundeswehr sowie Kooperation mit dem Lehrstuhl für → Militärgeschichte (Universität Potsdam). Eine umfangreiche Forschungsdokumentation wird jährlich veröffentlicht (Gesamtverzeichnis der Veröffentlichungen).

Anschrift: Militärgeschichtliches Forschungsamt, Zeppelinstraße 127/128, 14411 Potsdam.

Militärische Sozialisation. Gemeint ist die Eingliederung der Soldaten in die Institution → Bundeswehr, indem sie die dort geltenden sozialen Normen, Verhaltenserwartungen, Verhaltensmuster, Werte und Überzeugungen lernen (→ Erziehung) und aufnehmen sollen. M. ist somit eine spezielle Phase in der lebenslangen Sozialisation, in der sich der Soldat nach der Beendigung von Schulbesuch oder Berufsausbildung in einem Umbruch seines Lebens befindet. Inwieweit die M. im Sinne der Bundeswehr erfolgreich oder gar schädlich ist, wird von den → Sozialwissenschaften (und Bundeswehr) erforscht: Bei längerdienenden Soldaten ist eine berufsspezifische Prägung festgestellt worden (→ berufliches Selbstverständnis); bei den Wehrpflichtigen sind sie eher gering (→ Einstellung zum Wehrdienst, → Motivation).

Militärische Zustandsberichte → Lagefeststellung zur Inneren Führung.

Militärmusik. Die M. hat sich im Heerwesen des Absolutismus (17./18. Jh.) entwickelt. In der deutschen → Militärgeschichte stellte sie (19. Jh.) eine wichtige Verbindung zwischen Truppe und ziviler Bevölkerung dar. Die bedeutendste militärmusikalische Veranstaltung zu repräsentativen Zwecken ist in der → Bundeswehr immer noch der → „Große Zapfenstreich". Die M. umfasst Leitung und Dezernat (Streitkräfteamt), das Stabsmusikkorps der Bundeswehr, das Musikkorps der Bundeswehr, das Ausbildungsmusikkorps sowie die 18 Musikkorps der → Streitkräftebasis, des Heeres, der Luftwaffe und der Marine, dazu die „Big Band der Bundeswehr". Seit 1990 stehen auch Frauen die Laufbahnen des Militärmusikdienstes offen (→ Frauen und Bundeswehr). Die M. ist in der ZDv 78/1 (1976) geregelt.

Militärseelsorge, ist „der von den Kirchen geleistete, vom Staat gewünschte und unterstützte Beitrag zur Sicherung der freien religiösen Betätigung in den Streitkräften"

(ZDv 66/1). Mit dieser Formulierung ist die Vorgeschichte der M. (→ Bundeswehr) umschrieben, ebenso deren Selbstverständnis und Rechtsgestalt. Nach einer Initiative der Bundesregierung (1950) kam es zu Verhandlungen (→ Dienststelle Blank) mit der Evangelischen Kirche in Deutschland (EKD) bzw. der Deutschen Bischofskonferenz, die zum Abschluss des Militärseelsorgevertrages (22. Februar 1957) führten; die katholische Kirche stützte sich auf das Reichskonkordat (20. Juli 1933), dessen Bestimmungen sinngemäß angewendet wurden (Statuten für die [kath.] Seelsorge in der Deutschen Bundeswehr <1965>, 1990). Mit der M. erfüllt die Bundesrepublik Deutschland eine „Bringeschuld", die sich aus dem Anspruch auf Religionsfreiheit herleitet (Art. 4 GG, § 36 SG). M. ist Teil der kirchlichen Arbeit im Auftrag und unter Aufsicht der Kirchen, der Bund trägt die Kosten. Die Militärgeistlichen werden auf Zeit berufen und militärischen Dienststellen zur Zusammenarbeit zugeordnet, unterliegen jedoch keinem militärischen Unterstellungsverhältnis. Trotzdem gilt M. als → Anwendungsbereich der → Inneren Führung (ZDv 10/1, Nr. 340–342). M. entspricht sowohl dem Verfassungsgebot der Trennung von Kirche und Staat (Art. 140 GG i. V. m. Art. 137 Weimarer Reichsverfassung), als auch dem kirchlichen Selbstverständnis („kritische Solidarität") im Umgang mit der staatlichen Ordnung (EKD-Demokratiedenkschrift 1985). Aufgaben der Militärgeistlichen sind: Verkündigung, Sakramentsverwaltung, Seelsorge und die Durchführung des → Lebenskundlichen Unterrichts. Die Teilnahme an den Veranstaltungen der M. sind für die Soldaten freiwillig. Dem Vertragswerk (1957) stimmten die Evangelischen Kirchen Deutschlands (EKD) nach der Wiedervereinigung 1990 nicht zu (Zweifel an der Unabhängigkeit der Militärgeistlichen); es gilt eine „Rahmenvereinbarung über die evangelische Seelsorge in der Bundeswehr in den neuen Bundesländern (12. Juni 1996); eine endgültige Regelung im Berufungsverfahren und Status von Militärgeistlichen (als Angestellte) ist vereinbart, so dass das modifizierte Vertragswerk ab 2004 im Bundesgebiet angewendet werden kann. Es ist vorgesehen, für ca. 1 500 Soldaten einer Konfession einen Militärgeistlichen einzustellen. Im Auftrag der M. erscheinen die Zeitschriften „kompass" (kath., seit 2001) sowie „zur sache.bw" (ev., seit 2002).

Anschriften: Evangelisches Kirchenamt für die Bundeswehr, Argelanderstraße 105, 53115 Bonn – Katholisches Militärbischofsamt, Am Weidendamm 2, 10117 Berlin.

Militärsoziologie wird in der → Bundeswehr hauptsächlich mit Methoden der empirischen Sozialforschung seit den 1970er-Jahren (→ Sozialwissenschaften und Bundeswehr, → Sozialwissenschaftliches Institut der Bundeswehr) betrieben.

Mitbestimmung → Beteiligung.

„Mitdenkender Gehorsam" → Auftragstaktik.

Mitwirkung → Beteiligung.

Mobbing, (engl.: to mob, über jmd. herfallen) in den 1990er-Jahren entstandener Begriff (USA) für einen Konflikt im Arbeitsalltag. Im Verlaufsgeschehen, das mehrere Jahre andauern kann, wird der Konflikt auf die emotional-soziale Beziehungsebene verlagert: das Opfer wird von Kollegen und/oder Vorgesetzten zunächst stigmatisiert, dann (in z.T. krimineller Weise) schikaniert und geschädigt und schließlich aus dem Arbeitsleben ausgeschlossen. Eingehende Fachdokumentationen liegen für den militärischen Bereich über Verlauf und Ausprägung sowie Folgen von M. vor. Im Verbandsmagazin des → Deutschen Bundeswehrverbandes „Die Bundeswehr" ist über Mobbing-Fälle in den Streitkräften (Nr. 1/2002, S. 12) berichtet worden. Das Landesarbeitsgericht Thüringen hat zu M. am Arbeitsplatz mit einem Urteil Möglichkeiten der wirksamen Gegenwehr betont (5 Sa 403/00 v. 10. April 2001). Die Polizei-Gewerkschaft informiert mit einer Broschüre zum Thema, ebenso der Jahresbericht 2002 des → Wehrbeauftragten.

Mobilität → Soldatenfamilie, → Versetzung, → Wohnungsfürsorge.

Möbus, Prof. Dr. Gerhard (1912–1965). Lehrstuhl für Politikwissenschaften (Universität Mainz). M. war der erste und einzige Direktor des wissenschaftlichen Forschungs- und Lehrstabes (1958/65) „bei der Schule der Bundeswehr für Innere Führung" (→ Zentrum Innere Führung, → Sozialwissenschaftliches Institut der Bundeswehr). Bekannt wurde M. mit seinen Beiträgen zur Staats- und Verfassungstheorie der Neuzeit, mit kulturhistorischen Darstellungen und Untersuchungen zur politischen Erziehung des SED-Regimes (→ Wehrkunde). Immer noch beachtenswert ist seine Abhandlung zur Funktion von → Autorität und → Disziplin in der Demokratie (1959), worin die politischen Anforderungen einer modernen Gesellschaft beschrieben worden sind.

Motivation bezeichnet innere Prozesse, die das menschliche Handeln bestimmen. So weit sich Motive aus der Sache selbst (aus Interesse, Neugierde) ergeben, kann man von Handeln aus Einsicht (intrinsische M.) sprechen. Außengeleitete (extrinsische) M. liegt dann vor, wenn nicht wegen der Sache, sondern der zu erwartenden Folgen (z. B. „Lob oder Tadel") gehandelt wird. Diese Unterscheidung ist besonders bei der Herausbildung von Lernmotivation (→ Lernen) bedeutsam. – Bezogen auf die Streitkräfte ist zwischen Wehr-, Dienst- und Kampfmotivation zu unterscheiden: Wehrmotivation umfasst vor allem die Anerkennung der Legitimität staatlichen Handelns (→ Legitimation) und die Überzeugung von der Richtigkeit und Gerechtigkeit der eigenen → Werteordnung. Sie ist sowohl tragende M. für den Verteidigungswillen der Gesellschaft (→ Einstellung zum Wehrdienst) wie auch Grundlage für die M. jedes einzelnen Bürgers, wenn er militärischen → Dienst leistet. Auf der Grundlage der Wehrmotivation bildet sich Dienst- oder Einsatzmotivation heraus, die den Soldaten bei der Ausübung des täglichen Dienstes und seines Einsatzes in Krisen und Krieg außerhalb eines Kampfauftrages beeinflusst. Sie wird geprägt durch die Rahmenbedingungen des Dienstes (→ Anwendungsbereiche der Inneren Führung), das → Führungsverhalten der → Vorgesetzten und die Atmosphäre in der militärischen → Gruppe. Die Kampfmotivation bestimmt schließlich das Verhalten des Soldaten im Gefecht. Besonderen Einfluss haben dabei die erworbene → Disziplin, der Überlebenstrieb, die gut integrierte Gruppe (→ Kleine Kampfgemeinschaft) und der beispielgebende Führer. – Die M. ist somit vielschichtig und von Faktoren bestimmt, von denen der Gruppenzusammenhalt, die Führungsqualität, gemeinsames Zielverständnis, letztlich die allgemeine Funktionstüchtigkeit der Streitkräfte abhängen (→ Beauftragter für Erziehung und Ausbildung).

Multinationalität meint im sicherheitspolitischen Bereich die Zusammenarbeit von Streitkräften verbündeter Staaten in gemeinsamen Organisationsbereichen oder zu gemeinsamen Ausbildungs-, Übungs- und Einsatzzwecken. M. ist seit jeher wichtiges Wesens- und Strukturmerkmal des NATO-Bündnisses. Darin sind die deutschen Streitkräfte von Beginn an fest integriert. Seit Ende der 1980er-Jahre wurde die multinationale Einbindung weiter vertieft. Beispiele sind die Aufstellung der Deutsch-französischen Brigade, des Eurokorps, des I. Deutsch-Niederländischen Korps und des Multinationalen Korps Nord-Ost. Soldaten, die in bi- und multinationalen Großverbänden Dienst leisten, sind damit in der Regel zufrieden. Die Verschiedenheiten der Verbände stellen an die Soldaten vielfältige Herausforderungen → Innere Führung. Es kommt darauf an, die Unterschiede in der Rekrutierungsstruktur, der → Tradition, den nationalen Eigenheiten, dem beruflichen → Selbstverständnis, dem Verhältnis der Dienstgradgruppen zueinander, des Verpflegungswesens, der → Besoldung und des Rechtwesens im Großverband auszugleichen, wobei zahlreiche Probleme zu lösen sind. Zur Bewältigung des Abstimmungs- und Anpassungsbedarfs ist ein Europäisches Zentrum für militärische Führungskultur, Management und Wehrrecht in der Überlegung (2002). – Die Aussöhnung mit den früheren Gegnern und die Hilfestellung beim Prozess ihrer Demokratisierung führte zum Programm „Partnerschaft für den Frieden", das eine enge militärische Zusammenarbeit von Streitkräften der NATO-Staaten mit ehemaligen Mitgliedern des aufgelösten Warschauer Paktes sowie der Nachfolgestaaten der Sowjetunion und weiterer Nationen zum Ziel hat (→ Zusammenarbeit Ost).

Museumswesen der Bundeswehr, ist in einem „Verbund der Museen und Sammlungen" zusammengefasst, fachlich dem → Militärgeschichtlichen Forschungsamt unterstellt gemäß „Konzeption für das Museumswesen in der Bundeswehr" (BMVg, 14. Juni 1994). Die Zusammenarbeit des „Militärhistorischen Museums der Bundeswehr" (MHM, Dresden) und des „Luftwaffenmuseums der Bundeswehr" (Berlin-Gatow) mit den militärhistorischen → Lehr- und Studiensammlungen regelt ein Erlass des → Generalinspekteurs der Bundeswehr (28. Juni 1994). Während die beiden Museen den Auftrag haben, deutsche → Militärgeschichte „zeitgemäß" in Anlehnung an die Ergebnisse der Forschung darzustellen, sind die Lehr- und Studiensammlungen in den jeweiligen Dienststellen (Akademien, Schulen) für Ausbildungszwecke gedacht, wobei die Entwicklung der Teilstreitkräfte und einzelner Truppengattungen (Technik, Ausrüstung) besonders berücksichtigt werden können (BMVg/GenInsp., Fü S I 4: Richtlinien zur Unterstützung der politisch-historischen Bildung, 19. März 1999). Zum Verbund gehören ebenfalls „Militärgeschichtliche Sammlungen", mit denen die Geschichte eines Truppenteils oder einer Dienststelle dargestellt werden kann; die Einrichtung derartiger Sammlungen (an Stelle der früheren „Traditionsräume") bedarf des besonderen Genehmigungsverfahrens (s. o. GenInsp). Anregungen und Hilfen zum Aufbau und zur Gestaltung sind in streitkräfteinternen Publikationen des Beauftragten für Museumswesen enthalten und vom Militärgeschichtlichen Forschungsamt (1998, 2000) veröffentlicht worden.

Muslime in den Streitkräften. Muslim ist das arabische Wort („der sich Gott unterwirft") für den Anhänger des Islam, der zweitgrößten Weltreligion neben dem Christentum. In der Bundesrepublik Deutschland leben unter den 7,4 Mio. Ausländern (9,25 v. H. der Gesamtbevölkerung) 2,1 Mio. M. türkischer Abstammung. Nach amtlichen Berechnungen soll sich die Zahl der Wehrpflichtigen ausländischer Herkunft auf 12 000/Jahr erhöhen (bis 2010). Dazu tragen die Änderungen im Staatsangehörigkeitsrecht bei. Gegenwärtig leisten mehrere hundert M. ihren Dienst in den Streitkräften. Der → Wehrbeauftragte hat im Jahresbericht darauf aufmerksam gemacht, dass die Bundeswehr sich „vermehrt" auf Soldaten einstellen müsse, die aus anderen Kulturkreisen stammen (Jahresbericht 2001, S. 19). Aus dem Bericht geht hervor, dass kulturell (religiös) bedingte Eigenheiten die jeweilige Truppenführung vor besondere Anforderungen stellt. Dazu gehören andere Speiseregeln, die Gewährleistung der ungestörten Religionsausübung, aber auch Verständigungsprobleme bei der Auftragserfüllung. Dies erfordert Integrationsanstrengungen, Verständnis und Toleranz bei den Vorgesetzten (→ Interkulturelle Kompetenz). Eine Reihe von Hinweisen zu praktischen Fragestellungen enthält ein Arbeitspapier des Zentrum Innere Führung (FIZBw UU 9189).

Nagold-Affäre. Am 25. Juli 1963 verunglückte ein Fallschirmjäger der Ausbildungskompanie 6/9 (Calw) in Folge einer schikanösen Erdkampfausbildung; er erlag seinen Verletzungen (1. August 1963). Der → Vorgesetzte wurde wegen Misshandlung, → entwürdigender Behandlung Untergebener sowie Missbrauchs der Befehlsbefugnis verurteilt. Der Unglücksfall beschäftigte die → Öffentlichkeit und führte zu weiteren Auseinandersetzungen um den Sinn von militärischer → Tradition. Die N. verdeutlichte aber auch Krisenerscheinungen, wozu u. a. die „Suche nach einem Elitebewusstsein und nach Tradition" (Abenheim 1989) gerechnet werden. Die Ausbildungskompanie wurde wegen der Vorfälle im Herbst 1963 aufgelöst. Das Bundesministerium der Verteidigung ordnete vorsorglich eine Verbesserung des → Rechtsunterrichts an.

Nation. Im allgemeinen Verständnis des in den Fachwissenschaften vielfältig ausgelegten Begriffes meint N. eine Gemeinschaft, die innerhalb staatlicher Grenzen wohnend eine gemeinsame Geschichte hat; außerdem werden natürliche und kulturelle Faktoren (Abstammung, politisch-historischer Raum, Sprache, Religion, Recht) sowie Bewusstsein (→ Nationalbewusstsein) als Merkmale genannt, die jedoch durchweg umstritten sind. Jedenfalls war im Deutschen bis in das 15. Jh. N. (lat. natio, Volk, Stamm) gleichbedeutend mit Gemeinschaft an den Universitäten und (Studiengemeinschaft), nach gleichem Herkommen und gleicher Sprache. Auf das Kuriosum einer deutschen N. zu jener Zeit, dafür aber erst eines deutschen Volkes im 19. Jh. ist in diesem Zusammenhang von der sprachgeschichtlichen Forschung aufmerksam gemacht worden (in: Geschichtliche Grundbegriffe, Bd. 7, S. 236). Eine dem Begriff N. vornehmlich in Deutschland zugeschriebene negative Bedeutung lässt sich unschwer damit erklären, dass er häufig mit Nationalismus verwechselt oder auch damit gleichgesetzt wird. Letzteres akzeptiert die politikwissenschaftliche Forschung als Möglichkeit insoweit, als die Übergänge zum „Denken in national akzentuierten politischen Horizonten" eher fließend sind (vgl. Bredow, in: Nohlen, Wörterbuch, S. 453 ff.). Ebenso fließend scheinen jedoch auch die Übergänge zum → Extremismus zu sein, die vom Patriotismus (→ Nationalbewusstsein) qua definitione abgegrenzt werden. Aus den Nationalismus-Forschungen E. Lembergs ist ersichtlich, dass es sich dabei um eine „leidenschaftliche und fanatische Hingabe an eine nationale Gemeinschaft" handelt, die den vernünftigen politischen → Dialog prinzipiell ausschließt. Kennzeichen dafür ist zudem die enorme Bindefunktion der politischen Massen, verbunden mit → Indoktrination bzw. manipulativen Auswirkungen der jeweilig agierenden Herrschaftsorganisationen (Meinungslenkung, Propaganda). Ungeachtet aller Unsicherheiten im Wortgebrauch vermochte die Bundesregierung noch vor einigen Jahrzehnten zu erklären, dass die Schule der Armee die N. sei (→ Schule der Nation), was zweifellos auf deren Fortbestand schließen lässt.

Nationalbewusstsein. Obwohl N. nicht zum Wortbestand des Grimm'schen Wörterbuches zählt (7. Bd., 1889), ist es zur Charakterisierung der Grundstimmung Deutschlands im 19. Jh. unerlässlich. Bei alledem sind zwei Linien erkennbar, die N. rechtfertigen und verständlich machen: die Repräsentanz der deutschen Bildungselite jener Zeit (vgl. Sammelwerk „Die großen Deutschen", 1956 f.) und dann der deutsch-französische Dialog (vgl. Ausstellungskatalog: „Marianne und Germania 1789–1889", Berlin 1997). Bemerkenswert ist dabei besonders der Beitrag des französischen Religionsforschers Ernest Renan (1823/93) zur Frage, was denn eine → Nation ausmache und was ihr entgegenstehe. Daraufhin die historischen Grundlagen einer „verspäteten Nation" heute zu befragen, weist – nach dem Vollzug der Wiedervereinigung – notwendigerweise auf eine Rückbesinnung hin (vgl. IFDT 10/94, S. 8 ff.), ohne die eine Erfüllung gestellter nationaler Aufgaben im Ganzen zweifelhaft wird. Es gibt aus der Zeit der deutschen Teilung zahllose Zeugnisse für ein N., von denen beispielhaft zwei genannt sein sollen: Zu erinnern ist an → Adenauers Eintreten für eine deutsche → Nationalhymne und an → Baudissins Vortrag über „Nationalbewusstsein in der Welt von heute", gehalten im Gedenken an die Frauen und Männer des → Zwanzigster Juli 1944.

Nationale Volksarmee (NVA). Die NVA ging 1955 aus der Kasernierten Volkspolizei hervor, wurde nach sowjetischem Vorbild aufgebaut und im selben Jahr in die Warschauer Pakt-Organisation eingebunden. Als „Armee sozialistischen Typs" war sie ein Instrument des kommunistischen Staates. Nahezu alle Offiziere und die Hälfte der Unteroffiziere hatten ein Parteibuch der SED. In der NVA dienten Wehrpflichtige, die dort ihre im Jugendalter begonnene Wehrerziehung (→ Wehrkunde) fortsetzten. 1990 umfasste die N. 175 000 Soldaten. → Frauen waren in rückwärtigen Diensten eingesetzt. Die politischen und gesellschaftlichen Umwälzungen in der DDR seit dem Herbst 1989 berührten auch die Streitkräfte. Soldaten äußerten erstmals öffentlich ihren Unmut und stellten Forderungen nach Reformen. Ab November 1989 wurde durch das Ministerium für Nationale Verteidigung eine Militärreform eingeleitet, die sämtliche Bereiche des Militärs betraf. Bis Mitte Februar 1990 wurden die Parteiorganisationen und „Politorgane" in der N. aufgelöst. Nach der Volkskammerwahl im April 1990 und den internationalen Vereinbarungen zur deutschen Wiedervereinigung spielten Überlegungen einer Militärreform keine Rolle mehr. Die NVA wurde am 3. Oktober 1990 aufgelöst. Die → Bundeswehr übt ihren Auftrag seitdem in ganz Deutschland aus. Im „Einigungsvertrag" war vorgesehen, Soldaten der N. in die Bundeswehr einzugliedern (→ „Armee der Einheit"). Die ZDv 10/1 von 1993 stellt klar, dass die NVA für die Bundeswehr nicht traditionswürdig ist.

Nationalhymne. Das „Lied der Deutschen" wurde 1841 von A. H. Hoffmann, genannt Hoffmann von Fallersleben (1798–1874), auf der Insel Helgoland verfasst, verbreitete sich dann im Verlaufe des Ersten Weltkrieges und wurde aufgrund einer Verordnung des Reichspräsidenten F. Ebert (1871–1925) 1922 zur Hymne erklärt (H. D. Schurdel, IFDT 1991). Sie findet im → Grundgesetz keine Erwähnung, dennoch bewahrte sich Th. → Heuss in der Frage einer N. die letzte Entscheidung vor. Dieser kam jedoch K. → Adenauer zuvor: Am 18. April 1950 stimmte er in Anwesenheit der drei Berliner Stadtkommandanten die dritte Strophe der Hymne an. Seiner Bitte, diese dritte Strophe des „Hoffmann-Haydn'schen Liedes" als N. anzuerkennen, entsprach Th. Heuss schließlich mit einem amtlich gehaltenen Privatschreiben (2. Mai 1952). Die → Traditionsrichtlinien von 1982 werten die N. „als Ausdruck des Strebens der Deutschen nach Einigkeit, Recht und Freiheit".

Nationalismus → Nation.

NATO → Nordatlantische Allianz.

Naumann → Generalinspekteur.

Nierhaus → Beirat Innere Führung.

Nordatlantische Allianz (NATO, North Atlantic Treaty Organization), ein kollektives Verteidigungsbündnis, das am 4. April 1949 gegründet wurde (Belgien, Dänemark, Frankreich, Island, Italien, Luxemburg, Niederlande, Norwegen, Portugal, Vereinigte Staaten von Nordamerika);

ANFÄNGE WESTDEUTSCHER SICHERHEITSPOLITIK (1950–1955)

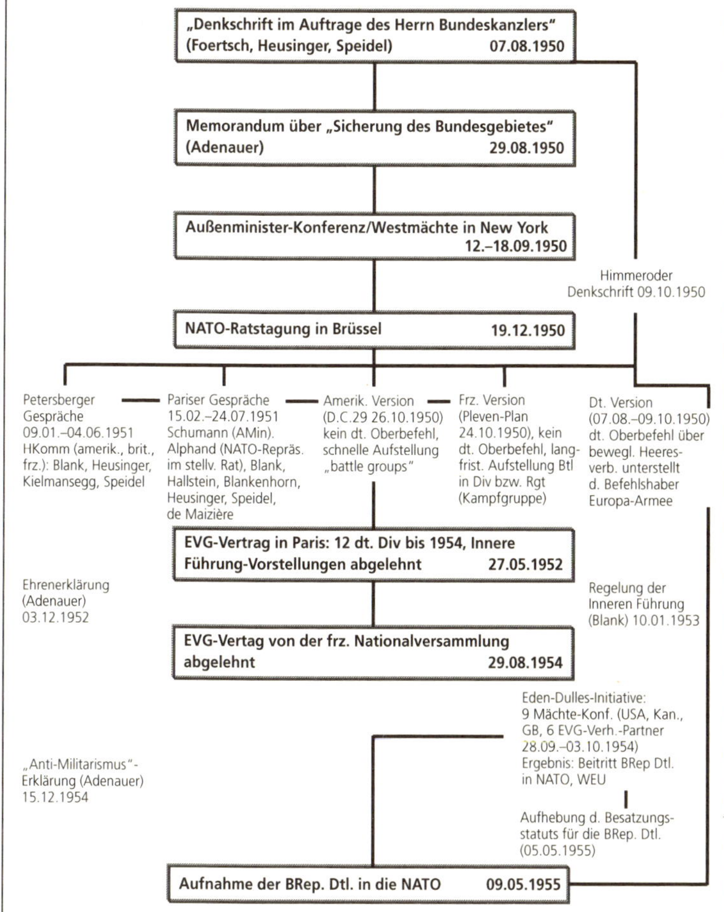

Entwurf: P. Többicke (1993)

1952 traten Griechenland, Türkei, 1955 Bundesrepublik Deutschland, 1982 Spanien, 1999 Polen, Tschechien und Ungarn bei. Die Gründung erfolgte in der ersten Phase des „kalten Krieges" kurz vor Beendigung der Berlin-Blockade. Mit dem Ende dieses globalen Ost-West-Konflikts und dem Zerfall des sowjetischen Machtbereichs (1991) stellte sich die N. auf eine veränderte sicherheitspolitische Lage in den 1990er-Jahren ein. Auf der Gipfelkonferenz in Washington (23.–25. April 1999) verabschiedete sie ein neues strategisches Konzept, das neben der ursprünglichen Aufgabe (Verteidigungsfähigkeit ihrer Mitglieder) ein erweitertes operatives Spektrum zur Krisen- und Konfliktbewältigung weltweit vorsieht (vgl. Buchbender u. a., S. 231 ff.). – Zu den Anfängen westdeutscher Sicherheitpolitik bis zur Aufnahme in die NATO → Schaubild, S. 183.

Notstandsregelung. Die N. betrifft die verfassungsrechtlichen und gesetzlichen Regelungen im Fall einer existenziellen Gefährdung des Staates. Im äußeren Notstand nimmt die → Bundeswehr ihre Aufgaben im Spannungs- und Verteidigungsfall wahr (Art. 87a Abs. 3 GG). Ebenso können Streitkräfte im Katastrophen-Notstand Polizeikräfte der Länder und des Bundes ergänzen (Art. 35 Abs. 2 und 3 GG → Katastrophenhilfe). Im inneren Notstand ist der Einsatz der Bundeswehr nur in klar definierten extremen Situationen erlaubt (Art. 87a Abs. 4 GG). Gleichwohl hat diese 1968 eingeführte und heftige Proteste auslösende Grundgesetzbestimmung bis heute spekulative Diskussionen um die Funktion der Bundeswehr im Innern der Bundesrepublik Deutschland gefördert, um eine antidemokratische Stellung des Militärs zu behaupten (→ Militarismus) und die gesellschaftliche Einbindung der Streitkräfte (→ Integration) in Frage zu stellen.

NVA. Abkürzung für → Nationale Volksarmee.

Offene Betreuung → Betreuung, → Christen in der Bundeswehr.

Öffentliche Meinung ist die in der → Öffentlichkeit vorherrschende, dort zum Ausdruck gebrachte, wirksame Gesamtheit der Meinungen von Personen und sozialen Gruppen. Ö. kann als unbewusst wirkende „soziale Kontrolle" verstanden werden, weil die Bürger ihr Handeln nach der Ö., der „sozialen Haut" (E. Noelle-Neumann), ausrichten. Ö. ist etwas anderes als veröffentlichte Meinung in den → Massenmedien oder als die Ergebnisse empirischer Meinungsumfragen. – Auch zur Sicherheitspolitik und den Streitkräften erfolgen vom Bundesministerium der Verteidigung angeforderte oder in anderer Verantwortung durchgeführte Befragungen, um die Ö. zu diesen Politikfeldern zu erkunden. Die Ergebnisse geben den Grad an ermittelter → Akzeptanz an, sie sind Ausgangspunkt für politische Entscheidungen und die → Öffentlichkeitsarbeit.

Öffentlichkeit kann zunächst als die Allgemeinheit betrachtet werden, vor der etwas offenkundig, offen sichtbar und somit nicht geschützt und eben auch nicht geheim ist. Ö. meint in Abgrenzung zu Privatheit und Privatsphäre die Angelegenheiten des Gemeinwesens. Dahinter steht die Forderung, Politik „transparent" zu machen und die Bürger stärker daran zu beteiligen. Da sich der Einzelne in seiner Meinungsbildung an seiner Umwelt orientiert (→ öffentliche Meinung), kann Ö. in einer dritten Bedeutung als verbalisierter Bewusstseinszustand („Man sagt, dass ...") bezeichnet werden.

Öffentlichkeitsarbeit in der → Bundeswehr will die Sicherheitspolitik der Bundesregierung erläutern, den Auftrag der Streitkräfte und die Bedeutung der → NATO durch tatsachengetreue → Information in Wort und Schrift verständlich machen, um das verfassungsrechtliche Gebot der staatlichen Informationspflicht, als Voraussetzung des Bürgers zur Meinungsbildung und zur Teilnahme an politischen Entscheidungen, zu erfüllen. Die Ö. ist Angelegenheit aller Vorgesetzten, unterstützt durch den → Presse- und Informationsstab des Bundesministeriums der Verteidigung sowie den Stabsoffizieren für Öffentlichkeitsarbeit und → Jugendoffizieren. Einzelheiten sind in einem Erlass (VMBl. 1993, S. 54. 1997, S. 119) geregelt.

Offizier kann jeder Staatsbürger in allen → Laufbahnen der → Bundeswehr werden, wenn bestimmte Bildungs- oder berufliche Voraussetzungen erfüllt sind. Der O. des Truppendienstes wird traditionell als

Führer, Ausbilder und Erzieher verstanden. Das heutige Tätigkeitsspektrum verlangt von ihm nicht nur praktische Fähigkeiten, sondern auch theoretisch-wissenschaftliche Kenntnisse. Daher ist seit 1973 das Studium an den → Universitäten der Bundeswehr Bestandteil der längerdienenden O. Die → Berufssoldaten in der Laufbahn des Truppendienstes werden in einer streitkräfte-gemeinsamen Ausbildung zum Stabsoffizier aus- und fortgebildet (→ Führungsakademie der Bundeswehr). – Die O. in der Laufbahn des militärfachlichen Dienstes (höchster Dienstgrad: Stabshauptmann) werden aus der Gruppe besonders geeigneter Unteroffiziere (Dienstgrad: ab Feldwebel) ausgewählt und mit ihrer Ernennung zum O. gleichzeitig → Berufssoldat. – In der Bundeswehr gibt es kein einheitliches Bild des O. (→ Berufsbild), obwohl immer wieder Versuche unternommen wurden, ein solches zu entwerfen. Die Führungs-, Lehr-, Stabs- und Spezialverwendungen sind heute so vielfältig, dass nur in dem Eintreten für die → Werteordnung des Grundgesetzes das verbindende Element gesehen werden kann.

Offizierheim → Freizeiteinrichtungen.

„Ohne-mich-Bewegung", so lautete die Bezeichnung für die spontane Sammlungsbewegung, die 1950 im Raum Bonn und im Ruhrgebiet entstand und zeitweilig durch Plakate kleinen Formats Aufmerksamkeit erregen wollte: „Unterstützt die Ohne-mich-Bewegung, schließt Euch zu Gruppen zusammen!" 1951 veröffentlichte der Bonner Ordinarius W. Schöllgen eine Streitschrift unter dem Titel „Ohne-mich! Ohne uns?", in der auf das Recht und die Grenzen des Pazifismus hingewiesen wurde. – Die Bewegung entstand aus dem Protest gegenüber dem von Bundeskanzler K. → Adenauer gewünschten Verteidigungsbeitrag der Bundesrepublik. Die O. fand wenig Unterstützung durch die politischen Parteien und verlor schnell an Einfluss.

Ökologie, Lehre von den Wechselbeziehungen der Lebewesen zu ihrer „Umwelt" („Öko-System"). Seit dem „Bericht des Club of Rome zur Lage der Menschheit" (1972) und dem amerikanischen Bericht „The Global 2000. Report to the President" (1980), ist Ö. gleichbedeutend mit Umweltproblemen und Diskussionsbestand der internationalen → Öffentlichkeit (→ Vereinte Nationen). Es geht um die von Menschen verursachten langfristigen Schäden der Natur bzw. an den natürlichen Ressourcen (Wasser, Luft und Ackerboden), die Zerstörung von organischem Leben und dadurch die Bedrohung der Menschheit. So wird die Wasserknappheit in den sog. unterentwickelten Ländern (→ Dritte Welt und Bundeswehr) als eine der globalen Kriegsursachen kalkuliert. Für die ökologische Zerstörung (Umweltzerstörung) sind zahllose Ursache-Wirkungs-Modelle bekannt (Industrialisierung, Bevölkerungswachstum, → Globalisierung, weltweite Verarmungsprozesse). – In den Streitkräften (→ Bundeswehr) setzten rechtzeitig Maßnahmen zum → Umweltschutz ein; 1978 wurde z. B. die Müllentsorgung auf See für die Marine geregelt („Umweltschutzprogramm Marine"), 1985 folgte die „Weisung für den Umweltschutz im Heer" (IFDT 1995, Nr. 10, S. 142 ff.). Ö. ist im Medienpaket zur → politischen Bildung (ZDv 12/1) eingehend mit entsprechenden Ausbildungsmitteln thematisiert.

Ökonomisierung in der → Bundeswehr zielt auf Wirtschaftlichkeit im Denken und Handeln der Soldaten und Mitarbeiter, um den Dienstbetrieb rationeller und effizienter zu gestalten und damit Kosten einzusparen. Als Kosten- und Leistungsverantwortung (KLV) ist dieser Ansatz seit Mitte der 1990er-Jahre in die Streitkräfte eingeführt worden. Er beinhaltet ein Bündel von Maßnahmen und Anreizsystemen und ist eine Säule der → Bundeswehrreform. – Durch Schaffung von Freiräumen (Flexible Budgetierung) gewinnt der militärische → Vorgesetzte Eigeninitiative (→ Auftragstaktik, → Entbürokratisierung). Gefragt ist die → Beteiligung der Mitarbeiter, die belohnt werden sollen (→ Erziehungsmittel). Allerdings hat die Bundeswehr mit Regelungen schlechte Erfahrungen gesammelt, die Spezialisierung, Quantifizierung und Reglementierung fördern (→ De Maizière-Kommission). Defizite in der → Menschenführung und → Ausbildung sind die Folge („Technokraten in Uniform").

Olbricht, Friedrich (1888–1944), General der Infanterie, 1907 Eintritt in das Heer, während des Ersten Weltkriegs (1914–1918) Kompanieführer, dann Generalstabsdienst, Übernahme in die Reichswehr (Truppendienst, ab 1926 Reichswehrministerium, 1932 Bataillonskommandeur), 1938 DivKdr. Im Mai 1940 zum Chef des Allgemeinen Heeresamtes ernannt (Oberkommando des Heeres → Bendler-Block), begann O. aus seiner erklärten Feindschaft gegen Hitler mit der Vorbereitung eines Staatsstreichs; seinen Vorgesetzten, den Chef des Ersatzheeres (Generaloberst Fromm), konnte er jedoch nicht für die Militäropposition gewinnen. Im Winter 1941/42 erarbeitete O. Pläne zur Niederschlagung eines etwaigen Massenaufstandes von Kriegsgefangenen und „Fremdarbeitern". Dadurch sollten Kräfte des Ersatzheeres (etwa 2,5 Mio. Mann) für den Staatsstreich zur Verfügung stehen. O. hatte mit den „Walküre"-Plänen, die Hitler genehmigte, die Staatsstreichplanung perfekt getarnt und das praktische Problem, überhaupt geeignete Truppen für einen Umsturz mobilisieren zu können, gelöst. An der Bearbeitung der „Walküre"-Pläne wurden → Tresckow und → Stauffenberg beteiligt. Nach dem Attentat vom → Zwanzigsten Juli 1944 löste O. zum zweiten Mal den „Walküre"-Alarm aus und bemühte sich zusammen mit Stauffenberg um das Gelingen des Umsturzes. Kurz nach Mitternacht wurde er auf Befehl seines Vorgesetzten von einem Standgericht im Hof des Oberkommandos der Wehrmacht erschossen. Überliefert ist Olbrichts Bekenntnis zum Widerstand. Es endet mit den Worten: „Ich weiß nicht, wie eine spätere Nachwelt … über unsere Tat und über mich urteilen wird, ich weiß aber mit Sicherheit, dass wir alle frei von irgendwelchen persönlichen Motiven gehandelt haben und nur in ein[er] schon verzweifelten Situation das Letzte gewagt haben, um Deutschland vor dem völligen Untergang zu bewahren. Ich bin überzeugt, dass unsere Nachwelt das einst erkennen und begreifen wird."

Orden und Ehrenzeichen sind Auszeichnungen, die nach dem Gesetz über Titel, Orden und Ehrenzeichen nur vom Bundespräsidenten oder mit seiner Genehmigung gestiftet oder verliehen werden können. Die Stiftung und Verleihung eines → Ehrenzeichens der Bundeswehr ist vom Bundespräsidenten 1980 genehmigt worden, das an Soldaten der → Bundeswehr, an Soldaten ausländischer Streitkräfte und in Ausnahmefällen auch an Zivilpersonen verliehen werden kann; die Durchführungsbestimmungen und die Verfahrensweisen zur Verleihung sind im VMBl. enthalten (1999, S. 319 ff.). Das E. kann der Dienstzeit des Soldaten entsprechend in vier Stufen verliehen werden (Ehrenmedaille, E. in Bronze, Silber, Gold). Vorschlagsberechtigt sind die → Disziplinarvorgesetzten, die → Vertrauensperson ist vorher anzuhören. Auszeichnungen dieser Art sind ein erklärliches Merkmal militärischen Brauchtums (→ Eisernes Kreuz, → Tradition, → Traditionspflege).

Ordnung → Soldatische Ordnung.

Ordonnanz- und Hilfsdienste. Ordonnanz (franz.), gemeint sind Anordnung/Befehl. Die Ordonnanz war ursprünglich eine Bezeichnung für die Aufstellung der Fußtruppen vor dem Gefecht (so im 16./17. Jh.). Später wurde mit Ordonnanz der

Offizier bezeichnet, der zur Unterstützung von Truppenführern als Gehilfe herangezogen wurde (18. Jh.). – Die moderne, in Erlassen gebräuchliche Bezeichnung Ordonnanz gilt für die Hilfsdienste von Soldaten, die in den Offizier- und Unteroffizierheimen hauptamtlich oder in „Zweitfunktion" dienstlich tätig sind. Ihr Einsatz kann jedoch nur „aufgrund freiwilliger Meldung" von den zuständigen Vorgesetzten angeordnet werden. Näheres ist geregelt in ZDv 60/2 (Nr. 220) und VMBl. 1990, S. 276.

Organisation. Als O. wird sowohl die Ordnung von arbeitsteilig und zielgerichtet miteinander arbeitenden Personen und Gruppen als auch die zweckgebundene Struktur einer Einrichtung verstanden. Militärische Einrichtungen weisen einen hohen Grad an O. auf und sind im Kern hierarchisch gegliedert. Die → Innere Führung wird bei der Erreichung ihrer Ziele von zahlreichen organisatorischen Rahmenbedingungen beeinflusst. Umfassende Analysen (→ De Maizière-Kommission, → „Kursbuch 2000") stellten fest, dass Zeitdruck, Überlastung und fehlende Mittel nachteilig auf die → Menschenführung wirken. Aus den Grundsätzen der Inneren Führung werden deshalb Anforderungen an die O. in den Streitkräften abgeleitet (ZDv 10/1, Nr. 370). Dazu gehören die Beachtung von Prinzipien wie → Auftragstaktik, → Information und → Entbürokratisierung. Damit der militärische → Vorgesetzte eigeninitiativ handeln und die Bedürfnisse seiner Soldaten berücksichtigen kann, müssen die Mittel in angemessenem Umfang zur Verfügung stehen. Da die bisherigen Strukturen nicht mehr den veränderten Aufgaben an die → Bundeswehr angepasst werden konnten, kam es zu Friktionen (→ Bundeswehrreform).

„Out of Area" → Auslandseinsätze.

Parlamentarische Kontrolle. Die → Bundeswehr verkörpert als Einrichtung des Staates einen Teil der Staatsgewalt. Die Streitkräfte (und die Wehrverwaltung) des Bundes gehören zur vollziehenden Gewalt (Exekutive). Diese ist gemäß Art. 1 Abs. 3 und Art. 20 Abs. 3 GG an Gesetz und Recht gebunden. Die Bundeswehr unterliegt daher der parlamentarischen (und gerichtlichen) Kontrolle. Der Bundestag übt mit dem jährlichen Haushaltsplan (sog. Budgetrecht des Parlaments) wirksamen Einfluss auf die zahlenmäßige Stärke der Streitkräfte und die Grundzüge ihrer Organisation aus (Art. 87a Abs. 1 Satz 2 GG). Er bewilligt die finanziellen Mittel für Personal und Ausrüstung der Streitkräfte. Das Budgetrecht ist das wichtigste Instrument der politischen Kontrolle durch die Legislative (→ Primat der Politik); es soll verhindert werden, dass sich die Streitkräfte zu einer eigenen Macht im Staat (→ „Staat im Staate") entwickeln können. Innerhalb des Bundestages sind es der → Verteidigungsausschuss und der → Wehrbeauftragte, die besondere Kontrollfunktionen gegenüber den Streitkräften wahrnehmen. Seit dem Urteil des Bundesverfassungsgerichts vom 12. Juli 1994 entscheidet das Parlament über jeden → Auslandseinsatz der → Bundeswehr (→ Parlamentsheer).

Parlamentsheer. P. oder Parlamentsarmee charakterisieren seit dem Urteil des Bundesverfassungsgerichts vom 12. Juli 1994 die deutschen Streitkräfte, weil vor jedem militärischen Einsatz die vorherige Zustimmung des Deutschen Bundestages erforderlich ist. Dieser Parlamentsvorbehalt entspricht seit 1919 deutscher Verfassungstradition. Er wird aus einer Gesamtschau der wehrverfassungsrechtlichen Normen (→ Wehrverfassung, → Parlamentarische Kontrolle) abgeleitet. Die → Auslandseinsätze der → Bundeswehr werden fortan durch einfache Mehrheit des Bundestages beschlossen. Um im internationalen Bereich politisch handlungsfähig zu bleiben (→ Multinationalität), soll der Bundestag über ein Entsende- oder Einsatzgesetz initiativ werden.

Partizipation → Beteiligung.

Partnerschaftspflege. Die P. bezeichnet die dienstlichen und außerdienstlichen Verbindungen zwischen Soldaten der → Bundeswehr und der benachbarter, verbündeter und anderer befreundeter (→ Zusammenarbeit Ost) Streitkräfte (VMBl. 1998, S. 2). Über die militärische Zusammenarbeit hinaus ist die Begegnung zwischen den Angehörigen von Streitkräften unerlässlich. Eine Vielzahl von Kontakten ermöglicht das gegenseitige Kennenlernen und fördert das Verständnis für die Besonderheiten der anderen Völker und ihrer Streitkräfte. Maßnahmen der P. sind insbesondere der Austausch von einzelnen Soldaten, Einheiten und Teileinheiten, → Seminare (z. B. bilaterale Seminare am → Zentrum Innere Führung) und Tagungen, die gegenseitige Übernahme von → Patenschaften zwischen Truppenteilen und Dienststellen, gemeinsame sportliche und militärische Wettkämpfe sowie die Aufrechterhaltung von persönlichen Kontakten mit Angehörigen der verbündeten Streitkräfte. In die Maßnahmen sollen möglichst auch die Familienangehörigen einbezogen werden.

Patenschaften von Einheiten und Verbänden der → Bundeswehr mit Städten und Gemeinden sollen das Interesse der Bürger an der Bundeswehr „vor Ort" fördern (→ Standort), die → Integration der Truppenteile in ihre Umgebung vertiefen und zum gegenseitigen Verständnis beitragen. Bereits Ende der 1950er-Jahre wurden die erste P. geschlossen. Heute bestehen über 1 000 Verbindungen einschließlich der P. der schwimmenden Einheiten der Marine mit Kommunen und Bundesländern. In einem Erlass von 1981 (VMBl. S. 329) wurden die P. rechtlich und finanziell geregelt. Die Bundeswehr hat sich entschieden, P. nur zu Gemeinden, nicht jedoch zu Vereinen, Organisationen oder Wirtschaftsunternehmen einzugehen. Die Möglichkeiten zur Patenschaftspflege sind vielfältig: Besichtigungsfahrten, Vorträge, Diskussionen, gemeinsame sportliche Wettkämpfe, Einladungen zu geselligen Veranstaltungen der Truppe, Mitarbeit bei gemeinnützigen Einrichtungen der Gemeinde, Teilnahme an der Jugendarbeit.

Penner → Wehrbeauftrager.

Personalanpassungsgesetz → Bundeswehrreform.

Personalführung. Die P. von Soldaten ist Teil der Gesamtführung der Streitkräfte. Sie umfasst alle Planungen, Entscheidungen und Verfahren in personellen Angelegenheiten. Ihre vorrangige Aufgabe liegt darin, die Soldaten zu ermitteln, die für eine angemessene Bedarfsdeckung erforderlich und geeignet sind, um sie zeitgerecht für die vorgesehenen Verwendungen vorzubereiten (ZDv 20/1, 1995). Grundlage sind dabei die Forderungen der Teilstreitkräfte, die sich aus deren Aufträgen ergeben. → Lagefeststellungen zur Inneren Führung verdeutlichen, wie stark Maßnahmen der P. die Berufszufriedenheit der Soldaten und über sie die Attraktivität des Dienstes in der → Bundeswehr beeinflussen (→ Attraktivitätsprogramme). Die P. muss einerseits den gravierenden organisatorischen Maßnahmen und andererseits den Veränderungen im gesellschaftspolitischen Raum Rechnung tragen. Das Rollenverständnis des Lebenspartners, die Bewertung seiner Berufstätigkeit, der Stellenwert der fundierten Schul- und Berufsausbildung der Kinder sowie das → Engagement der Soldaten und ihrer Familien im sozialen Umfeld einschließlich der höheren Bedeutung von → Freizeit haben ebenfalls unmittelbare Auswirkungen auf die Akzeptanz von Personalmaßnahmen (→ Versetzung). Die P. steht heute stärker im Spannungsfeld von dienstlichen Notwendigkeiten und den berechtigten persönlichen Belangen der Soldaten. Grundsätze der → Inneren Führung wirken auf das Handeln von Personaloffizieren und Truppenvorgesetzten ein (ZDv 10/1, Nr. 318, ZDv 20/1, Kap. 3). Dazu gehören: eine zeitgerechte und umfassende → Information sowie → Beteiligung des Soldaten und seiner Familie an den Planungen, dabei persönliche Ansprache; Gerechtigkeit und weitgehende Transparenz bei konsequenter Anwendung des Fürsorgegedankens (→ Fürsorge); das Nutzen von Ermessensspielräumen zugunsten des Soldaten. Eine wichtige Aufgabe ist in diesem Zusammenhang die richtige Auswahl der militärischen → Vorgesetzten. Die → Disziplinarvorgesetzten tragen durch eine sachgerechte → Beurteilung dazu wesentlich bei. Besondere Richtlinien der P. sind für Soldaten während der Einnahme der neuen Streitkräftestruktur und in besonderen Auslandsverwendungen (→ Auslandseinsätze) erstellt worden.

Personalgespräch. Das P. eines Vorgesetzten oder des für die → Personalführung zuständigen Bearbeiters mit dem Soldaten dient der beiderseitigen → Information und Aufklärung über Zwänge und Hintergründe, um Personalmaßnahmen verständlich zu machen und die persönlichen und familiären Belange in die Planungen einzubeziehen. Der Ehepartner kann auf Wunsch des Soldaten daran teilnehmen. Einzelheiten regelt ein Erlass (VMBl. 1991, S. 16).

Personalgutachterausschuss. Das am 23. Juli 1955 erlassene Gesetz sah ein Gremium von 38 Persönlichkeiten des öffentlichen Lebens vor, die vom → Bundespräsidenten auf Vorschlag der Bundesregierung und nach vorheriger Bestätigung durch das Parlament berufen wurden. Der Ausschuss hatte die Aufgabe, die ehemaligen Soldaten der Wehrmacht, die für die Einstellung (vom Dienstgrad Oberst an) vorgesehen waren, auf ihre persönliche Eignung (die fachliche beurteilte das Bundesministerium der Verteidigung) zu prüfen. Durch den P. sollte verhindert werden, dass politisch belastete → Offiziere in die neuen Streitkräfte gelangten; es sollte erreicht werden, dass von vornherein geeignete militärische Führer eingestellt würden, die der zweiten Republik in geistiger und politischer Hinsicht loyal dienten. Die Unabhängigkeit der Entscheidungen des P. überraschte viele. So lehnt der P. es ab, vier Mitarbeiter der → Dienststelle Blank in die → Bundeswehr zu übernehmen. Insgesamt wurden 100 der etwa 600 Bewerbungen durch den P. nicht befürwortet. – Für die Eignungsprüfung der ehemaligen Offiziere der NVA auf Übernahme als → Berufssoldat oder längerdienender → Soldat auf Zeit in die Bundeswehr wurden aufgrund des Einigungsvertrages (→ „Armee der Einheit") ähnliche unabhängige Ausschüsse eingerichtet.

Personalstruktur ist die Zusammensetzung des Personals der → Bundeswehr nach → Laufbahn, Dienstgrad, → Ausbildung und Alter. Sie hängt ab vom Auftrag, der Ausrüstung, der → Organisation der Streitkräfte, der Personalbedarfsdeckung, der Gestaltung von Laufbahnen, der Besoldungsordnung und der Ausbildung. Die Personalstruktur wird aufgrund gesetzlicher Vorgaben (Haushaltsplan, → Soldatengesetz, Soldatenlaufbahnverordnung) festgelegt und in einem P.-Modell (PSM) abgebildet.

Personalvertretung → Bundespersonalvertretungsgesetz.

Petitionsrecht. Der Soldat hat vielfältige Möglichkeiten des → Rechtsschutzes. Das P. ist das Recht eines jeden Staatsbürgers, „sich einzeln oder in Gemeinschaft mit anderen schriftlich mit Bitten oder Beschwerden an die zuständigen Stellen und an die Volksvertretung zu wenden" (Art. 17 GG). Dieses Recht ist an keine Frist gebunden. Die Petition muss schriftlich erfolgen und darf nicht anonym sein. Bei Petitionen in dienstlichen Angelegenheiten an → Vorgesetzte oder Dienststellen der → Bundeswehr haben Soldaten den Dienstweg einzuhalten.

Pflicht/Pflichterfüllung → Berufsethos.

Pflichten des Vorgesetzten. Der militärische → Vorgesetzte hat neben den → Dienstpflichten für alle Soldaten weitergehende Pflichten, die sich aus seiner besonderen Stellung ergeben, Menschen zur → Führung von Amts wegen anvertraut zu bekommen und Einfluss auf seine Untergebenen auch mit dem Anspruch auf → Gehorsam auszuüben. Die Pflichten des Vorgesetzten sind einerseits eine Leitvorstellung für die → Menschenführung und zeigen andererseits die Grenzen des Umgangs mit der dem Vorgesetzten übertragenen Macht auf.

Am Anfang des Pflichtenkatalogs (§ 10 SG) steht deshalb auch: Der Vorgesetzte soll in seiner Haltung und Pflichterfüllung ein → Beispiel geben. Des Weiteren hat der Vorgesetzte besondere Pflichten zur → Dienstaufsicht, zur Verantwortung für die → Disziplin, zur → Fürsorge, bei der Erteilung und → Durchsetzung von Befehlen sowie zur Zurückhaltung bei Äußerungen. Er darf seine Untergebenen nicht für oder gegen eine politische Meinung beeinflussen (→ politische Betätigung). Auch nach dem Ausscheiden aus dem → Wehrdienst besteht das Gebot, sich nicht gegen die freiheitliche demokratische Grundordnung (→ Werteordnung) zu betätigen und zur Wahrung der Achtungs- und Vertrauenswürdigkeit beizutragen.

Pluralismus (von lat. pluralis, mehr-, vielzahlig). In einer pluralistischen Gesellschaft konkurrieren unterschiedliche politische Interessengruppen um Gültigkeit ihrer Positionen und um Einfluss in der staatlichen und gesellschaftlichen Willensbildung. Obwohl davon ausgegangen wird, dass sich alle gesellschaftlichen Interessen organisieren und artikulieren, zeigen Untersuchungen besonders den geringen politischen Einfluss von gesellschaftlichen Randgruppen. – Die → Bundeswehr ist Teil der pluralistischen Gesellschaft und daher zur Öffnung verpflichtet. Sie ist nicht die Armee einer politischen Partei (→ Nationale Volksarmee) oder einer gesellschaftlichen Gruppe, sondern Teil der Exekutive, die ihren Auftrag nach der Verfassung erhält (Art. 87a GG), durch die sie staatlich eingebunden ist (→ parlamentarische Kontrolle). Der P. in der Bundeswehr wird deutlich am Grad an gesellschaftlicher → Integration. P. bedeutet den Zugang zu den Streitkräften „ohne Rücksicht auf Abstammung, Rasse, Glaube, religiöse und politische Anschauung sowie Heimat und Herkunft" (§ 3 SG); er sollte sich in der Sozialstruktur der → Berufssoldaten widerspiegeln. Was im Übrigen in der Gesellschaft kontrovers diskutiert wird, muss auch in der Bundeswehr als kontrovers dargestellt und diskutiert werden (→ politische Betätigung; → politische Bildung).

POL&IS, aus den Anfangsbuchstaben von Politik und internationaler Sicherheit gebildetes Kurzwort für das interaktive Simulationsspiel (Methode der → politischen Bildung), womit internationale politische Beziehungen, Strukturen usw. veranschaulicht werden können (Spielgruppe: mindestens 25, höchstens 55 Teilnehmer, ideale Gruppengröße: 35–40 Teilnehmer; Spieldauer: 2,5/3 Tage). Die Spielanweisung ist in der Unterrichtsmappe zur ZDv 12/1 Politische Bildung in der Bundeswehr,

Teil I (1994) und im Medienpaket (CD-ROM) „Praktische Handreichungen für die politische Bildung" (hrsg. v. ZInFü, 2001) enthalten (→ Öffentlichkeitsarbeit, → Praxisberichte).

Politikverdrossenheit steht als Schlagwort für die Unzufriedenheit der Bürger demokratischer Gesellschaften mit ihrer politischen, wirtschaftlichen und sozialen Situation. Sie richtet sich gegen Politiker, Parteien, Verwaltung und auch Medien und macht sich durch Wahlenthaltung, Desinteresse an der politischen Diskussion und Gleichgültigkeit gegenüber staatlichem Handeln bemerkbar. In extremer Weise führt P. zur Unterstützung radikaler Forderungen und Aktionen (→ Extremismus). Die Erklärungen für P. sind vielfältig (insb. Verlust von → Vertrauen, mangelnde Problemlösungen, fehlende → Information, → Beteiligung und Integration), ebenso die Lösungsvorschläge (→ Bürgergesellschaft, → Politische Bildung, → Verfassungspatriotismus).

Politische Betätigung. Die P. von Soldaten berührt unmittelbar das Selbstverständnis von Streitkräften. Aufgrund der historischen Erfahrungen mit dem „unpolitischen Soldaten" in Reichswehr und Wehrmacht wurde das Problemfeld Soldat und Politik zu einem zentralen innenpolitischen Thema während der Diskussion um die Aufstellung der → Bundeswehr. So erkannte → Baudissin, dass soldatisches Handeln weitgehend politisch geworden war und verlangte deshalb, dass der Soldat auch politische Verantwortung übernehmen sollte, damit die Gesellschaft einen mündigen, überzeugten und an demokratischen Prinzipien orientierten → Staatsbürger in Uniform erhalte. Folglich ist nach § 6 SG bestimmt: „Der Soldat hat die gleichen staatsbürgerlichen Rechte wie jeder andere Staatsbürger. Seine Rechte werden im Rahmen der Erfordernisse des militärischen Dienstes durch seine gesetzlich begründeten Pflichten beschränkt." Folglich nimmt das → Soldatengesetz in einzelnen Bestimmungen Einschränkungen von → Grundrechten der Soldaten vor, um Konflikten zwischen Grundrechtsausübung und den militärischen Erfordernissen vorzubeugen. Im Dienst ist jede P. ausgeschlossen (§ 15 Abs. 1 SG). Dazu zählt nicht die Bekanntgabe der politischen Auffassung im → Gespräch oder in der → politischen Bildung. In seiner → Freizeit kann sich der Soldat für seine politischen Interessen im Rahmen der → Werteordnung des Grundgesetzes (§ 8 SG) einsetzen. Innerhalb dienstlicher Unterkünfte und Anlagen muss er aber während der Ausübung einer P. beachten, dass er die Gemeinsamkeit des → Dienstes nicht ernstlich stört, die gegenseitige Achtung nicht gefährdet und nicht gegen andere → Dienstpflichten verstößt (§ 15 Abs. 2 SG). Außerhalb der Kaserne darf der Soldat bei politischen Veranstaltungen keine → Uniform tragen (§ 15 Abs. 3 SG, ZDv 37/10, Anlage 2). In Erlassen und G 1-Hinweisen (Nr. 2510–2530) des BMVg sind Einzelfragen zur politischen Betätigung geregelt (passives → Wahlrecht: VMBl. 1980, S. 533, 1988, S. 25; Uniformtragen bei politischen Veranstaltungen: VMBl. 1990 S. 391; 2000, S. 55, 2002, S. 164, Kommunalpolitische Tätigkeit: VMBl. 2001, S. 116, Besuche von Politikern bei der Bundeswehr: VMBl. 1998, S. 86, 2001, S. 155). – Die tatsächliche Bedeutung der P. ist umstritten. Unter der Annahme, dass politisches → Engagement bei den Bürgern der Bundesrepublik Deutschland angeblich nicht besonders stark ausgeprägt sei, kann der These zugestimmt werden, die Soldaten verhielten sich politisch wie jeder andere Staatsbürger auch. Immerhin gibt es unter den Soldaten etwa 1 200 Mandatsträger in Bund, Länder und Kommunen (2001). Dennoch war in der Bundeswehr das Verhältnis zur P. nicht frei von Spannungen. Drei Konfliktfelder lassen sich in dieser Beziehung benennen: So können Loyalitätskonflikte entstehen, wenn der Soldat zu Fragen der Sicherheitspolitik eine politische Auffassung vertritt, die von derjenigen der politischen Führung abweicht; dann bestimmen Interessenkonflikte das Verhältnis von Soldat und Parteimitglied. Schließlich können als Strukturkonflikte die Probleme bezeichnet werden, die sich aus der politischen Pluralität in der Truppe ergeben (→ Pluralismus). Legt man die → Konzeption Innere Führung als Bewertungsmaßstab dieser Konfliktfelder an, so lässt sich eine Verträglichkeit von politischem Engagement und den Anforderungen der militärischen Organisation sehr wohl erzielen. Die genannten Konflikte sind nur dann präsent, wenn eine soldatisch-traditionalistische Berufsrolle vorherrscht. Eine Möglichkeit, die Soldaten von der Notwendigkeit politisch aktiven Verhaltens zu überzeugen, kann integrativer → Rechtsunterricht im Rahmen der → politischen Bildung sein. – Eine andere Herausforderung an die → Bundeswehr stellen die Soldaten dar, die sich mit ihren Äußerungen und Handlungen außerhalb der freiheitlichen demokratischen Grundordnung stellen (→ Rechtsextremismus).

Politische Bildung, die Gesamtheit aller organisierten Planungen und Tätigkeiten, wodurch Jugendliche und Erwachsene (→ Erwachsenenbildung) Einsichten über Entstehung und Funktion des Verfassungsstaates „Bundesrepublik Deutschland" gewinnen können. Andere Bezeichnungen sind: Staatsbürger-, Gemeinschafts- oder Sozialkunde, Gesellschaftslehre oder → staatsbürgerlicher Unterricht. Die Aufgaben der P. wurden 1968 vom Bundestag beschlossen und 1990 erneut bestätigt: „– möglichst objektive Informationen über Faktoren und Funktionszusammenhänge politischer Prozesse zu geben; – das politische Problembewusstsein, die politische Urteilsfähigkeit und Urteilsbereitschaft auszubilden; – die Erkenntnis des eigenen Standorts im Rahmen der Gesamtgesellschaft zu fördern; – zur Bejahung der Grundwerte der freiheitlichen Demokratie zu führen; – die Fähigkeit zu politischem Handeln zu entwickeln; – das Wesen demokratischer Spielregeln bewusst zu machen und demokratische Verfahrensweisen einzuüben." Schulen, Einrichtungen der Jugend- und Erwachsenenbildung und staatliche Organisationen (z. B. die Bundeszentrale für politische Bildung und die entsprechenden Einrichtungen der Bundesländer) sind Träger der P. In den zahlreichen didaktischen Konzeptionen (→ Pluralismus) liegt auch ihre praktische Bedeutung, ohne die allgemeine Verbindlichkeit (→ Beutelsbacher Konsens) aufzuheben. – Den Streitkräften (→ Bundeswehr) ist eine Verpflichtung zur P. auferlegt, womit sie sich erheblich von anderen staatlichen Organisationen unterscheiden, die ähnliche Aufgaben der Erwachsenenbildung erfüllen. Der → Vorgesetzte hat → staatsbürgerlichen Unterricht zu erteilen (§ 33 SG) und besondere Regeln in seiner Unterrichtsführung zu beachten (Verbot der → Indoktrination). Orientierungshilfen bieten die Zentrale Dienstvorschrift (ZDv 12/1) und die CD-ROM „Praktische Handreichungen für die politische Bildung" (DSK FF147520881). Trotz großer Anstrengungen auf diesem Ausbildungsgebiet enthält der Jahresbericht des → Wehrbeauftragten regelmäßig eine Kritik der Versäumnisse und Unzulänglichkeiten (seit 1962 – vgl. Jahresbericht 1994). Als Ursache dafür werden häufig die Gruppengröße, die Zeitorganisation und die Personalknappheit genannt. Der Bundesminister der Verteidigung (H. Apel) reagierte bereits früher mit dem Hinweis, dass man sich der Grenzen der Bemühungen bewusst sei; der Beitrag der Bundeswehr „ist stets nur als Fortsetzung und Ergänzung der politischen Bildung zu verstehen, die der Soldat vor seiner Dienstzeit erfahren hat. Ein Idealzustand ist nicht erreichbar." (Weißbuch 1979, Ziffer 256)

Politische Weiterbildung. Zur P. der Soldaten werden → Seminare angeboten. In den „Richtlinien für Maßnahmen der → politischen Bildung" (VMBl. 2000, S. 266) sind Regelungen für Seminare unter Nutzung dienstlicher Möglichkeiten und unter Nutzung der Abgebote ziviler Bildungseinrichtungen getroffen worden. Die P. ist auf der Grundlage der ZDv 12/1 nach den Prinzipien der → politischen Bildung zu gestalten und hat den Kriterien der → Erwachsenenbildung zu entsprechen. Die Veranstaltungen dauern bis fünf Tage und sollen auf 25 Teilnehmer begrenzt bleiben. Einzelheiten zu Organisation, Durchführung und Kosten nennt der Erlass.

Politisch-historische Bildung trägt dazu bei, Ziele der → politischen Bildung zu erreichen, indem aus der Vergangenheit Maßstäbe für die Beurteilung politischer Gegenwartsfragen gewonnen werden. Ausstellungen sind das Mittel (Museen in der Bundeswehr), um P. zu wirksam zu machen (→ Militärgeschichte, → Museumswesen der Bundeswehr). Detaillierte Feststellungen zur Unterstützung der „politisch-historischen Bildung" sind in die Richtlinien des → Generalinspekteurs aufgenommen worden (19. März 1999; VMBl., S. 311 ff.). Ähnliche Formulierungen: „politische und historische Bildung", „Praxis der politisch-historischen Bildung".

Pommerin → Beirat Innere Führung.

Posttraumatische Belastungsstörungen → Auslandseinsätze, → Belastungen, → Reintegration.

Praxisberichte werden zur Organisation und Durchführung von Veranstaltungen der → politischen Bildung exemplarisch in der Unterrichtsmappe zur ZDv 12/1 vorgestellt (Politische Bildung in der Bundeswehr Teil I, 1994). Die dort beschriebenen Lehr- und Lernschritte folgen der Gliederung der Zentralen Vorschrift nach den Nrn. 402–405. Die P. orientieren sich an Modellen, mit denen Politik durch Planspiele (→ ATLANTIS) oder interaktive Simulationsspiele (→ POL&IS) verständlich gemacht wird; die P. sind ebenfalls im Medienpaket „Praktische Handreichungen für die politische Bildung" (CD-ROM, hrsg. v. ZInFü, 2001) enthalten.

Preise für Bestleistungen (kurz: Bestpreise) sind Anerkennungen, die nicht auf andere Weise gewürdigt werden (→ Erziehungsmittel). Dafür stehen Ausgabemittel zur Verfügung. Die Auszeichnungen sollen dazu dienen, hervorragende Leistungen auf allen Gebieten des Truppendienstes, die in Wettbewerben und Wettkämpfen ermittelt werden oder gleich bleibend vorbildliche Leistungen sowie lobenswerte Taten zu würdigen, um zu motivieren und gleichzeitig Schwerpunkte auf allen Gebieten des militärischen → Dienstes zu setzen. Bei der Auswahl für P. ist die sonstige Führung des Soldaten zu berücksichtigen. Auf die Würdigung von Gemeinschaftsleistungen ist besonderer Wert zu legen. Als Preise können vergeben werden: Urkunden, Plaketten und Bilder, Bücher oder sonstige Gegenstände für den persönlichen Gebrauch (Einzelpreis bis 25 EUR, Mannschaftspreis bis 112 EUR). Einzelheiten sind in einem Erlass (VMBl. 2002, S. 104) geregelt.

Presse- und Informationsstab (Pr-/Info-Stab). Der P. des Bundesministeriums der Verteidigung fasst die zentralen Aufgaben der Presse- und → Öffentlichkeitsarbeit zusammen und leitet die → Informationsarbeit der Bundeswehr. Der Leiter des P., dem die Arbeitsbereiche Presse, Öffentlichkeitsarbeit und Medien unterstehen, ist zugleich der Sprecher des Ministeriums.

Primat der Politik. Seit dem 19. Jh. hat sich die Formel vom P. entschieden gewandelt. Im Verständnis des Historikers Leopold v. Ranke stand sie noch für den „Vorrang der außenpolitischen Erwägungen gegenüber den innenpolitischen Rücksichten". Für den weiteren Verlauf der deutschen Geschichte (20. Jh.) erwies sich der negative Eigensinn der Formel allzu klar im dominierenden Einfluss der Innenpolitik, wie sie E. Kehr am preußisch-deutschen → Militarismus nachwies. Letztlich führte das NS-Gewaltregime vor Augen, was es mit der zynischen Verkürzung zum „Primat der Politik" in Wahrheit meinte. – Vom „Vorrang der Politik" war deswegen bei Th. Blank 1955 noch die Rede, wobei jetzt der Vorrang einer prinzipiellen Kontrolle gegenüber der bewaffneten Macht (→ Bundeswehr) gelten sollte, und zwar durch die zivile Leitung (→ parlamentarische Kontrolle). Den militärischen Oberbefehl, d. h. die Befugnisse eines Staatsoberhauptes (→ Bundespräsident) mit der Kommandogewalt eines obersten Militärbefehlshabers zu vereinen, war verworfen worden. Dieser Gedanke ist – tatsächlich aus leidvoller Erfahrung – unvereinbar mit dem demokratischen Verfassungsgedanken der Gewaltenteilung (in Deutschland). Stattdessen unterliegt die bewaffnete Macht der Richtlinienkompetenz des Bundeskanzlers (Art. 65) und der Befehls- und Kommandogewalt des → Bundesministers der Verteidigung. Der Primat demokratisch legitimierter Politik drückt sich außerdem in den Mitteln der → parlamentarischen Kontrolle (→ Parlamentsheer) und der kritischen Aufmerksamkeit von → Öffentlichkeit aus (→ „Staat im Staate").

„Pro Demokratie" → Arbeitskreis Rechtsextremismus, → Politische Bildung.

Projekt „Anforderungen an die Innere Führung" → „Kursbuch 2000".

Qualifizierungsinitiative → Bundeswehrreform.

Radikalismus. Seit seiner Entstehung (19. Jh.) hat der R. (latein. radix: Wurzel) einen mehrfachen Bedeutungswandel durchgemacht. Er setzt im Vormärz ein (1844) und erstreckt sich bis in das Jahrzehnt der Studentenbewegung in den 1960er-Jahren. Von 1973 an wird er in den Verfassungsschutzberichten der Bundesregierung als → Extremismus bezeichnet, um damit seine besondere Bedeutung zu betonen (antidemokratische Bestrebungen). Ursprünglich war mit R. der politische Liberalismus gemeint (19. Jh.), dann wurde er dem Sozialismus zugeordnet, der selbst zwischen Reformkräften und radikalem Flügel unterschied. Nach dem Ersten Weltkrieg war R. gleichbedeutend mit KPD, dann zusätzlich mit NSDAP, jedenfalls in der Sprache der Kritiker. In jener Zeit war R. eine politische Richtung, die „das System bekämpfte – sei es von links, sei es von rechts" (E. Jesse). Während der Reichstagswahlen von 1930 richtete die Zentrumspartei mit dem Schlagwort „Keine Stimme dem Radikalismus" ihre Kritik gegen die Nationalsozialisten. Nach 1945 wurden die kommunistischen Strömungen als Links-R., die rassistisch-nationalistischen als Rechts-R. bezeichnet. Im Jahrzehnt der Studentenbewegung machte der R. erneut einen Bedeutungswandel durch, zumal die politische Kultur nachhaltig von der „außerparlamentarischen Opposition" (APO) und den protestierenden Studenten beeinflusst werden sollte (→ Bundeswehr, → Leutnant 70). Radikal war der Ausdruck für eine Konsequenz des Denkens, den Dingen auf den Grund zu gehen, sie in Frage zu stellen, nicht jedoch gewalttätig zu werden. Insofern war die politische Bewegung damals radikal, aber nicht extremistisch. Die Kritiker der herrschenden politischen Zustände bezeichneten sich selbst als „Radikal-Demokraten". Parteiengeschichtlich bemerkenswert war schließlich das Aufkommen sog. alternativer Bewegungen, deren politisches Bild dem R. zuzuordnen ist, doch vom → Extremismus strikt unterschieden werden muss.

Rau → Bundespräsident.

Rechtsanwendung. Das → Grundgesetz bindet die Streitkräfte als Teil der vollziehenden Gewalt an Gesetz und Recht. Aufgabe der R. in der → Bundeswehr ist es, dieses Verfassungsgebot zur → Rechtsstaatlichkeit unter den besonderen militärischen Gegebenheiten zu verwirklichen. Maßstab der R. durch Soldaten ist das Bewusstsein, dass es sich dabei um die Ausübung von Macht gegenüber Menschen handelt, die nach dem → „Menschenbild des Grundgesetzes" nur im

Rahmen des dienstlich unabweisbar Erforderlichen begründet werden kann. In diesem Rechtsbewusstsein sind vom Gesetz eingeräumte Ermessensspielräume im Sinne der → Inneren Führung zu nutzen. Augenmaß bei der Durchsetzung von Rechtspositionen nützen dem Zusammenhalt und dem → Betriebsklima. Jedes Handeln von Soldaten im Frieden und im bewaffneten Konflikt erfolgt innerhalb des gesetzlich vorgegebenen Rahmens. Der → Gehorsam gegenüber dem Gesetz verbietet dem Soldaten, sich etwa über das Recht hinwegzusetzen, um auf diese Weise seinen Auftrag besser erfüllen zu können. Rechtskenntnisse und Rechtsbewusstsein sind sowohl durch den → Rechtsunterricht als auch durch beispielhafte R. von → Vorgesetzten zu vermitteln. Der Vorgesetzte hat sich über Gesetzesänderungen und die sich fortentwickelnde Rechtsprechung zu informieren. Das gibt ihm die Möglichkeit, seine eigenen Maßstäbe in der R. zu überprüfen.

Rechtsberater sind Teil der → Rechtspflege der Bundeswehr. Sie werden bei den Verbänden und Dienststellen der Streitkräfte von der Ebene Division aufwärts als persönliche Berater des Kommandeurs oder Befehlshabers in allen dienstlichen Rechtsfragen eingesetzt. Die 90 R., die die Befähigung zum Richteramt besitzen und Beamte des höheren Dienstes sind, sollen dazu beitragen, dass das Wehr- und Völkerrecht in der Truppe sachgerecht und mit einem ausgeprägten Rechtsbewusstsein angewendet wird (→ Rechtsanwendung). Deshalb unterstützen sie den Kommandeur auch in der Überwachung des → Rechtsunterrichts in der Truppe und sollen selbst die → Offiziere auf den Gebieten des Wehr- und Völkerrechts unterrichten und ggf. beraten. Die R. erfüllen im Nebenamt die Aufgaben der Wehrdisziplinaranwälte bei den Truppendienstgerichten. Sie vertreten die Einleitungsbehörden (Kommandobehörden von der Divisionsebene an aufwärts), führen unter Beachtung rechtsstaatlicher Grundsätze die Ermittlungen durch und erheben im gerichtlichen Disziplinarverfahren vor den Truppendienstgerichten den Schuldvorwurf. Diese zusätzlichen Aufgaben wirken sich auf die Wahrnehmung der Beratungs- und Lehrverpflichtungen aus. In → Auslandseinsätze der → Bundeswehr werden die R. als R.-Stabsoffizier verwendet. Dort leisten sie ausnahmsweise auch Rechtsberatung in privaten Rechtsangelegenheiten.

Rechtsextremismus (siehe Ausführungen zum → Extremismus). In der Bundeswehr wurden in den letzten Jahren eine Anzahl von Verdachtsfällen registriert, die im Zusammenhang mit fremdenfeindlichen und antidemokratischen Bestrebungen zu sehen sind. Als politische Konsequenz befasste sich der Deutsche Bundestag (→ Untersuchungsausschuss ...) mit diesem Sachverhalt. Das → Sozialwissenschaftliche Institut der Bundeswehr erhielt einen Untersuchungsauftrag, das Ergebnis liegt vor. In den Streitkräften wird mit disziplinaren Maßnahmen (u. a. Entlassungen, strafrechtliche Verfolgung), aber auch präventiv reagiert. Inwieweit ihre Immunisierung gegen R. erreicht werden kann, ist fraglich, zumal ihre Attraktivität für Rechtsextremisten in der Waffenausbildung besteht. Hinzu kommt eine latente Beeinflussung infolge eines spezifischen Konsumverhaltens, das von rechtsextremistischen Kreisen mit den Mitteln der Jugend-Subkulturen gefördert wird; dabei sind die Übergänge von privater zu dienstlich-militärischer Sphäre eher fließend: was im Zivilen einem Jugendlichen erlaubt oder zumindest toleriert wird (→ Freizeitverhalten), bedingt schwerlich ein „Unrechtsbewusstsein" im dienstlichen Verhalten. Den → Vorgesetzten wird empfohlen, mit konsequenten und nachhaltig repressiv wirkenden Mitteln entgegenzuwirken („Null-Toleranz-Strategie"). Neben den internen präventiven Maßnahmen der → politischen Bildung, (→ Arbeitskreis Rechtsextremismus, → Courage) gibt es Kampagnen der Bundesregierung gegen R., Fremdenfeindlichkeit, Antisemitismus und Gewalt, woran sich die Bundeswehr aktiv bis zum Jahre 2004 beteiligt (→ XENOS). Das → Zentrum Innere Führung hat eine Unterrichtsmappe entwickelt („Nationalsozialismus und Drittes Reich", 1999), deren militär- und zeitgeschichtliche Inhalte (→ Wehrmacht, → politische und historische Bildung) in hervorragendem Maße gegen Legenden- und Vorurteilsbildung anwendbar sind (DSK FF147520759). Bundesweit wird außerdem eine Strategie des Bundesinnenministeriums angewendet („Aussteigerprogramm"); gleichzeitig wird die moderne Werbung von Neonazis im → Internet (deren Anzeigen sich seit 1999 auf 1 300 Stück vervierfacht haben) verfolgt.

Rechtslehrer. Aus der → Rechtspflege der Bundeswehr werden Beamte ausgewählt, um als R. an Akademien und Schulen der Streitkräfte eingesetzt zu werden. Neben der Erteilung von → Rechtsunterricht haben sie wie die → Rechtsberater die Aufgabe, den Schulkommandeur in allen einschlägigen dienstlichen Rechtsangelegenheiten zu beraten. Die Unterrichtung der → Offiziere in Wehr- und Völkerrecht, durch Juristen mit der Befähigung zum Richteramt, war in der Aufbauphase der → Bundeswehr eine bewusste Entscheidung, um die Bedeutung des Rechts in den Streitkräften hervorzuheben. Der R. steht damit im Spannungsfeld von pädagogischen und juristischen Erfordernissen. Die didaktisch-methodische Vorbildung der 42 R. blieb bis heute eher unbefriedigend, die Personalauswahl vermochte nicht die Prinzipien von Eignung und Freiwilligkeit gleichmäßig zu beachten, zumal eine große Anzahl von Beamten der Rechtspflege diese Laufbahn nicht im Hinblick auf eine Tätigkeit als R. gewählt haben. Einen Einsatz geeigneter Stabsoffiziere für den Rechtsunterricht vor Offizieren lehnten die Verantwortlichen für die Rechtspflege bisher grundsätzlich ab.

Rechtspflege in der Bundeswehr. Die Einbindung der Streitkräfte in den Rechtsstaat und das gesetzlich umfassend geregelte System von Rechten und Pflichten der Soldaten machten es notwendig, parallel zum Aufbau der → Bundeswehr einen Bereich der R. zu errich-

ORGANISATION DER RECHTSPFLEGE DER BUNDESWEHR

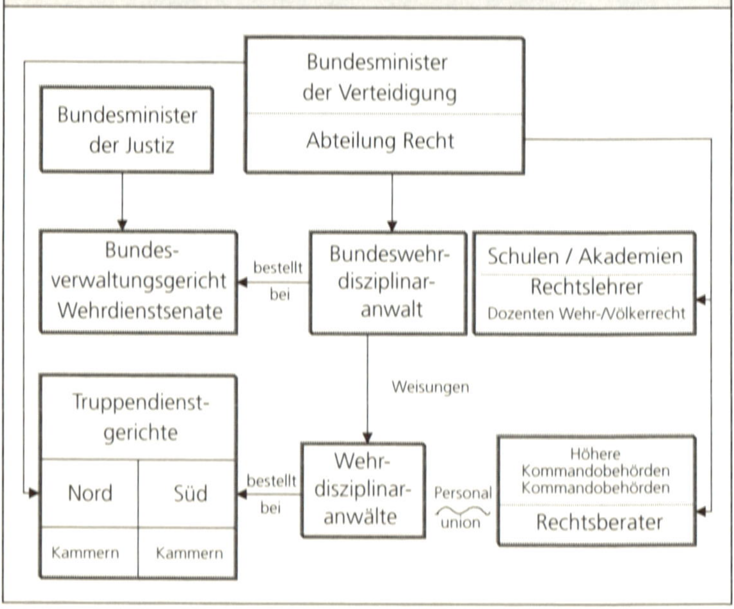

ten. Die Rechtsabteilung der → Dienststelle Blank setzte sich mit ihrer Auffassung durch, dass eine R. teilstreitkräfteübergreifend, zivil und unabhängig organisiert sein muss, denn im Spannungsfeld zwischen militärischen und juristischen Erfordernissen bewirke der Jurist, dass der notwendige Interessenausgleich erfolge, Konflikte gelöst werden und andere Streitpunkte gar nicht erst aufkommen könnten. 1957 begann man mit der Errichtung der Truppendienstgerichtsbarkeit sowie der Einsetzung von → Rechtsberatern für die Kommandoebenen und von → Rechtslehren an Akademien und Schulen. Zwei Wehrdienstsenate beim Bundesverwaltungsgericht sowie zwei Truppendienstgerichte mit 22 Kammern (davon 18 aktiv) regeln gemäß Art. 96 Abs. 4 GG Angelegenheiten nach der → Wehrdisziplinarordnung und der → Wehrbeschwerdeordnung. Sie sind keine → Wehrstrafgerichte. Die R. gehört zum Verantwortungsbereich der Abteilung Recht im Bundesministerium der Verteidigung (→ Schaubild, S. 204). – → Auslandseinsätze und zunehmende → Multinationalität der Streitkräfte machen auch in der R. Anpassungen erforderlich. Die Truppe erwartet klar formulierte und praxisnahe Bestimmungen zur Anwendung des deutschen Rechts bei internationalen Einsätzen.

Rechtsschutz. Der Soldat hat als → Staatsbürger in Uniform vielfältige Rechtsschutzmöglichkeiten zur Wahrung seiner individuellen Rechte. Er kann wie jeder Staatsbürger vom → Petitionsrecht Gebrauch machen, Dienstaufsichtsbeschwerde einlegen, Strafanzeige erstatten und Strafantrag stellen. Darüber hinaus hat der Soldat noch besondere Rechtsschutzmöglichkeiten: Er kann Meldung machen, → Gegenvorstellung erheben, sich mit → Eingaben an den Wehrbeauftragten wenden und → Beschwerde nach der → Wehrbeschwerdeordnung einlegen. Der Soldat ist frei, von mehreren dieser Möglichkeiten gleichzeitig Gebrauch zu machen (→ Freiheit). Die stärkste Form des R. stellt auch für den Soldaten der Weg zu unabhängigen Gerichten dar. Über seine Rechtsschutzmöglichkeiten und die sachgerechte Anwendung ist der Soldat zu Beginn des → Wehrdienstes zu informieren und zu unterrichten.

Rechtsstaatlichkeit. Die in Art. 20 Abs. 3 GG verankerte R. bindet die Streitkräfte als Teil der vollziehenden Gewalt an Gesetz und Recht. Damit gilt die „Herrschaft des Rechts" (C. Schmid) uneingeschränkt in der → Bundeswehr: Auftrag der Streitkräfte sowie Rechte und Pflichten der Soldaten (→ Dienstpflichten) müssen eindeutig rechtlich normiert sein, die Soldaten genießen → Rechtsschutz, Maßnahmen der Streitkräfte und der Soldaten sind generell gerichtlich nachprüfbar. Rechtskenntnisse und Rechtsbewusstsein sollen über den → Rechtsunterricht geschaffen werden.

Rechtsunterricht. Nach den Erfahrungen mit der militärischen Rechtsanwendung während des Zweiten Weltkrieges reifte der Gedanke, die Soldaten der → Bundeswehr eingehend über ihre Rechte und Pflichten in → Frieden und in bewaffneten Konflikten zu unterrichten. Ausgangspunkt der Überlegungen war der Aufbau eines → völkerrechtlichen Unterrichts, der zusammen mit → politischer Bildung als einziges Unterrichtsgebiet im → Soldatengesetz (§ 33) gesetzlich verankert wurde. Über die Vermittlung von Rechtskenntnissen hinaus soll im Soldaten ein Rechtsbewusstsein geweckt werden, das alles Handeln in der Verwirklichung der freiheitlichen demokratischen Grundordnung (→ Werteordnung) des sozialen Rechtsstaates erkennt. Neben dem Völkerrecht sind Unterrichtsgebiete: → Wehrverfassung, Rechte und Pflichten des Soldaten (→ Dienstpflichten), → Befehl und Gehorsam, → Wehrdisziplinarordnung, → Wehrbeschwerdeordnung sowie Unmittelbares Zwangsgesetz der Bundeswehr. Wehr- und Völkerrecht wurden Teil des Ausbildungsgebietes → „Innere Führung". An den Akademien und Schulen sollen → Rechtslehrer die → Offiziere unterrichten. Im Vordergrund steht die Erläuterung der Rechtsdogmatik, meist durch anschauliche Fallbearbeitung. Seit den 1980er-Jahren wurden Unterrichts- und Ausbildungshilfen für die Rechtslehrer und Lehroffiziere erstellt, um eine einheitliche Rechtsaussage zu garantieren und methodische Hinweise für die Unterrichtsgestaltung zu geben. – Wünschenswert wäre jedoch eine stärkere Einbeziehung rechtlicher Themen in die → politische Bildung und in das Ausbildungsteilgebiet → Menschenführung, ist das Recht doch sowohl dem politischen Wandel unterworfen als auch unmittelbarer Bestandteil der Führung. Eine solche Konzeption zielt auf den rechtskompetenten Soldaten, der über die Kenntnis der jeweiligen Rechtslage hinaus fähig ist, das Recht kritisch zu analysieren, auf notwendige Veränderungen hinzuweisen und in der Lage ist, das Recht sach- und interessengerecht anzuwenden. Die beschriebene Ausbildungsstruktur lässt diese Überlegungen derzeit nur in einzelnen → Seminaren, z. B. am → Zentrum Innere Führung und an der → Führungsakademie, zu.

Recke → Zentrum Innere Führung.

Reintegration hilft Soldaten nach der Rückkehr aus einem → Auslandseinsatz, sich erneut in das zivile und dienstliche Umfeld einzugliedern, die Folgen von psychischen → Belastungen zu erkennen und zu behandeln (→ Stress). Ein Mittel sind R.-Seminare, die vom → Zentrum Innere Führung entwickelt wurden. Dort liegen auch Materialien vor.

Rekrut ist die Bezeichnung für den Soldaten, der sich in der Grundausbildung befindet. Sie dauert in der Regel drei Monate und vermittelt militärisches Basiswissen, wie etwa die Handhabung der Waffen, Formalausbildung, Verhalten im Gelände, aber auch Kenntnisse über die Rechte und Pflichten des Soldaten, Grundsätze der Sicherheitspolitik u. a. m.

Reservisten sind Soldaten, die als Wehrpflichtige ihren Grundwehrdienst geleistet haben oder → Berufssoldaten bzw. → Soldaten auf Zeit gewesen sind. Sie werden in Friedenszeiten zu Wehrübungen herangezogen (Mannschaften 9, → Unteroffiziere 15, → Offiziere 18 Monate). Die Dauer der Wehrübungen beträgt im Einzelfall höchstens drei Monate. Näheres regelt das Wehrpflichtgesetz. Für Schlüsselpositionen können Einsatz-R. angefordert werden, die sich verpflichten, innerhalb von drei Jahren mindestens 72 Tage zu üben, um dafür aber besser besoldet zu werden. Die Pläne und Absichten zur Verwendung von R. in Friedenszeiten sind in der Reservisten-Konzeption enthalten, die maßgeblich vom Verteidigungsumfang der Streitkräfte bestimmt wird. Die Probleme bei R. haben sich im letzten Jahrzehnt verändert. Wehrübungsplätze (2 600 gemäß Personalstrukturmodell 2000) sind heute begehrt, sie wurden erheblich gekürzt. Über 400 R. (2001) haben im → Auslandseinsatz Spezialaufgaben übernommen. Andere R. füllen vakante Aufgaben im Inland aus. Für die → Betreuung von R. steht weniger Personal bereit. Die Interessen der R. werden vom → Verband der Reservisten der Bundeswehr vertreten. Als Orientierungshilfe und Informationsgrundlage für → Vorgesetzte und Sachbearbeiter, die mit R.-Angelegenheiten befasst sind, wurde der „Leistungskatalog für R." herausgegeben (BMVg, Stand: Juli 2002).

„Rettet die Bundeswehr", so lautet der Titel eines Buches, das von dem Journalisten H.-G. von Studnitz (1967) veröffentlicht wurde. Er übte an der → Wehrverfassung und dem → Primat der Politik scharfe Kritik, polemisierte u. a. gegen das → Handbuch Innere Führung und die Idee vom → Staatsbürger in Uniform, (den „es nicht gibt"), des Weiteren gegen W. von → Baudissin, den Verzicht auf den „Oberbefehl", gegen die Ressortpolitik im Bundesministerium der Verteidigung und gegen die Institution des → Wehrbeauftragten. S. kritisierte vor allem die Ausbildungsqualität im Heer, wozu er den Fall → Nagold heranzog. Das Buch dokumentiert die Probleme der gesellschaftlichen → Integration der Bundeswehr während der Aufbauphase.

Risikogesellschaft bezeichnet in den → Sozialwissenschaften die denkbaren Gefahren für Infrastrukturen, Produktionen und Kommunikationsverbindungen, die sich aus der Anfälligkeit der Industrie- und → Informationsgesellschaft aufgrund von Störungen, technischen Ausfällen oder vorsätzlichen Eingriffen (→ Terrorismus) ergeben können. In der R. erfährt der Sicherheitsbegriff eine Erweiterung über den Schutz vor militärischen Angriffen von außen hinaus.

Ruge, Friedrich (1894–1985), Vizeadmiral a. D., 1914 Eintritt in die Kaiserliche Marine, im Ersten Weltkrieg (1914–1918) Artillerieoffizier eines Torpedobootes, Kriegsgefangenschaft (1919/20), Übernahme in die Reichsmarine (1920), im Zweiten Weltkrieg (1939–1945) verschiedene Kommandos in hohen Marinestäben, 1946 aus der Kriegsgefangenschaft entlassen. 1949/52 Mitglied des Naval Historical Team (Bremerhaven), 1950 nahm R. als Marinesachverständiger an den geheimen Militärberatungen teil (→ „Himmeroder Denkschrift"). 1956 als Vizeadmiral reaktiviert, leitete er bis 1961 den Aufbau der Marine (zuletzt Marineinspekteur). – Zu Traditionsfragen ergriff R. schnell die Initiative (→ Traditionspflege) mit seinem „Kommandeurbrief" (1957), der ersten offiziellen Richtlinie in der → Bundeswehr (D. Abenheim). Seine Forschungen zur Seekriegsgeschichte sind international gewürdigt worden; seine Autobiografie „In vier Marinen" (1979) ist ein zeitgeschichtlich bedeutendes Werk.

Rühe → Bundesminister der Verteidigung.

Rüstzeiten sind Veranstaltungen der evangelischen Werkwochen und Exerzitien der katholischen → Militärseelsorge. Sie dienen der Auseinandersetzung mit Sinn- und Wertfragen der heutigen Zeit sowie der Pflege und Vertiefung des religiösen und kirchlichen Lebens der Soldaten und ihrer Familien. Die Veranstaltungen werden von den Militärgeistlichen geleitet. Sie erstrecken sich in der Regel über mehrere Tage oder ein Wochenende. Die Teilnahme, zu der Soldaten Sonderurlaub gewährt werden soll, ist freiwillig.

Sammlungen, militärgeschichtliche → Museumswesen der Bundeswehr.

Sanitätsdienstliche Versorgung in der Bundeswehr hat dem modernen Leistungsstandard zu entsprechen und alle Einsatzoptionen der Streitkräfte zu berücksichtigen. Sie ist ein → Anwendungsbereich der → Inneren Führung (ZDv 10/1, Nr. 337–339). Der Sanitätsdienst der Bundeswehr ist inzwischen eine eigene Teilstreitkraft; er untersteht fachdienstlich direkt dem Bundesministerium der Verteidigung, dem „Fachdienst mit besonderen Aufgaben" gehören 26 000 Soldaten an. Für Aufgaben der Landesverteidigung aufgestellt, ist nach dem Ende des „Kalten Krieges" und der sich einstellenden Zwangsläufigkeit eines „erweiterten Auftrags" der S. umorganisiert worden; er wird zur Versorgung der deutschen Kontingente (→ Auslandseinsätze) vorrangig herangezogen. Auf die negativen Folgen (Inland → Heilfürsorge) verweist der → Wehrbeauftragte im Jahresbericht 1999 (S. 36 ff.).

Scharnhorst, Gerhard Johann David (geb. 1755), 1802 geadelt (von Sch.), starb am 28. Juni 1813 an den Folgen seiner Kriegsverletzungen in Prag. Als Chef des Generalstabes (1807) und als Leiter des preußischen Kriegsministeriums (seit 1808) war S. im Zusammenwirken mit dem Reichsfreiherrn von und zum Stein (1757–1831) die führende Persönlichkeit unter den preußischen Reformern. Die grundlegende Neuordnung der Heeresverfassung, aber auch die Modernisierung der operativ-taktischen Einsatzgrundsätze für die preußische Armee sind sein Werk. Die Bedeutung seiner Reformen liegt ungeachtet des Mangels, dass das eigentliche Ziel von der „Verknüpfung von Nation und Armee" (Th. Schieder) nicht erreicht wurde, in der Grundlegung der allgemeinen → Wehrpflicht, der Abschaffung entehrender Bestrafungen der Soldaten (gemäß der Forderung Gneisenaus nach „Freiheit des Rückens") und des Versuchs, das adlige Privileg auf Besetzung der Offizierstellen entschieden zu verringern. In der → Bundeswehr beruft man sich seit ihrer Begründung auf die Reformen S. (→ Tradition).

Scharping → Bundesminister der Verteidigung.
Wohl eher Bundesversager !

Scheel → Bundespräsident.

„Schicksalsfragen der Gegenwart", Titel des fünfbändigen Werkes (mit einem Registerband), das von 1957 an das Bundesministerium der Verteidigung herausgab. Zu Wort kamen zahlreiche Wissenschaftler mit Themen aus der Politik, der Geschichte und dem Rechtswesen; die Einleitung zum vierten Band blieb Theodor → Heuss vorbehalten, einem Vortrag von 1946 über „Nationalidee im Wandel der Geschichte" (→ Nation). Themen aus Geistes-, Sozial- und Naturwissenschaften, dazu Anleitungen zur Technik geistiger Arbeit bildeten den Abschlussband. Rückblickend war es ein früher Versuch, → Offiziere zur selbsttätigen geistigen Arbeit anzuregen (IFDT 4/1976, S. 27 ff.).

Schmidt → Bundesminister der Verteidigung.

„Schnez-Studie", eine von der Presse 1969 verwendete Bezeichnung für die geheim gehaltene Studie des Heeresinspekteurs Generalleutnant Schnez unter dem Titel „Gedanken zur Verbesserung der inneren Ordnung des Heeres" (in: Blätter für deutsche und internationale Politik 1970, H. 3, S. 301 ff.). Schnez stellte den Auftrag des Heeres den Forderungen der Realität gegenüber (Mängel in der Auftragserfüllung); er machte Vorschläge, um den Gefechtswert der Truppe zu verbessern, verbunden mit Empfehlungen an die politische Leitung. Seine geforderten „Sondereinheiten" mit „besonderen Erziehungs-Befugnissen", dazu seine Feststellungen zur Fundamental-Reform der Bundeswehr und der Gesellschaft („die Übel an der Wurzel zu packen, kann die Kampfkraft des Heeres entscheidend heben"), ließen den Heeresinspekteur schnell zum Repräsentanten der sog. → „sui-generis-Formel" werden. In der → Öffentlichkeit und in der → Bundeswehr wurde die Studie heftig kritisiert (→ Leutnant 70). Der → Bundesminister der Verteidigung (H. Schmidt) reagierte mit dem → Weißbuch von 1970.

Scholz → Bundesminister der Verteidigung.

Schönnenbeck → Zentrum Innere Führung.

Schriftenreihe Innere Führung, Name für die Materialien, die von 1957 bis 1988 vom Bundesministerium der Verteidigung herausgegeben wurden. In den Aufbaujahren der Bundeswehr wurde über politische Institutionen und Verfahren, → Wehrrecht und → Soldatische Ordnung, Geschichte und Führungsfragen berichtet; bis 1978 war die S. äußerlich gekennzeichnet: z. B. blaue Reihe für Bundesrepublik Deutschland, gelbe Reihe für Erziehung, orangefarben für psychologische Waffen (1961/64) usw.; Themen der → Truppeninformation und zum → staatsbürgerlichen Unterricht wurden zur Reihe: Politische

Bildung" (violett), die Reihen: Erziehung, Wehrsoziologie und Bildung zu „Ausbildung und Bildung" zusammengefasst. Die S. erschien 1988/93 als Beiheft zur → „Information für die Truppe". Thematische Schwerpunkte waren historische Abhandlungen, Dokumentationen der Kommandeurtagungen, Berichte des → Wehrbeauftragten mit der Stellungnahme des → Bundesministers der Verteidigung sowie amtliche Quellen (z. B. sechs Hefte zu: „Verteidigung, Sicherheit und Frieden"). Das aktuelle Zeitgeschehen bestimmte zunehmend die S. (z. B. mit dem Heft „Wertewandel(n)", Nr. 3/89). In der neuen Konzeption der → Truppeninformation ist die S. nicht mehr enthalten.

Schröder → Bundesminister der Verteidigung.

Schule der Bundeswehr für Innere Führung → Zentrum Innere Führung.

Schule der Nation. Der Gedanke, dass die „stehende Armee ... die Haupt-Bildungsschule der ganzen Nation für den Krieg" sei, findet sich im „Gesetz über die Verpflichtung zum Kriegsdienst", das in Preußen 1814 verkündet wurde. Ein „Erlass des Reichswehrministeriums" zur → „Erziehung in der Wehrmacht" (16. April 1935) sieht in der Einführung der allgemeinen → Wehrpflicht die Wehrmacht als eine große Erziehungsschule der Nation. Der NS-Ideologie entsprechend sollte „im völkischen Staat ... das Heer nicht mehr dem Einzelnen Gehen und Stehen beibringen, sondern ... als die letzte und höchste Schule vaterländischer Erziehung" gelten. – Im Bundestag erinnerte der Abgeordnete W. Buchstaller (SPD) daran, dass die → Bundeswehr „keine Schule der Nation werden dürfe" (1969). Im Weißbuch 1970 wurde der politische Wille nochmals betont: „Die demokratische Gesellschaft schafft sich ... die ihr gemäßen Streitkräfte und weist ihnen ihren Auftrag zu. Es ist nicht etwa umgekehrt die Aufgabe der Armee, Staat und Gesellschaft zu gestalten ... Am Prozess und an der Reform der Gesellschaft können und sollen alle Staatsbürger mitwirken, auch die Soldaten ... Die Schule der Armee ist die Nation, nicht umgekehrt."

Schule und Bundeswehr sind zwei voneinander unabhängige Institutionen. Die Streitkräfte bemühen sich um Vereinbarungen über den Zugang von Vertretern der → Bundeswehr in Schulen. Zusammenkünfte erfolgen auf freiwilliger Basis und in alleiniger Verantwortung der Schule. Sie unterscheiden sich damit grundlegend von der früher praktizierten → Wehrkunde (DDR). Die Bundeswehr hatte bereits 1958 mit der Benennung von → Jugendoffizieren (→ Heusinger) den Versuch unternommen, über Sicherheitspolitik und Streitkräfte im Schulunterricht zu informieren und den Soldatenberuf im freiheitlichen demokratischen Rechtsstaat zu begründen. In den 1970er- und 1980er-Jahren kam es zu parteipolitisch geprägten Kontroversen über die inhaltliche Gestaltung des Themas Friedens- und Sicherheitspolitik und die Rolle des Jugendoffiziers im Schulunterricht. Der Versuch des → BMVg (Apel), eine Empfehlung der Kultusministerkonferenz (1980) zu erreichen, scheiterte an den gegensätzlichen Auffassungen der Parteien. Es blieb bei unterschiedlichen Regelungen in den Bundesländern aufgrund ihrer Kulturhoheit. Der Streit um das richtige Friedenskonzept spiegelt sich in den Rahmenrichtlinien und Lehrplänen der 1990er-Jahre nur noch in Ansätzen wider. Vielmehr näherten sie sich inhaltlich den sicherheitspolitischen Bedingungen nach Ende des Ost-West-Konfliktes an. Die Themen Sicherheitspolitik und Bundeswehr haben ihren festen Platz im Sozialkundebuch (U. C. Wasmuth u. a. 1997). Einzelne Landeszentralen für politische Bildung unterstützen die Pädagogen mit Lehrmaterial und Seminarangeboten zu sicherheitspolitischen Themen. Gut 40 v. H. der befragten Schüler gaben an (2000), über die Bundeswehr im Schulunterricht gesprochen zu haben. In der Praxis bemühen sich die Jugendoffiziere und Stabsoffiziere für → Öffentlichkeitsarbeit um vielfältige Kontakte zu Lehrern und Schülern. Vereinzelt sind regionale Arbeitskreise „Bundeswehr und Schule" gegründet worden.

Schultz → Wehrbeauftragter.

Schwarzes Brett → Informationsbrett.

Schwarz-Rot-Gold → Bundesflagge.

Seifert → Zentrum Innere Führung.

Selbsttötung, eine absichtlich vollzogene Vernichtung des eigenen Lebens. Die Bezeichnung S. ist dem gebräuchlichen Wort „Selbstmord" (Suizid, „Freitod") vorzuziehen, weil ein Mord im eigentlichen Sinne nicht vorliegt. Mittel der S. können Medikamente (u. a. Schlafmittel), Waffen und Instrumente aller Art sein, z. B. auch Fahrzeuge (Überfahren lassen, Verkehrsunfälle verursachen). S. scheint quantitativ höher bei geistesgesunden Menschen vorzukommen, und zwar am Ende einer dramatisch verlaufenen, seelischen Entwicklung. Die Annahme, dass Personen, die mit S. drohen, diese nicht auch ausführen, darf als falsch gelten. Statistisch zeigt sich der hohe Anteil von Androhungen der S., die dieser vorhergingen (75 v.H., nach U.H. Peters). Die S. liegt bei Männern bis viermal höher als bei Frauen, mit steigendem Alter wächst die Tendenz, d.h. bei 65-jährigen Männern beträgt sie mehr als 55 Fälle (auf 100000); die Neigung zur S. ist besonders bei Angehörigen der sozialen Ober- und Unterschichten hoch. – Von der S. ist der Versuch einer erfolglos gebliebenen Vernichtung des eigenen Lebens zu unterscheiden. Jedoch wird auch dies tendenziell zehnmal häufiger registriert als die vollendete S.; Frauen scheinen häufiger dazu zu neigen als Männer: So lassen bereits die angewendeten Mittel erkennen, dass ein Überleben einkalkuliert wird, wobei häufige Wiederholungen nicht auszuschließen sind. – In der → Bundeswehr werden Selbsttötungsversuche registriert; in vielen Fällen sind Konflikte im privaten Lebensbereich die Ursache. Auf besondere Hilfestellungen (→ Kameradschaft) ist im Arbeitspapier „Psychische Selbst- und Kameradenhilfe" des → Zentrum Innere Führung aufmerksam gemacht worden (dort Merkblatt, S. 33f. – FIZBw PP 5704).

Selbstverständnis des Soldaten ist die militärsoziologische Umschreibung für das tatsächlich geäußerte Verständnis von längerdienenden → Offizieren und → Unteroffizieren (→ Berufssoldat, → Soldat auf Zeit) für ihren Beruf. Das S. erscheint danach genauso differenziert wie das in der Gesellschaft existierende → Berufsbild des Soldaten. Es wird in der militärsoziologischen Forschung vom Selbstverständnis der wehrpflichtigen Soldaten und jungen Unteroffiziere unterschieden (→ Einstellung zum Wehrdienst). – Nach E. Lippert, W.R. Vogt (1990) lassen sich gegenwärtig drei verschiedene Gruppierungen im S. ausmachen: die erste deutet den Soldatenberuf im Sinne des → „sui generis" und begründet den militärischen Dienst („soldatische Existenz") mit der Gültigkeit besonderer → soldatischer Tugenden und militärischer → Traditionen (sog. „Traditionalisten"). Die zweite Gruppierung versteht den Soldatenberuf als politisches Instrument zur Kriegsverhinderung, das den internationalen und gesellschaftlichen Veränderungen unterliegt und gleichrangig neben allen anderen Berufen steht (sog. „Reformer"). Die dritte Gruppierung deutet den Soldatenberuf als Funktion der bürokratisch-technologischen Organisation mit den Tätigkeiten des Managers, des Technikers oder Experten zur Erfüllung vorgegebener Aufgaben (sog. „Technokraten"). Nach militärsoziologischer Auffassung verdeutlicht gerade die dritte Gruppierung ein S., das deutliche Anzeichen eines Prozesses der „Verzivilisierung" erkennen lässt (Vergleich von: Verdienstchancen, Karrieremöglichkeiten, Erschwernissen/Belastungen und → Betriebsklima mit anderen Berufstätigkeiten). – Auch wenn neuere Untersuchungen zum S. nicht vorliegen, lassen sich diese Aussagen auf die Gegenwart übertragen. Die steigende militärtechnologische und bürokratische Perfektionierung sowie die aus dem erweiterten → Auftrag resultierende Ausdifferenzierung der jeweiligen Funktionen und Tätigkeiten sind Kennzeichen einer zunehmenden Professionalisierung (B. Berger 2001).

Seminar. Das S. ist von seiner Bezeichnung her („Pflanzstätte") eine Einrichtung der Theologen-, Lehrer- und Erzieherausbildung. Daraus entstand dann auch ein spezielles akademisches Ausbildungsverfahren und seit den 1960er-Jahren außerdem eine charakteristische Lernmethode und Organisationsform der → Erwachsenenbildung. In diesem Sinne ist das S. eine zeitlich begrenzte und stark mitarbeiterorientierte Unterrichtsveranstaltung, die unter einem speziellen Thema steht und Soziallernen mit Sachlernen verknüpft (→ Gruppendynamik). Nach Erkenntnissen der Lernforschung ist der Nutzen derartiger S. dann äußerst gering, wenn die kritische Grenze von sieben Personen (!) überschritten ist. – In der → Bundeswehr spielen Methodik-Didaktik-Seminare, Staatsbürgerliche Informationstage, S. zur → politischen Weiterbildung sowie S. in der → Führerweiterbildung eine wichtige Rolle. Das → Zentrum Innere Führung bietet in der → Fortbildung spezielle S. zum Themenfeld → Innere Führung an.

Sexualität. Als Verhaltenskodex für Soldaten wurde die Führungshilfe für Vorgesetzte „Umgang mit Sexualität" am 20. Dezember 2000 vom → Generalinspekteur erlassen. Gestützt auf allgemeine Grundsätze des Rechtsschutzes einer sexuellen Selbstbestimmung als Teil der Privatsphäre, die im → Grundgesetz (hier: Art. 2 Abs. 1 in Verbindung mit Art. 1 Abs. 1) und in der Europäischen Konvention zum Schutz der Menschenrechte und Grundfreiheiten enthalten sind, wird für das Verhalten von Soldaten/-innen ein besonderer Maßstab geltend gemacht; er ergibt sich aus der Pflicht zur → Kameradschaft, aus allgemeinen Verhaltenspflichten (§ 17 SG) und aus der Pflicht des → Vorgesetzten zu beispielhaftem Verhalten (§ 10 SG). Von daher definierte Regeln begründen vor allem Toleranz, gegenseitigen Respekt und das Verhalten im Dienstbetrieb der militärischen Liegenschaften und Maßnahmen des Vorgesetzten für sein Führungsverhalten. – Aufgrund gewandelter gesellschaftlicher Anschauungen (→ Wertewandel) und des Gesetzes über die eingetragene Lebenspartnerschaft (2001) werden auch in der → Bundeswehr Hetero- und Homosexualität rechtlich gleich behandelt (BVerwG, vom 9. Oktober 2001). Homosexualität stellt für die → Personalführung keinen Grund mehr für Verwendungs- oder Laufbahneinschränkungen dar (→ Eignung). – Die ZDv 14/3, B 173, fasst die disziplinar- und strafrechtlichen Regeln zusammen.

Sinnvermittlung. Von grundlegendem philosophischem Interesse, meint Sinn die Zielvorstellungen, Beweggründe und Bewertungen menschlichen Handelns, die über Erfahrungen mit anderen Personen sozial erworben werden (→ Kommunikation). – S. zielt auf die Bemühungen aller → Vorgesetzten im Truppenalltag und in der → politischen Bildung, den Soldaten die Motive offen zu legen, nach denen sie bereit sein sollen, aus Überzeugung zu → dienen, ihre → Dienstpflichten nach Kräften zu erfüllen und letztlich auch kampffähig und -willig zu sein. Das Sinnverständnis ist Voraussetzung für → Motivation. Es soll dadurch erreicht werden, dass der Soldat den Dienst in der → Bundeswehr vor dem Hintergrund seiner persönlichen Wertskala überprüft, einordnet und akzeptiert. Die Anerkennung der S. ist abhängig von der → Legitimation der Streitkräfte, vom → Vertrauen gegenüber den Vorgesetzten, den militärischen Lebensbedingungen und dem Zusammenhalt in der Gruppe (→ Kameradschaft). Deshalb muss die S. gerade durch die tägliche → Menschenführung (→ Beispiel, → „Betriebsklima") erfolgen.

Soldat auf Zeit (SaZ) ist ein Soldat, der aufgrund freiwilliger Verpflichtung für eine festgelegte Zeit → Dienst leistet (bis max. 20 Jahre, Mannschaften und Unteroffiziere bis zum 40. Lebensjahr). Wehrpflichtige, die im Anschluss an den Grundwehrdienst sich bereit erklären, bis zum 23. Dienstmonat einschließlich Wehrdienst zu leisten, sind keine S.

Soldaten ausländischer Herkunft → Aussiedlerdeutsche in den Streitkräften, → Muslime in den Streitkräften.

Soldatenbeteiligungsgesetz (SBG). Das Gesetz über die Beteiligung der Soldaten vom 16. Januar 1991 (BGBl. I S. 47), zuletzt geändert durch Artikel 1 des 1. SBG-Änderungsgesetzes (20. Februar 1997; BGBl. I S. 298), bekannt gemacht am 17. April 1997 (BGBl. I S. 766), regelt die Beteiligung der Soldaten durch ihre → Vertrauenspersonen und durch Personalvertretungen; es bestimmt ferner die Gremien der Vertrauenspersonen. Beim → Bundesminister der Verteidigung wird ein Gesamtvertrauenspersonenausschuss (§§ 35 ff.) gebildet, der bei Grundsatzregelungen des Ministers im personellen, sozialen und organisatorischen Bereich, der die Soldaten betrifft, anzuhören ist. Der → Disziplinarvorgesetzte hat alle Soldaten sofort nach Diensteintritt über die Rechte und Pflichten der Vertrauensperson zu unterrichten (§ 19 Abs. 1). Insgesamt wird das Gesetzeswerk als Mittel zur Verbesserung des → Betriebsklimas gewertet.

Soldatenfamilie. Das → Sozialwissenschaftliche Institut der Bundeswehr untersucht die Lebensbedingungen der S. seit längerem (→ Berufssoldat, → Soldat auf Zeit). Aus den Forschungsberichten geht hervor (1985, H. 37; 1989, H. 50), dass Rollenkonflikte aus dienstlich begründeten Verpflichtungen für die Soldaten (→ Belastungen) entstehen. Derartige Konflikte („Problemfelder") können mit einem veränderten Rollenverständnis (Ehefrau, Kinder) wegen Berufstätigkeit, Freizeitgestaltung, Freundeskreis u. a. m. erklärt werden. Ferner kommt die geringer werdende Bereitschaft hinzu, die Erwartungen des Familienvaters (Anforderungen des Soldatenberufs, verbunden mit Wohnungswechsel, Verzicht auf Freundeskreis usw. infolge → Versetzungen) zu erfüllen. Personal- und Fürsorgemaßnahmen haben deswegen hohe Bedeutung (→ Personalführung, → Wohnungsfürsorge). Eine Studie der → Universität der Bundeswehr München hat ein Konzept einer familienorientierten Personalpolitik entworfen (2003). Betreuungsmaßnahmen für Angehörige von Soldaten (→ Auslandseinsätze, → Forum für Soldatenfrauen) werden in sog. Familienbetreuungszentren geleistet (FBZ), die als zentrale Ansprechstelle für S. „in allen Fragen der Betreuung und Fürsorge Rat und Hilfestellung geben" sollen (z. B. Behördenkontakte in und außerhalb der → Bundeswehr, siehe Intr@net aktuell). Seit Juli 2002 werden zehn der 19 FBZ mit hauptamtlichem Personal betrieben.

Soldatengesetz. Das Gesetz über die Rechtsstellung des Soldaten wurde in seiner Ursprungsfassung am 6. März 1956 im Bundestag verabschiedet. Damit konnte ein Ergebnis nach langjährigen Debatten über die Stellung des künftigen deutschen Soldaten in der Gesellschaft erzielt werden. Ausgehend von der → Wehrverfassung fasst das S. die Grundlagen des → Wehrrechts zusammen. Verteidigungsminister → Blank nannte es daher auch das „Grundgesetz des Soldatischen". Erstmalig im Verlaufe der deutschen → Militärgeschichte wurde hier der Versuch unternommen, die Stellung der Soldaten im Staat mit ihren Rechten und → (Dienst-)Pflichten gesetzlich zu regeln, sodass sie gleichermaßen für freiwillige und wehrpflichtige Soldaten gelten. Einzelfragen blieben den später verkündeten Gesetzen (z. B. → Wehrdisziplinarordnung, → Wehrbeschwerdeordnung) überlassen.

Soldatenheime sind mehr den zivilen → Freizeiteinrichtungen am → Standort zuzuordnen. Sie sind Freizeit- und Begegnungsstätten für Soldaten aller Dienstgrade (VMBl. 1984, S. 237). S. sollen nicht nur der allgemeinen Freizeitbetreuung dienen, sondern auch Gegebenheiten für Begegnungen und Kontakte zur Bevölkerung bieten. Deshalb werden in den einzelnen Einrichtungen (Stand 1999), die unter dem Dach der Bundesgemeinschaft für Soldatenbetreuung e.V. in der Trägerschaft der Evangelischen Arbeitsgemeinschaft für Soldatenbetreuung (32 Heime), der Katholischen Arbeitsgemeinschaft für Soldatenbetreuung (17 Heime) und dem Caritas-Verband Koblenz (ein Heim) stehen, Kuratorien gebildet, in denen neben Vertretern aus dem öffentlichen Leben und der Seelsorge auch Soldaten verantwortlich mitwirken. Die S. enthalten in der Regel einen Wirtschaftsbetrieb und vielfältig nutzbare Betreuungseinrichtungen.

Soldatenhilfswerk der Bundeswehr e. V. (SHWBw), eine Organisation zur Leistung kameradschaftlicher Hilfe („Hilfsaktion Iller" → Iller-Unglück), am 18. Oktober 1957 gegründet (G. Schmückle 1982). Das S. verwaltet seither einen Hilfsfonds, der aus freiwilligen Spenden von Soldaten der → Bundeswehr stammt. Geholfen wird Soldaten oder deren Angehörigen, die durch Katastrophen, Unglücksfälle oder andere Ereignisse unverschuldet in Not geraten sind. Einzelheiten: VMBl. 1990, S. 311, G 1-Hinweise, Nr. 4310.

Soldatenselbsthilfe gegen Sucht → Alkoholismus, → Droge, → Sucht, → Schautafel, S. 218.

Soldatensprache. Das in Friedenszeiten gewachsene „Bundessoldatendeutsch" stammt aus dem militärischen und bürgerlich-zivilen Alltag (→ Kaserne, → Öffentlichkeit). Der Bestand an Vokabeln des früheren „Soldaten-Deutsch", das vom Erlebnis zweier Weltkriege geprägt wurde, ist generationenbedingt fremd geworden und umgangssprachlich nicht mehr verbreitet. Die sich von der bürgerlich-zivi-

INFORMATIONEN ZUR SUCHTPRÄVENTION UND -HILFE
■ **Allgemeiner Umdruck 300:** Führungshilfe für Kommandeure und Einheitsführer, Informationen zur Suchtprävention und -hilfe, Suchtproblematik (1994) – FF 14-33-20037
■ **Bundesministerium der Verteidigung:** Richtlinien zur Koordinierung und Steuerung von Maßnahmen der Suchtprävention und -bekämpfung für Soldaten (1999) – FF 14-32-20011 (Fü S I 4 – Az 35-04-06)
■ **CD-ROM:** Drogen- und AIDS-Prävention in der Bundeswehr (1999)
■ **CUA-Lernprogramm:** „Total abgefahren" (DSK H123 7520 616)
■ **Deutsche Hauptstelle gegen die Suchtgefahren e. V**. (DHS): www.dhs.de – info@dhs.de
■ **Soldatenselbsthilfe gegen Sucht** (bundesweit): www.soldatenselbsthilfe-sucht bundeswehr.de
■ **Zentrale Dienstvorschrift:** ZDv 14/3 B 172 Missbrauch von Betäubungsmitteln
■ **Zentrum Innere Führung:** Dokumentationszentrum Suchtprävention und -bekämpfung E-Mail: suchtpraevention@zentruminnerefuehrung.de
■ **Zentrum Innere Führung:** Arbeitspapier „Betäubungsmittelmissbrauch in der Bundeswehr"

len Alltagssprache deutlich unterscheidende S. nimmt durchaus Einflüsse von „außen" auf. Das Sprechverhalten erscheint somit neben regionalen und mundartlich geprägten Eigenheiten auch solche Ausdrucksformen aufzunehmen, die sozio-strukturell erklärbar sind (Fremdsprachen, Subkulturen) und unter besonderen Einflüssen entstehen (z. B. Fernseh-Gewohnheiten: → Informationsgesellschaft, → Massenmedien). – Diskriminierender Sprachgebrauch (Vulgarismus) gehört seit jeher zum fragwürdigen Traditionsbestand militärischer Sozialisation; die damit einhergehende Problematik ist in der Kritik des →

Wehrbeauftragten enthalten (Jahresberichte 1996, 1997, 1999, 2000). Anregungen zur Verbesserung des Sprech- und Umgangsverhaltens enthält das Arbeitspapier des → Zentrum Innere Führung „Sprache und Sprachentgleisung" (FIZBw UU 5619).

„Soldaten-Urteile" werden seit 1986 die Gerichtentscheidungen bezeichnet, die sich mit der Strafbarkeit der öffentlichen Behauptung „Jeder Soldat ist ein potenzieller Mörder" befasst haben. Besondere Aufmerksamkeit unter den zahlreichen Urteilen erregten der erneute Freispruch eines Arztes im Oktober 1989 durch das Landgericht Frankfurt/M. sowie die im „Dreiergremium" getroffene Entscheidung des Bundesverfassungsgerichts (BVerfG) vom August 1994, durch die ein Strafurteil gegen einen Kriegsdienstverweigerer wieder aufgehoben wurde. Während der Arzt in einer Podiumsdiskussion einen anwesenden → Jugendoffizier mit dem „Mörder"-Satz konfrontierte, ging es im anderen Fall um einen während des Golfkrieges 1991 angebrachten Autoaufkleber mit dem Tucholsky-Zitat „Soldaten sind Mörder". Die Gerichte bewerteten die freie Meinungsäußerung höher als die durch Soldaten wahrgenommene Ehrverletzung. Die Urteile lösten jeweils eine heftige öffentliche Diskussion insbesondere in den → Massenmedien aus. Dabei wurde anhand der Frage „Darf man Soldaten der Bundeswehr ungestraft ‚potenzielle Mörder' nennen?" eine Debatte zur → Legitimation und → Akzeptanz allgemein und speziell zum → Selbstverständnis des Soldaten einer demokratischen Gesellschaft, zur Problematik des Tötens als Bestandteil des soldatischen Auftrages und zur Gewissensentscheidung des Soldaten (→ Gewissen) ausgelöst, die teilweise kontrovers und emotional geführt wurde. Die Absicht der Politik, die Soldaten der Bundeswehr durch die Aufstellung eines speziellen Straftatbestandes vor künftigen Konfrontationen mit dem Zitat zu schützen (→ Ehre), wurde wieder fallen gelassen. Aufmerksamkeit erregte der Befehlshaber und Divisionskommandeur Generalmajor Schultze-Rhonhof mit der Bemerkung: „Der Vergleich von Soldaten mit Mördern ist so absurd und zutiefst ehrabschneidend, wie es ein Vergleich des Bundesverfassungsgerichts mit dem Volksgerichtshof der NS-Zeit sein würde." Mit dem weiteren Senats-Beschluss des BVerfG vom 10. Oktober 1995 ist das „Mörder"-Zitat endgültig unter den Schutz von Art. 5 Abs. 1 Satz 1 GG gestellt worden.

Soldatenverbände (früher: Kriegervereine) sind Vereinigungen ehemaliger Soldaten (seit 1815), um militärische → Tradition und → Kameradschaft zu pflegen sowie bedürftige Mitglieder zu unterstützen. Alle S. wurden nach dem Zweiten Weltkrieg aufgelöst, jedoch entstanden dann zahlreiche Interessenorganisationen ehemaliger Soldaten (z. B. „Verband der Heimkehrer, Kriegsgefangenen und Vermisstenangehörigen Deutschlands e. V. (VdH)", „Verband deutscher Soldaten", „Kyffhäuserbund"). Mit ähnlicher Aufgabenstellung bestehen für Soldaten der → Bundeswehr der → „Deutsche Bundeswehr-Verband e. V." und der → „Verband der Reservisten der deutschen Bundeswehr e. V.".

Soldatische Ordnung. Die S. ist Ausdruck für das Leben in der militärischen Gemeinschaft (ZDv 10/5). Das Verhalten und das Erscheinungsbild der Soldaten (→ formales Erscheinungsbild), ihr Zusammenleben (→ Innendienst) und die Formen des militärischen Auftretens nach innen und außen (→ Anzugsordnung, → Ansehen der Bundeswehr) werden durch sie bestimmt. Die S. orientiert sich an den militärischen Aufgaben (ZDv 10/1, Nr. 330–332), sie gehört zur soldatischen → Tradition und soll zur Identität und Verhaltenssicherheit der Soldaten und zum → Ansehen der Streitkräfte im In- und Ausland beitragen; Einsatzbereitschaft, Leistungswille, Selbstverständnis, Zusammenhalt und → Kameradschaft sollen mit der S. gefördert werden. Ihre Grundsätze und Regeln enthalten die Forderungen des → Dienstherrn und die Ansprüche der Gemeinschaft gegenüber dem einzelnen Soldaten, andererseits garantieren sie diesem aber auch einen bestimmten Freiraum (z. B. Ausgangsregelung). Einschränkende Bestimmungen zur militärischen Auftragserfüllung sollen mit Augenmaß gestaltet, angewendet und erklärt werden. Damit ist S. kein „Selbstzweck", vielmehr ist sie auf das Notwendige zu beschränken, aber auch von allen → Vorgesetzten durchzusetzen und beispielhaft vorzuleben (→ Beispiel). Das Einhalten der S. ist eine Verpflichtung des Soldaten (→ Disziplin). – S. zeigt sich nicht nur im Befolgen von Dienstvorschriften, Erlassen und Weisungen, sondern auch im → Führungsverhalten, in der Haltung und am persönlichen Beispiel der Vorgesetzten.

Soldatische Tugenden. Die Lehre von den S. ist in der militärgeschichtlichen Forschung (→ Militärgeschichte) nachgewiesen für die Zeit der „stehenden Heere" in den einzelnen deutschen Territorialstaaten (17. Jh.). Damals rechneten zu den S., deren Ursprünge im antikrömischen Denken angelegt sind und dann von der italienisch-holländischen Staatslehre verbreitet wurden (Machiavelli, Lipsius), Selbstbeherrschung, Mäßigkeit (→ Disziplin), Selbstverantwortung und Standhaftigkeit (→ Tapferkeit). Im Katalog der Tugend- oder Wertlehre gehörten sie zum Bestand des militärischen Ausbildungswesens, vor allem für die Offizierkorps im älteren deutschen Heerwesen bis in das 19. Jh. Diese militärische → Tradition endete im Übergang vom 19. und 20. Jh. Mit der Entstehung der → Konzeption Innere Führung und der Aufstellung der → Bundeswehr haben sich neue Auffassungen vom militärischen Selbstverständnis in Deutschland entwickelt. Der Wertekanon der Verfassung (→ Grundgesetz, → Werteordnung) ist zum Maßstab des militärische Denkens und Handelns erklärt worden. Daneben besteht ein Meinungspluralismus in den → Streitkräften, der das → Selbstverständnis des Soldatenberufs, auch unter dem Einfluss von → Informationsgesellschaft und → Wertewandel, nachhaltig beeinflussen dürfte (→ Sozialwissenschaften und Bundeswehr).

Sozialarbeiter. Die Berufsbezeichnung S. geht auf das amerikanische „social worker" zurück und gilt für eine diplomierte, staatlich anerkannte Fachkraft, die in Kenntnis der gesetzlichen Bestimmungen beratend und organisierend Hilfen leistet. In der → Bundeswehr wird für Soldaten und deren Familienangehörige durch den S. der Standortverwaltung (Sachgebiet II) beratend und betreuend Hilfe in persönlichen und familiären Angelegenheiten angeboten. Hierzu gehören: Hilfsmaßnahmen bei Ehe- und Familienangelegenheiten sowie bei psychosozialen und gesundheitlichen Störungen; Erstellung von Gutachten im Rahmen der Amtshilfe (z. B. bei vorzeitiger Entlassung von Soldaten aus dem Wehrdienst); Vermittlung von Familienpflegerinnen und Beratung über die Kostenregelung; → Beratung und Beistand in besonderen Fällen der → Wohnungsfürsorge; Beratung und Hilfe in Notfällen; Beantragung von Zuwendungen des → Soldatenhilfswerkes in Zusammenarbeit mit dem Einheitsführer (→ Kompanie); Vermittlung von Leistungen des → Bundeswehr-Sozialwerks; Einschaltung anderer Träger sozialer Hilfen (z. B. Arbeits-, Gesundheitsamt); Auskunfts- und Beratungspflichten nach dem Sozialgesetzbuch; Mitwirkung bei der Aufstellung eines Sozialplans. Der S. ist eigenverantwortlich tätig und entscheidet selbstständig. Er ist zur Verschwiegenheit verpflichtet.

Sozialberater. S. ist die Funktionsbezeichnung für Beamte/Beamtinnen des gehobenen (nichttechnischen) Verwaltungsdienstes, denen die Aufgaben der Sozialberatung übertragen wurden. Der Tätigkeitsbereich des S. ist der Standortverwaltung zugeordnet (Sachgebiet II). Die wesentlichen Aufgaben umfassen im Einzelnen: die → Beratung von aktiven und ehemaligen Soldaten, die von gesundheitlichen Schädigungen im Zusammenhang mit dem → Wehrdienst betroffen sind; die Beratung von Schwerbehinderten, Versorgungsempfängern bzw. ihren Hinterbliebenen, der Verbands- und Einheitsführer und der Truppenärzte auf allen Gebieten des Sozialrechts; die Zusammenarbeit mit den → Kompaniefeldwebeln, dem → Berufsförderungsdienst, dem Arbeitsamt (Rehabilitation), den Gebührnisstellen der Wehrbereichsverwaltungen und den Versorgungsämtern sowie den Trägern der Sozialhilfe und der Sozialversicherung; die → Information der Truppe über allgemeine und aktuelle Fragen des Sozialrechts; die Zusammenarbeit mit den Arbeitgebern von Soldaten im Rahmen des Arbeitsplatzschutzgesetzes sowie die Mitwirkung bei der Aufstellung eines Sozialplanes.

Sozialdienst. Der S. in der → Bundeswehr gilt als übergeordnete Bezeichnung für Sozialarbeit und Sozialberatung; er ist bei den Standortverwaltungen eingerichtet, wo → Sozialarbeiter und → Sozialberater betreuend und beratend tätig sind (→ Betreuung und → Fürsorge). Die Zuständigkeitsbereiche sind in der VMBl.-Sammlung veröffentlicht (1983, S. 159 und im → Intr@net aktuell abrufbar: Broschüre März 2002).

Sozialwissenschaften und Bundeswehr. Der älteste soziologische Forschungsbeitrag über das deutsche Militär, neben der geschichtlichen Forschung (→ Militärgeschichte), stammt von K. Demeter (1930); die Studie wurde später erweitert und erschien in mehreren Auflagen seit 1960. Aus dieser Zeit stammt eine Anregung des Militärbischofs Kunst zur Einrichtung der Evangelischen Studiengemeinschaft. Deren Forschungsergebnisse über die gesellschaftliche Lage der → Bundeswehr brachte G. Picht 1966 in einem mehrbändigen Werk heraus. Wichtige Übersichten zum soziologischen Forschungsstand lieferten 1969 K. Roghmann und D. Ziegler unter dem Stichwort → Militärsoziologie (Handbuch der empirischen Sozialforschung, Bd. 2; Wörterbuch der Soziologie). In der Schriftenreihe des Arbeitskreises für moderne Sozialgeschichte ist die Beziehung von Militär und Gesellschaft im 20. Jh. dokumentiert (Frevert 1997). Der → Arbeitskreis Militär und Sozialwissenschaften informiert regelmäßig über Forschungsrichtungen und -ergebnisse (eigene Schriftenreihe „Militär und Sozialwissenschaften"), ebenso das → Sozialwissenschaftliche Institut der Bundeswehr; auf europäischer Ebene hat sich die European Research Group on Military and Society (ERGOMAS) gebildet. Eine gewisse Distanziertheit gegenüber militärsoziologischen Fragen ist nach wie vor an Lehrstühlen und Forschungsinstituten außerhalb der Bundeswehr verbreitet.

Sozialwissenschaftliches Institut der Bundeswehr (SWInstBw, kurz: SOWI), wissenschaftliches Forschungsinstitut im Geschäftsbereich des Bundesministeriums der Verteidigung, zentrale militärische Dienststelle der → Bundeswehr. Mit der Auflösung des wissenschaftlichen Forschungs- und Lehrstabes an der Schule der Bundeswehr für → Innere Führung (1970) ging die Neugründung eines „Wissenschaftlichen Instituts für Erziehung und Bildung" einher, dessen Amtsbezeichnung 1974 erfolgte (SOWI); 1994 wurde das Institut von München nach Strausberg verlegt. Die Aufgaben des S. sind Auftragsforschung (BMVg/FüS); die Ergebnisse werden regelmäßig veröffentlicht und dokumentiert (Jahresverzeichnis der Publikationen). Mit Erlass von 1997 wurden die traditionellen Forschungsfelder „Zivil-militärische Beziehungen/Militär und Gesellschaft" und „Beruf des Soldaten/militärische Organisation" um neue sozialwissenschaftliche Analysen zu multinationalen Streitkräftestrukturen (→ Multinationalität) sowie zur internationalen Zusammenarbeit der Streitkräfte bzw. Einsatz in supranationalen Organisationen erweitert. Außerdem sollen gesellschaftspolitische bedeutsame Phänomene und internationale Entwicklungen (Konflikte) intensiv betrachtet werden. Aktuelle Forschungsaufgaben und -themen sind: die Datenerhebung beim deutschen Kontingent auf dem Balkan (SFOR), die Berufschancen von längerdienenden → Unteroffizieren, das → Freizeitverhalten von Soldaten, die Entwicklungsmöglichkeiten einer freiwilligen Reservistenarbeit, die mentalen Auswirkungen der Gewalttätigkeit auf die Bundeswehr, länderspezifische Wahrnehmungen von Streitkräften (Deutschland, Polen, Tschechische Republik) und eine vergleichende Studie zu Führungsoptionen im deutsch-niederländischen Korps.

Anschrift: Sozialwissenschaftliches Institut der Bundeswehr, Prötzeler Chaussee 20, 15344 Strausberg.

Speidel, Hans (1897–1984), Dr. phil., General a. D. Nach Beginn des Ersten Weltkriegs Eintritt in das Heer (1914), Kompanieführer, Bataillons- u. Regimentsadjutant bis 1918,

Übernahme in die Reichswehr, 1925 Abschluss des Studiums (Geschichte, Volkswirtschaft), 1930 Führergehilfenausbildung (sog. getarnte Generalstabsausbildung), ab 1933 im Attachédienst (Paris), vorübergehend im Generalstab des Heeres tätig, war S. 1939/44 Chef des Stabes einer Division, verschiedener Armeekorps und der Heeresgruppe B (Generalfeldmarschall Rommel). Nach Schlabrendorffs Bericht „Offiziere gegen Hitler" hatte → Tresckow die Absicht, S. ins Vertrauen zu ziehen (→ Stauffenberg), um mit einer falsch angesetzten Operationsplanung an der Westfront (Normandie, 6. Juni 1944) den Alliierten den Durchbruch zu erleichtern. Nach dem → Zwanzigsten Juli 1944 wurde S. verhaftet, 1945 von alliierten Truppen aus der Lagerhaft befreit. In den folgenden Jahren habilitierte er sich an der Universität Tübingen; gleichzeitig verfasste er Denkschriften, die zur Grundlage der beratenden Tätigkeit für die Bundesregierung werden sollten (→ „Himmeroder Denkschrift", → Heusinger). Von 1955 an leitend im BMVg tätig, übernahm S. im April 1957 als erster deutscher Oberbefehlshaber das Kommando über die NATO-Landstreitkräfte (Mitteleuropa). 1964 aus dem aktiven Dienst verabschiedet, widmete er sich militärfachlichen Studien, wozu das international anerkannte Werk „Invasion 1944" zählt; seine Autobiographie „Aus unserer Zeit" (1977) ist ein zeitgeschichtlich bedeutendes Werk.

Spiel (abgeleitet von „spilon", ahd. Bedeutung: Tanz). S. ist eine spontane Aktivität, die erfahrungsgemäß zweckfrei ist, d. h. keines definierten Zwecks (→ Sinnvermittlung) willens geschieht (wie etwa Arbeit). So kann jede Tätigkeit zunächst S. sein, wenn sie nach bloßem Gefallen (Lust) angeregt und ausgeführt wird. Die Interpretations- und Verständigungsmöglichkeiten für das S. zeigen die unterschiedlichen Wortbedeutungen im Englischen auf, wonach „play" die spontane, regellose, aber „game" die geordnete, geplante und regelbesetzte Spielmöglichkeit bedeutet. – Im Militärischen ist dem S. eine umfangreiche, eher didaktische Funktion zugewiesen worden, die früher schon als vorwegnehmender Lern- und Erfahrungsgewinn bei Manövern, Übungen, Planspielen usw. geschätzt wurde und bis heute einen festen Platz in der militärischen → Ausbildung und → Weiterbildung einnimmt. In den → Anwendungsbereichen der Inneren Führung wurden ebenfalls frühzeitig Überlegungen entwickelt, um in Lehr- und Planspielen → völkerrechtlichen Unterricht anschaulich zu vermitteln (→ Rechtslehrer). In der → politischen Bildung sind ebenfalls planspielähnliche Lehrformen (→ POL&IS, → XENOS) und andere Spielgestaltungen (wie Lernspiele zur Förderung des Politikverständnisses) verbreitet. Im Ausbildungsteilgebiet → Menschenführung ist das Rollenspiel eine bevorzugte Lernmethode. Die Schulung und Verbesserung des → Führungsverhaltens von → Vorgesetzten erfolgt auch unter Nutzung moderner Technologien (→ CUA). Gerade hier erscheint es wünschenswert, wenn die Lernenden (Anwender) sich auch der besonderen Auswirkungen sog. gruppendynamischer, sozial-emotionaler Prozesse bewusst werden (→ Gruppendynamik), was nur in einer systematischen Nachbereitung des S. geleistet werden kann.

Spieß. In der → Soldatensprache ist der S. der Feldwebeldienstgrad, der die Aufgaben des → Kompaniefeldwebels wahrnimmt. Die Bezeichnung S. ist im Verlauf des 19. Jh. aufgekommen, wobei die Herkunft ungeklärt ist. S. wurde der Offizierdegen genannt, den auch ein Feldwebel (→ Unteroffizier m. P.) tragen durfte.

Sport in der Bundeswehr. Durch S. will man die körperliche Leistungsfähigkeit des Soldaten verbessern, sein körperliches Wohlergehen fördern und die Bildung eines Gemeinschaftsbewusstseins unterstützen (ZDv 3/10, 1989). Der S. bedeutet in erster Linie Breitensport, obwohl die → Bundeswehr einer der größten Förderer des deutschen Spitzensports ist und durch die erfolgreiche Teilnahme seiner Athleten bei internationalen Wettkämpfen das → Ansehen in der Öffentlichkeit steigern konnte. Durch die Bereitstellung von mehr als 600 Sportplätzen und Sporthallen und über 50 Schwimmhallen werden den Soldaten zahlreiche → Freizeiteinrichtungen geboten. Weil diese gerade auch von zivilen Einrichtungen (Schulen, Vereinen und Gruppen) in Anspruch genommen werden können, fördern die Streitkräfte damit auch ihre → Integration in die Gesellschaft.

„Staat im Staate", historische Redewendung, aus der französischen Geschichte (16. Jh.) entlehnt. In einer Parlamentsdebatte erklärte Th. → Blank (27. Juni 1955), dass die Armee kein „Staat im Staate" sein dürfe, ihre zivile Leitung müsse den Vorrang der Politik sichern (→ Primat der Politik), die parlamentarische Kontrolle sollte stärker durchgeführt werden als früher in Deutschland. Die Erinnerung daran wird häufig mit Äußerungen des Reichswehrchefs, Generaloberst v. Seeckt verknüpft. Er äußerte sich mehrfach dahin, dass das Heer dienend im Staat aufgehe, weil es der

Staat sei! Während der geheimen Militärberatungen in Himmerod (→ „Himmeroder Denkschrift") wurde die Formel vom S. erneut gebraucht. Man wies darauf hin, dass mit dem künftigen deutschen Verteidigungsbeitrag ein „deutsches Kontingent" nicht zum „Staat im Staate werden dürfe".

Staatsbürger in Uniform. Der Gedanke, dass jeder „Soldat ein Bürger, jeder Bürger ein Soldat" sein sollte, geht auf Ideen aus der frühen Phase der Französischen Revolution zurück. Den „Staatsbürger in Waffen" erwähnt Kant in der Schrift „Zum ewigen Frieden" (1795), dann der Allgemeine Deutsche Arbeiterverein (1868). Der wehrpolitische Berater der SPD, Fr. Beermann schlug am 24. April 1952 dann den Begriff „Staatsbürger in Uniform" vor, den → Baudissin aufgriff. Die → Dienststelle Blank erklärte schließlich (1955) ihre Pläne zur politischen „Mitverantwortung aller Staatsbürger". Der „Staatsbürger in Uniform" ist seit der Veröffentlichung des → Handbuchs Innere Führung (1957) das „Leitbild" zur Umsetzung der → Konzeption Innere Führung.

Staatsbürgerliche Informationstage → Politische Weiterbildung.

Staatsbürgerlicher Unterricht. Der Gedanke G. Kerschensteiners (1854–1932) einer „staatsbürgerlichen Erziehung der deutschen Jugend" (1901) wurde in die Weimarer Reichsverfassung 1919 aufgenommen (Art. 148); danach war in den Schulen das Unterrichtsfach „Staatsbürgerkunde" zu erteilen, um „staatsbürgerliche Gesinnung" zu „erstreben". In der Reichsschulkonferenz (1920) wurden erstmals Themen zur „Staatsbürgerkunde" verhandelt. – Nach dem Zweiten Weltkrieg ist der Begriff zunächst in den Landesverfassungen und in den Richtlinien für das Schulwesen aufgenommen und im Verlaufe der 1960er-Jahre durch → politische Bildung ersetzt worden. In der → Bundeswehr ist seit 1956 mit dem → Soldatengesetz S. als Unterrichtsfach vorgeschrieben (§ 33 SG) und Gegenstand der ZDv 12/1 (2001): Mit S. werden danach alle Aus-, Fort- und Weiterbildungsmaßnahmen bezeichnet, die in „vielfältigen methodischen Varianten und mit längerfristiger Ziel- und Themensetzung durchzuführen" sind, wobei sich die Themen auch aus der → aktuellen Information ergeben können.

Stabsakademie. Die S. bildete zwischen 1967 und 1973 etwa 2 500 Offiziere in dreimonatigen Lehrgängen für Verwendungen in nationalen und internationalen Stabsdiensten aus. Ausbildungsziel dieses im Drei-Stufen-Plan (→ Bildungsreformen) letzten Abschnittes für die Mehrheit der zukünftigen Stabsoffiziere (zehn v. H. erhielten eine Ausbildung für Verwendungen im General-/Admiralstabsdienst an der → Führungsakademie) war es, Grundlagen für die Urteilsbildung zu vermitteln, die Urteilsfähigkeit zu stärken und die eigene → Weiterbildung anzuregen. Entsprechend hoch war der Anteil an Themen aus dem Gebiet der → Inneren Führung.

Stammler → Beirat Innere Führung.

Standort. Der S. einer Gemeinde wird von Truppenteilen oder Dienststellen der → Bundeswehr gebildet; die Bezeichnung steht für das aus dem Französischen entlehnte Wort „Garnison“ (Einfassung), womit man früher eine befestigte Ortschaft oder eine Festung meinte („Garnisonsstadt“). Im S. hat der dienstgradhöchste bzw. dienstälteste Offizier Befehlsbefugnis (Standortältester, Standortkommandant). Neben der militärischen Funktion hat ein S. wirtschaftliche Bedeutung, so dass Abrüstungsmaßnahmen (Schließung von S.) von nachhaltiger Folge sind und dadurch politische Entscheidungen (Bundes- und Länderregierungen) erheblich beeinflussen. Vom Bundesministerium der Verteidigung wird in den nächsten Jahren die Verteilung der S. im Bundesgebiet realisiert, sie soll bis 2006 abgeschlossen werden; die Planungen sind veröffentlicht (Ressortkonzept Stationierung, → Intr@net aktuell).

Stauffenberg, Claus Graf Schenk von (1907–1944), Oberst i. G. 1926 Eintritt in das Heer, 1930 zum Leutnant befördert, 1936 Kriegsakademie (Berlin), 1938 Generalstabsoffizier einer Division, 1940 in die Organisationsabteilung des Generalstabs des Heeres versetzt. In Kenntnis der Massenmordaktionen seit 1941 (Russland) und enttäuscht über eine zum Handeln gegen Hitler unentschlossene und wankelmütige Generalität („Die Kerle haben ... die Hosen voll oder Stroh im Kopf, sie wollen nicht.“), suchte S. ein Frontkommando (Nordafrika) und wurde im Februar 1943 schwer verwundet (Verlust des linken Auges, der rechten Hand und mehrerer Finger der linken Hand); notdürftig ausgeheilt, gehörte er ab Oktober 1943 zum Stab → Olbrichts, im Juli 1944, inzwischen zum Oberst i. G. befördert, wurde er Chef des Stabes beim Befehlshaber des Ersatzheeres, entschlossen, nun den Staatsstreich gegen Hitler einzuleiten, was er seinem Vorgesetzten (Generaloberst Fromm) mit Hinweis auf den verlorenen Krieg erklärte. – Am → Zwanzigsten Juli unternimmt S. erneut den Attentatsversuch. Bis zu seiner Gefangennahme in den Nachtstunden – er wehrt sich unerschrocken mit der Waffe – erteilt er Befehle zur Durchführung der „Walküre"-Pläne (→ Olbricht). Kurz nach Mitternacht wird er standgerichtlich erschossen (→ Bendler-Block). – S. hatte eigentlich die „Machtergreifung" Hitlers begrüßt; dafür mochten Herkommen und → Erziehung, wie die biografische Forschung erkennen lässt, den Ausschlag gegeben haben. Aus altem, schwäbischen Reichsadel stammend, war S. der letzte Nachfahre Gneisenaus. Wie jener überzeugt, dass der → Offizier Diener des Staates „mit all der darin begriffenen Gesamtverantwortung" sei, bewegte ihn besonders die Lage Deutschlands und das Schicksal der Hinterbliebenen. Aus dieser Sorge erklärte er 1943, es sei Zeit, dass er das Reich rette („Wir sind als Generalstäbler alle mitverantwortlich"), weil er sonst den Frauen und Kindern der Gefallenen nicht in die Augen sehen könne, täte er nicht alles, dieses sinnlose Menschenopfer zu verhindern!

Stoltenberg → Bundesminister der Verteidigung.

Strauß → Bundesminister der Verteidigung.

Streitkräftebasis (SKB), neue militärische Organisationsform zur „Optimierung" von Aufgaben und zur Entlastung der Teilstreitkräfte. Mit der S. werden verschiedene Bereiche zusammengefasst (→ Ausbildung, → Führung, Logistik, Nachrichtenwesen usw.). Der S. sind u. a. das → Militärgeschichtliche Forschungsamt, die → Universitäten der Bundeswehr und das → Zentrum Innere Führung zugeordnet.

„Streitkräfte in der Demokratie". Die Ausstellung „Streitkräfte in der Demokratie. Eine Lernwerkstatt zur politischen Bildung" richtete sich an Mannschaften und junge → Unteroffiziere (Weisung BMVg, Fü S I 4 vom 14. November 2000), → politische Bildung). Sie sollten verschiedene Themen (z. B. Armee des Parlaments, Menschen helfen Menschen, Hilfseinsätze der → Bundeswehr) zu den Begriffen → Freiheit, Recht, → Menschenwürde und → Staatsbürger in Uniform kennen lernen und dazu Aufgaben lösen. Die Ausstellung fand von Ende 2000 bis Oktober 2002 an 32 Standorten statt und erreichte rund 38 000 Besucher.

Strenger Verweis. Der strenge → Verweis stellt eine Verschärfung des förmlichen Tadels dar, weil er vor der Truppe (Dienstgradgleiche und -höhere Soldaten) bekannt gegeben wird (§§ 23 Abs. 2, 50 Abs. 2 WDO). Weil weder → Dienstvergehen noch Motive genannt werden dürfen, hat diese → Disziplinarmaßnahme die Eigenart einer öffentlichen Bloßstellung (→ Erziehung).

Stress, nach der medizinischen Definition (H. Selye) eine enorme → Belastung des Organismus, in den spezifische Wirkstoffe (Hormone) ausgeschüttet werden. So können z. B. Erlebnisse ursächlich hohe Stressbelastungen herbeiführen (→ Angst, → Einsatz). Die Verhaltensweisen eines vom S. betroffenen Menschen werden in der Forschung als sog. Stressreaktionen registriert (→ Truppenpsychologie, → Wehrpsychologie). Weiterführende Informationen (S.) enthält das Arbeitspapier „Stressmanagement – oder: Wie bleibe ich stark?" (FIZBw PP 1675); entsprechende Verhaltenstrainings gehören zum Ausbildungsprogramm → Zentrum Innere Führung. Informationen zur → Ausbildung (S.) und Regeln für die Selbst- und Kameradenhilfe nach besonderem, einsatzbedingtem S. sind in der „Taschenkarte für Soldaten" des Forschungsberichts von H. Feser enthalten (FIZBw RB 7378, hier S. 105 ff.). In extremen Belastungssituationen (schwere Unglücksfälle, Terroranschläge) hat sich der Einsatz von Kriseninterventionsteams bewährt.

Struck → Bundesminister der Verteidigung.

Studienreisen → Politische Bildung.

Sucht ist die körperlich-psychische Abhängigkeit von → Drogen. Drei komplexe Aspekte sind im Kontext dafür bestimmend, um von S. zu sprechen: die Eignung eines Stoffes zum Zwecke der S. (pharmakologisch, toxikologisch), die Persönlichkeit und ihre Biographie (charakterologisch, klinisch-psychologisch), die Duldung von Suchtgewohnheiten in einer Gesellschaft (soziologisch). Nach Auffassung der Weltgesundheitsorganisation ist S. (Rauschgift) ein Zustand periodischer oder lang andauernder (chronischer) Vergiftung. Typische Merkmale der S. sind: übermächtiger Wunsch, sich Mittel zu beschaffen; Steigerungstendenz der Dosis; Abhängigkeitsverhalten bei Entzug (Entziehungssyndrom); schädliche Auswirkungen für Individuum und Gesellschaft (beruflich, sozialer Abstieg). Weiterführende Hinweise: → Schautafel, S. 218: Informationen zur Suchtprävention und -hilfe.

„sui generis" (von lat. „von sich selbst eine Klasse bildend", einzig, besonders [→ Berufsbild, → Elite]). Aufmerksamkeit erlangte die sui-generis-Formel in und außerhalb der Bundeswehr durch die → „Schnez-Studie" (1969). Dort heißt es u. a.: „Diese Aufgabe (der erfolgreiche Kampf, Anm.) muss jedem Soldaten vor Augen stehen. Er ist nicht nur zum Abschrecken da, sondern zum Kämpfen, falls die Abschreckung versagt. Nur durch den Kampfwert … trägt er zur Abschreckung bei. Soldat sein ist somit eine Aufgabe sui generis und nicht ein ‚Beruf wie jeder andere'." Dieser Gedanke fand Eingang in die ZDv 10/1 (1972, Nr. 226): „Viele Tätigkeiten in den Streitkräften sind mit Tätigkeiten in der zivilen Arbeitswelt vergleichbar. Der Dienst in den Streitkräften ist aber auch durch Eigentümlichkeiten gekennzeichnet, die der Übernahme ziviler Verhaltensweisen Grenzen setzen: Die Soldaten müssen bestimmte Einschränkungen ihrer individuellen Freiheit hinnehmen; sie müssen sich im täglichen Dienst auf den Kampf mit der Waffe vorbereiten und sich darauf einstellen, in die Gefahr hinein zu handeln. Diese Eigentümlichkeiten sind notwendig für die Erfüllung des Auftrages und daher nicht aufhebbar. Sie unterscheiden den Wehrdienst von anderen Tätigkeiten, die andere Besonderheiten haben."

Symbole (griech. für Wahrzeichen, Erkennungszeichen, Sinnbild). Ein Symbol verlangt immer ein Verständnis für Gemeinschaft, für Gleichartigkeit in der Kenntnis und Gesinnung bzw. Bekenntnis zu einer Wert- und Ideenwelt („Wertegemeinschaft"). S. der → Bundeswehr sind: 1. die Staatssymbole der Bundesrepublik Deutschland: die Farben Schwarz-Rot-Gold (→ Bundesflagge) und der → Bundesadler; 2. die Erkennungszeichen für Flugzeuge, Landfahrzeuge und Schiffe der Teilstreitkräfte (→ Eisernes Kreuz); 3. die → Nationalhymne; 4. die Gedenktage für die Opfer des → Zwanzigsten Juli 1944 und der Opfer beider Weltkriege (Volkstrauertag) sowie 5. militärische Brauchtümer und Zeremonialhandlungen: → Eid/Feierliches Gelöbnis, Flaggenparade, → Großer Zapfenstreich, militärisches Ehrengeleit (ZDv 10/8). Auf den Missbrauch und damit Bedeutungsverlust von „Ehre, Zeichen und S.(n)" durch das NS-Regime hat in der militärgeschichtlichen Forschung bereits M. Messerschmidt hingewiesen (1969, S. 87–93). Der Bedeutungsverlust von traditionellen S. (siehe oben) ist das Ergebnis des → Wertewandels, auch der Lebensgewohnheiten in der → Informationsgesellschaft.

Tage der offenen Tür. Die T. bzw. Tage der Information sind Maßnahmen der → Öffentlichkeitsarbeit in der → Bundeswehr. Truppenteile und Dienststellen dürfen ihre Anlagen und Einrichtungen der interessierten → Öffentlichkeit in Form einer dienstlichen Veranstaltung vorführen. Damit will man die → Information über die Streitkräfte verbessern, Einblick in den Dienstbetrieb und Ausbildungsstand der Truppe und die Lebensbedingungen der Soldaten gewähren, das Vertrauen in die Bundeswehr festigen und die Bereitschaft zum freiwilligen → Dienst in der Bundeswehr anregen. Einzelheiten regeln Richtlinien (VMBl. 1997, S. 45). Die früher vereinzelt geäußerte Kritik an solchen Veranstaltungen ist einem breiten Interesse der Bevölkerung gewichen (→ Akzeptanz).

Tapferkeit gilt als eine Tugend, die von jedem Staatsbürger in bestimmten Situationen erwartet wird. Für die Bundeswehr findet sie sich als Pflicht zur Verteidigung des „Rechts und der Freiheit des deutschen Volkes" im → Soldatengesetz (§ 7). T. bedeutet in diesem Falle, dass die Furcht vor persönlicher Gefahr den Soldaten nicht von der Erfüllung des dienstlichen Auftrages abhalten darf (vgl. § 6 Wehrstrafgesetz). – Im Frieden gewinnt T. im Sinne von Zivilcourage (d. h. Bürgermut) an Bedeutung. Sie ist immer mit der Bereitschaft zum Opfer verbunden, Unbequemlichkeiten auf sich zu nehmen und gegen seine persönlichen Interessen und Vorteile zu handeln.

Team → Gruppe.

Terrorismus, unterschiedliche Formen von planmäßig vorbereiteter Gewaltanwendung zu politischen, sozialen, religiösen oder militärischen Zwecken durch im Untergrund tätige extremistische Personengruppen. T. soll allgemeine Unsicherheit und Schrecken, gleichzeitig auch Sympathie und Unterstützungsbereitschaft erzeugen. Der T. der letzten Jahrzehnte operiert international und ist in Netzwerken organisiert. Die Bekämpfung des T. – auch mit militärischen Mitteln – gehört zu den vorrangigen Zielen der Staatengemeinschaft. Da sich in Folge der Anschläge am 11. September 2001 auch die → Bundeswehr daran beteiligt (Operation „Enduring Freedom"), ist T. ein Thema in der → politischen Bildung (→ Zentrum Innere Führung, CD-ROM).

Tod. Als existenzielle Besonderheit im Soldatenberuf (→ „sui generis") ist der T. ein Thema der militärischen → Aus- und → Weiterbildung (töten, sterben, Verwundung). Die Soldaten werden auf emotionale Reaktionen im Einsatz (→ Angst) vorbereitet. Seminarveranstaltungen zum Thema „Umgang mit Verwundung und Tod" sind Bestandteil der Ausbildungsprogramme am → Zentrum Innere Führung. Zur Vorbereitung von Kommandeuren und Einheitsführern steht ein Arbeitspapier zur Verfügung (FIZBw GG 7641).

Totale Institution. Im Zusammenhang mit der → militärischen Sozialisation sind Streitkräfte auch als T. behauptet worden. Hauptmerkmale der T. sollen sein: die Aufhebung der üblicherweise getrennten Lebensbereiche Arbeit, Schlafen, → Freizeit (Kasernierung), die gleichförmige Behandlung einer größeren Personengruppe unter Vernachlässigung des Individuellen (Uniformierung), ein Tagesablauf aufgrund umfangreicher Regeln („Normenfalle"), die von einem Personal mit großen Befehlsbefugnissen und Strafberechtigung kontrolliert und durchgesetzt werden („Sanktionsapparat"). – Die → Bundeswehr weist diese Merkmale nicht so extrem auf, wie Verfechter dieser Behauptung meinen. Teilweise empfindet sich der → Rekrut in der Grundausbildung in einer T., obwohl hier und erst recht in den folgenden Verwendungen die Umsetzung der → Konzeption Innere Führung negative Auswirkungen der militärischen Sozialisation verhindern sollten. Schon wegen der neuen → Dienstzeitregelung halten sich Soldaten häufiger im privat-zivilen Bereich als im militärischen auf.

Tradition. Das aus dem Lateinischen entlehnte Wort (traditio, „Übergabe", „Überlieferung") steht für die gesellschaftlich vermittelte, historisch überkommene oder auch bewusst gewählte Übernahme und Weitergabe von Wissen, Lebenserfahrungen, Sitten, Bräuchen, Konventionen und den sie tragenden Einrichtungen (Institutionen) und Mitteln (Instrumente, Werkzeuge). Somit hat T. eine zentrale Dimension kulturellen Lebens; zugleich bildet sie die elementarste Voraussetzung für Menschen, individuelle und kollektive Identität zu entwickeln und im Verlauf des Wandels der Generationen überhaupt Kultur zu bewahren (→ Lernen). Im enger gefassten Wortsinn einzelner Wissenschaften und Fachgebiete wird T. allerdings spezifischer und eingeschränkter verwendet: z. B. als quellenkundlicher Begriff in den Geschichtswissenschaften (d. h. im Sinne von Überlieferung), als Brauchtum oder alltagsbezogene materielle Kultur in der Volkskunde. Im militärischen Sprachgebrauch (→ Bundeswehr) gilt dies ebenso. Hier beruft man sich auf das → Grundgesetz und betont das Verständnis dafür (→ Traditionserlass, → Traditionspflege, →

Traditionsrichtlinien). Weil jedoch in der „pluralistischen Gesellschaft" (Bundesrepublik Deutschland) „historische Ereignisse und Gestalten nicht für alle Staatsbürger" die „gleiche Bedeutung, geschichtliche Lehren und Erfahrungen nicht für alle den gleichen Grad an Verbindlichkeit" haben können und T. damit „auch eine persönliche Entscheidung" ist, formuliert der Richtlinienerlass zum Traditionsverständnis eine Konsequenz, die aus den Lebensformen der postmodernen → Informationsgesellschaft folgt (1982). So gesehen haben Traditionen an und für sich keine immerwährende Gültigkeit, weil sie sich ändern.

Traditionserlass. Mit dem Erlass „Tradition und Bundeswehr" wurde 1965 erstmals die militärische → Tradition (→ Traditionspflege) seit Bestehen der → Bundeswehr geregelt (Abenheim 1989). 1982 traten neue Regelungen in Kraft („Richtlinien zum Traditionsverständnis und zur Traditionspflege in der Bundeswehr"); zu ihren Zielsetzungen gehört die Pflege eigener Traditionen (Nr. 20).

Traditionspflege. Die Pflege eigener Traditionen in der Bundeswehr ist unter Benennung der bereits vorhandenen im Traditionserlass (1982) aufgeführt; Kommandeure und Einheitsführer (→ Kompanie) tragen die Verantwortung für die T.; weitere Regelungen enthalten die Zentralen Dienstvorschriften (10/7, 10/8). Als Interpretationshilfe und Ausbildungshilfsmittel wurde 1999 der „Wegweiser" für die T. im Heer in Kraft gesetzt. Als Traditionslinien gelten: die preußischen Reformer (→ Scharnhorst), der → Widerstand gegen das NS-Unrechtsregime sowie die eigene Geschichte der → Bundeswehr mit ihrem → Leitbild vom → Staatsbürger in Uniform. Auf geringes Interesse an der T. verweist eine empirische Untersuchung in der → Bundeswehr (SOWI-Bericht Bd. 41, 1986).

Traditionsrichtlinien enthält der Erlass „Richtlinien zum Traditionsverständnis und zur Traditionspflege in der Bundeswehr" (BMVg, 20. September 1982, abgedruckt in ZDv 10/1, Anlage 2/5). Mit den Richtlinien wurde erneut versucht, Grundsätze, Zielsetzungen und Hinweise zum Traditionsverständnis zu vermitteln. Auffällig ist, dass dabei die Geschichte des deutschen Widerstandes (→ Widerstandsrecht) nicht beachtet wurde (→ Zwanzigster Juli 1944). Der als Interpretationshilfe und Ausbildungshilfsmittel 1999 in Kraft gesetzte „Wegweiser für die Traditionspflege im Heer" geht in besonders anschaulicher Weise auf diese militär- und zeitgeschichtlichen Fragen ein (Kapitel 4, Stichworte zur Traditionsbildung und -pflege im Heer).

Tresckow, Henning von (1901–1944), Generalmajor, 1917 Eintritt in das Heer, 1918 Fronteinsatz. Nach Übernahme in die Reichswehr (1919) folgen Unterbrechungen durch das rechts- und wirtschaftswissenschaftliche Studium (Berlin, Kiel), dann eine erfolgreiche Tätigkeit als Börsenmakler mit anschließender Weltreise. 1924 nimmt T. seinen Dienst beim alten Truppenteil wieder auf (Inf.Reg. Nr. 9), 1932 Führergehilfenausbildung (sog. getarnte Generalstabsausbildung), 1936 Versetzung zum Generalstab des Heeres. Während der Fritsch-Krise (1938) protestiert T. gegen die Unterwürfigkeit der Generalität und fordert (zusammen mit → Baudissin) vom Befehlshaber im Wehrkreis III (v. Witzleben), „Schritte gegen das Regime" einzuleiten. Früh ist er sich über die Folgen eines von Hitler entfesselten Krieges und die NS-Rassenpolitik klar; seine vorgezeichnete militärische Karriere nutzt er für Umsturzpläne, doch die angesprochenen Oberbefehlshaber lehnen jegliche Unterstützung ab (Bock, Leeb, Guderian, Kluge, Manstein). Die von T. im März 1943 organisierten Attentatsversuche scheitern. Als → Stauffenberg im Juni 1944 anfragt, ob es noch einen Sinn habe, am Attentatsplan festzuhalten („politischer Zweck nicht mehr ersichtlich"), erteilt er die Weisung: „Das Attentat auf Hitler muss erfolgen, um jeden Preis. Sollte es nicht gelingen, so muss trotzdem der Staatsstreich versucht werden. Denn es kommt nicht mehr auf den praktischen Zweck an, sondern darauf, dass die deutsche Widerstandsbewegung vor der Welt und vor der Geschichte unter Einsatz des Lebens den entscheidenden Wurf gewagt hat. Alles andere ist daneben gleichgültig." Dem Chef des Stabes (→ Speidel) beim Oberbefehlshaber West (Generalfeldmarschall Rommel) soll T. noch eine fehlerhafte Operationsführung zugunsten der Alliierten an der Westfront nahe gelegt haben. Nachdem er von dem Fehlschlag erfuhr (→ Zwanzigster Juli 1944), nahm er sich am folgenden Tage das Leben (Ostfront). Seine Abschiedsworte sind überliefert: „Jetzt wird die ganze Welt über uns herfallen und uns beschimpfen. Aber ich bin … der felsenfesten Überzeugung, dass wir recht gehandelt haben. Ich halte Hitler nicht nur für den Erzfeind Deutschlands, sondern auch für den Erzfeind der Welt. Wenn ich in wenigen Stunden vor den Richterstuhl Gottes treten werde, um Rechenschaft abzulegen über mein Tun und mein Unterlassen, so glaube ich … das vertreten zu können, was ich im Kampf gegen Hitler getan habe. Wenn einst Gott

Abraham verheißen hat, er werde Sodom nicht verderben, wenn auch nur zehn Gerechte darin seien, so hoffe ich, dass Gott auch Deutschland um unsertwillen nicht vernichten wird. Niemand von uns kann über seinen Tod Klage führen. Wer in unseren Kreis getreten ist, hat damit das Nessushemd angezogen. Der sittliche Wert eines Menschen beginnt erst dort, wo er bereit ist, für seine Überzeugung sein Leben hinzugeben."

Trettner → Generalinspekteur.

Treue. Die T. gilt als der Wille, Werte verpflichtend anzuerkennen (→ Berufsethos) und dem Versprechen gemäß zu handeln (→ Dienstpflichten). Die Treuebekundung findet ihren Ausdruck im militärischen → Eid. Die militärische Treuepflicht gilt gegenüber den Werten und Normen des politischen Systems, dem der Soldat dient (→ Werteordnung). So verspricht der Soldat der → Bundeswehr, der Bundesrepublik Deutschland treu zu dienen und das Recht und die Pflicht des deutschen Volkes tapfer zu verteidigen (→ Grundgesetz).

Truppenarzt → Heilfürsorge.

Truppenbetreuung → Betreuung.

Truppendienstgericht → Rechtspflege der Bundeswehr.

Truppeninformation ist gemäß einer Konzeption (VMBl. 1996, S. 222) als Teil der → Informationsarbeit die → Information von aktiven und ehemaligen Soldaten durch die politische und militärische Führung der → Bundeswehr sowie durch alle Vorgesetzten. Sie vermittelt Kenntnisse und erklärt Sachverhalte und Absichten, die sich auf die → Werteordnung, den Auftrag der Bundeswehr und den → Dienst des Soldaten beziehen. Weiterhin soll durch T., insbesondere im Rahmen der → politischen Bildung eine geistige Auseinandersetzung, die zur Meinungsbildung, zum Meinungs- und zum Erfahrungsaustausch sowie zur Diskussion führen kann, gefördert werden. T. berücksichtigt das Grundrecht auf Meinungs- und Informationsfreiheit (→ freie Meinungsäußerung). Als Mittel der T. dienen amtliches Schriftgut, → Massenmedien, Zeitschriften, audiovisuelles Material (Filme, Video-Bänder), Online-Medien und CD, Lehr- und Unterrichtsmaterial für den → staatsbürgerlichen Unterricht und von → Vorgesetzten erarbeitetes oder beschafftes Informationsmaterial. – Veränderungen im Mediensystem, neue Informationstechnologien (→ Internet) und andere Nutzergewohnheiten führten zur Konzeption „Truppeninformation 2000". Um den Erwartungen der Soldaten nach aktuellen, glaubwürdigen, jederzeit abrufbaren und ansprechenden Informationen gerecht zu werden, besteht die T. aus einem Angebot verschiedener Medien. Die Zeitung „Bundeswehr-Aktuell" erscheint wöchentlich und wendet sich an alle Soldaten (Auflage 72 500). Die Monatszeitschrift → „Y. Magazin der Bundeswehr" bietet aus allen Bereichen der → Bundeswehr umfassende Informationen und Hintergrundberichte für alle Angehörigen und die → Öffentlichkeit an. Die „IFDT – → Information für die Truppe" dient der Unterrichtung über → Innere Führung. Als neues Medium wurde → Intr@net aktuell eingeführt. Die → audio-visuellen Medien der T. umfassen (VMBl. 1997, S. 74) info-forum, das info-magazin sowie info-german für Angehörige der Bundeswehr im Ausland. Ein im Aufbau (seit 2002) befindliches → „Bundeswehr TV" soll künftig die audiovisuellen Medien – außer info-german – in ein neues Sendeprogramm für Soldaten integrieren.

Truppenpsychologe → Truppenpsychologie.

Truppenpsychologie heißt die Anwendung wissenschaftlicher Erkenntnisse (→ Wehrpsychologie) in der militärischen Ausbildung und im → Einsatz. Dazu gehören → Führungsbegleitung, Belastungstraining und besondere Formen der → Menschenführung, → „Stressmanagement"; Arbeitspapier ZInFü, 1/97).

Umwelt → Ökologie.

Umweltschutz in der Bundeswehr ist die Gesamtheit der Maßnahmen, mit denen die natürlichen Lebensgrundlagen erhalten werden und mit denen schädigende Einflüsse auf die belebte und unbelebte Umwelt vermieden werden sollen (→ Ökologie). Für die Streitkräfte (→ Bundeswehr) sind die Erfordernisse des Umweltschutzes bindend und finden im militärischen Alltag ihre Anwendung. Das BMVg hat mit der „Grundsatzweisung für den Umweltschutz der Bundeswehr" (VMBl. 1999, S. 22, zuvor Fachkonzeption 1990) die Voraussetzungen geschaffen, um ein „umweltgerechtes Handeln" zu realisieren; sie stützt sich auf internationale Konventionen, die Umwelt- und Naturschutzberichte der Bundesregierung und die Studie „Bundeswehr und Umweltschutz" (in: Berichte, Band 47, 1988 → Sozialwissenschaftliches Institut).

Unabhängige Kommission für die künftigen Aufgaben der Bundeswehr (UKKABw). Auf Beschluss des Deutschen Bundestages wurde am 18. Juli 1990 von der Bundesregierung, auf Vorschlag des → Bundesministers der Verteidigung, eine unabhängige Kommission (H. A. Jacobsen, Bonn) eingesetzt; ihre Mitglieder vertraten: Militär, Politik, Publizistik, Wirtschaft und Wissenschaft. Die Kommission sollte längerfristige Aufgabenstellungen, Entwicklung und Probleme der Streitkräfte und die Rolle des Soldaten in Staat und Gesellschaft untersuchen und in einem Bericht zusammenfassen (IFDT 7/1991, → Schaubild, S. 156).

Ungehorsam liegt dann vor, wenn der Soldat einen → Befehl nicht befolgt. Verursacht er fahrlässig eine Gefahr für die Sicherheit der Bundesrepublik Deutschland, die Schlagkraft der Truppe, Leib und Leben einer anderen Person oder fremde Sachen von bedeutendem Wert (sog. schwer wiegende Folge), so macht er sich dann strafbar, wenn der Befehl verbindlich war (§§ 19, 22 WStG).

Uniform (lat./franz.), seit dem 18. Jh. im Deutschen gebräuchlich. U. ist eine gleichförmige, einheitliche Tracht, im weiteren Sinne die Dienstbekleidung, die heute nach Vorschriften den Bestandteil, den Schnitt, die Farben, die Unterscheidungszeichen und die Trageweise bestimmt (→ Anzugsordnung). Nach dem → humanitären Völkerrecht hat die U. die Zugehörigkeit eines Soldaten zur kämpfenden Truppe zweifelsfrei auszuweisen (sog. Kombattanten). – Die

Uniformgestaltung für die → Bundeswehr war anfänglich schwierig, weil sie einerseits der der Verbündeten ähneln sollte und andererseits Anlehnungen an die frühere → Wehrmacht zu vermeiden waren. Die ersten Modelle fanden in der → Öffentlichkeit keine Zustimmung, so dass schon 1957 Veränderungen notwendig waren. Inzwischen ist die Ausstattung der U. wegen festgestellter Mängel (Kälte- und Nässeschutzbekleidung), wegen neuer Aufgaben und unter dem Einfluss modischer Trends seit Mitte der 1980er-Jahre wiederum verändert worden (Pullover, Blouson).

Universitäten der Bundeswehr. Die Hochschulen der Bundeswehr, 1985 in U. umgewidmet, sind als wesentlicher Bestandteil der → Bildungsreform 1970/71 in Hamburg und München gegründet worden und haben am 1. Oktober 1973 nach einer kurzen Aufbauphase ihre Tätigkeit aufgenommen. Die Entscheidung für Hochschulen in Verantwortung des Bundes fiel deswegen, weil eine Regelstudienzeit von neun Trimestern die Ausbildungszeit innerhalb der zwölfjährigen Verpflichtungszeit von Zeitoffizieren in einem angemessenen Rahmen halten und im Hinblick auf die spätere Verwendung als → Offizier das Fachstudium durch erziehungs- und gesellschaftswissenschaftliche Anteile (EGA) ergänzt werden sollte. – Die Konzeption dieses EGA-Studiums kann auch als wissenschaftliche Durchdringung der Problemfelder der → Inneren Führung angesehen werden. Der Reformanteil reduzierte sich in der praktischen Umsetzung auf ausgewählte erziehungs- und sozialwissenschaftliche Studienveranstaltungen. – Nach der Bedarfslage der Streitkräfte und der zivilen Verwertbarkeit ist das Studienangebot in den letzten Jahren modifiziert worden. Angeboten werden Diplom-Studiengänge an beiden Studienorten: Pädagogik und Elektrotechnik; in Hamburg: Volkswirtschaftslehre staatswissenschaftlicher Richtung, Betriebswirtschaftslehre, Politikwissenschaft, Maschinenbau, Wirtschaftsingenieurwesen und Geschichte (M. A.-Examen); in München: Staats- und Sozialwissenschaften, Wirtschafts- und Organisationswissenschaften, Wirtschaftsinformatik, Bauingenieurwesen und Umwelttechnik, Vermessungswesen, Luft- und Raumfahrttechnik, Informatik, Sportwissenschaft sowie Fachhochschulstudiengänge. – Hochschullehrer der U. sind zur Mitarbeit im → Aufgabenverbund Innere Führung eingeladen, die Leiter der Studentenbereiche sind dort ordentliche Mitglieder. Bisher hat sich, von wenigen Einzelkontakten abgesehen, keine systematische Zusammenarbeit entwickelt.

Anschriften: Universität der Bundeswehr Hamburg, Holstenhofweg 85, 22039 Hamburg; Universität der Bundeswehr München, Werner-Heisenberg-Weg 39, 85577 Neubiberg.

UNO → Vereinte Nationen (VN).

Unternehmenskultur steht für das Bemühen der Wirtschaft, Mitarbeiterführung und „Marketing" unter ethischen Aspekten zu betreiben (Verantwortung und Verpflichtung gegenüber den Mitarbeitern, der Umwelt und der nachfolgenden Generation). Mit dieser speziellen Strategie reagieren die Unternehmen auf die Abnahme qualifizierter Arbeitskräfte und den Anspruch der Mitarbeiter auf attraktive Arbeitsplätze (Qualität und Sinnhaftigkeit der Berufsarbeit, materielle Chancen, persönlicher Nutzen) unter der veränderten Einstellung zur Arbeit (→ Wertewandel). – In Anlehnung an die betriebswirtschaftlichen Auffassungen zur U. wird auch in der → Bundeswehr nach deren Vorbild-Funktion gefragt und diese für die → Konzeption Innere Führung, die → Aus- und → Weiterbildung der militärischen Führer, die Personalgewinnung für die Streitkräfte u. a. m. betrachtet. So ist im Bemühen um eine Weiterentwicklung des Selbstverständnisses der → Inneren Führung (→ „Kursbuch 2000") erkennbar, dass man vergleichbare Ansätze in der Bundeswehr für eine U. zu erkennen glaubt. Die Grenzen sind allerdings dort gesetzt, wo wirtschaftliche und militärische Organisationen unterschiedliche Ziele verfolgen.

Unteroffizier der → Bundeswehr kann werden, wer einen Hauptschulabschluss (Fachunteroffizier-Laufbahn) bzw. zusätzlich eine abgeschlossene und anerkannte Berufsausbildung (Feldwebel-Laufbahn) oder den Realschulabschluss nachweisen kann. Die U. gelten traditionell als das Rückgrat der Streitkräfte. Viele sind als → Vorgesetzte in den Funktionen Gruppenführer, Zugführer oder → Kompaniefeldwebel die wichtigsten Bezugspersonen für die Soldaten. U. tragen die Hauptlast der → Ausbildung, werden aber auch in den unterschiedlichsten Fachverwendungen (z. B. im technischen oder Stabsdienst) eingesetzt. 70 v. H. der U. sind → Soldaten auf Zeit (vgl. Jahresbericht 2001 der Abteilung PSZ im Bundesministerium der Verteidigung), deswegen ist ihre Vorbereitung auf einen späteren zivilen Beruf (→ Berufsförderung) besonders wichtig; auch für die Attraktivität des Unteroffizierberufs ist diese Berufsausbildung von außerordentlichem Wert (→ Bundeswehrreform).

Unteroffizierheim → Freizeiteinrichtungen, → Mannschaftsheime.

Untersuchungsausschuss gemäß Art. 45a Abs. 2 Grundgesetz in der 13. Wahlperiode zu tatsächlichen und behaupteten rechtsextremistischen Vorkommnissen sowie Fragen der geistigen Orientierung, der → politischen Bildung und zur → Traditionspflege in der → Bundeswehr (→ Verteidigungsausschuss, → Rechtsextremismus). Der U. wurde am 12. Dezember 1997 beschlossen und befasste sich mit den oben genannten Themen. Nach Aufklärung der Sachverhalte durch Gutachten, Stellungnahmen und Anhörung von Zeugen und Sachverständigen legte er am 18. Juni 1998 seinen Bericht vor (Bundestags-Drucksache 13/11005). Dieser enthält zahlreiche Feststellungen, Bewertungen und Empfehlungen. Die pauschalen Vorwürfe gegen die → Bundeswehr konnten entkräftet werden.

Urlaub ist die Erlaubnis, einen vollen Tag oder mehr dem → Dienst fernzubleiben und sich auch an einem anderen Ort aufzuhalten. Einzelheiten für Soldaten regelt die Soldatenurlaubsverordnung in Verbindung mit den Ausführungsbestimmungen. Unterschieden wird nach Erholungsurlaub, bemessen nach Status, Alter und Dienstgrad und Heimaturlaub sowie Sonderurlaub mit oder ohne Wegfall der Geld- und Sachbezüge aufgrund festgelegter Kriterien. Dazu zählt beispielsweise der sog. Ernteurlaub. Neben dem U. gibt es weitere Arten der → Freistellung (vom Dienst), wie den Ausgang als Erlaubnis während der → Freizeit, über den Zapfenstreich (Nachtausgang) und am Wochenende die dienstliche Unterkunft zu verlassen (ZDv 10/5, Nr. 217–223). Urlaub hat für die Soldaten einen hohen Wert. Dementsprechend gilt im Truppenalltag, dass er jedem Soldaten angemessen gewährt wird.

Vaterländischer Unterricht steht bildungs- und militärgeschichtlich am Beginn einer politischen → Erziehung in den Streitkräften: Ansatz und Qualität dieser Maßnahmen zeigen den klassischen obrigkeitsstaatlichen Einfluss zur Festigung von „Heer und Staat". Dazu gehörte seit 1890, den → Offizier zum politischen Lehrer der Mannschaften während der Rekruten- und Vollausbildungszeit einzusetzen. Durch den V. sollte der weltanschauliche Einfluss der Sozialdemokratie unter den wehrpflichtigen Soldaten zurückgedrängt werden. Allerdings scheiterte der Versuch, das Offizierkorps zu einer geistigen Auseinandersetzung mit dem Sozialismus zu bewegen. In der Praxis beschränkte sich der Unterricht auf eine plakativ-glorifizierende Darstellung von Monarchie, Armee, Staat und Politik, z. B. im Stil der Schrift „Was leistet unser Heer als Erziehungsanstalt?" (1891), um „dem Kampf mit dem roten Gespenst im Inneren vorzubeugen". Eine politische Erziehung des Soldaten wurde später im NS-Regime und im SED-Staat betrieben (→ Indoktrination, → Wehrkunde). Mit der Begründung des deutschen Verteidigungsbeitrages entstand eine Praxis der → politischen Bildung, wodurch die doktrinäre politische Pädagogik überwunden wurde.

Verantwortung → Berufsethos.

Verband der Reservisten der deutschen Bundeswehr e. V. (VdRBw). Der V. ist ein Zusammenschluss von → Reservisten der Bundeswehr, aktiven Soldaten und fördernden Mitgliedern, der 1960 begründet wurde und etwa 135 000 Mitglieder aller Dienstgradgruppen umfasst. Die Aufgabe des Verbandes besteht in der sicherheitspolitischen → Öffentlichkeitsarbeit und in der Vermittlung von Kontakten zur Truppe. Er rekrutiert über 40 v. H. seiner Mitglieder aus der Altersgruppe der 20- bis 40-Jährigen und über 50 v. H. seiner Mitglieder aus der Berufsgruppe der Meister, Facharbeiter und Arbeiter (mehr als 30 v. H. sind Angestellte und Selbstständige). Der Verband ist in zehn Landesgruppen mit über 2 600 Reservistenkameradschaften bundesweit organisiert. Der V. gibt die Fachzeitschrift „Loyal" heraus.

Anschrift: Verband der Reservisten der deutschen Bundeswehr e. V., Provinzialstraße 91, 53127 Bonn.

Verbandsabzeichen → Anzugsordnung.

Vereinte Nationen (VN), engl. UN (United Nations), am 26. Juni 1945 von 50 Staaten in San Francisco gegründet, Mitgliederstand 190 Staaten, mit dem Hauptsitz in New York und zwei weiteren Niederlassungen (Genf, Wien). Als internationale Organisation zur Sicherung des Weltfriedens sind die VN eine eigene Rechtspersönlichkeit zur politischen Gestaltung des Weltfriedens. Sie bekennen sich zu den Grundsätzen der Souveränität ihrer Mitgliedstaaten, der Vertragstreue, der Beilegung von Streitigkeiten mit friedlichen Mitteln, des Verzichts auf Gewaltanwendung in den internationalen Beziehungen und des Selbstbestimmungsrechts der Völker. Besonderes Interesse gilt dem Schutz der Menschenrechte. Die politischen Ziele sind in der VN-Charta formuliert worden. Um den Weltfrieden zu sichern und die internationale Sicherheit zu gewährleisten, haben die VN nach den Erfahrungen der Suez-Krise (1956) eine „Konzeption der friedenssichernden Maßnahmen" (Peace-Keeping Operations) entwickelt, um mit einer „Friedenstruppe" (Peace-Keeping Forces) im Einverständnis der Konfliktparteien zu handeln; diese ist an strikte Neutralitätsregelungen gebunden und darf keinen Kampfauftrag – außer zur Selbstverteidigung – ausführen. Die Aufgaben der sog. → Blauhelm-Kontingente sind unterschiedlich und reichen von Beobachtungsmissionen bis zu Ordnungs- und Sicherungsdiensten; 1988 wurde die „Friedenstruppe" mit dem Friedensnobelpreis ausgezeichnet. Der Sicherheitsrat ist mit den ständigen Mitgliedern (USA, Russland, China, Frankreich, Großbritannien) wichtigstes Organ neben der Vollversammlung. Eine deutsche Beteiligung am Sicherheitsrat wird seit längerem diskutiert. Die Bundesrepublik Deutschland wurde 1973 Vollmitglied; sie unterstützt (nach USA und Japan) die VN mit dem drittgrößten Beitrag (9,8 v. H.) und militärisch die VN-Friedensmissionen seit 1992 weltweit. (Lit.: BMVg 1999, S. 28 ff.; Buchbender u. a. 2000, S. 349 f.

Verfassungspatriotismus. Der Begriff V. geht in der bundesdeutschen Debatte auf einen Leitartikel von D. Sternberger in der Frankfurter Allgemeinen Zeitung vom 16. September 1959 zurück und hatte den Sinn, einen auf den freiheitlichen demokratischen Verfassungsstaat (→ Werteordnung) bezogenen Patriotismus zu wecken. V. grenzt sich zum Begriff Nationalismus ab und kann als zentrales Ziel der → politischen Bildung angesehen werden.

Verpflegung → Gemeinschaftsverpflegung.

Versetzung. Die V. ist der Befehl zur nicht nur vorübergehenden Dienstleistung in einer anderen Dienststelle oder an einem anderen → Standort. In der → Bundeswehr gilt das Prinzip der jederzeitigen Versetzbarkeit von Soldaten aus Gründen der Erhaltung der Einsatzbereitschaft und Funktionsfähigkeit der Streitkräfte (sog. Mobilität). Sie zählt bei → Berufs- und → Soldaten auf Zeit zu den freiwillig übernommenen Pflichten und zum wesentlichen Inhalt des → Dienstes. Der Soldat hat aber grundsätzlich keinen Anspruch auf eine bestimmte V., auf eine Verwendung an einem bestimmten Standort oder auf eine V., die mit einer Förderung verbunden ist. – In den letzten Jahrzehnten sind V. zu einem immer größeren Problem für die → Personalführung geworden, weil sie in den persönlichen Lebensbereich der Soldaten und ihrer Familie eingreifen bzw. die individuellen Wünsche und Ansprüche des Soldaten auf eigenverantwortliche Lebensgestaltung berühren. Im Jahr 2002 wurden über 60 000 V. von Berufs- und Zeitsoldaten (d. h. rund 40 v. H.) verfügt, davon etwa 11 000 von verheirateten Soldaten mit Ortswechsel (→ Wohnungsfürsorge). Über 80 v. H. der Versetzten lebt von der Familie getrennt. V. in schneller Folge betreffen spezielle Gruppen (z. B. Offiziere mit General-/Admiralstabsaus bildung). – Eine Abmilderung des Spannungsverhältnisses zwischen dienstlichen Notwendigkeiten und persönlichen Interessen des Soldaten sollen Versetzungsrichtlinien (VMBl. 1988, S. 76) und Erlasse im Zusammenhang mit der Einnahme der neuen Streitkräftestruktur (BMVg – PSZ III 1, Az 16-26-00/25 vom 1. August 2000, PSZ III 7, Az 21-10-02 vom 5. Dezember 2002) bewirken. So muss eine V. mit Ortswechsel grundsätzlich mindestens drei Monate vorher angekündigt und die voraussichtliche Dauer der neuen Verwendung schriftlich festgelegt werden.

Versorgung → Fürsorge.

Verteidigungsausschuss. Der V. des Deutschen Bundestages, durch Art. 45a Abs. 1 GG zwingend vorgeschrieben, ist ein besonderes Organ → parlamentarischer Kontrolle gegenüber der → Bundeswehr. Er bereitet wichtige Parlamentsbeschlüsse im militärischen Bereich vor und überwacht die Tätigkeit der Regierung auf diesem Gebiet. Der V. kann den → Wehrbeauftragten zur Prüfung bestimmter Vorgänge anweisen, wenn er den Vorgang nicht zum Gegenstand seiner eigenen Beratung macht (§ 1 Abs. 2 WBeauftrG). Der V. hat die Rechte eines Untersuchungsausschusses und muss, wenn ein Viertel seiner Mitglieder den Antrag stellt, jede Angelegenheit des Verteidigungsressorts zum Gegenstand seiner Untersuchung machen. In dieser Funktion hatte der V. beispielsweise die Umstände der Entlassung von General G. Kießling (→ Generalskrise), die Vorgänge im Zusammenhang mit den Krawallen in Bremen (1980) oder die Abläufe der Beschaffung des Kampfflugzeuges MRCA „Tornado" und zu tatsächlichen und behaupteten rechtsextremistischen Vorkommnissen sowie Fragen der → Inneren Führung (→ Untersuchungsausschuss) zu untersuchen.

Verteidigungspolitische Richtlinien wurden vom → Bundesminister der Verteidigung zuletzt am 21. Mai 2003 erlassen. Mit den V. ist für die Bundesrepublik Deutschland ein Grundsatzdokument entstanden, womit der → Auftrag der Bundeswehr und die Grundsätze für ihre → Verteidigungspolitik umrissen sind. Die aktuellen V. berücksichtigen die sicherheitspolitischen Veränderungen und leiten daraus den neuen Aufgabenschwerpunkt für die → Bundeswehr (→ Auslandseinsätze) ab.

Vertrauen. Der Mensch strebt als soziales Wesen in konkreten Situationen Erwartungssicherheit an. Da aber die menschliche Erlebnis-, Informations-, Entscheidungs- und Orientierungsfähigkeit begrenzt ist, müssen die Erwartungsalternativen reduziert werden. – In sozialen Situationen, die von Unsicherheit oder unbestimmten Erwartungen gekennzeichnet sind, ist V. stabilisierend (N. Luhmann); es wirkt durch Erfahrungen mit bestimmten Personen, Organisationen oder durch besondere Erlebnismomente. V. im zwischenmenschlichen Verhältnis ist das Ergebnis der Erfahrung von Zuwendung in einer bestimmten Situation, die auf zukünftige Situationen übertragen wird. – V. und Vertrauensbildung haben für die → Menschenführung in der → Bundeswehr einen hohen Stellenwert, → Auftragstaktik beruht im V. auf das selbstständige, richtige Handeln des Soldaten. V. ist besonders dann wichtig, wenn unter schwierigen Bedingungen Befehle nicht hinreichend erklärt werden können.

Vertrauensmann → Vertrauensperson.

Vertrauensperson. Die Institution der V. hat durch das → Soldatenbeteiligungsgesetz (SBG) die Regelungen des Vertrauensmannes abgelöst. Wegen der Verwendung von weiblichen Soldaten in der → Bundeswehr wurde diese „geschlechtsneutrale" Bezeichnung gewählt. In Einheiten, auf Schiffen und Booten der Marine, in Stäben der Verbände, in integrierten und regelmäßig in multinationalen Dienststellen, für Teilnehmer an Lehrgängen über 30 Tage in Schulen sowie in den Studentenbereichen der → Universitäten der Bundeswehr werden V. gewählt (§ 2 Abs. 1 SBG). Einzelheiten hat der → Bundesminister der Verteidigung in einer Rechtsverordnung festgelegt. In den anderen Dienststellen und Einrichtungen werden

Vertretungen nach dem → Bundespersonalvertretungsgesetz gewählt. – Die V. soll zur verantwortungsvollen Zusammenarbeit zwischen → Vorgesetzten und Untergebenen sowie zur Festigung des kameradschaftlichen Vertrauens beitragen. Der → Disziplinarvorgesetzte muss die V. anhören in Personalangelegenheiten (auf Antrag des betroffenen Soldaten: § 23 SBG), bei der Gestaltung des Dienstbetriebes (→ Innendienst, Ausbildungsdienst, Wach- und Bereitschaftsdienst: § 24 Abs. 1 SBG), in Disziplinar- und Beschwerdeangelegenheiten und bei Auszeichnungen (§§ 27–31 SBG). Alle beabsichtigten Maßnahmen sind der V. rechtzeitig mitzuteilen (§ 20 SBG). Die V. hat ein weiterreichendes Vorschlagsrecht bei der Gewährung von → Freistellung vom Dienst, bei der Einteilung von Soldaten zu Sonder- und Zusatzdiensten, zur → Berufsförderung und für eine → förmliche Anerkennung von Soldaten ihrer Wählergruppe. In weiteren Fällen des Dienstbetriebes (§ 24 Abs. 4–5 SBG), in Angelegenheiten der Betreuungseinrichtungen, der Verwendung von Mitteln aus Gemeinschaftskassen sowie der Planung von Veranstaltungen des außerdienstlichen Gemeinschaftslebens und von → dienstlichen Veranstaltungen geselliger Art (§ 25 Abs. 3 SBG) übt die V. ein Mitbestimmungsrecht aus (§ 22 SBG). Kommt eine Einigung zu diesen Maßnahmen nicht zustande, entscheidet letztendlich ein vom Richter des zuständigen Truppendienstgerichts (→ Rechtspflege in der Bundeswehr) einzuberufender Schlichtungsausschuss mit Stimmenmehrheit (§ 22 Abs. 2 SBG). – Außerdem ist die V. rechtzeitig und umfassend über alle Angelegenheiten, die ihren Aufgabenbereich betreffen, zu unterrichten und regelmäßig in die Lage zu versetzen, ihre Aufgaben während der Dienstzeit – auch in Form von Sprechstunden – wahrzunehmen. Im Zusammenhang mit der Ausübung ihrer Befugnisse darf die V. weder behindert noch benachteiligt oder begünstigt werden. Die V. und ihre Stellvertreter sind in → Seminaren auszubilden. Sie nehmen mindestens einmal im Kalendervierteljahr an Besprechungen mit den Bataillonskommandeuren und Disziplinarvorgesetzten teil (§ 19 SBG). Die V. hat Anspruch auf Freistellung vom Dienst, wenn sie durch die Erfüllung ihrer Aufgaben über die Rahmendienstzeit hinaus beansprucht wird.

Verweis. Der V. besteht in einem förmlichen Tadel (§ 23 WDO). Diese → Disziplinarmaßnahme hat nur dann Erfolg, wenn dem Soldaten in einem → Gespräch sein Fehlverhalten auch deutlich gemacht werden kann. Wehrpflichtige, für die negative Eintragungen in ihre Personalakte in der Regel ohne große Bedeutung sind, interpretieren den V. als Zeichen des Aufbegehrens gegenüber unbeliebten → Vorgesetzten.

Verwendungsstau. Die Zahl der jährlichen Pensionierungen bestimmt, wie viele → Berufssoldaten eine höher bewertete Aufgabe, also einen höheren Dienstposten, übernehmen. Davon hängt auch ab, wie viele → Soldaten auf Zeit zum → Berufssoldaten ernannt und damit, wie viele Anwärter (→ Offiziere des Truppendienstes) jährlich eingestellt werden können. Dieser Mechanismus setzt eine ausgewogene Altersstruktur voraus. Die tatsächliche Lage der Berufssoldaten, insbesondere bei den Offizieren, ist von einer unausgewogenen Altersstruktur gekennzeichnet, verursacht durch den damaligen Aufbau der → Bundeswehr. Das bewirkte in den 1980er-Jahren einen folgenschweren Mangel: so kam es zu einem drastischen Rückgang an Personalwechseln zwischen allen Verwendungsstufen, dem sog. V. mit der Folge, dass die militärischen Führer immer älter wurden und eine nicht unerhebliche Unzufriedenheit im Offizier- und Unteroffizierkorps wegen späterer Beförderungen (= Beförderungsstau) eintrat, was den Soldatenberuf unattraktiv zu machen drohte (→ Attraktivitätsprogamme). Zur Auflösung des V. wurden verschiedene Maßnahmen ergriffen: die Möglichkeit zur „vorzeitigen Zurruhesetzung" für die Offiziere des Truppendienstes („Personalstrukturgesetz", 1986/91), die Verkürzung der regelmäßigen Dienstzeit um ein Jahr für Berufssoldaten (1993/98) bzw. deren Möglichkeit zur „vorzeitigen Zurruhesetzung" (1992/94) und die Offerte an jüngere Berufssoldaten, innerhalb der ersten 20 Dienstjahre durch Umwandlung zum → Soldaten auf Zeit vorzeitig auszuscheiden („Personalstärkegesetz") sowie durch Schaffung zusätzlicher (teilweise vorübergehender) Planstellen für alle Laufbahnen. – Bedingt durch die Übernahme von Soldaten aus der ehemaligen → Nationalen Volksarmee, als Folge der gesetzlich begründeten Verlängerung der Dienstzeiten sowie aufgrund des massiven Abbaus der Bundeswehr hat sich trotz dieser Maßnahmen ein erneuter Überhang an lebensälteren Berufssoldaten gebildet. Durch das „Personalanpassungsgesetz" vom 20. Dezember 2001 können in den Jahren 2002 bis 2006 weitere 3 000 Berufssoldaten mit ihrer Zustimmung vom 50. Lebensjahr an vorzeitig entlassen werden. Damit sollen diese Jahrgänge den idealen Personalstrukturen angepasst werden (→ Bundeswehrreform).

Verwundung → Angst, → Tod.

Victor-Klemperer-Jugendwettbewerb, (Wettbewerb „Bündnis für Demokratie und Toleranz"), Preisvergabe an Jugendliche, die sich als Einzelpersonen, in Klassen, Gruppen usw. daran beteiligen können. Die → Bundeswehr zeichnete sich mit einer Reihe von Gewinnern aus (→ Zeittafel 2001, → Politische Bildung). Mit dem Namen Victor Klemperers (1881–1960) wird an das Leben eines jüdischen Gelehrten erinnert, der das NS-Regime überlebte. Er berichtete bereits 1946 darüber im „LTI. Notizbuch eines Philologen". Die → Öffentlichkeit interessierte sich erstmals in den 1990er-Jahren für Leben und Werk Klemperers. Seine Tagebücher (1933/45) wurden an junge Soldaten in der Bundeswehr verteilt (DSK-Nr. FF41-73-20192).

„Vielfalt leben" → XENOS.

Völkerrechtlicher Unterricht wurde in der → Dienststelle Blank zum Ausgangspunkt für Überlegungen eines umfassenden → Rechtsunterrichts für die Streitkräfte. Die Planungen auf diesem Gebiet setzten bereits 1952 ein, sie hatten die gesetzliche Verpflichtung zur Unterrichtung im Völkerrecht nach dem → Soldatengesetz (§ 33) zum Ergebnis. Unter Leitung des völkerrechtlichen Referats (BMVg) wurde ein Lehrprogramm entwickelt und, mit der Dienstvorschriften-Reihe 15, eine Lehrbuchsammlung erstellt. Dia-Reihen, Bildtafeln und Planspielkonzepte (→ Spiele) ergänzten dieses didaktische Lehrprogramm. – Obwohl diese Unterrichtsmittel in und außerhalb der Streitkräfte großen Anklang fanden, nahm die Bedeutung des V. in der Praxis immer mehr ab. Eine Zusatzqualifikation der → Rechtslehrer am → Zentrum Innere Führung, regelmäßige Appelle an die Verantwortlichen für die → Ausbildung und die Erarbeitung aktueller Lehrunterlagen soll nun die Lücke zwischen gesetzlichem Anspruch und „pädagogischer Realität" verringern helfen. Mit der gesetzlichen Verabschiedung der Zusatzprotokolle zu den Genfer Abkommen (1977) wird die international eingegangene Verpflichtung (1949) zur Verbreitung des V. bekräftigt. – Wichtiges Ausbildungsziel bleibt die Entwicklung eines Rechtsbewusstseins für die Belange des → Humanitären Völkerrechts. Denn es gibt auch Spannungen zwischen Rechtsanspruch und militärischen Forderungen, was eine Verdrängung dieses Rechtsgebiets zur Folge haben könnte.

Volksbund Deutsche Kriegsgräberfürsorge (VdK), wurde am 16. Dezember 1919 zur Pflege deutscher Soldatengräber gegründet. Seither ist es die Aufgabe des Verbandes, an die Opfer von Krieg und

Gewaltherrschaft zu erinnern und für die Ruhestätten der Opfer zu sorgen (Gräbernachweis, Kriegsgräberpflege, Identifikation von Kriegstoten, Umbettungen). Nach dem Ende des „kalten Krieges" widmet sich der Verband jetzt der Kriegsgräberpflege im östlichen Europa. Unter dem Gedanken „Versöhnung über den Gräbern, Arbeit für den Frieden" leistet er dort vor allem auch Jugendarbeit (Sommerlager, Arbeitseinsätze auf deutschen Soldatenfriedhöfen), die im Jahre 2002 zur „Verständigung über den Gräbern" einer deutsch-polnischen Begegnung mit Schülern und Soldaten führte (→ Zeittafel). Die Idee der → Friedenserziehung versucht der VdK mit Empfehlungen für die Schulen anzuregen. Im Mitteilungsblatt „Stimme & Weg" wird regelmäßig über die Verbandsarbeit berichtet. Die → Bundeswehr unterstützt die Arbeit des VdK in vielfältiger Weise (VMBl. 2001, S. 198 ff.).

Anschrift: Volksbund Deutsche Kriegsgräberfürsorge e. V., Werner-Hilpert-Str. 2, 34112 Kassel.

Vorbild → Beispiel.

Vorgesetztenverordnung. Die Verordnung über die Regelung des militärischen Vorgesetztenverhältnisses (ZDv 14/5 D 301) bricht mit dem herkömmlichen Vorgesetztenverhältnis der jüngeren deutschen → Militärgeschichte (→ Vorgesetzte lediglich nach dem Dienstgrad). Die V. legt funktionale Gesichtspunkte bei der Benennung einzelner Vorgesetztenverhältnisse an, um die Machtbefugnisse in der → Bundeswehr zu begrenzen: So gibt es unmittelbare Vorgesetzte (z. B. Gruppen-, Zug-, Einheitsführer, Kommandeure), Fachvorgesetzte (z. B. Sanitätsbereich), Vorgesetzte aufgrund des Dienstgrades in Kompanien, Stäben und auf Schiffen sowie innerhalb umschlossener militärischer Anlagen, Vorgesetzte aufgrund besonderer Anordnung (z. B. UvD, Wache) und Vorgesetzte aufgrund eigener Erklärung. Die V. legt auch fest, welches Vorgesetztenverhältnis in einer konkreten Situation Vorrang hat.

Vorgesetzter. Militärischer V. ist, wer befugt ist, → Befehle zu erteilen (§ 1 Abs. 4 SG). Die Befehlsbefugnis macht das militärische Vorgesetztenverhältnis aus. Um den Kreis der V. auf das notwendige Maß zu begrenzen, regelt die → Vorgesetztenverordnung einzelne Vorgesetztenverhältnisse. Die Befehls- und Kommandogewalt über die Streitkräfte hat im Frieden der → Bundesminister der Verteidigung (Art. 65a GG), im Verteidigungsfall der Bundeskanzler (Art. 115b GG).

Vorurteil → Feindbild.

Wahlrecht. Dem Soldaten der → Bundeswehr wird nicht nur das passive, sondern auch das aktive W. gewährt (vgl. aber Art. 137 GG); die Praxis früherer Armeen kannte diese Regelung nicht. Damit setzte sich W. von → Baudissins Auffassung durch, den → Staatsbürger in Uniform über die → politische Betätigung in den freiheitlichen demokratischen Staat einzubinden (→ Integration). Die Ausübung des aktiven W. ist für den Soldaten mit geeigneten Maßnahmen sicherzustellen. Auch im Verhältnis zwischen passivem W. und → Dienst hat das W. Vorrang. Stimmt ein → Berufssoldat oder → Soldat auf Zeit (SaZ) seiner Aufstellung für die Wahl zum Europäischen Parlament, Deutschen Bundestag oder zu den gesetzgebenden Körperschaften eines Bundeslandes zu, so ist ihm zur Vorbereitung auf Antrag innerhalb der letzten Monate vor dem Wahltag der erforderliche → Urlaub unter Wegfall der Besoldung zu gewähren. Der Wehrpflichtige ist in gleicher Rechtslage zu entlassen. Für die Vorbereitung auf Kommunalwahlen besteht Anspruch auf Dienstbefreiung. Vom Tage der Annahme der Wahl ruhen die Rechte und Pflichten des Berufs- und Soldaten auf Zeit (mit einigen Ausnahmen). Für die Tätigkeit als Mitglied einer kommunalen Vertretung ist der erforderliche Urlaub unter Belassung der Geld- und Sachbezüge zu gewähren. Der Urlaub kann ausnahmsweise durch das BMVg versagt werden, wenn höherwertige dienstliche Interessen vorliegen (→ Auslandseinsätze). Einzelheiten zum W. nennt der Erlass „Politische Betätigung von Soldaten, insbesondere bei Europa-, Bundestags-, Landtags- und Kommunalwahlen", VMBl. 1980, S. 533 und VMBl. 1988, S. 25.

Wanderausstellungen werden vom → Militärgeschichtlichen Forschungsamt erarbeitet (→ politisch-historische Bildung). In militärischen Einrichtungen und in der → Öffentlichkeit wurden Ausstellungen zu den folgenden Themen erstmals gezeigt: „Aufstand des Gewissens. Militärischer Widerstand gegen Hitler und das NS-Regime 1933 bis 1945" (Bonn, 1984); „Deutsche jüdische Soldaten. Von der Epoche der Emanzipation bis zum Zeitalter der Weltkriege" (Rastatt, 1981); „Dreißig Jahre Bundeswehr." (Bonn, 1985); „Germania auf dem Meere. Bilder und Dokumente zur deutschen Marinegeschichte 1848 bis 1998" (Stralsund, 1998); „Wege zur Freundschaft. Ausgewählte Zeugnisse der deutsch-amerikanischen Beziehungen 1507 bis 1995" (Dresden, 1996). Die Ausstellungen sind mit Katalogwerken dokumentiert (MGFA), zum aktuellen Stand (W.) wird im Intr@net aktuell berichtet (vgl. auch aktuelles Gesamtverzeichnis der MGFA-Veröffentlichungen).

Weber → Zentrum Innere Führung.

Wehrakademie. In der W. (Hilden) sollte nach dem Drei-Stufen-Plan (→ Bildungsreformen) der mittlere Abschnitt in der → Ausbildung der Stabsoffiziere gestaltet werden. Aus Personalgründen fand aber nur ein Modellehrgang → „Staatsbürgerlicher Unterricht" statt (1969).

Wehrbeauftragter. Das Amt des W. des Deutschen Bundestages ist ein Ergebnis der verfassungspolitischen Diskussion um die Integration der → Bundeswehr in den demokratischen Rechtsstaat. Die Einführung dieser Institution (1959), die in der deutschen Verfassungs- und Rechtsgeschichte neuartig ist, entstand aus dem Wunsch, die neuen Streitkräfte einer verstärkten (→ parlamentarischen) Kontrolle zu unterwerfen. Dabei hatte der Bundestag vor allem die Sorge um die jungen Wehrpflichtigen. Art. 45b GG bestimmt nun Bezeichnung, Stellung und Aufgabe des W. Die nähere Ausgestaltung ist im „Gesetz über den W. des Deutschen Bundestages" vorgenommen worden. Er ist als „Hilfsorgan des Bundestages" uneingeschränkt dem Parlament zugeordnet und unterliegt den Weisungen und der Richtlinienkompetenz von Bundestag und → Verteidigungsausschuss. Der W. wird vom Bundestag für fünf Jahre gewählt. Wählbar ist seit der letzten Gesetzesänderung jede(r) Deutsche, der/die das Wahlrecht zum Bundestag besitzt und das 35. Lebensjahr vollendet hat. – Der W. wird tätig, wenn ihm Umstände bekannt werden, die auf eine Verletzung der → Grundrechte der Soldaten oder der → Grundsätze der Inneren Führung schließen lassen, er wird weiterhin

DIE WEHRBEAUFTRAGTEN DES DEUTSCHEN BUNDESTAGES	
Grolmann, Helmuth Otto von (parteilos)	1959–1961
Heye, Hellmuth Guido (CDU)	1961–1964
Hoogen, Matthias (CDU)	1964–1970
Schultz, Fritz-Rudolf (FDP)	1970–1975
Berkhan, Karl Wilhelm (SPD)	1975–1985
Weiskirch, Willi (CDU)	1985–1990
Biehle, Alfred (CSU)	1990–1995
Marienfeld, Claire (CDU)	1995–2000
Penner, Willfried (SPD)	2000–

tätig zur Prüfung bestimmter Vorgänge. Zur Erfüllung seiner Aufgaben stehen ihm ein umfassendes Informationsrecht sowie Anregungsbefugnisse gegenüber dem → Bundesminister der Verteidigung und sämtlichen Teilen der Bundeswehr zu, die er jederzeit und ohne Anmeldung besuchen kann. Wichtigste Aufgabe des W. ist die Bearbeitung von → Eingaben der Soldaten (W. als sog. „Kummerkasten"). – Der dem Bundestag vorzulegende Jahresbericht ist ein Mängelbericht, womit der W. auf ausgewählte Problemfelder der Bundeswehr gezielt hinweisen will – mehr nicht. Da der Begriff → Innere Führung gesetzlich nur im Wehrbeauftragten-Gesetz fixiert wurde (§ 1 Abs. 3), hat sich der W. in seinen Jahresberichten regelmäßig und eingehend mit der → Konzeption Innere Führung befasst und damit Positionen bestimmt, beispielsweise in seinem Jahresbericht 1968 mit der Benennung von „Hauptbereichen": → Integration (Eingliederung der Streitkräfte in Staat und Gesellschaft), Organisation (Auswirkungen der Technik auf die Struktur der Streitkräfte) und Interaktion (Verhältnis Vorgesetzter – Untergebener). – Regelungen im Umgang mit dem W. enthält der Erlass „Truppe und Wehrbeauftragter" (VMBl. 2001, S. 149). Darin ist auch bestimmt, dass sowohl zu Beginn der Grundausbildung als auch erneut nach Versetzung in die Stammeinheit durch den → Disziplinarvorgesetzten ausführlich über den W. zu unterrichten ist.

Anschrift: Der Wehrbeauftragte des Deutschen Bundestages,
Platz der Republik, 11011 Berlin.

Wehrbeschwerdeordnung. Das Recht des Soldaten zur → Beschwerde ist mit der Wehrbeschwerdeordnung (WBO) von 1956 gesetzlich geregelt worden. Der → Rechtsschutz selbst wurde gegenüber früheren Beschwerdeordnungen der Reichswehr und Wehrmacht ebenfalls verbessert, um das → Rechtsstaatsprinzip für den Soldaten spürbar zur vollen Geltung zu bringen. Nach Inanspruchnahme von grundsätzlich zwei Beschwerdeinstanzen innerhalb der Streitkräfte kann der Soldat zusätzlich unabhängige Truppendienstgerichte (→ Rechtspflege in der Bundeswehr) anrufen. Derartig umfassende Kontrollmöglichkeiten durch die rechtsprechende Gewalt gibt es in keinem anderen Staat. Nach dem Hauptzweck, den individuellen Rechtsschutz des Soldaten zu garantieren, dient die W. der Aufrechterhaltung der → soldatischen Ordnung. Sie ermöglicht dem → Vorgesetzten, Mängel abzustellen, Spannungen zu bereinigen sowie Verfehlungen aufzudecken und zu ahnden. – Die gesellschaftliche und rechtliche Entwicklung, aber auch die Erfahrungen im Umgang mit diesem Gesetz (→ Beschwerdepraxis) lassen einige Änderungen notwendig erscheinen. Der aktuelle Reformbedarf (→ Deutscher Bundeswehr-Verband) wird in der Angleichung von Rechten in Verwaltungsangelegenheiten (Monats-Beschwerdefrist, aufschiebende Wirkung), bei der Kostenerstattung und im Instanzenzug gesehen. Frühere Forderungen, wie die Streichung des Rechts zur „Kameradenbeschwerde", sind fallen gelassen worden.

Wehrdienst ist der → Dienst des Soldaten nach dem Wehrpflichtgesetz. Er gliedert sich in den Grundwehrdienst (§ 5), die Wehrübungen (§ 6, → Reservisten) und den unbefristeten W. im Verteidigungsfall. Das Wehrpflichtgesetz nennt abschließend alle Wehrdienstausnahmen (→ Wehrgerechtigkeit). Die Dauer des Grundwehrdienstes ist vom Umfang der Streitkräfte abhängig (→ Wehrpflicht). Seit dem 1. Januar 2002 dauert der W. neun Monate. Er kann auch abschnittsweise (1. Abschnitt: sechs Monate) abgeleistet werden. Im Anschluss an den Grundwehrdienst besteht die Möglichkeit, zusätzlichen W. (bis zu 14 Monate) zu leisten.

Wehrdisziplinaranwalt → Rechtsberater.

Wehrdisziplinarordnung (WDO). Das zuerst 1957 erlassene Gesetz ist eine Verfahrensordnung für die Würdigung → förmlicher Anerkennungen und die Ahndung von → Dienstvergehen mittels → Disziplinarmaßnahmen. Gegenüber historischen Vorläufern strebt die W. ein ausgewogenes Verhältnis von positiven und negativen Sanktionen an, um den leitenden Gedanken von Lob und Tadel zu unterstreichen (→ Erziehungsmittel). Die umfassende Novellierung der WDO (2001) beinhaltet solche Diskussionsbeiträge nicht mehr. Die Änderungen betreffen den Katalog der gerichtlichen → Disziplinarmaßnahmen, die Einführung eines Disziplinargerichtsbescheides und weiterer Beschleunigungsregeln sowie die Stärkung der Rechte des Soldaten bei der Anhörung, dem Akteneinsichtsrecht und in den Beschwerdemöglichkeiten.

Wehrgerechtigkeit bedeutet die Gleichbehandlung aller Wehrpflichtigen nach den Grundsätzen der Verfassung (Gleichheit, Angemessenheit und Sozialgerechtigkeit). Eine von der Bundesregierung eingesetzte Wehrstruktur-Kommission legte dazu 1971 einen umfassenden Bericht vor. Seither wird das Thema in der politischen Diskussion immer wieder dann aufgegriffen, wenn sich die → Personalstruktur der → Bundeswehr gravierend verändert. Unter den Gegebenheiten der allgemeinen → Wehrpflicht stellt sich generell das Problem, gleiche und sachgerechte Maßstäbe zu entwickeln, wonach Wehrpflichtige zu einem → Wehrdienst oder vergleichbaren Dienst einberufen oder davon befreit werden. Dazu gehören i. E. die Festlegung des Umfangs an Wehrpflichtigen, die Dauer des Wehrdienstes einschließlich der Wehrübungen, die Freistellungskriterien aus gesundheitlichen und sozialen Gründen sowie die Verwendung in anderen Gemeinschaftsdiensten. Soweit solche Kriterien eine Gleichbehandlung im Einzelfall nicht garantieren können, werden „Alternativen" wie Wehrsteuer oder Attraktivitätsmaßnahmen für Wehrpflichtige diskutiert. Nachdem seit Januar 2001 alle Laufbahnen zu einem freiwilligen → Dienst auch für → Frauen geöffnet wurden, ist die Debatte um die W. auch auf die Gleichbehandlung der Geschlechter ausgeweitet worden.

Wehrkunde (Wehrerziehung) gehörte zur vormilitärischen Erziehung in der DDR (1949/89). Die Ausbildung von „sozialistischen Persönlichkeiten" hatte zum Ziel, die Bereitschaft und die Fähigkeit der jungen Menschen zum → Wehrdienst zu entwickeln. Das Erziehungs- und Bildungssystem (DDR) ordnete der Wehrerziehung einen festen Platz zu. Mit Beginn des Schuljahres 1978/79 wurde W. für die 9. und 10. Klasse der Allgemeinbildenden Polytechnischen Oberschulen zum Pflichtfach. Vielfältige Angebote der Freien Deutschen Jugend (FDJ), der Gesellschaft für Sport und Technik (GST) und anderer Organisationen ergänzten das Schulprogramm. Die W. wurde von der parteiideologischen „Erziehung zum Hass des imperialistischen Klassenfeindes" getragen. Mit der eigentlichen „Klassenauseinandersetzung von Sozialismus und Imperialismus" begründete man die „Notwendigkeit" einer „sozialistischen Wehrerziehung der Bevölkerung der DDR", die auch nach Beendigung der Schulbesuchszeit fortgesetzt wurde (T. Diedrich 1998, S. 32 f., S. 569 ff.). Sie bereitete auf den Wehrdienst vor (Vermittlung von militärischen und sportlichen Grundfertigkeiten) und diente außerdem der Rekrutierung von Soldaten. Die Lehrer waren verpflichtet, dem „Offizier für Jugendfragen" eine bestimmte Anzahl von Schülern für den Soldatenberuf zu benennen (ab 7. Klasse).

Wehrmacht. Die Entwaffnung Deutschlands infolge der bedingungslosen Kapitulation der W. (7., 9. Mai 1945) und die nachfolgende Politik „zur Ausschaltung des Militarismus" (Gesetz der Alliierten Hohen Kommission Nr. 16 v. 6. Dezember 1949) änderten nichts daran, dass mit der Verschärfung des Ost-West-Konflikts („kalter Krieg") Vorbereitungen für eine erneute Bewaffnung in beiden Teilen Deutschlands getroffen wurden. Im Osten des damals geteilten Deutschlands begannen die Vorbereitungen dafür im Frühjahr 1948, im Westen vollzog sich das Interesse daran unter dem beherrschenden amerikanischen Einfluss seit Beginn des Koreakrieges (26. Juni 1950, → Adenauer). Westeuropa, d.h. der dem östlichen Machtbereich entzogene Teil, galt als Schlüsselstellung für die Verteidigung der freien Welt. Für diese schien die „Aufstellung eines deutschen Kontingents im Rahmen einer übernationalen Streitmacht zur Verteidigung Westeuropas" (→ „Himmeroder Denkschrift") aus militärischen Gründen zwingend (→ Adenauer). Als die Realisierung des deutschen Verteidigungsbeitrages mit der Aufnahme in das Atlantische Bündnis (→ NATO) einsetzte, stellte sich schlagartig das Problem ein, das für jede Armee beim Wechsel eines politischen Systems auftritt: das „Verhältnis von militärischer Professionalität und politischer Loyalität" (R. Stumpf). Unter den vorherrschenden Gegebenheiten wäre der Aufbau einer bewaffneten Macht (→ Bundeswehr) ohne das Potenzial ehemaliger Wehrmachtangehöriger nicht zu leisten gewesen (Einführung der → Wehrpflicht); sehr schnell erkannte man, dass die Freiwilligenmeldungen nicht ausreichten (ca. 150 000 Mann). Zunächst wurde ein → Personalgutachterausschuss eingerichtet, um die Verfassungstreue höherer Offiziere vor der Übernahme zu prüfen. In der Aufbauphase der Streitkräfte wurde das Bemühen, neue demokratische Gesinnungen zu wecken, fortgesetzt (→ Baudissin). Schwere Belastungen blieben der Bundeswehr lange Zeit nicht erspart: Unglücke, Affären, Krisen gehörten in die Zeit des Aufbaus (vgl. Zeittafel, 1956/70), die nicht mit der Wehrmachtsgeschichte (1935/45) erklärbar waren. Ein Versuch, die Bundeswehr mit der Strategie der geschichtspolitischen Rückerinnerung an längst Bekanntes („politics of memory") – nämlich Völkermord in deutschem Namen – zu diskreditieren, stellte sich als untaugliches Mittel der „Vergangenheitsbewältigung" heraus (Ausstellung „Vernichtungskrieg. Verbrechen der Wehrmacht 1941 bis 1944", 1995 ff.). Der → Bundesminister der Verteidigung (V. Rühe) nahm zum Verhältnis von W. und Bundeswehr grundsätzlich Stellung (1995): „Die W. war als Organisation des Dritten Reiches, in ihrer Spitze, mit Truppenteilen und mit Soldaten in Verbrechen des Nationalsozialismus verstrickt. Als Institution kann sie deshalb keine → Tradition begründen. Nicht die W., aber einzelne

Soldaten können traditionsbildend sein – wie die Offiziere des → Zwanzigsten Juli 1944, aber auch viele Soldaten im Einsatz an der Front." – Allerdings wird man in einer Zeit fehlenden Geschichtsbewusstseins (→ politische Bildung) die Streitkräfte in dem Bemühen unterstützen müssen, populäre Stereotypen und mentale Störungen (→ Rechtsextremismus) rechtzeitig und in geeigneter Form abzuweisen. Die → Bundeswehr ist Teil des bundesdeutschen Verfassungsstaates (→ Parlamentsarmee) unter den Bedingungen, die ihr auferlegt sind.

Wehrpädagogik, Wortschöpfung für „Wissenschaft von der Erziehung, Ausbildung und Bildung (einschließlich der Weiter- und Fortbildung) militärischer Angehöriger der Bundeswehr" in dem von Portner u. a. 1977 veröffentlichten Werk über „Grundlagen der allgemeinen Wehrpädagogik". Als etwaige Teildisziplin der Erziehungswissenschaften ist die W. (→ Erziehung) nicht überzeugend (→ Ausbildungspädagogik). Neben Vorurteilen und Rivalitäten (→ Sozialwissenschaften und Bundeswehr) zeichnete sich die W. durch Verbreitung von Gemeinplätzen in der Literatur aus.

Wehrpflicht. Die W. ist die öffentlich-rechtliche Verpflichtung jedes wehrfähigen Bürgers, → Wehrdienst zu leisten (C. Creifelds 1999). – Unter Berufung auf die Verfassung der Französischen Republik beschloss der Nationalkonvent am 13. August 1793 das berühmte Dekret über die „levée en masse", das heute als Ursprung der W. gilt. So wurde bestimmt, dass alle wehrtauglichen Männer eines Geburtsjahrganges gleichmäßig zu erfassen waren. In Preußen, wo das Verfahren nachgeahmt wurde, fand dann die Einführung des Kriegsdienstpflichtgesetzes am 3. September 1814 statt. – Von der „allgemeinen" W. kann jedoch überhaupt erst seit dem Entwurf zur Deutschen Reichsverfassung (1849) gesprochen werden: den, wonach diese „für alle gleich" ist „eine Stellvertretung von derselben" ausgeschlossen bleibt (vgl. Art. II, § 137 Paulskirchenverfassung bei R. Schuster 1992. Reguläre Wehrpflichtgesetze gab es schließlich im Norddeutschen Bund (1867) und im Deutschen Reich mit der sog. Wehrordnung (1888), die in der Fassung von 1901 allen männlichen Staatsbürgern im Reichsgebiet die W. zwischen dem 17. bis 45. Lebensjahr auferlegte. Grundlage aller dieser Regelungen blieb Art. 37 der Deutschen Reichsverfassung (1871). Die W. wurde auf Verlangen der Siegermächte gemäß Art. 173 des Versailler Friedensvertrages (21. August 1920) gesetzlich abgeschafft, vom NS-Regime am 21. Mai 1935 wieder eingeführt, um nach dem Zweiten

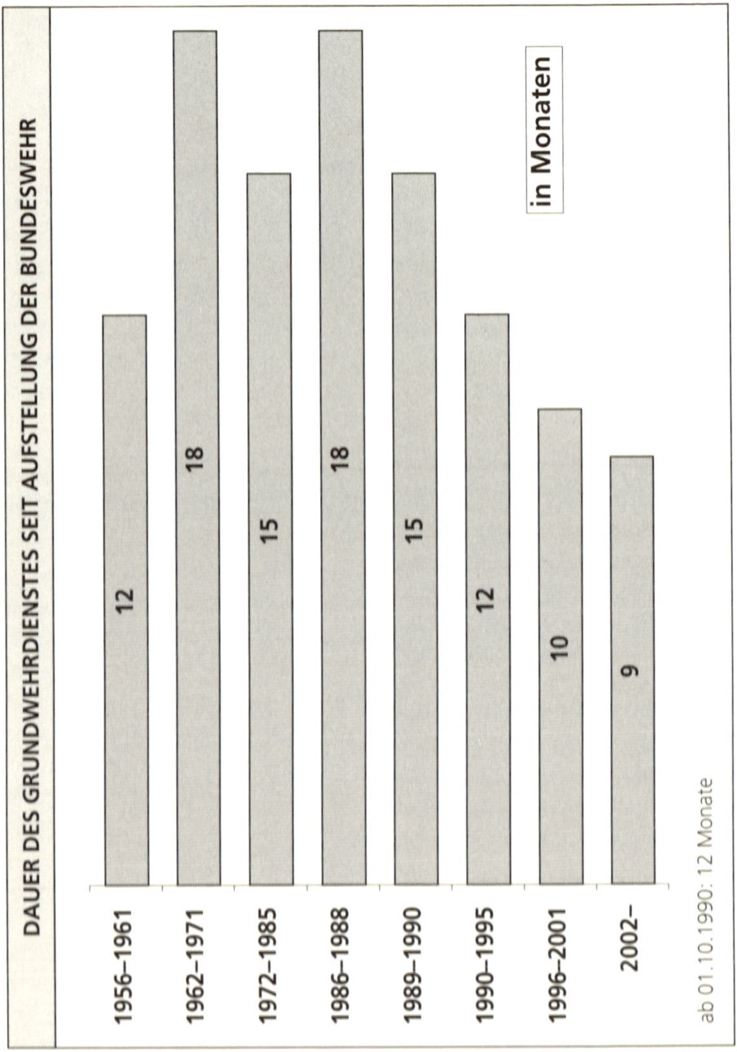

Weltkrieg gem. Kontrollratsbeschluss Nr. 34 erneut abgeschafft zu werden (1946). – Mit der Unterzeichnung der Pariser Abkommen (1954) und der Änderung des → Grundgesetzes (Art. 73 Abs. 1) verabschiedete der

Deutsche Bundestag schließlich das Wehrpflichtgesetz (21. Juli 1956), das noch im selben Jahr in Kraft gesetzt und seither mehrfach geändert wurde. Die ersten wehrpflichtigen Soldaten der → Bundeswehr wurden am 1. April 1957 eingezogen. – Im Zusammenhang mit der → Notstandsregelung ist die W. auf eine neue verfassungsrechtliche Grundlage gestellt worden. Art. 12a GG ermöglicht, dass Männer vom vollendeten 18. Lebensjahr an zum Dienst in den Streitkräften, im Bundesgrenzschutz oder in einem Zivilschutzverband verpflichtet werden können. – Verschiedene aktuelle Ereignisse und Entwicklungen in der Weltpolitik haben die Diskussion um die W. erneut belebt. Der Entscheidung für eine W. liegt der Gedanke zugrunde, dass es Pflicht aller männlichen Staatsbürger ist, für den Schutz von → Freiheit und → Menschenwürde als den obersten Rechtsgütern der Gemeinschaft, deren personale Träger auch sie selbst sind, einzutreten. Die W. ist nach heutiger Überlegung ein Zeichen für das Engagement des Bürgers in der Gemeinschaft. Dagegen ist eine argumentative Verknüpfung von W. und Demokratie angesichts der Inanspruchnahme der W. im NS-Regime oder für die DDR (1949/90) hinterfragbar. Sicherheitspolitisch stellt die W. eine notwendige Voraussetzung zur Wahrnehmung der militärischen Aufgaben dar: W.-Streitkräfte garantieren Verstärkungskräfte im Mobilmachungsfall und sie bilden das Reservoir, aus dem längerdienende Soldaten gewonnen werden können. Das Verhältnis zwischen längerdienenden und wehrpflichtigen Soldaten beträgt etwa 65 : 35 (2002). Unter dem Aspekt der → Integration nehmen Wehrpflichtige außerdem eine Mittlerfunktion wahr: Sie bringen „gesellschaftliche Normalität" in die Streitkräfte, indem sie während der Dienstzeit ihrem sozialen Milieu verbunden bleiben und dadurch Einfluss auf die militärische Lebenswelt ausüben. Soweit möglich, kommen auch den Streitkräften bei berufsnaher Verwendung die Kenntnisse, Fähigkeiten und Fertigkeiten der Wehrpflichtigen zugute. Aus ihrer Anwesenheit ergibt sich schließlich eine erhöhte Aufmerksamkeit und ein Interesse der Politik und Gesellschaft an der Bundeswehr. Andererseits erscheinen heute deutsche Streitkräfte ohne W. nicht wünschbar (→ „Staat im Staate"). Für die aktuelle Diskussion, die sich aufgrund der veränderten sicherheitspolitischen Lage ergibt, wird die Abschaffung der Wehrpflicht mit der abnehmenden → Wehrgerechtigkeit, der fehlenden Professionalität und langfristig erwarteter Haushaltseinsparungen begründet. Der Gesetzgeber hat daraufhin mehrfach mit der Verkürzung des Grundwehrdienstes reagiert (1989: von 18 auf 15 Monate, 1. Oktober 1990: zwölf Monate, 1996: zehn Monate, 2002: neun Monate, → Schaubild, S. 256). Mit der Dauer des Zivildienstes (zehn, ab Mitte 2004 neun Monate geplant), die an die Dauer des Grundwehrdienstes gebunden ist, entstand in diesem Zusammenhang auch eine Diskussion zum allgemeinen Gemeinschaftsdienst. Arbeitspapier → Zentrum Innere Führung (FIZBw RB 9354, 2002).

Wehrpsychologie, als „Psychologischer Dienst" der → Bundeswehr organisiert (175 Psychologen). Generell hat die W. wissenschaftlich begründete Erkenntnisse in den Streitkräften und der Wehrverwaltung anzuwenden; zu den speziellen Arbeitsgebieten gehören Personalauswahl, → Truppenpsychologie, → Menschenführung, psych. Arbeitswissenschaft (Ergonomie), Organisationsberatung, klinische Psychologie u. Ä., → Abweichendes Verhalten (→ eigenmächtige Abwesenheit) und Meinungsumfragen (→ Befragung ausscheidender Soldaten) werden im Auftrag des BMVg geleistet. Publikationsorgan der W. ist die Reihe „Wehrpsychologische Untersuchungen"; fachübergreifende sozialwissenschaftliche Studien werden in speziellen Werkreihen veröffentlicht (→ Quellen- und Literaturverzeichnis).

Wehrrecht. Das W. regelt die Stellung der Streitkräfte in der nationalen und internationalen Rechtsordnung (→ Humanitäres Völkerrecht), die Rechtsstellung des Soldaten im Wehrdienstverhältnis sowie die weiteren Rechtsnormen zur Erfüllung militärischer Aufgaben (beispielsweise Gesetze über die Anwendung unmittelbaren Zwanges und die Ausübung besonderer Befugnisse durch Soldaten der Bundeswehr und zivile Wachpersonen). – Das Verhältnis des (Wehr-)Rechts zur → Inneren Führung erschließt sich aus einer historischen Betrachtung. Danach ist die → Konzeption Innere Führung in der → Dienststelle Blank durch → Baudissin und seine Mitarbeiter in enger Zusammenarbeit mit der Rechtsabteilung diskutiert und formuliert worden. Folglich fanden Überlegungen aus der Unterabteilung Innere Führung zur → Wehrverfassung und zur Rechtsstellung des Soldaten im → Grundgesetz und den Wehrgesetzen ihren Niederschlag. Allerdings leistete diese enge Verbindung der Inneren Führung zum Recht irrigen Auffassungen Vorschub, die beide Gebiete gleichsetzen wollten und damit den nicht in Rechtsnormen fassbaren Teil der Inneren Führung ableugneten. Aber: Innere Führung und Recht beeinflussen sich dagegen wechselseitig. Innere Führung ist Basis der Wehrgesetze und dient zugleich als

Richtschnur für deren Auslegungen und Anwendung. Damit zeigt Innere Führung die einer juristischen Betrachtung nicht zugänglichen Aspekte der Führungspraxis auf, wie z. B. Schaffung einer Vertrauensbasis zwischen Vorgesetztem und Untergebenem (→ Vertrauen). Das dynamische Element der Inneren Führung weist daraufhin, die Wehrgesetze den Veränderungen anzupassen. Andererseits sind Maßnahmen des Gesetzgebers an den tragenden Grundideen der Inneren Führung zu messen. So würde etwa das Verbot zur → politischen Betätigung von Soldaten den eindeutigen Verstoß gegen die Grundsätze der Inneren Führung bedeuten.

Wehrsold → Besoldung.

Wehrstrafgerichte. Art. 96 Abs. 2 GG bestimmt, dass eine Wehrstrafgerichtsbarkeit für Soldaten im Verteidigungsfall oder im Ausland und an Bord von Kriegsschiffen nur durch Gesetz geschaffen werden kann. Davon hat der Gesetzgeber bisher aber keinen Gebrauch gemacht. Im Übrigen werden Soldaten wie alle anderen Bürger auch wegen der Verletzung geltenden Strafrechts vor ordentliche Gerichte gestellt (→ Wehrstrafrecht). – Trotz fehlender gesetzlicher Grundlage fanden Planungen und Übungen mit interessierten Richtern statt. Obwohl nicht offiziell bestätigt, gibt es angeblich Entwürfe zum Strafprozess und zum Wehrstrafrecht für den Verteidigungsfall. Die Kritik gründete sich auf einen vermuteten unmittelbaren Zusammenhang zwischen der Vorbereitung zur „Kriegsfähigkeit" und einem restriktiv gehandhabten Wehrstrafrecht (U. Vultejus 1984). In den letzten Jahren gab es keine Debatte mehr um W.

Wehrstrafrecht. Dem Gedanken entsprechend, bei der verfassungsrechtlichen Einordnung der Streitkräfte das Prinzip der Gewaltenteilung zu beachten, wurde das W. kein selbstständiges Rechtsgebiet, dessen Bestimmungen für sich allein angewendet werden können. Es hängt vielmehr eng und unlösbar mit dem allgemeinen Strafrecht zusammen. Besondere → Wehrstrafgerichte sind nicht vorgesehen. Zuständig sind ausschließlich die ordentlichen Gerichte nach den allgemeinen Gerichts- und Strafverfahrensgesetzen. – Das Wehrstrafgesetzbuch (WStG) von 1957 (Neufassung 1974) gilt für aktive Soldaten der → Bundeswehr (bei Anstiftung und Beihilfe auch für andere Personen: § 1 Abs. 1). Ähnlich wie auf anderen Gebieten des sog. Nebenstrafrechts, sind in diesem Gesetz besondere Tatbestände, die die Eigentümlichkeit des → Wehrdienstes betreffen, geregelt worden. Bestraft werden sollen Verstöße gegen militärische → Dienstpflichten, die nicht mehr als normale Dienstpflichtverletzungen, sondern bereits als kriminelles Verhalten angesehen werden. Geschützt werden sollen einerseits die Ordnung des Dienstbetriebes (ebenso durch das → Disziplinarrecht), andererseits allgemeine Rechtsgüter, wie Sicherheit der Bundesrepublik Deutschland, die Schlagkraft der Truppe, Leib oder Leben eines Menschen oder Sachen von bedeutendem Wert gegen innere Störungen und Angriffe (§ 2 Nr. 3). Das WStG unterscheidet Straftaten gegen die Pflicht zur militärischen Dienstleistung (z. B. → Fahnenflucht, → eigenmächtige Abwesenheit, Selbstverstümmelung), gegen die Pflichten der Untergebenen (z. B. → Gehorsamsverweigerung, → Ungehorsam, Meuterei), gegen die → Pflichten der Vorgesetzten (z. B. Misshandlung, → entwürdigende Behandlung, Unterdrücken von → Beschwerden, Missbrauch der Befehlsbefugnis zu unzulässigen Zwecken) sowie gegen andere militärische Pflichten (z. B. Wachverfehlung, rechtswidriger Waffengebrauch). – Der Soldat setzt sich gegenüber anderen Bürgern einer zusätzlichen Strafrechtsbedrohung auch durch Taten aus, die im vergleichbaren Zivilleben nicht als strafwürdiges Unrecht definiert werden (→ eigenmächtige Abwesenheit). In diesem Sinne wirkt das WStG eher kriminalitätsfördernd. Andererseits führt die höhere Regelungsdichte und die strengere Kontrolle zur Kriminalitätsminderung (→ abweichendes Verhalten). Abgesehen von den Delikten Fahnenflucht und eigenmächtige Abwesenheit spielt das W. praktisch nur eine geringe Rolle. Dennoch bereitet es der ordentlichen Gerichtsbarkeit Schwierigkeiten in der Anwendung (K. Dau, NZWehrr 1984, S. 173). – Seit dem 1. Juli 2002 gilt zusätzlich das Völkerstrafgesetzbuch (→ Humanitäres Völkerrecht).

Wehrverfassung. Die Bestimmungen des Grundgesetzes, die Regelungen zur militärischen Verteidigung und zum Wehrwesen treffen, werden zusammenfassend mit W. bezeichnet, auch wenn es sich dabei nicht um einen eigenständigen Verfassungstext handelt. – Das Grundgesetz enthielt ursprünglich keine Bestimmungen über die Landesverteidigung. Die in der Fassung vom 23. Mai 1949 enthaltenen Art. 4 Abs. 3 GG (Recht der → Kriegsdienstverweigerung), Art. 24 Abs. 2 GG (Einordnung in ein System gegenseitiger kollektiver Sicherheit), Art. 26 GG (Verbot der Vorbereitung eines Angriffskrieges) und Art. 140 GG i. V. m. Art. 141 Weimarer Reichsverfassung (Zulassung einer Seelsorge im Heer) erlangten erst durch die Aufstellung der

→ Bundeswehr an Bedeutung. Mit dem Gesetz zur Ergänzung des Grundgesetzes vom 19. März 1956 wurden geregelt die Geltung der → Grundrechte im Wehrdienstverhältnis (Art. 17a), die → parlamentarische Kontrolle der Bundeswehr durch den → Verteidigungsausschuss (Art. 45a) und → Wehrbeauftragten (Art. 45b), die Befehls- und Kommandogewalt im Frieden (Art. 65a) und im Verteidigungsfall (Art. 115b) sowie die Schaffung der Wehrverwaltung des Bundes (Art. 87b). – Art. 87a GG bestimmt, dass der Bund Streitkräfte zur Verteidigung aufstellt. Die verfassungsrechtliche Ermächtigung zur Einführung der allgemeinen → Wehrpflicht (Art. 12a) erfolgte 1968 im Zusammenhang mit der Notstandsgesetzgebung. – Die W. beschreibt die in der → Konzeption Innere Führung geforderte Integration der Streitkräfte und seiner Soldaten in den demokratischen Rechtsstaat und bildet zugleich die verfassungsrechtliche Grundlage für die einzelnen Wehrgesetze.

Weiskirch → Wehrbeauftragter.

Weißbuch („Farbbuch"), Bezeichnung einer Dokumentation zur Darstellung regierungsamtlicher Politik in der Öffentlichkeit, benannt nach den Farben des Umschlags, seit dem 19. Jh. in Deutschland üblich. Regierungsamtliche Veröffentlichungen sind erstmals im „Blaubuch" von 1624 (England) nachweisbar. – Die Bundesregierung veröffentlicht (1969 ff.) zur Sicherheitspolitik solche Weißbücher in unregelmäßiger Folge (vgl. Zeittafel). Das letzte W. behandelt die Grundlagen der deutschen Sicherheitspolitik unter den Bedingungen der Wiedervereinigung, dazu Fragen um die Zukunft der → Bundeswehr (1994); Themen über Militär und Gesellschaft enthält das Schlusskapitel (→ Innere Führung, → Selbstverständnis des Soldaten, → Ausbildung, → Militärseelsorge, Bundeswehr und → Umwelt, → Öffentlichkeit).

Weiterbildung ist der Teil der militärischen → Ausbildung, der neben der → Fortbildung die Kenntnisse, Fertigkeiten und Fähigkeiten der Soldaten vertieft oder erweitert, ohne damit eine spezifische berufliche Qualifikation zu verfolgen.

Weiterentwicklung der Inneren Führung → Konzeption der Inneren Führung.

Weizsäcker, von → Bundespräsident, → Kommission „Gemeinsame Sicherheit und Zukunft der Bundeswehr".

Weizsäcker-Kommission → Kommission „Gemeinsame Sicherheit und Zukunft der Bundeswehr".

Wellershoff → Generalinspekteur.

Weltbürger in Uniform → Selbstverständnis des Soldaten.

Werkwochen → Rüstzeiten.

Werteordnung. Unter der W. des → Grundgesetzes wird die freiheitliche demokratische Grundordnung in der Auslegung des Bundesverfassungsgerichts (Entscheidungssammlung, Bd. 2) verstanden, eine: „Ordnung, die unter Ausschluss jeglicher Gewalt- und Willkürherrschaft eine rechtsstaatliche Herrschaftsordnung auf der Grundlage der Selbstbestimmung des Volkes nach dem Willen der jeweiligen Mehrheit und der Freiheit und Gleichheit darstellt. Zu den grundlegenden Prinzipien dieser Ordnung sind mindestens zu rechnen: die Achtung vor den im Grundgesetz konkretisierten Menschenrechten, vor allem vor dem Recht der Persönlichkeit auf Leben und freie Entfaltung, die Volkssouveränität, die Gewaltenteilung, die Verantwortlichkeit der Regierung, die Gesetzmäßigkeit der Verwaltung, die Unabhängigkeit der Gerichte, das Mehrparteienprinzip und die Chancengleichheit für alle politischen Parteien mit dem Recht auf verfassungsmäßige Bildung und Ausübung einer Opposition."

Wertewandel, einerseits populäres Schlagwort, dessen Entstehen von nachhaltiger Skepsis in Politik und Wissenschaften begleitet wird, bezogen auf Einstellungsveränderungen zu herkömmlichen (traditionellen) Werten, andererseits Gegenstand empirischer Sozialforschung. – Die Entdeckung ungewöhnlicher Wandlungen „im Bewusstsein der Bevölkerung" geht auf die Meinungsforscherin E. Noelle-Neumann zurück, die in ihren Analysen auf Egalisierungstendenzen in Einstellungen und Verhaltensweisen aufmerksam machte (in: „Die Zeit", Nr. 25, 1975). Berichtet wurde von materiellen Errungenschaften in der Arbeiterschaft (Besitzstand und soziale Sicherheit) und von einer „umgekehrt" zu beobachtenden Anpassung an eine „Unterschichtenmentalität" innerhalb der Mittelschichten (Befragungsergebnisse 1967/72). – W. meint die Veränderung von Einstellungen in der Gesellschaft zu den herkömmlichen Werten wie Fleiß, Gehorsam, Ordnung durch Bevorzugung von Werten wie Selbstverwirklichung, Teilhabe (→ Beteiligung), Kreativität, menschliche Zuwendung, Lebensfreude, Offenheit, Rücksicht, Kritikfähigkeit und Selbstverantwortung. Dieser Prozess wird gefördert durch neue Erziehungsleitbilder (offene, partnerorientierte und gleichberechtigte Beziehung zwischen Eltern- u. Kinder-

ERZIEHUNGSZIELE IM TREND 1951–2001
(Neue und alte Bundesländer)

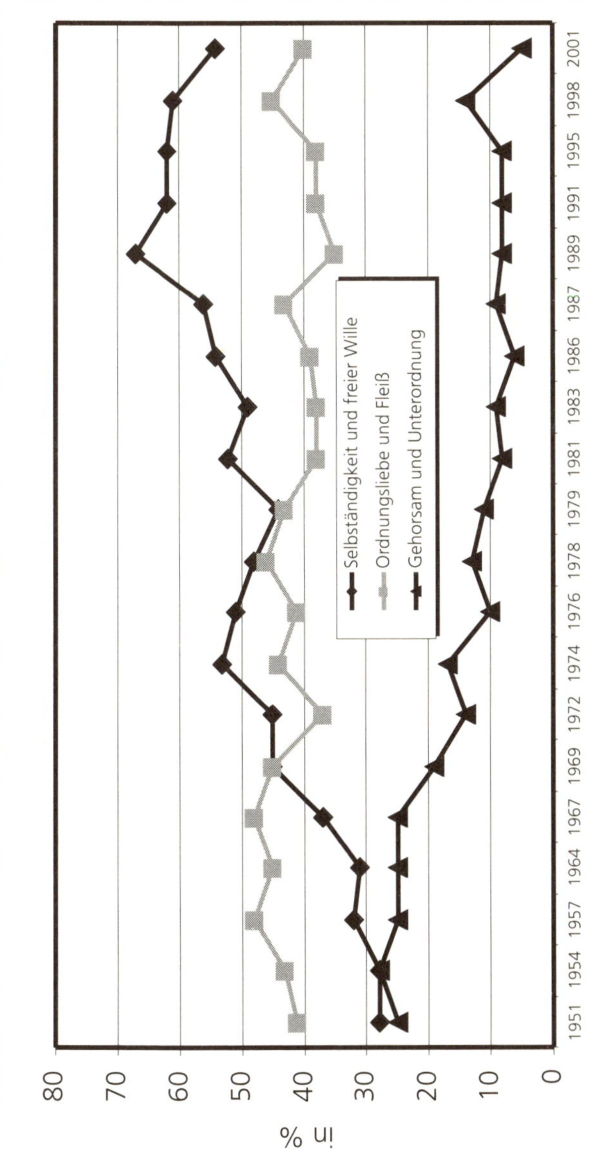

Quelle: EMNID

generation, → Sexualität, → Schaubild, S. 263). Die „innere" Bindung an Großorganisationen und die Identifikation mit den Institutionen (→ Autorität) nehmen beim Einzelnen ab. Der Glaube an Wissenschaft und Rationalität, an Fortschritt und Wachstum lässt nach, während der Gedanke an ein harmonisches Gleichgewicht mit der Natur zunehmend Anhänger gewonnen hat (→ Ökologie). In der Berufstätigkeit hat der Leistungsgedanke eine andere Qualität gewonnen: neben Lohn- und Gehaltshöhe, Karrierechancen und sozialer Absicherung sind die Erwartungen an eine interessante Tätigkeit, Identifikation mit der Aufgabe, Gestaltungsfreiräume und Vereinbarkeit mit privaten Interessen (→ Freizeit) zunehmend gewachsen. – Die neuen Bewertungsmaßstäbe ermöglichen Konflikte mit traditionellen Erziehungs-, Ordnungs- und Hierarchievorstellungen (Fortschritt gegenüber → Tradition). Das trifft besonders am Prinzip von → Befehl und Gehorsam orientierte Institutionen wie die → Bundeswehr. Sie wird mit dem Bedeutungsverlust von Militär (→ Akzeptanz) und sicherheitspolitischen Neuorientierungen (→ Legitimation) konfrontiert. Gerade wehrpflichtige Soldaten, aber auch jüngere → Offiziere und → Unteroffiziere sind überwiegend nach den neuen Wertvorstellungen aufgewachsen. Das ist z. B. spürbar in der Bewertung von → Dienstzeit, Mobilität (→ Versetzung), Leistung, → Beteiligung und → „Betriebsklima". Konflikte mit den meist älteren, von herkömmlichen Wertvorstellungen geprägten → Vorgesetzten können nicht ausgeschlossen werden. – Das → Sozialwissenschaftliche Institut der Bundeswehr und das → Zentrum Innere Führung hatten sich dem Phänomen W. in Studien (→ „Kursbuch 2000") gewidmet.

Widerstand → Widerstandsrecht, → Zwanzigster Juli 1944.

Widerstandsrecht. Das W. (Art. 20 Abs. 4 GG) dient der Erhaltung oder Wiederherstellung des staatlichen und verfassungsmäßigen Zustandes (sog. status quo), es rechtfertigt aber nicht dessen Veränderung. Mit dem W. sollte ein Gegengewicht zu der Ausweitung von Befugnissen der staatlichen Institutionen im Zusammenhang mit den → Notstandsregelungen (1968) geschaffen werden. Darüber hinaus steht das W. in einer Tradition „überpositiven" Rechts (→ Zwanzigster Juli 1944), nämlich der Wahrnehmung des Rechts auch gegen geltende Gesetze, wenn → Menschenwürde und Menschenrechte massiv verletzt oder außer Kraft gesetzt werden oder wenn der Staat den Anspruch erhebt, „die einzige und totale Ordnung des menschlichen Lebens" zu sein (Barmer Theologische Erklärung 5, 1934). – Die → Werteordnung des Grundgesetzes ist so gestaltet, dass Widerspruch und Veränderungen nach demokratischen Verfassungsprinzipien gewährleistet werden (→ freie Meinungsäußerung, parlamentarische Opposition, Parteienvielfalt, Koalitionsvielfalt). Besonderes Gewicht hat in der Wahrnehmung eines W. die Berufung auf das → Gewissen. Gewissensbildung, die für die Grenzen staatlicher und militärischer Macht sensibel macht, so auch für den Einsatz bestimmter Waffen und der eigenen Verantwortung für Befehle (→ Befehl und Gehorsam), sollte in den Streitkräften gefördert werden. In der → politischen Bildung haben das Nachdenken über ein W. und die Auseinandersetzung mit dem historischen Widerstand ihren Ort.

Will, Günter (1916–1999), Oberst a. D. Dr., arbeitete in der → Dienststelle Blank und im Bundesministerium für Verteidigung im Referat „Innere Führung" (1953/58). Als Referatsleiter für Truppeninformation gründete er die Zeitschrift → „Information für die Truppe". Daneben wirkte er am Aufbau der Schule der Bundeswehr für Innere Führung (→ Zentrum Innere Führung) und am Konzept für die Aus- und Weiterbildung wieder einzustellender Generale und Stabsoffiziere (→ Handbuch Innere Führung) maßgeblich mit. 1965 erhielt er den Auftrag, die → Stabsakademie der Bundeswehr aufzubauen, deren einziger Kommandeur er bis 1973 war. Als Mitglied verschiedener Kommissionen arbeitete er einflussreich an den → Bildungsreformen in den Streitkräften mit.

Winterarbeiten wurden als Wettbewerb seit 1959 vom → Generalinspekteur der Bundeswehr ausgeschrieben, um Soldaten zur geistigen Arbeit mit zeitgeschichtlichen, politischen oder gesellschaftlichen Themen in den Wintermonaten anzuregen. Solche Wettbewerbe waren früher schon üblich und blieben zunächst auf jüngere → Offiziere beschränkt; sie sind in der → Bundeswehr auf alle Soldaten und → Reservisten bis zum Dienstgrad Hauptmann ausgedehnt worden. Für hervorragende Arbeiten wurden Preise bis zu 511,– EUR vom Generalinspekteur persönlich überreicht. 1992/93 ersetzen „IMPULSE – Soldaten im geistigen Wettbewerb" die W., um der abnehmenden Teilnahmebereitschaft durch erweiterte Bedingungen entgegenzuwirken. Neben einem Aufsatz konnten auch Foto-Reportagen, Videofilme, Hörspiele und Features in Einzel- oder Gruppenarbeit zu zehn aktuellen Themen abgegeben werden. Nachdem auch diese

Form keine Akzeptanz bei den Soldaten auslöste, wurde der geistige Wettbewerb 1993 eingestellt.

Wissenschaftliches Forum für Internationale Sicherheit e. V. Das W. (WIFIS) ist 1991 aus dem „Arbeitskreis für Wehrforschung e. V." (gegründet 1954) hervorgegangen und seitdem als ein unabhängiges Forschungsinstitut in der → Führungsakademie der Bundeswehr untergebracht. Das Forum soll wissenschaftliche Untersuchungen auf dem Gebiet der Sicherheits- und Verteidigungspolitik fördern und veröffentlichen. Daneben finden Jahrestagungen statt. W. hat 118 Mitglieder (2000). Themen der → Inneren Führung sind regelmäßig Gegenstand von Publikationen und Tagungen. Neben der Schriftenreihe (bisher 20 Bände) erscheint „WIFIS-Aktuell" (bisher 31 Hefte).

Anschrift: Wissenschaftliches Forum für Internationale Sicherheit e. V., Blomkamp, 22585 Hamburg.

Wohnungsfürsorge. Zweck der W. ist es, den Soldaten und ihren → Familie(n) am Dienstort einschließlich des Einzugsgebietes zu einer angemessenen familiengerechten Wohnung zu verhelfen. Diese Aufgabe wird in der Regel durch die Standortverwaltungen (→ Bundeswehrverwaltung) wahrgenommen. Ein Vergabeausschuss, in denen auch → Vertrauenspersonen der Einheiten des Standortes mitwirken, entscheidet über die Zuteilung von Bundesmietwohnungen. Wegen der zunehmenden Bedeutung des freien Wohnungsmarktes wurde die W. auf die Beratung auch dieser Immobilien ausgedehnt („Beratungserlass" vom 31. Juli 1996, G 1-Hinweise Nr. 4120). Die Wohnungssuchenden sollen umfassend informiert, beraten und unterrichtet werden. Vorrangig im persönlichen → Gespräch sind die Beschreibung beziehbarer zweckgebundener Wohnungen nach den Wohnungsvergaberichtlinien (VMBl. 1998, S. 383), der freie Wohnungsmarkt, sein Umfeld sowie finanzielle Unterstützungsleistungen (Familienheimdarlehen, Mietbeiträge, Wohngeld, Maklergebühren) anzusprechen. – Da nur noch knapp 20 v. H. der verheirateten Soldaten umziehen, hat sich die Wohnungslage entspannt. Festzustellen bleibt aber, dass Wohnraum an einzelnen Standorten der neuen Bundesländer fehlt und hohe Mietpreise in den Ballungszentren sowie Modernisierungsbedarf bei älteren Bundesmietwohnungen besteht.

Wörner → Bundesminister der Verteidigung.

Wust → Generalinspekteur.

XENOS (griech., der Fremde), steht für „Xenos – Leben und Arbeiten in Vielfalt", Kampagne der Bundesregierung seit 2001 gegen Rassismus, Fremdenfeindlichkeit und Intoleranz. Die → Bundeswehr ist bis September 2004 mit 500 Veranstaltungen beteiligt („Aktion Vielfalt leben"). Junge → Unteroffiziere und Offizieranwärter gehören zur Zielgruppe; sie sind Multiplikatoren in den Einheiten, Verbänden und Schulen für ihre Kameraden, die Beratungsangebote annehmen sollen (GWDL). Die Organisation der Veranstaltung (eintägiges Seminar) umfasst ein interaktives Lernquiz, ein Planspiel und Informationen durch Arbeitsberater.

Informationen: Intr@net aktuell, Kontaktadresse: Zentrum Innere Führung (Tel.: 02 61-8 96-55 26, Fax -55 66, E-Mail: zinfue_ber3@BUNDESWEHR.ORG).

„Y. Magazin der Bundeswehr", Zeitschrift der → Truppeninformation, erscheint monatlich mit Berichten, Kommentaren und Nachrichten zu den Sparten Politik, Streitkräfte, Geschichte, Gesellschaft, Forschung und Technik usw. (Erstausgabe April 2001).

„Zeitgemäße Menschenführung" ist ein Schlagwort, womit die Berücksichtigung der neuesten pädagogischen Erkenntnisse für die Effizienz eines solchen Systems (→ Menschenführung) verdeutlicht wird.

Zeitsoldat → Soldat auf Zeit.

Zentrum Innere Führung (ZInFü), zentrale militärische Dienststelle der Bundeswehr, Leitfunktion im → Aufgabenverbund Innere Führung, der → Streitkräftebasis zugeordnet, als Lehr- und Forschungsstätte nach den Vorschlägen → Baudissins im Oktober 1956 eingerichtet, 1970 organisatorisch verändert (→ Sozialwissenschaftliches Institut der Bundeswehr), 1981 umbenannt (Zentrum Innere Führung), seit 1994 mit einer Außenstelle (Bereich 5) in Strausberg vertreten. Neben dem Stab ist das Z. in die Bereiche Konzeption, Grundsatzangelegenheiten 1., Menschenführung, Fürsorge und Betreuung 2., Politische Bildung 3. sowie Verfassungs-, Wehr- und Völkerrecht, Soldatische Ordnung 4. gegliedert. Neben Lehrgängen zur Aus- und Fortbildung für militärisches und ziviles Personal steht die Entwicklungsarbeit zur → Konzeption Innere Führung; für die Erwachsenenbildung gibt es zahlreiche Angebote zur Weiterbildung (→ Öffentlichkeitsarbeit). In Kooperation mit der Fernuniversität Hagen und dem → George C. Marshall-Center ist das „Selbstlernprogramm

DIE KOMMANDEURE DES ZENTRUMS INNERE FÜHRUNG*)	
Brigadegeneral A. **Weber**	1956–1960
Brigadegeneral U. **de Maizière**	1960–1962
Brigadegeneral K. **Hinkelbein** (Luftwaffe)	1962–1966
Flottillenadmiral H. **Collmann**	1966–1969
Brigadegeneral G. M. **Schönnenbeck**	1969–1972
Brigadegeneral M. **Seifert**	1972–1978
Brigadegeneral W. **Lange**	1978–1980
Brigadegeneral D. **Clauß**	1980–1983
Brigadegeneral A. **von der Recke**	1983–1987
Flottillenadmiral U. **Hundt**	1987–1994
Brigadegeneral H.-C. **Beck**	1994–1999
Brigadegeneral S. **Kretschmer**	1999–

*) 1956–1981 Schule der Bundeswehr für Innere Führung

Innere Führung" vorbereitet worden, das von 2002 an allgemein zur Verfügung steht (Internet, Intr@net aktuell). Eine aktualisierte CD-ROM informiert über Dienstvorschriften, → Ausbildungs-(Führungs-)Hilfen, Unterrichtsmappen, Lehr- und Lernprogramme (elektronische Datenträger). Weitere Einzelheiten sind im Internet bzw. Intr@net aktuell abrufbar (→ Schautafel: Die Kommandeure des Z., S. 269).

Anschrift: Zentrum Innere Führung, Postfach 7430, 56065 Koblenz – Außenstelle: Prötzeler Chaussee 20, 15344 Strausberg.

Zimmermann → Generalinspekteur.

Zivilcourage → Tapferkeit.

Zivildienst → Ersatzdienst.

Zivilgesellschaft → Bürgergesellschaft.

Zivil-Militärische Zusammenarbeit (ZMZ), (englisches Kurzwort CIMIC, Civil-Military-Cooperation), ist die Bezeichnung für Maßnahmen, die gemeinsam von zivilen und militärischen, nationalen Dienststellen oder Dienststellen der → NATO und Behörden im → Frieden oder im Krieg für eine wirksame Gesamtverteidigung getroffen werden. Auch im Falle von Naturkatastrophen oder besonders schweren Unglücksfällen erfolgt ein Zusammenwirken von Trägern der zivilen und militärischen Verteidigung; in der Bundesrepublik Deutschland dient ZMZ der Vorbereitung und Durchführung der Landesverteidigung. Zu Einzelheiten: Teilkonzeption ZMZ vom 30. Oktober 2001. – Während der → Auslandseinsätze haben sich deutsche CIMIC-Kräfte besonders bewährt (Bosnien-Herzegowina) beim Wiederaufbau und den vielfältigen Vorbereitungen zur Flüchtlingsrückkehr. Im Kosovo hat ZMZ neben Wiederaufbaumaßnahmen die Einrichtung einer funktionierenden Verwaltung (schrittweise Übertragung der politischen Verantwortung) zum Ziel.

Zusammenarbeit Ost, Kurzbezeichnung für die internationale Kooperation mit mittel- und südosteuropäischen Staaten, der Gemeinschaft unabhängiger Staaten (GUS) und anderen Oststaaten in verschiedenen militärischen Aufgabengebieten seit Ende des Ost-West-Konfliktes und mit Beginn einer neuen sicherheitspolitischen Sicherheitskooperation. Neben dem Übungsprogramm Partnership for Peace (PfP) stehen bilaterale Jahresprogramme im Mittelpunkt der Z. Zu deren Inhalten gehören auch die → Innere Führung, die → Wehrverfassung und die → Militärgeschichte. Hierbei sind verschiedene Dienststellen des

→ Aufgabenverbundes Innere Führung einbezogen, z. B. durch bilaterale Seminare. Die Koordination hat das Dezernat Z. im Zentrum für Analysen und Studien übernommen.

Zwanzigster Juli (20. Juli 1944), Datum für den letzten Versuch, Hitler und das NS-Regime zu beseitigen. Die Tat ist zehn Jahre später besonders von Theodor → Heuss gewürdigt worden („Aufstand des Gewissens" → MGFA, → Wanderausstellungen). Aus zeitgeschichtlicher Sicht hat sie ihren Ursprung im Herrschaftsanspruch des Nationalsozialismus und den Bedingungen des Terrorsystems im Alltag. Die Überzeugung, dass Hitlers Vabanquepolitik in der Katastrophe der Deutschen enden wird, war nur wenigen bewusst (→ Beck, → Tresckow). → Stauffenbergs Motiv, auf Weisung Tresckows ein drittes Mal im Juli 1944 diesen Anschlag zu wagen, mochte patriotisch sein, jedenfalls ist der Vorwurf des zu späten Handelns unhaltbar: bis in die Jahre 1941/42 konnten keine Truppen für einen Umsturz von diesen Dimensionen mobilisiert werden (→ Olbricht); unter den Oberbefehlshabern und kommandierenden Generalen des Heeres gab es nur wenige, die die Verschwörer konsequent unterstützten. – Das Scheitern dieses letzten Attentatsversuchs am 20. Juli 1944 (12.47 Uhr) mag im Vertrauen auf militärische Befehlsapparaturen gelegen haben – es war verhängnisvoll. Die Vorgänge in Hitlers Hauptquartier (Ostpreußen) wurden in Berlin (→ Bendler-Block) viel zu spät bekannt. Erschwerend war, dass das SS-Nachrichtensystem funktionierte, so dass Goebbels schon um 13 Uhr im Bilde war. Von 17 Uhr an verbreitete der Rundfunk halbstündlich die Nachricht von der leichten Verletzung Hitlers, um 19 Uhr gab dieser den Befehl zum Gegenschlag. Die führenden Offiziere um → Beck wurden verhaftet und sofort exekutiert. Zahlreiche Mitverschworene des militärischen und zivilen Widerstandes sind vom „Volksgerichtshof" dann, ohne sich wirksam verteidigen zu können, nach erlittener Folter einem entehrenden Prozessverfahren unterworfen worden. Die Verhaftungen trafen etwa 1 000 Personen, über die Zahl der Hingerichteten schwankt das Urteil (mehr als 200 Personen). Viele Angehörige wurden auf Befehl Hitlers in „Sippenhaft" genommen, ihr Eigentum eingezogen, die am Widerstand beteiligten Offiziere gesondert einem formalgerichtlichen Verfahren unterworfen („Ehrenhof"), ehe man sie verurteilte. – Die kriegsbedingt breite Auseinandersetzung fügte in den folgenden Jahrzehnten ein Bild vom Widerstand, das die Unterschiedlichkeit der Motive klarer zeichnet. Freilich ist damit die Bedeutung der Militäropposition nicht geringer geworden. Denn nur im Umkreis der → Wehrmacht, eben der stärksten bewaffneten Macht jener Zeit, waren nur die personell-materiellen Voraussetzungen für einen Umsturz vorhanden. – Die Rezeption des 20. Juli setzte in der Bundeswehr erstaunlich früh ein; marginale Indizien bieten der Vortrag im I. Lehrgang höherer Offiziere an der Generaloberst-Beck-Kaserne in Sonthofen („Der Soldat und der 20. Juli", 1956) und das „Handbuch Innere Führung" (1957), worin ausdrücklich das Wissen um die Aussichtslosigkeit der „Widerstandsaktion" betont wurde. Die moralische Konsequenz des Handelns, im Handbuch ebenfalls akzentuiert (S. 81 ff.), wurde zum Maßstab der Personalauswahl von hohen Offizieren. Der erste → Generalinspekteur der Bundeswehr, selbst Opfer des Attentats (→ Heusinger), erinnerte später an die Tat („Aufruf", 1959). Für die Bundeswehr ist der 20. Juli 1944 ein Datum ihrer → Tradition (Generalinspekteurbrief 1/94). Der „Wegweiser für die Traditionspflege im Heer" führt den Widerstand gegen den Nationalsozialismus als Unterrichtsthema an (1999, S. 23 f.). Eine Auswertung des Jahresarbeitenarchivs der Führungsakademie der Bundeswehr (Bald u. a. 1991) lässt allerdings vermuten, dass die Bedeutung des Themas allmählich schwindet.

Zwei-Klassen-Armee, polemische Formel für Ungleichheiten in der Rechtsstellung von ehemaligen Angehörigen der → Nationalen Volksarmee in der Bundeswehr (→ „Armee der Einheit", → Nationale Volksarmee). Kritisiert werden folgende Regelungen, die der → Deutsche Bundeswehr-Verband (DBwV) thematisiert: Wehrdienst in der NVA wird nicht anerkannt, sondern amtlich als Dienst „in fremden Streitkräften" behandelt; ehemalige Berufssoldaten der NVA haben nicht das Recht, im Namen den Dienstgrad mit Zusatz „außer Dienst" zu führen; Dienstzeiten in der NVA werden nicht auf die Versorgungsbezüge angerechnet, sondern haben eine Rente zur Folge; Besoldungsunterschiede im aktiven Dienst bilden den auffälligsten Unterschied für gleichartigen Dienst in den neuen Bundesländern; Dienstzeiten in der NVA werden nicht für Mindestdienstzeiten der Beförderung anerkannt (es zählen nur Dienstjahre in der Bundeswehr); Fachhochschulabschlüsse u. Ä. der ehemaligen NVA werden nicht berücksichtigt. Der Leitantrag des Bundesvorstandes DBwV fordert: 1. Gleichrangiger Wehrdienst, Anerkennung als deutsche Soldaten, 2. Anerkennung von Bildungsabschlüssen, 3. Führen des Dienstgrades mit dem Zusatz „a. D." (vgl. „Die Bundeswehr", 2/2002, S. 6).

Anhang

2

Zeittafel

mit ausgewählten Daten zur Entstehungsgeschichte und zum Verlauf der Inneren Führung 1949–2003

	1949
23. Mai	Das Grundgesetz (GG) der Bundesrepublik Deutschland tritt in Kraft.
16. Dezember	Im Bundestag wird ein deutscher Verteidigungsbeitrag von allen Parteien abgelehnt – Die Alliierte Hohe Kommission verkündet das Gesetz zur Verhinderung des Militarismus in Deutschland.
	1950
3.–9. Oktober	Geheime Militärberatungen in Kloster Himmerod (Eifel).
23. Oktober	Th. Blank wird zum Sicherheitsbeauftragten des Bundeskanzlers ernannt.
	1951
4. Juni	Grundzüge des deutschen Verteidigungsbeitrages beschlossen (Petersberg-Memorandum).
6. Juli	Teilnahme der deutschen Delegation an den EVG-Verhandlungen (Paris).
26. Oktober	Dienststelle Blank („Amt Blank“) löst die „Zentrale für Heimatdienst“ ab.
3. Dezember	Vortrag Baudissins zum künftigen deutschen Verteidigungsbeitrag (Ev. Akademie Hermannsburg).
	1952
24. April	Vorschlag der Formel „Staatsbürger in Uniform“ (F. Beermann).
2. Mai	Dritte Strophe des Deutschlandliedes wird zur Nationalhymne bestimmt.
26. Mai	Vertrag über die Beziehungen zwischen der Bundesrepublik Deutschland und den Drei Mächten (Deutschland- bzw. Generalvertrag).

27. Mai	Unterzeichnung des EVG-Vertrages.
3. Dezember	Ehrenerklärung der Bundesregierung für die Soldaten der ehemaligen deutschen Wehrmacht.

1953

10. Januar	Der Sammelbegriff „Innere Führung" wird in der Dienststelle Blank eingeführt.
17. Juni	Den Volksaufstand in Ost-Berlin und zahlreichen Städten der DDR schlagen sowjetische Truppen blutig nieder.
29. Dezember	Umgliederungen der Dienststelle Blank, Einrichtung der Unterabteilung II/2 (Innere Führung).

1954

18. März	Die Dienststelle Blank veröffentlicht Pläne zum deutschen Verteidigungsbeitrag.
26. März	Der Bundestag billigt das Gesetz zur Ergänzung des Grundgesetzes, womit die Wehrhoheit des Bundes begründet wird (= 4. Gesetz zur Änderung des GG, sog. 1. Wehrnovelle).
30. August	Die Verabschiedung des EVG-Vertrages wird von der französischen Nationalversammlung vertagt (damit ist das Vertragswerk gescheitert).
28. September	Auf der Londoner Neun-Mächte-Konferenz (bis 3. Oktober, an Stelle der gescheiterten EVG-Verhandlungen einberufen) wird die Souveränität der Bundesrepublik, ihr Beitritt zur NATO und zum Brüsseler Pakt beschlossen.
23. Oktober	Vertrag zur Gründung der Westeuropäischen Union (WEU).
15. Dezember	Die Bundesregierung weist den Militarismus-Vorwurf zurück und erläutert die zukünftige Aufgabe der Streitkräfte vor dem Bundestag.

1955

5. Mai	Proklamation zur Aufhebung des Besatzungsstatuts: Rückgewinn der Souveränität.
9. Mai	Aufnahme der Bundesrepublik Deutschland in die Nordatlantische Allianz (NATO).

7. Juni	Umbenennung der Dienststelle Blank in Bundesministerium für Verteidigung.
30. Juni	Abkommen zur gegenseitigen Verteidigungshilfe zwischen den USA und der Bundesrepublik Deutschland.
23. Juli	Freiwilligen-Gesetz, Gesetz über den Personal-Gutachterausschuss.
10. Oktober	Ernennung der ersten Soldaten (Freiwillige).
12. November	200. Geburtstag Scharnhorsts: Übergabe der Ernennungsurkunden an die ersten Freiwilligen.

1956

2. Januar	Einberufung von 1000 Soldaten (Freiwillige) nach Andernach (Heer), Nörvenich (Luftwaffe) und Wilhelmshaven (Marine).
6. März	Der Bundestag verabschiedet ergänzende Bestimmungen zum Grundgesetz (= 7. Gesetz zur Änderung des GG, sog. 2. Wehrnovelle).
19. März	Offizielle Bezeichnung „Bundeswehr" eingeführt – Gesetz über die Rechtsstellung der Soldaten (Soldatengesetz).
30. März	Wehrstrafgesetz.
2. Mai	Beginn 1. Lehrgang für höhere Offiziere (Innere Führung) in Sonthofen.
14. Juli	Gründung des Deutschen Bundeswehr-Verbandes e. V.
21. Juli	Wehrpflichtgesetz.
1. August	Erster Jahrgang der Zeitschrift „Information für die Truppe" erscheint.
14. Dezember	Gesetz über die Wehrbeschwerdeordnung.
24. Dezember	Wehrpflichtgesetz (zwölf Monate).

1957

1. Januar	Einrichtung der militärgeschichtlichen Forschungsstelle (13. Januar 1958 umbenannt in: Militärgeschichtliches Forschungsamt).
12. Februar	Leitsätze für die Erziehung des Soldaten erlassen (ZDv 11/1).

15. März	Gesetz über die Wehrdisziplinarordnung (WDO).
30. März	Wehrstrafgesetz und Wehrsoldgesetz.
1. April	Einberufung des ersten wehrpflichtigen Jahrgangs.
18. April	Göttinger Manifest gegen Atomwaffen der Bundeswehr.
3. Juni	Iller-Unglück (Kempten).
15. Juni	Generalinspekteur: Richtlinien für die Erziehung des Offizierkorps.
26. Juni	Gesetz über den Wehrbeauftragten.
29. Juni	Gesetz zur Vertrauensmänner-Wahl der Soldaten.
26. Juli	Staatskirchenvertrag für die ev. Militärseelsorge; die kath. Militärseelsorge gilt nach den Bestimmungen des Reichskonkordats (20. Juli 1933); Soldatenversorgungsgesetz und Unterhaltssicherungsgesetz.
30. September	„Handbuch Innere Führung" erscheint.
18. Oktober	Gründung des Soldatenhilfswerks der Bundeswehr e. V.
	1958
12. Juni	Weisung Generalinspekteur „Traditionspflege" (Entwurf).
27. Juni	1. Beirat für Fragen der Inneren Führung konstituiert.
30. Juni	Erlass über die Bildung des Beirats für Fragen der Inneren Führung beim Bundesminister für Verteidigung.
8. September	Befehl (Generalinspekteur): Lehrgänge „Jugendarbeit in der Praxis".
28. November	Erlass „Erzieherische Maßnahmen".
	1959
19. Februar	Wahl des 1. Wehrbeauftragten des Deutschen Bundestages.
5. März	Gutachten zur Neubegründung von Traditionsverhältnissen (Beirat Innere Führung).
9. Oktober	Erlass zur Einrichtung des Berufsförderungsdienstes der Bundeswehr.
21. Oktober	Richtlinien für die Erziehung 1959/60 (Generalinspekteur).
9. November	Dienstanweisung für Rechtsberater der Bundeswehr (Erlass).

1960

2. März	Katastropheneinsatz der Bundeswehr: Erdbebenhilfe in Marokko (Agadir).
8. April	Vorlage des 1. Jahresberichts des Wehrbeauftragten (u. a. Grundsätze über die Innere Führung).
20. Mai	Gründung des Bundeswehr-Sozialwerks e. V.

1961

14. April	Vorlage des 2. Jahresberichts des Wehrbeauftragten (u. a. positive Eindrücke zur Praxis der Inneren Führung).
13. August	Teilung Deutschlands vollzogen: Ost-Berlin wird von West-Berlin abgeriegelt („Mauerbau").
8. November	Wahl des 2. Wehrbeauftragten des Deutschen Bundestages.
8. Dezember	Gesetzentwurf der Bundesregierung zur Wehrdienstverlängerung (18 Monate).
15. Dezember	Dienstanweisung für Rechtslehrer (Erlass).
20. Dezember	Bundesministerium der Verteidigung: Änderung der Amtsbezeichnung (bisher „für Verteidigung").

1962

17. Februar	Katastropheneinsatz der Bundeswehr: Sturmflut in Norddeutschland, 40 000 Soldaten werden eingesetzt.
22. Februar	Der Bundestag beschließt die Verlängerung des Wehrdienstes auf 18 Monate.
27. April	Vorlage des 3. Jahresberichts des Wehrbeauftragten (u. a. Erziehungsarbeit, zeitgemäße Menschenführung).
10. Oktober	„Spiegel-Affäre": Nach Veröffentlichung des Berichts über die Bundeswehr („Bedingt abwehrbereit") im Nachrichtenmagazin Nr. 41 kommt es zur Regierungskrise, am 12. Dezember wird der BMVg (Strauß) entlassen.

1963

11. April	Vorlage des 4. Jahresberichts des Wehrbeauftragten (u. a. Grundsätze der Inneren Führung und Auseinandersetzungen in der Öffentlichkeit).
	Einführung der Divisionsabzeichen (Heer).

11. Juni	2. Beirat für Fragen der Inneren Führung konstituiert.
25. Juli	Nagold-Affäre: Ein Soldat verunglückt tödlich (Auflösung der Ausbildungseinheit am 29. Oktober).

1964

4. Juni	Vorlage des 5. Jahresberichts des Wehrbeauftragten (u. a. Grundsätze der Inneren Führung, Kontroversen in der Bundeswehr).
14. Juni	Bericht „In Sorge um die Bundeswehr" vom Wehrbeauftragten veröffentlicht; heftige Kontroversen um Person und Amt (Rücktritt am 3. November).
18. September	Truppenfahnen für die Bundeswehr gestiftet.
11. Dezember	Wahl des 3. Wehrbeauftragten des Deutschen Bundestages.

1965

7. Januar	Dem Wach-Bataillon wird die erste Truppenfahne übergeben.
10. Februar	Die Generäle Baudissin, Kielmansegg, Maizière werden mit dem Freiherr-vom-Stein-Preis ausgezeichnet.
16. Februar	Die Stellung des Wehrbeauftragten wird mit der Geschäftsordnung des Deutschen Bundestages verbessert (§ 116c GOBT).
20. Februar	Erlass (Neufassung): Erzieherische Maßnahmen.
31. März	Psychologische Rüstung umbenannt in: Geistige Rüstung.
23.–24. April	Übergabe der Truppenfahnen an die Verbände der Bundeswehr in Munsterlager.
4. Juni	Vorlage des 6. Jahresberichts des Wehrbeauftragten (u. a. Schutz der Grundrechte der Soldaten).
1. Juli	Erlass: Bundeswehr und Tradition.

1966

22. Januar	Zentrale Dienstvorschrift (ZDv) 12/1: Geistige Rüstung erlassen.
7. Juli	Vorlage des 7. Jahresberichts des Wehrbeauftragten (u. a. Interessenkollision von Wehrbeauftragten und Exekutive).

1. August	Erlass zum Koalitionsrecht der Soldaten („Gewerkschaftserlass“).
12.–25. August	Rücktritt der Generäle Trettner, Panitzki und Pape.
14. Sepember	Untergang des U-Bootes „Hai“ mit der gesamten Besatzung (Nordsee).
21. September	Debatte im Bundestag zur militärischen Führungskrise.
12. Oktober	Erlass: Truppe und Wehrbeauftragter.

1967

10. März	Bundesregierung beschließt den Entwurf einer Notstandsverfassung.
31. Mai	Vorlage des 8. Jahresberichts des Wehrbeauftragten des Deutschen Bundestages (u. a. „Kollektivstrafen“, Kritik der politischen Bildung).

1968

22. Mai	Vorlage des 9. Jahresberichts des Wehrbeauftragten (u. a. Innere Führung).
27. Mai	Die drei Westmächte erklären die Ablösung ihres Vorbehalts zum Deutschlandvertrag (1952).
29. Mai	Der Bundestag billigt die sog. Notstandsverfassung (= 17. Gesetz zur Änderung des GG, sog. 3. Wehrnovelle). Gegen die Gesetzgebung wird in der Öffentlichkeit massiv protestiert.

1969

15. Januar	Der Bundestag berät die 9. Berichtsvorlage des Wehrbeauftragten (Leitbild des Staatsbürgers in Uniform, Bundeswehr keine „Schule der Nation“).
11. Februar	(1.) Weißbuch zur Verteidigungspolitik veröffentlicht.
14. Februar	3. Beirat für Fragen der Inneren Führung konstituiert.
19. Februar	Vorlage des 10. Jahresberichts des Wehrbeauftragten (u. a. Systematisierung der Inneren Führung, Integration-Organisation-Interaktion, Kritik der politischen Bildung).
19. März	Generalmajor Grashey polemisiert gegen die Innere Führung.

30. Juni „Schnez-Studie": Gedanken zur Verbesserung der inneren Ordnung des Heeres.

18. Dezember In der Öffentlichkeit wird das Thesenpapier „Der Leutnant '70" (Heeres-Offizierschule II, Hannover) bekannt.

1970

20. Januar Starfighter-Unglücke: Das BMVg gibt 113 Totalverluste des Jagdbombers F-104 G bekannt (von 700 Maschinen).

26. Februar Vorlage des 11. Jahresberichts des Wehrbeauftragten (u. a. Berufsbild des Soldaten, Kritik der politischen Bildung).

11. März Wahl des 4. Wehrbeauftragten des Deutschen Bundestages.

19. März Erlass (2. Neufassung): Erzieherische Maßnahmen.

21. März Blankeneser Erlass zur Stellung und Aufgabe des Generalinspekteurs und der Inspekteure (Teilstreitkräfte).

20. Mai (2.) Weißbuch zur Sicherheitspolitik veröffentlicht.

11. Juli Die Kommission zur Neuordnung der Ausbildung und Bildung in der Bundeswehr wird vom BMVg (Schmidt) einberufen.

1. August Ernennung des Beauftragten für Erziehung und Bildung beim Generalinspekteur (später umbenannt in: für Ausbildung in den Streitkräften, BEA).

19. November Brief des Bundeskanzlers Brandt an die Ministerpräsidenten der Bundesländer „zu Fragen der Verteidigung im Sozialkundeunterricht".

1971

3. Februar Gutachten der Wehrstruktur-Kommission der Bundesregierung zur Frage der Wehrgerechtigkeit.

15. Februar Einführung des Leistungsabzeichens (Truppendienst).

1. März Vorlage des 12. Jahresberichts des Wehrbeauftragten (u. a. Probleme der Inneren Führung).

29. März Das Nachrichtenmagazin „Der Spiegel" veröffentlicht die Kritik der „Hauptleute von Unna" (in: Nr. 14, 15).

28. September	Weisung (BMVg) über freie Meinungsäußerung und Diskussion innerhalb der Bundeswehr.
30. September	Umbenennung von „Geistige Rüstung" in „Staatsbürgerlicher Unterricht".
24. November	Erlass: Zusammenarbeit der Bundeswehr mit dem Deutschen Bundeswehr-Verband und der Gewerkschaft öffentliche Dienste, Transport und Verkehr.
7. Dezember	(3.) Weißbuch zur Sicherheitspolitik veröffentlicht.

1972

22. Januar	(Vorläufige) Richtlinien für den staatsbürgerlichen Unterricht in der Bundeswehr erlassen (Erlass Geistige Rüstung, 1965 aufgehoben).
9. Februar	Vorlage des 13. Jahresberichts des Wehrbeauftragten (u. a. Gesetz über den Wehrbeauftragten und Innere Führung).
29. Juli	Der Grundwehrdienst (18 Monate) wird auf 15 Monate verringert.
10. August	Zentrale Dienstvorschrift (ZDv) 10/1: „Hilfen für die Innere Führung" erlassen (mit Leitsätzen für Vorgesetzte).
4. September	Neufassung der Wehrdisziplinarordnung.
11. September	Neufassung der Wehrbeschwerdeordnung.
28. November	Vorlage des Berichts der Wehrstruktur-Kommission.
21. Dezember	Unterzeichnung des Grundlagenvertrages zwischen Bundesrepublik Deutschland und DDR-Regierung.

1973

29. Januar	Zentrale Dienstvorschrift (ZDv) 12/1: „Politische Bildung in der Bundeswehr" erlassen.
15. März	Vorlage des 14. Jahresberichts des Wehrbeauftragten (u. a. zur ZDv 10/1, Grundsätze der „Inneren Führung").
9. August	Gesetz über den Zivildienst der Kriegsdienstverweigerer.
14. September	4. Beirat für Fragen der Inneren Führung konstituiert.
1. Oktober	Die Hochschulen der Bundeswehr werden eröffnet (Hamburg, München).

30. Oktober	MBFR-Konferenz in Wien eröffnet: 12 NATO- und 7 WP-Staaten verhandeln über ausgewogenen Truppen- und Rüstungsabbau.
	1974
14. Januar	(4.) Weißbuch zur Sicherheitspolitik veröffentlicht.
7. März	Vorlage des 15. Jahresberichts des Wehrbeauftragten (u. a. freie Meinungsäußerung, politische Bildung, Mitbeteiligung der Soldaten).
1. Juli	Lernzielkatalog „Innere Führung und Recht" (Arbeitsauftrag an die Schule der Bundeswehr für Innere Führung).
	1975
13. Februar	Vorlage des 16. Jahresberichts des Wehrbeauftragten (u. a. zum Problem der parlamentarischen Kontrolle der Streitkräfte).
19. März	Wahl des 5. Wehrbeauftragten des Deutschen Bundestages.
10. August	Änderungen des Soldatengesetzes, -versorgungsgesetzes, der Wehrdisziplinarordnung in Kraft (Laufbahnöffnung für Frauen im Sanitätsdienst).
1. Oktober	Erlass über die Arbeit der Jugendoffiziere und -unteroffiziere.
	1976
20. Januar	(5.) Weißbuch zur Sicherheitspolitik veröffentlicht.
27. Februar	Vorlage des 17. Jahresberichts des Wehrbeauftragten (u. a. Innere Führung im militärischen Alltag, Definitionsversuche über Innere Führung, Kritik der politischen Bildung).
24. Juni	Zentrale Dienstvorschrift (ZDv) 3/1: „Methodik der Ausbildung" erlassen.
19.–21. November	Tagung der Landeszentrale für politische Bildung Baden-Württemberg („Beutelsbacher Konsens").

	1977
3. März	Vorlage des 18. Jahresberichts des Wehrbeauftragten (u. a. Traditionspflege in den Streitkräften).
13. Juli	Gesetz zur Änderung des Wehrpflichtgesetzes und des Zivildienstes; die Gewissensprüfung von Kriegsdienstverweigerern wird abgeschafft.
	1978
6. März	Vorlage des 19. Jahresberichts des Wehrbeauftragten (u. a. Bürokratisierung der Bundeswehr).
7. April	5. Beirat für Fragen der Inneren Führung konstituiert.
13. April	Das Bundesverfassungsgericht erklärt die Änderung des Wehrpflichtgesetzes und des Zivildienstes (1977) für rechtens.
September	Kommission zur Stärkung der Führungsfähigkeit und Entscheidungsverantwortung in der Bundeswehr vom BMVg eingesetzt.
1. Oktober	Neuorganisation der Schule der Bundeswehr für Innere Führung.
	1979
6. März	Vorlage des 20. Jahresberichts des Wehrbeauftragten (u. a. Zielvorstellungen der Inneren Führung).
14. August	Weisung für Ausbildung, Erziehung und Bildung im Jahre 1980 (Generalinspekteur).
4. September	(6.) Weißbuch zur Sicherheitspolitik veröffentlicht.
31. Oktober	Vorlage des Berichts zur Stärkung der Führungsfähigkeit und Entscheidungsverantwortung in der Bundeswehr (De Maizière-Kommission).
12. Dezember	NATO-„Doppelbeschluss" zur Stationierung von US-Mittelstreckenraketen in Europa wegen sowjetrussischer Raketenbedrohung (gleichzeitig Angebot zur Rüstungsbegrenzung).

1980

18. März	Vorlage des 21. Jahresberichts des Wehrbeauftragten (u. a. Fürsorge und Betreuung in der Bundeswehr).
6. Mai	In Bremen wird die Rekrutenvereidigung durch Krawalle gestört.
10. Juli	Der Aufgabenverbund Innere Führung wird angeordnet.
6. November	Ehrenzeichen der Bundeswehr gestiftet (BMVg).
12. November	In Bonn wird die Rekrutenvereidigung durch Krawalle gestört.

1981

1. Januar	Schule der Bundeswehr für Innere Führung in „Zentrum Innere Führung" (ZInFü) umbenannt.
17. März	Vorlage des 22. Jahresberichts des Wehrbeauftragten (u. a. Truppenpraxis und Innere Führung).
2. Juli	Gemeinsame Erklärung der Zusammenarbeit von Bundeswehr und DGB.
21. August	Beirat Innere Führung legt Empfehlungen zur Beteiligung vor (Entwurf: Partizipation in den Streitkräften).
10. Oktober	Friedensdemonstrationen in Bonn (ca. 250 000 Teilnehmer).

1982

3. März	Vorlage des 23. Jahresberichts des Wehrbeauftragten (u. a. Akzeptanz der Bundeswehr, politische Bildung, „Sinn" des Wehrdienstes).
16. April	6. Beirat für Fragen der Inneren Führung konstituiert.
16. Juni	Wehrbeauftragten-Gesetz geändert („Hilfsorgan des Bundestages").
20. September	Richtlinien zum Traditionsverständnis und zur Traditionspflege in der Bundeswehr in Kraft (Erlass: Bundeswehr und Tradition, 1965 aufgehoben).
16. Dezember	Der Bundestag verabschiedet das Gesetz zur Änderung des Wehrpflichtgesetzes und des Zivildienstes für die Kriegsdienstverweigerer.

1983

3. März	Vorlage des 24. Jahresberichts des Wehrbeauftragten (u. a. „Sinn“ des Dienstes, „Kampf dem Gammeln“, Sicherheitspolitik im Schulunterricht).
10. September	Der AK „Darmstädter Signal“ erklärt seinen Protest zur Stationierung „neuer Atomraketen in unserem Land“.
20. Oktober	(7.) Weißbuch zur Sicherheitspolitik veröffentlicht.
22. November	Bundestag beschließt die Nachrüstung mit Mittelstreckenraketen.

1984

9. Februar	Erlass: Truppe und Wehrbeauftragter (Neufassung).
24. Februar	Vorlage des 25. Jahresberichts des Wehrbeauftragten (u. a. zur Verbesserung seiner Amtsbefugnisse).
25. September	Staatspräsident Mitterand und Bundeskanzler Kohl ehren die Gefallenen des Ersten Weltkrieges (Verdun 1916).

1985

28. Februar	Vorlage des 26. Jahresberichts des Wehrbeauftragten (u. a. Befehl und Gehorsam, Macht über Untergebene, Politische Bildung).
14. März	Wahl des 6. Wehrbeauftragten des Deutschen Bundestages.
1. April	Die Hochschulen der Bundeswehr werden in Universitäten der Bundeswehr umbenannt.
24. April	Das Bundesverfassungsgericht bestätigt das KDV-Neuordnungsgesetz (1983).
19. Juni	(8.) Weißbuch zur Sicherheitspolitik veröffentlicht.
12. November	Der Bundestag eröffnet die Wanderausstellung „30 Jahre Bundeswehr 1955–1985. Friedenssicherung im Bündnis“.

1986

21. Februar	7. Beirat für Fragen der Inneren Führung konstituiert.
28. Februar	Vorlage des 27. Jahresberichts des Wehrbeauftragten (u. a. Mitverantwortung der Soldaten).

17. April	Bundestag verabschiedet das Gesetz zur Verbesserung der Wehrgerechtigkeit.
10.–13. Juni	Erste Europäische Ombudsmann-Konferenz in Wien.
7. November	Auftrag (an ZInFü): Anforderungen an die Innere Führung in den kommenden Jahren mit Folgeuntersuchungen.

1987

9. März	Vorlage des 28. Jahresberichts des Wehrbeauftragten (u. a. zum Umgangsverhalten in den Streitkräften).
15. Juni	In der Ostsee wird der Tender „Neckar" von WP-Seestreitkräften beschossen (3 Verletzte).
12. August	Erlass: Truppe und Wehrbeauftragter geändert.

1988

21. März	Vorlage des 29. Jahresberichts des Wehrbeauftragten (u. a. Mängel im Umgang zwischen Vorgesetzten und Untergebenen).
3. Oktober	Lernzielkatalog Innere Führung vom Generalinspekteur herausgegeben.
29. November	Neufassung der ZDv 10/1 „Innere Führung" (Auftrag an ZInFü).
21. Dezember	(Geänderte Fassung der) ZDv 12/1 „Politische Bildung in der Bundeswehr" erlassen.

1989

1. Januar	(3. Neufassung) Erlass Erzieherische Maßnahmen.
15. März	Vorlage des 30. Jahresberichts des Wehrbeauftragten (u. a. Kritik von ranghohen Offizieren am 28. Jahresbericht, zeitgemäße Menschenführung, Akzeptanz der Bundeswehr).
6. Juli	Erklärung Gorbatschows vor dem Europarat (Straßburg): Sowjet. Truppen werden nicht mehr zur Repression im Machtbereich der Sowjetunion eingesetzt.
1. September	Der Bundestag gedenkt des Beginns des Zweiten Weltkrieges (1939).

4. September	Beginn der Protestdemonstrationen in der DDR.
20. Oktober	Das „Soldaten-Urteil“ wird vom Landgericht Frankfurt a. M. verkündet.
9. November	Öffnung der Berliner Mauer und der innerdeutschen Grenze.
	1990
12.–14. Februar	Abrüstungsverhandlungen der Großmächte (Ottawa), Verhandlungen über die politische Zukunft Deutschlands („2 + 4“-Gespräche).
14. Februar	Vorlage des 31. Jahresberichts des Wehrbeauftragten (u. a. Dienstzeitregelung, Probleme der Menschenführung).
16. Februar	8. Beirat für Fragen der Inneren Führung konstituiert.
18. März	Freie Wahlen auf dem Staatsgebiet der DDR (die ersten seit 68 Jahren).
27. April	Wahl des 7. Wehrbeauftragten des Deutschen Bundestages.
16. Juli	Sowjetische Zusicherung der vollen Souveränität für die Bundesrepublik Deutschland nach der Vereinigung.
10. August	Ein deutscher Marineverband wird wegen der Golfkrise in das östliche Mittelmeer verlegt.
3. Oktober	Vereinigung Deutschlands: Beitritt der DDR zur Bundesrepublik Deutschland nach Art. 23 GG, Auflösung der NVA (seit 18. Januar 1956).
17. Oktober	Die deutsch-französische Brigade wird in Dienst gestellt.
19.–21. November	Konferenz für Sicherheit und Zusammenarbeit in Europa (KSZE, Paris): Erklärung zur Beendigung des „Kalten Krieges“ (Beginn 12. März 1947).
	1991
6. Januar	Ein deutscher Luftwaffenverband wird wegen der Golfkrise in die Türkei verlegt.
16. Januar	Gesetz über die Beteiligung der Soldaten (Soldatenbeteiligungsgesetz).
25. Februar	Beschluss zur Auflösung des Warschauer Paktes (vom 14. Mai 1955).

21. März	Vorlage des 32. Jahresberichts des Wehrbeauftragten (u. a. zur NVA-Integration).
8. November	NATO-Gipfelkonferenz (Rom): Ende der Strategie „flexible response".
25. Dezember	Gorbatschow erklärt seinen Rücktritt, völkerrechtliches Ende der Sowjetunion.

1992

19. Februar	Antrag der SPD-Fraktion im Bundestag zur Beendigung der Disziplinarverfahren gegen Angehörige des AK „Darmstädter Signal".
12. März	Vorlage des 33. Jahresberichts des Wehrbeauftragten (u. a. Neuaufbau der Bundeswehr).
9. April	Hilfeleistungen der Bundeswehr in Kambodscha, in Sarajevo am 4. Juli, in Somalia am 21. August.
26. November	Verteidigungspolitische Richtlinien für den Geschäftsbereich des Bundesministers der Verteidigung.

1993

16. Februar	(Geänderte Fassung der) ZDv 10/1 „Innere Führung" erlassen.
23. März	Vorlage des 34. Jahresberichts des Wehrbeauftragten (u. a. zum erweiterten Auftrag der Bundeswehr).
29. März	Hilfeleistungen der Bundeswehr in Bosnien und Somalia (ab 21. April).
2. September	In Berlin nimmt BMVg (Rühe) seinen zweiten Dienstsitz ein (Bendler-Block).

1994

28. Februar	Kampfhandlungen der NATO im Luftraum von Bosnien-Herzegowina (der erste Einsatz in der Geschichte der Allianz).
2. März	Intensivierung der historischen Bildung in den Streitkräften (Weisung).
8. März	Vorlage des 35. Jahresberichts des Wehrbeauftragten (u. a. Auslandseinsätze, Menschenführung).

23. März	9. Beirat für Fragen der Inneren Führung konstituiert.
5. April	(9.) Weißbuch zur Sicherheitspolitik veröffentlicht.
12. Juli	Das Bundesverfassungsgericht erklärt den Einsatz der Bundeswehr außerhalb des NATO-Bündnisgebietes für rechtens (z. B. Bosnien-Herzegowina, Somalia), künftig muss der Bundestag den Auslandseinsätzen zustimmen („Parlamentsheer").
31. August	Die letzten russischen Truppen („Westgruppe der Truppen der UdSSR") verlassen Deutschland.

1995

22. Januar	Katastropheneinsatz der Bundeswehr: Überflutungen im Rheinland, Einsatz von 7100 deutschen, amerikanischen und französischen Soldaten.
7. März	Vorlage des 36. Jahresberichts des Wehrbeauftragten (u. a. Wehr- und Dienstgerechtigkeit).
30. März	Wahl des 8. Wehrbeauftragten des Deutschen Bundestages.
25. Juli	Einsatz eines deutschen Sanitätskontingents in Kroatien.
10. Oktober	Das Bundesverfassungsgericht bestätigt im „Soldatenurteil" das Grundrecht auf freie Meinungsäußerung, gleichzeitig stellt es die Strafwürdigkeit des „Mörder"-Vorwurfes gegen die Bundeswehr fest.
27. Oktober	Das Deutsch-Niederländische Korps wird in Dienst gestellt.
12. November	Feierliches Gelöbnis von Rekruten aller Teilstreitkräfte zum 40-jährigen Jubiläum der Bundeswehr in Bordenau, der Geburtsstätte von Scharnhost.

1996

9. Januar	Ende der deutschen Luftbrücke nach Sarajevo (Beginn 1992).
5. März	Vorlage des 37. Jahresberichts des Wehrbeauftragten (u. a. Misshandlung von Soldaten, Autoritätsprobleme).

1997

5. Februar	Einsatzbereitschaft des dt. (SFOR)-Kontingents für Bosnien-Herzegowina.
11. März	Vorlage des 38. Jahresberichts des Wehrbeauftragten (u. a. Aufgaben der Bundeswehr, Umzugsbereitschaft).
14. März	Schnelle Evakuierungsmaßnahme für deutsche Staatsbürger aus Albanien (Heeresflieger), die der Bundestag nachträglich billigt (20. März).
15. April	Neufassung des Soldatenbeteiligungsgesetzes.
17. Juni	Katastropheneinsatz der Bundeswehr (bis zum 2. August) mit zahlreichen Hilfsorganisationen an der Oder, wo 24 000 Soldaten und Helfer zum Deichschutz eingesetzt werden.
18. November	Maßnahmenkatalog „Arbeitskreis Rechtsextremismus".

1998

9. Februar	10. Beirat für Fragen der Inneren Führung konstituiert.
3. März	Vorlage des 39. Jahresberichts des Wehrbeauftragten (u. a. Politische Bildung, Tradition, Wehrpflicht).
15. April	Ausstellung „Demokratie ist verletzlich" in der Bundeswehr eröffnet.
3. Juni	Katastropheneinsatz der Bundeswehr nach dem Zugunglück bei Eschede.
18. Juni	Abschlussbericht des Verteidigungsausschusses (als Untersuchungsausschuss) zu tatsächlichen und behaupteten rechtsextremistischen Vorkommnissen sowie zu Fragen der geistigen Orientierung, der politischen Bildung und zur Traditionspflege in der Bundeswehr.
16. Oktober	Jahrespreis Politische Bildung (Weisung).
27. Dezember	„Radio Andernach" (Truppeninformation) meldet 1 000. Sendetag für das deutsche Kontingent.

1999

16. März	Vorlage des 40. Jahresberichts des Wehrbeauftragten (u. a. über Zivilcourage, Bürokratie in der Bundeswehr).

24. März	Erneute Kampfhandlungen der NATO: Luftangriffe gegen Jugoslawien unter Beteiligung der Luftwaffe.
3. Mai	Einberufung der Kommission „Gemeinsame Sicherheit und Zukunft der Bundeswehr" durch BMVg (sog. Weizsäcker-Kommission); der BMVg veröffentlicht „Bestandsaufnahme. Die Bundeswehr an der Schwelle zum 21. Jahrhundert".
18. September	Das Multinationale Korps Nord-Ost wird in Dienst gestellt.
13. Oktober	Hilfseinsatz der Bundeswehr in Osttimor.

2000

11. Januar	Urteil des europäisches Gerichtshofes zur Gleichbehandlung von Frauen in deutschen Streitkräften.
14. März	Vorlage des 41. Jahresberichts des Wehrbeauftragten (u. a. militärisches Selbstverständnis, Nachwuchsgewinnung).
8. Mai	In Rendsburg wird die Kaserne der Heeresflugabwehr in „Feldwebel-Schmid-Kaserne" umbenannt.
9. Mai	Wahl des 9. Wehrbeauftragten des Deutschen Bundestages.
23. Mai	Vorlage des Berichts der Weizsäcker-Kommission.
7. Juni	Die Bundesregierung beschließt das Soldatengesetz zu ändern, um Frauen den Dienst in allen Laufbahnen der Bundeswehr zu ermöglichen.
15. November	Eröffnung der Lernwerkstatt „Streitkräfte in der Demokratie" (Zentrum Innere Führung, Koblenz).
20. Dezember	Umgang mit Sexualität (Erlass).

2001

2. Januar	Dienstantritt der ersten Frauen in den Laufbahnen des Truppendienstes.
13. März	Vorlage des 42. Jahresberichts des Wehrbeauftragten (u. a. zum Rechtsextremismus, Suchtproblemen, Auslandseinsätzen).
27. April	(Geänderte Fassung der) ZDv 12/1 „Politische Bildung" erlassen.
5. Mai	Eröffnung der Ausstellung „Deutsche jüdische Soldaten".

31. Mai	Preisverleihung an Soldaten der Bundeswehr, die am Victor-Klemperer-Jugendwettbewerb teilgenommen haben.
20. Juli	Ansprache des Präsidenten des Zentralrates der Juden in Deutschland, Paul Spiegel, beim Feierlichen Gelöbnis in Berlin (erstmalige Teilnahme eines Repräsentaten der jüdischen Gemeinschaft).
16. August	Neufassung der Wehrdisziplinarordnung.
30. Oktober	Die Sonderausstellung „Volksbund und Bundeswehr" (VdK) wird im Luftwaffenmuseum der Bundeswehr (Berlin-Gatow) eröffnet.

2002

2. Januar	Einsatzbeginn deutscher Land-, Luft- u. Seestreitkräfte in Afghanistan und am Golf von Aden.
12. März	Vorlage des 43. Jahresberichts des Wehrbeauftragten (u. a. zur Inneren Führung „im Einsatz", Soldatinnen).
12. April	11. Beirat für Fragen der Inneren Führung konstituiert.
1. Juli	Völkerstrafgesetzbuch tritt in Kraft.
8. Juli	Deutsch-polnisches Jugendlager: Soldaten und Schüler beider Nationen pflegen Soldatengräber in Deutschland und Polen.
12. August	Katastropheneinsatz der Bundeswehr (bis 12. September) mit insgesamt 40 000 Soldaten an der Elbe und den Nebenflüssen, deren Hochwasser die schwersten Schäden seit Kriegsende 1945 (in Sachsen) anrichtet.
2. Dezember	Stiftung der Wolf Graf von Baudissin-Medaille durch den Bundeswehr-Verband und Verleihung an den Friedensforscher Prof. Dr. Dr. D. S. Lutz.

2003

10. Januar	Vor fünfzig Jahren: In der Dienststelle Blank werden unter dem Sammelbegriff „Innere Führung" verschiedene Arbeitsgebiete zusammengefasst.
11. März	Vorlage des 44. Jahresberichts des Wehrbeauftragten.

Quellen- und Literaturverzeichnis

Bibliographien, Handbücher, Quellen

Andersen, U., Woyke, W. (Hrsg.), Handwörterbuch des politischen Systems der Bundesrepublik Deutschland. 4., völlig überarb. u. akt. Aufl. 2000

Benz, W. (Hrsg.), Legenden, Lügen, Vorurteile. Ein Wörterbuch zur Zeitgeschichte, 1992

Benz, W. u. a. (Hrsg.), Enzyklopädie des Nationalsozialismus, 1997

Bracher, K. D. u. a. (Hrsg.), Geschichte der Bundesrepublik Deutschland in fünf Bänden, 1981–1987

Brunner, O. u. a. (Hrsg.), Geschichtliche Grundbegriffe. Historisches Lexikon zur politisch-sozialen Sprache in Deutschland (7 Bde., 2 Register-Bde.), 1972–1997

Buchbender, O. u. a., Wörterbuch zur Sicherheitspolitik mit Stichworten zur Bundeswehr. 4., vollständig überarbeitete Auflage, 2000

Bundesministerium der Verteidigung (Hrsg.), Bundeswehr 2002. Sachstand und Perspektiven, 2002

Bundesministerium der Verteidigung (Hrsg.), Aufbau einer Militärgeschichtlichen Sammlung. Hilfen zum Gestalten von Ausstellungen für die historische Bildung in der Bundeswehr, 2000 (DSK FF 148220114)

Bundesministerium der Verteidigung (Hrsg.), Die Bundeswehr – sicher ins 21. Jahrhundert. Eckpfeiler für eine Erneuerung von Grund auf, 2000

Bundesministerium der Verteidigung (Hrsg.), Bestandsaufnahme. Die Bundeswehr an der Schwelle zum 21. Jahrhundert, 1999

Bundesministerium der Verteidigung (Fü H), Wegweiser für die Traditionspflege im Heer, 1999

Bundesministerium der Verteidigung (Hrsg.), Anpassung der Streitkräftestrukturen, der territorialen Wehrverwaltung und der Stationierung, 1995

Bundesministerium der Verteidigung (Hrsg.), Weißbuch zur Sicherheit der Bundesrepublik Deutschland und zur Lage und Zukunft der Bundeswehr, 1994

Bundesministerium der Verteidigung (Hrsg.), Reader Sicherheitspolitik. Teil I: Die Bundeswehr vor neuen Herausforderungen, 1994–2000 [= Loseblattsammlung; Teil II fortgesetzt als elektronische Datei]

Bundesministerium der Verteidigung (Hrsg.), Verteidigungspolitische Richtlinien für den Geschäftsbereich des Bundesministers der Verteidigung, 1992

Bundeszentrale für politische Bildung (Hrsg.), Staatsrecht der Bundesrepublik Deutschland, 2000

Bundeszentrale für politische Bildung (Hrsg.), Menschenrechte. Dokumente und Deklarationen. 3., aktualisierte u. erweiterte Auflage, 1999

Creifelds, C., Rechtswörterbuch, 15. Aufl., 1999

Demeter, K., Das deutsche Offizierkorps in Gesellschaft und Staat 1650–1945. 4., überarb. u. erw. Aufl., 1965 [Erstausg., 1930]

Deutscher Bundestag (Hrsg.), 40 Jahre Wehrbeauftragter des Deutschen Bundestages 1959–1999. Eine Chronik in Zitaten, 1999

Diedrich, T. u. a. (Hrsg.), Im Dienste der Partei. Handbuch der bewaffneten Organe der DDR (...),1998 (= Forschungen zur DDR-Gesellschaft)

Dienststelle Blank, Vom künftigen deutschen Soldaten. Gedanken und Planungen, 1955

Ehlert, H. (Hrsg.), Die Militär- und Sicherheitspolitik in der SBZ/DDR. Eine Bibliographie (1945–1995), 1996 (= Militärgeschichte seit 1945, Bd. 10)

Evangelisches Kirchenamt für die Bundeswehr (Hrsg.), De officio. Zu den ethischen Herausforderungen des Offizierberufs, (2. Aufl. der völlig neu bearb. Ausg.), 2000

Frevert, U., Die kasernierte Nation. Militärdienst und Zivilgesellschaft in Deutschland, 2001

Fraenkel, E. u. Bracher, K. D. (Hrsg.), Staat und Politik, 1957 (= Das Fischer Lexikon, 2)

Fuchs, K., Raab, H., Wörterbuch Geschichte, 11. Auflage, 1998

Görres-Gesellschaft (Hrsg.), Staatslexikon Recht, Wirtschaft, Gesellschaft in 7 Bänden (Sonderausgabe der 7., völlig neu bearb. Aufl.), 1995

Gronimus, A., Die Beteiligungsrechte der Personalvertretungen. Erläuterungen zum Bundespersonalvertretungsgesetz unter besonderer Berücksichtigung der Bundeswehr, hrsg. v. H. Waßmer (3. neubearb. u. erw. Aufl.), 2000

Gronimus, A., Die Beteiligungsrechte der Vertrauensperson in der Bundeswehr. Erläuterungen zum Soldatenbeteiligungsgesetz, hrsg. v. H. Waßmer (4., neu bearb. u. erw. Aufl.), 2000

Gutman, I., Jäckel, E. u. a. (Hrsg.), Enzyklopädie des Holocaust (3 Bde.), 1995

Jacobsen, H. A. (Hrsg.), Friedenssicherung durch Verteidigungsbereitschaft. Deutsche Sicherheitspolitik1949–1989, 1990

Klein, P. u. a., Bibliographie Bundeswehr und Gesellschaft 1960–1975. Nachtrag und Erweiterung, 1978 (= SOWI, Berichte, Bd. 12)

Klein, P. u. a., Militär und Gesellschaft. Bibliographie zur Militärsoziologie 1979–1997, 1997 (= SOWI, Berichte, Bd. 66)

Korte, K.-R., Weidenfeld, W. (Hrsg.), Deutschland-TrendBuch. Fakten und Orientierungen, 2001

Killy, W. (Hrsg.), Deutsche Bibliographische Enzyklopädie (10 Bde.), 2001

Kühne, Th. (Hrsg.), Was ist Militärgeschichte?, 2000 (= Krieg in der Geschichte, Bd. 6)

Küpper, H., ABC-Komiker bis Zwitschergemüse. Das Bundessoldatendeutsch, 1978

Lemberg, E., Nationalismus (2 Bde.), 1964

Maizière, U. de., Führungsfähigkeit und Entscheidungsverantwortung in den Streitkräften. Bericht der Kommission des BMVg …, 1979

Militärgeschichtliches Forschungsamt (Hrsg.), Aufstand des Gewissens. Der militärische Widerstand gegen Hitler und das NS-Regime 1933–1945, [1984] – 5., völlig überarb. und erw. Aufl., 2000

Militärgeschichtliches Forschungsamt (Hrsg.), Anfänge westdeutscher Sicherheitspolitik 1945–1956 (4 Bde.), 1982–1993

Militärgeschichtliches Forschungsamt (Hrsg.), Deutsche Jüdische Soldaten. Von der Epoche der Emanzipation bis zum Zeitalter der Weltkriege. (…) 1996 [Erstausgabe: Sonderausstellung Rastatt, 1981]

Militärgeschichtliches Forschungsamt (Hrsg.), Das Deutsche Reich und der Zweite Weltkrieg, 1979–1990 [bisher 6 Bde.]

Militärgeschichtliches Forschungsamt (Hrsg.), Handbuch zur deutschen Militärgeschichte 1648–1939. Begründet von H. Meier-Welcker (6 Bde.), 1979–1981

Militärgeschichtliches Forschungsamt (Hrsg.), Offiziere im Bild von Dokumenten aus drei Jahrhunderten, 1964 (= Beiträge zur Militär- u. Kriegsgeschichte, Bd. 6)

Müller, R.-D. u. Volkmann, H.-E. (Hrsg.), Die Wehrmacht. Mythos und Realität, 1999

Nohlen, D. (Hrsg.), Kleines Lexikon der Politik, 2001 [= Lizenzausgabe, Bundeszentrale für politische Bildung]

Nohlen, D. (Hrsg.), Wörterbuch Staat und Politik, 1995 [= Lizenzausgabe, Bundeszentrale für politische Bildung]

Olbrich, J., Geschichte der Erwachsenenbildung in Deutschland, 2001 (= Schriftenr., Bundeszentrale für politische Bildung, Bd. 371)

Pandel, H.-J., Schneider, G. (Hrsg.), Handbuch Medien im Geschichtsunterricht, 1999 (= Forum Historisches Lernen)

Rautenberg, H.-J., u. Wiggershaus, N., Die Himmeroder Denkschrift vom Oktober 1950, 1977 (= Militärgeschichtliche Mitteilungen, 21 [1977])

Sander, W. (Hrsg.), Handbuch politische Bildung. Praxis und Wissenschaft, 1997

Schäfers, B., Zapf, W. (Hrsg.), Handwörterbuch zur Gesellschaft Deutschlands, 1998

Schnell, K. H. (Hrsg.), Deutscher Bundeswehr-Kalender, 2002 [= Loseblattsammlung]

Schubert, K. v. (Hrsg.), Sicherheitspolitik der Bundesrepublik Deutschland. Dokumentation 1945–1977 (2 Teile), 1978/79

Schurdel, H. D., Flaggen & Wappen Deutschlands, 1995

Schuster, R. (Hrsg.), Deutsche Verfassungen, völlig neu bearb. und erw. Aufl., 1992

Silbermann, A., Handwörterbuch der Massenkommunikation und Medienforschung (2 Bde.), 1982

Steinbach, P., Tuchel, J. (Hrsg.), Widerstand gegen den Nationalsozialismus, 1994 (= Schriftenreihe Bundeszentrale für politische Bildung, Bd. 323)

Többicke, P., „Walküre". Innenansichten eines Staatsstreichs. Dokumente zur Militärgeschichte, hrsg. v. H. Rohde, 2002

Többicke, P., Die „Himmeroder Denkschrift" 1950. Dokumente zur Militärgeschichte, hrsg. v. H. Rohde, 2000

Transfeldt, W., Wort und Brauch in Heer und Flotte, hrsg. v. H.-P. Stein. 9., überarbeitete Auflage, 1986

Weizsäcker, R. v., Gemeinsame Sicherheit und Zukunft der Bundeswehr. Bericht der Kommission an die Bundesregierung, 2000

Wilke, J. (Hrsg.), Mediengeschichte der Bundesrepublik Deutschland, 1999 (= Schriftenreihe Bundeszentrale für politische Bildung, Bd. 361)

Einzelschriften, Gesamtdarstellungen

Abenheim, D., Bundeswehr und Tradition. Die Suche nach dem gültigen Erbe des deutschen Soldaten, 1989 (= Beiträge zur Militärgeschichte, Bd. 27)

Barth, E., Der Soldat im Rechtsstaat. Das heutige Wehrrecht: Entstehungsgeschichte – Grundzüge – Reformgedanken, 1967

Bald, D. u.a. (Hrsg.), Klassiker der Pädagogik im deutschen Militär, 1999 (= Forum Innere Führung, Bd. 5)

Bald, D. u.a., Generalstabsausbildung zwischen Gesellschaft und Militär. Das Jahresarbeiten-Archiv, 1991

Beck, U. (Hrsg.), Perspektiven der Weltgesellschaft, 1998

Behrens, P., Spannungsfeld Individualinteresse und Gemeinsinn. Politische Bildung als Anwendungsgebiet der Inneren Führung in der Bundeswehr, 2001

Berg, H.-J., Der Verteidigungsausschuss des Deutschen Bundestages. Kontrollorgan zwischen Macht und Ohnmacht, 1982

Bredow, W. v., Demokratie und Streitkräfte. Militär, Staat und Gesellschaft in der Bundesrepublik Deutschland, 2000

Broszat, M., Nach Hitler. Der schwierige Umgang mit unserer Geschichte, 1988

Bühl, H., Vogel, F. (Hrsg.), Wehrdienst aus Gewissensgründen. Zur politischen und ethischen Legitimation der Verteidigung, 1987

Busch, E., Der Wehrbeauftragte. Organ der parlamentarischen Kontrolle, 5., neubearb. Aufl. 1999

Däniker, G., Wende Golfkrieg. Vom Wesen und Gebrauch künftiger Streitkräfte, 1992

Deutscher Bundeswehr-Verband (Hrsg.), Soldat – Berufsbild im Wandel, Bd. 1: Unteroffiziere, 1989; Bd. 2: Offiziere, 1993

Dinter, E., Held oder Feigling. Die körperlichen und seelischen Belastungen der Soldaten im Krieg, 1982

Farwick, D. (Hrsg.), Ein Staat – Eine Armee. Von der NVA zur Bundeswehr, 1992

Ganser, H.W. (Hrsg.), Technokraten in Uniform. Die innere Krise der Bundeswehr, 1980

Gersdorff, U. v. (Hrsg.), Geschichte und Militärgeschichte. Wege der Forschung, 1974

Goebel, P. (Hrsg.), Von Kambodscha bis Kosovo. Auslandseinsätze der Bundeswehr, 2000

Heusinger, Adolf, Reden 1956–1961, 1961

Hesslein, B.C. (Hrsg.), Die unbewältigte Vergangenheit der Bundeswehr, 1977

Hillgruber, A., Die Last der Nation. Fünf Beiträge über Deutschland und die Deutschen, 1984

Hoffmann, Peter, Widerstand gegen Hitler und das Attentat vom 20. Juli 1944, 4., überarb. Aufl. 1994

Hondrich, K.O., Lehrmeister Krieg, 1992

Hoppe, F.P., Schurig, G. (Hrsg.), … wahr muss es sein: Militär und Journalismus in zwei Jahrhunderten, 1989

Jarren, O. u.a. (Hrsg.), Politische Kommunikation in der demokratischen Gesellschaft. Ein Handbuch, 1998

Jopp, M., Militär und Gesellschaft in der Bundesrepublik Deutschland. Das Beispiel der Bildungsreform in der Bundeswehr, 1983

Kannicht, J., Die Bundeswehr und die Medien. Material zur Presse- und Öffentlichkeitsarbeit in Verteidigungsfragen, 1982

Karst, H., Das Bild des Soldaten. Versuch eines Umrisses, 1964

Kernic, F., Sozialwissenschaften und Militär: eine kritische Analyse, 2001

Kernic, F., Gesellschaft und Militär. eine kultur- und ideengeschichtliche Spurensuche, 2001 (= Forum Innere Führung, Bd. 14)

Kießling, G., Staatsbürger und General, hrsg. v. O. Buchbender, 2000

Kießling, G., Versäumter Widerspruch, 1993

Kirchbach, H.P. v., Mit Herz und mit Hand. Soldaten zwischen Elbe und Oder, 1998

Kodalle, K.-M. (Hrsg.), Tradition als Last? Legitimationsprobleme der Bundeswehr, 1981

Krüger, D., Das Amt Blank. Die schwierige Gründung des Bundesministeriums für Verteidigung, 1993 (= Einzelschriften zur Militärgeschichte, 38)

Liliensiek, P., Bedingungen und Dimensionen militärischer Sozialisation. Ein Beitrag zur Bundeswehrsoziologie, 1979

Lippert, E./Vogt, W. R., Die Bundeswehr als Instanz der politischen Sozialisation, 1990 (= Beiträge zu Lehre und Forschung, 7)

Maizière, U. de, In der Pflicht. Lebensbericht eines deutschen Soldaten im 20. Jahrhundert, 1989

Meyer, G., Adolf Heusinger. Dienst eines deutschen Soldaten 1915 bis 1964 (...), 2001

Messerschmidt, M., Militärgeschichtliche Aspekte der Entwicklung des Deutschen Nationalstaates, 1988

Messerschmidt, M. u. a., Militärgeschichte. Probleme – Thesen – Wege, 1982

Messerschmidt, M., Die Wehrmacht im NS-Staat. Zeit der Indoktrination, 1969

Michalka, W. (Hrsg.), Der Zweite Weltkrieg. Analysen, Grundzüge, Forschungsbilanz, 1989

Mülinen, F. v., Das Kriegsrecht und die Streitkräfte, 1978

Naumann, K. (Hrsg.), NVA. Anspruch und Wirklichkeit nach ausgewählten Dokumenten, 1993

Picht, G., Studien zur politischen und gesellschaftlichen Situation der Bundeswehr (3 Folgen), 1965/66 (= Forschungen und Berichte der Ev. Studiengemeinschaft ..., Bd. 21 I/III)

Prüfert, A. (Hrsg.), Bundeswehr und Tradition. Zur Debatte um das künftige Geschichts- und Traditionsverständnis in den Streitkräften, 2000 (= Forum Innere Führung, Bd. 7)

Reeb, H.-J., Mediendemokratie (= Wochenschau Sek. II., Nr. 1), 2001

Reeb, H.-J., Militär und Recht. Zur Rechtsausbildung für Soldaten der Bundeswehr, 1989

Reeb, H.-J., Erziehung in den Streitkräften. Eine interdisziplinäre Analyse geltender Bestimmungen, 1983

Ruge, F., In vier Marinen. Lebenserinnerungen als Beitrag zur Zeitgeschichte (...), 1979

Schmückle, G., Ohne Pauken und Trompeten. Erinnerungen an Krieg und Frieden, 1982

Schneider, W., Das Buch vom Soldaten. Geschichte und Porträt einer umstrittenen Gestalt, 1964

Schönbohm, J., Zwei Armeen und ein Vaterland. Das Ende der Nationalen Volksarmee, 1992

Schweinitz, K. Graf v., Die Sprache des deutschen Heeres, 1989

Speidel, H., Aus unserer Zeit. Erinnerungen, 1977

Schölz, J., E. Lingens, Wehrstrafgesetz – Kommentar, 4. Aufl. 2000

Schubarth, W., Stöss, R., Rechtsextremismus in der Bundesrepublik Deutschland. Eine Bilanz, 2000

Schwenck, H.-G., Rechtsordnung und Bundeswehr, 1978

Vultejus, U., Kampfanzug unter der Robe. Kriegsgerichtsbarkeit des zweiten und dritten Weltkriegs, 1984

Wasmuth, U. C. u. a., Sicherheitspolitik und Bundeswehr im Schulunterricht, (= Sozialwissenschaftliches Institut der Bundeswehr, Bd. 65), 1997

Wilk, M., Stauf, W., Wehrrecht von A–Z, 3. Aufl. 1999

Wipfelder, H.-J., Wehrrecht in der Bundesrepublik Deutschland, 1991

Innere Führung (Auswahlbibliographie 1957–2001)

Baudissin, W. Graf v., Nie wieder Sieg! Programmatische Schriften 1951–1981 (hrsg. von C. Bührle u. C. von Rosen), 1982 [mit einem Verzeichnis der zwischen 1951 bis 1981 veröffentlichten Beiträge, insges. 681 Titel]

Baudissin, W. Graf v., Die Bundeswehr. Streitkräfte unter dem Primat politischer Entscheidung und gesellschaftlicher Integration, 1981 (Institut f. Friedensforschung u. Sicherheitspolitik) 1971 [= Ms.]

Baudissin, W. Graf v., Staatsbürger in Uniform und Innere Führung. Zwei Prinzipien zur Demokratisierung des Militärs am Beispiel Bundeswehr (hrsg. v. Institut f. Friedensforschung u. Sicherheitspolitik) 1971 [= Ms.]

Baudissin, W. Graf v., Soldat für den Frieden. Entwürfe für eine zeitgemäße Bundeswehr (hrsg. und eingeleitet von P. von Schubert), 1969

Baudissin, W. Graf v., Das Leitbild des zukünftigen Soldaten. In: Die Neue Gesellschaft, Jahrg. 2, 1955, S. 26 ff.

Baudissin, W. Graf v., Will, G., Innere Führung/Inneres Gefüge (S. 818 ff.) in: Handwörterbuch des öffentlichen Dienstes, hrsg. v. W. Bierfelder, 1976

Bauer, K., Einige Bemerkungen über den „Staatsbürger in Uniform", 1964

Berger, B., Der neue Soldat. Der „Staatsbürger in Uniform" in globaler und europäischer Dimension [Diss. UniBw München], 2001 (FIZBw RB 9249)

Bundesministerium der Verteidigung (Hrsg.), Handbuch Innere Führung. Hilfen zur Klärung der Begriffe, 1957

Ehrhardt, H.-G. (Hrsg.), Militär und Gesellschaft im Kontext europäischer Sicherheit. Wie modern ist das Denken Graf Baudissins im 21. Jahrhundert, 2001 (= Demokratie, Sicherheit, Frieden, Bd. 139)

Fiedler, R., Die Konzeption der Inneren Führung. Ausgewählte Probleme der Zielsetzung und Integration [Diss. Heidelberg], 1984

Führungsakademie der Bundeswehr, Anforderungen an die Innere Führung in den neunziger Jahren, 1989 [Arbeitstagung, Ms.]

Genschel, D., Wehrreform und Reaktion. Die Vorbereitung der Inneren Führung 1951–1956, 1972

Hamann, R., Streit um eine verkannte Reform. Ein Beitrag zur Inneren Führung, 1970

Hartmann, U., Christian, W. (Hrsg.), Der Soldat in einer Welt im Wandel. Ein Handbuch über Theorie und Praxis, 1995

Hartmann, U., Strittmatter, M., Reform und Beteiligung. Ideen und innovative Konzepte für die Innere Führung in der Bundeswehr, 1993 (= Streitkräfte intern, Bd. 2)

Heinen, K. (Hrsg.), Bundeswehr im Umbruch. Sinn-Fragen der Inneren Führung, 1990

Hoffmann, O., Prüfert, A. (Hrsg.), Innere Führung 2000, 2001 (= Forum Innere Führung, Bd. 11)

Ilsemann, G. v., Die Innere Führung in den Streitkräften, 1981 (= Die Bundeswehr …, Bd. 5)

Ilsemann, G. v., Die Bundeswehr in der Demokratie. Zeit der Inneren Führung, 1971 (= Truppe u. Verwaltung, Bd. 17)

Kister, K., Klein, P. (Hrsg.), Staatsbürger in Uniform. Wunschbild oder gelebte Realität?, 1989 (= Militär u. Sozialwissenschaften, Bd. 3)

Köllner, L., Bemerkungen zu einer Synopsis „Innere Führung". Konzeptionen – Begriffe – Institutionen – Literatur, 1977 [= Ms.]

Köllner, L., Drei Beiträge zum Kompendium Innere Führung, 1969 [= Ms.]

Linnenkamp, H., Lutz, D. S. (Hrsg.), Innere Führung. Zum Gedenken an Wolf Graf von Baudissin, 1995 (= Demokratie, Sicherheit, Frieden, Bd. 94)

Opitz, E. (Hrsg.), 50 Jahre Innere Führung. Von Himmerod (Eifel) nach Pristina (Kosovo). Geschichte, Probleme und Perspektiven einer Führungsphilosophie, 2001 (= Schriftenreihe WIFIS, Bd. 17)

Preuss, H., Bundeswehr und Innere Führung. Vom Glanz und Elend einer Ideologie, 1986

Prüfert, A. (Hrsg.), Innere Führung im Wandel, 1998 (= Forum Innere Führung, Bd. 1)

Rosen, C. von, Bildungsreform und Innere Führung. Reformansätze für schulische Stabsoffizierausbildung, dargestellt am Beispiel der Stabsakademie der Bundeswehr (1966–1973), 1981

Rümmer, H. (Hrsg.), Innere Führung im Meinungsstreit. Beiträge zu ihrer Fortentwicklung in der Bundeswehr, 2. Aufl., 1984

Schulz, K.-E. (Hrsg.), Streitkräfte im gesellschaftlichen Wandel, 1980

Simon, U., Die Integration der Bundeswehr in die Gesellschaft. Das Ringen um die Innere Führung, 1980

Walz, D. (Hrsg.), Drei Jahrzehnte Innere Führung. Grundlagen, Entwicklung, Perspektiven, 1987

Walz, D. (Hrsg.), Innere Führung und Recht, 1983 (= ZInFü, Texte u. Studien, H. 1)

Zentrum Innere Führung, Kursbuch Innere Führung 2000. Zwischenbericht 1991, 1992

Zentrum Innere Führung, Kursbuch 2000. Entwurf zum Zwischenbericht, 1989

Zentrum Innere Führung, Festschrift zum 30-jährigen Bestehen, 1986

Zoll, R. (Hrsg.), Wie integriert ist die Bundeswehr? – Zum Verhältnis von Staat und Gesellschaft in der Bundesrepublik, 1979

Zuber, H., Innere Führung in Staat, Armee und Gesellschaft, 1981

Reihen

Beiträge zu Lehre und Forschung, 1987 ff., fortgesetzt u. d. T. SOW kontrovers, 2003

Beiträge zur Militär- und Kriegsgeschichte, 1960–1982, fortgesetzt u. d. T. Beiträge zur Militärgeschichte, 1989 ff.

Bund und Beruf, 1987 ff.

Demokratie, Sicherheit, Frieden, 1980 ff.

„Forschung aktuell", 1993 ff.

Forum Innere Führung, 1998 ff.

Hamburger Beiträge zur Friedensforschung und Sicherheitspolitik, 1986 ff.

Militär und Sozialwissenschaften, 1988 ff.

Militärgeschichte seit 1945, 1975 ff.

Schriften der Akademie der Bundeswehr für Information und Kommunikation, 1990 ff.

SOWI – Arbeitspapiere, 1987 ff.

SOWI – Berichte, 1975 ff.

SOWI – Forum International, 1982 ff.

Streitkräfte intern, 1991 ff.

Studien zu Politik und Wissenschaft, 1994 ff.

WIFIS Schriftenreihe, 1991 ff.

WIFIS – Aktuell, 1995 ff.

Zentrum Innere Führung, Arbeitspapiere, 1991 ff.

Zeitschriften

Beihefte zur Information für die Truppe, 1989–1993

Beiträge zur Konfliktforschung, 1971–1990

Die Bundeswehr, 1956 ff.

Europäische Sicherheit, 1991 ff.

Information für die Truppe, 1956–1990; fortgesetzt u. d. T. IFDT. Information für die Truppe, 1991 ff.

Militärgeschichtliche Beiträge, 1987–1990; fortgesetzt u. d. T. Militärgeschichte. Zeitschrift für historische Bildung, 1991 ff.

Militärgeschichtliche Mitteilungen, 1967 ff.

Neue Zeitschrift für Wehrrecht, 1959 ff.

S+F. Vierteljahresschrift Sicherheit und Frieden, 1983 ff.

Schriftenreihe Innere Führung, 1957–1988 (Beihefte zur Information für die Truppe)

Truppenpraxis, 1957–1994; fortgesetzt u. d. T. Truppenpraxis/Wehrausbildung, 1995–2000

Wehrausbildung, 1958–1994

Y. Magazin für die Bundeswehr, 2001 ff.

Internet-Adressen

Akademie der Bundeswehr für Information und Kommunikation	http://www.skb.bundeswehr.de/dienststellen/aik
Arbeitskreis Militär und Sozialwissenschaften	http://www.ams-ev.de.
Arbeitskreis Sicherung des Friedens	http://www.sicherung-des-friedens.de
Bundesakademie für Sicherheitspolitik	http://www.baks.org
Bundesministerium der Verteidigung	http://www.bmvg.de
Bundeswehr	http://www.bundeswehr.de
Bundeswehr-Sozialwerk e. V.	http://www.bundeswehr-sozialwerk.de
Cornelius-Vereinigung	http://www.cov.de
Darmstädter Signal	http://www.darmstaedter-signal.de
Deutscher Bundeswehr-Verband	http://www.dbwv.de.
ERGOMAS	http://www.ergomas.ch
EUROMIL	http://www.euromil.org
Evangelische Arbeitsgemeinschaft für Soldatenbetreuung	http://eas-bonn.de
Evangelische Militärseelsorge	http://www.ekd.de/militaerseelsorge/indexev.html

Führungsakademie der Bundeswehr	http://www.fueakbw.de
Gemeinschaft Katholischer Soldaten	http://www.katholische-soldaten.de
Genfer Zentrum für die demokratische Kontrolle der Streitkräfte	http://www.dcaf.ch
George C. Marshall Center	http://www.marshallcenter.org
Gesellschaft für Wehr- und Sicherheitspolitik e. V.	http://www.gfw-sicherheitspolitik.de
Karl-Theodor-Molinari-Stiftung	http://www.ktms.org
Katholische Arbeitsgemeinschaft für Soldatenbetreuung	http://kas-bonn.de
Katholisches Militärbischofsamt	http://www.kmba.de
Militärgeschichtliches Forschungsamt	http://www.mgfa.de
Soldatenselbsthilfe gegen Sucht e. V.	http://www.soldatenselbsthilfe-sucht-bundeswehr.de
Sozialwissenschaftliches Institut der Bundeswehr	http://www.sowi-bundeswehr.de
Universität der Bundeswehr Hamburg	http://www.unibw-hamburg.de
Universität der Bundeswehr München	http://www.unibw-muenchen.de.
Verband der Reservisten der Deutschen Bundeswehr e. V.	http://www.vdrbw.de.
Vereinte Nationen	http://www.uno.de
Volksbund Deutscher Kriegsgräberfürsorge	http://www.volksbund.de
Wehrbeauftragter des Deutschen Bundestages	http://www.bundestag.de
Wissenschaftliches Forum für Internationale Sicherheit e. V.	http://www.fueak.de/
Zentrum Innere Führung	http://www.innerefuehrung.de

Himmeroder Denkschrift

(Kap. V: Das innere Gefüge) – In: Militärgeschichtliche Mitteilungen 21/1977, S. 185 ff.

„A. VORBEMERKUNG

Ebenso wichtig wie die Ausbildung des Soldaten ist seine Charakterbildung und Erziehung. Bei der Aufstellung des Deutschen Kontingents für die Verteidigung Europas kommt damit dem inneren Gefüge der neuen deutschen Truppe große Bedeutung zu. Die Maßnahmen und Planungen auf diesem Gebiet müssen und können sich auf dem gegenwärtigen Notstand Europas gründen. Damit sind die Voraussetzungen für den Neuaufbau von denen der Vergangenheit so verschieden, dass ohne Anlehnung an die Formen der alten Wehrmacht heute grundlegend Neues zu schaffen ist. Dabei muss auch berücksichtigt werden, dass in den letzten Jahren die Wehrbereitschaft des deutschen Volkes stark gelitten hat.

Bei der bevorstehenden engen Zusammenarbeit mit den Wehrmachtsteilen der West- bzw. Atlantik-Staaten sind einerseits weitgehende Angleichungen auch an den inneren Aufbau und äußere Formen erforderlich, andererseits sollte den soldatischen Erfahrungen und Gefühlen des deutschen Volkes Rechnung getragen werden. Es wird wichtig sein, einen gesunden Ausgleich zu finden zwischen notwendigem neuen Inhalt und den aufgelockerten Formen einerseits und dem berechtigten Wunsche nach dem hergebrachten Ansehen des Soldaten in der Öffentlichkeit andererseits. Dabei ist es wichtig, dass Geist und Grundsätze des inneren Neuaufbaues von vornherein auf lange Sicht festgelegt werden und über etwa notwendige Änderungen der Organisation ihre Gültigkeit behalten.

B. POLITISCHES

Der Soldat des Deutschen Kontingents verteidigt zugleich Freiheit im Sinne der Selbstbestimmung und soziale Gerechtigkeit. Diese Werte sind für ihn unabdingbar. Die Verpflichtung Europa gegenüber, in dem diese Ideale entstanden sind und fortwirken sollen, überdeckt alle traditionellen nationalen Bindungen. Name und Symbole sind darauf abzustimmen.

Bei allem Vorrang europäischen Zusammengehörigkeitsgefühls ist die gesunde Vaterlandsliebe zu pflegen, die weiß, dass sie mit den Idealen und Gütern Europas auch die deutsche Heimat und Familie verteidigt.

Das Deutsche Kontingent darf nicht ein „Staat im Staate" werden. Das Ganze wie der Einzelne haben aus innerer Überzeugung die demokratische Staats- und Lebensform zu bejahen. Doch ist aus Gründen der inneren Festigkeit der Truppe ihre überparteiliche Haltung zu fordern.

Hieraus ergibt sich die Notwendigkeit, die Grundrechte des Einzelnen für die Dauer des Wehrdienstes einzuschränken:

Das aktive Wahlrecht sollte für die Bundeswahlen zugebilligt werden; für die Länderwahlen wäre die Frage im Hinblick auf die Organisation zu überprüfen; für die Kommunalwahlen abzulehnen.

Das passive Wahlrecht ist nur in besonderen Fällen einzuräumen unter Beurlaubung des Kandidaten bei der Übernahme der Kandidatur und Ausscheiden bei Annahme des Mandats. Die Zugehörigkeit zu Parteien und Gewerkschaften ruht während der aktiven Dienstzeit (kein öffentliches Auftreten, keine Ämter).

Die Rede- und Versammlungsfreiheit ist dahin einzuschränken, dass in den Unterkünften Parteiversammlungen und Agitation verboten werden. Der Besuch öffentlicher Versammlungen sollte dem Einzelnen erlaubt sein. Eine Vereinsbildung ist nur zu unpolitischen Zwecken gestattet und unterliegt der Genehmigung des Vorgesetzten.

Das Recht des Einzelnen auf Eingaben an den Sicherheitsausschuss des Bundestages und Bundesrats muss gegeben sein.

C. ETHISCHES

Der Soldat hat bei seinem Eintritt einen Eid zu leisten bzw. eine feierliche Verpflichtung abzulegen, die das Bekenntnis zu Europa und dem deutschen demokratischen Staat enthält. Eid oder feierliche Verpflichtung müssen auf den Bundespräsidenten als Staatsoberhaupt und auf die Verfassung abgelegt werden. Bis zum Erlass eines Wehrgesetzes müssen Eid bzw. Verpflichtung durch ein Sondergesetz Rechtskraft erhalten. Damit ist eine schriftliche Anerkennung der „Soldatenpflichten" zu verbinden.

Diese „Soldatenpflichten“ umfassen die politischen und soldatischen Verpflichtungen.

Die militärische Rechtspflege ist unter Hinzuziehung ziviler Sachverständiger neu zu ordnen:

Rein bürgerliche Straftaten des Soldaten sind durch bürgerliche Gerichte, militärische Vergehen und Verbrechen durch Militärgerichte abzuurteilen. Besonderer Wert ist auf die Frage des Gehorsams und der Gehorsamsverweigerung (bisheriger § 47) zu legen. Recht und Pflicht zu Ungehorsam darf nur für den Fall gelten, dass der Untergebene klar und eindeutig erkennt, dass der Befehl ein Verbrechen gegen die Menschlichkeit, das Völkerrecht oder sonstige militärische und bürgerliche Rechtssätze beabsichtigt.

Die Disziplinar-Strafordnung ist auf neue Grundlagen zu stellen:

Keine entehrenden und entwürdigenden Strafarten; die Handhabungsmöglichkeit der Disziplinarstrafgewalt ist darauf abzustellen, dass auch zunächst unerfahrene Vorgesetzte sie anwenden können.

Die Beschwerdeordnung ist von allen unzeitgemäßen Bestimmungen zu befreien.

In diesem Zusammenhang wäre zu prüfen, ob innerhalb der Verbände Vertrauensausschüsse zu bilden sind, die bei Anwendung der Disziplinarstraf- und Beschwerdeordnung zu hören sind (ohne Entscheidungsrecht). Sie könnten zugleich als Organe der Reinigung wirksam werden in solchen Fällen, die nicht durch das Militär-Strafgesetzbuch oder die Disziplinarstrafordnung erfasst sind. Damit können die bisherigen Ehrenverfahren entfallen.

Ein solcher Vertrauensausschuss wäre bei der ersten Einstellung der Offiziere einzusetzen zur etwa notwendigen Überprüfung des persönlichen Verhaltens in der Vergangenheit, wenn gegen Einzelne Anwürfe erhoben werden.

Eine solche „Selbstreinigung“ erscheint aus psychologischen Gründen der Öffentlichkeit des In- und Auslandes gegenüber wie im Interesse des inneren Zusammenhalts der Truppe notwendig. Ein allgemeines „Spruchkammersystem“ ist dagegen abzulehnen.

Die Militärseelsorge kann bis zur Aufstellung der vollen Verbände durch die örtlichen Geistlichen wahrgenommen werden. Später wird eine eigene Truppenseelsorge zu schaffen sein.

D. ERZIEHERISCHES

Der Erziehung des Soldaten im politischen und ethischen Sinne ist im Rahmen des allgemeinen Dienstunterrichts von vorneherein größte Beachtung zu schenken. Sie hat sich nicht auf das rein Militärische zu beschränken. Durch Schaffung eines europäischen Geschichtsbildes und Einführung in die politischen, sozialen und wirtschaftlichen Fragen der Zeit kann von der Truppe aus über den Rahmen des Wehrdienstes hinaus ein entscheidender Beitrag für die Entwicklung zum überzeugten Staatsbürger und europäischen Soldaten geleistet werden.

Damit muss zugleich die innere Festigkeit gegen eine Zersetzung durch undemokratische Tendenzen (Bolschewismus und Totalitarismus) erreicht werden.

Völkerrechtsfragen sind in den Unterricht mit einzubeziehen.

Das Bewusstsein des Soldaten für eine soziale Einordnung ohne Sonderrechte und unter Wahrung der Menschenwürde ist zu stärken. Mit überlebten Einrichtungen ist zu brechen (z. B. Burschenwesen, Kasino-Ordonnanzen, Verbot des Zivil-Tragens außer Dienst).

E. EINWIRKUNG AUF VOLK UND GEGNER

Voraussetzung für die Wehrbereitschaft ist eine planmäßige Aufklärung und Erziehung des Volkes, besonders der Jugend. Diese Erziehung muss davon ausgehen, dass das Verständnis für die Pflichten geweckt wird, die sich für den Einzelnen und die Gemeinschaft aus Notwehr und Notstand ergeben. In diesem Zusammenhange sind besonders zu behandeln die Fragen des Pazifismus, der Kriegsdienstverweigerung und des Militarismus im Gegensatz zum wahren Soldatentum sowie die wichtige Frage eines etwaigen Kampfes Deutscher gegen Deutsche.

Diese Arbeit ist in Einklang zu bringen mit der Einwirkung auf den Gegner, besonders auf die kommunistischen Kreise in der Ostzone und die Volkspolizei. Hierbei darf die Ostgefahr nicht zu gering dargestellt, aber auch nicht überbetont werden, damit nicht die Wehrbereitschaft leidet oder aber Entmutigung hervorgerufen wird.

F. GESETZGEBERISCHE ARBEITEN

Bis zum Erlass des eigentlichen Wehrgesetzes müssen entsprechend C. Abs. 1 die staatsrechtliche Grundlage für den Dienst, sowie die Pflichten und Rechte des Soldaten auf dem Verordnungswege, gegründet auf den Notstands-Artikel des Grundgesetzes der deutschen Bundesrepublik, geschaffen werden. Dabei sollte als Anreiz für die Werbung des erwünschten Ersatzes die Frage der Versorgung und Erleichterung der Berufsausbildung besonders berücksichtigt werden. Besondere Maßnahmen sind notwendig, um die besten jungen, noch kriegserfahrenen Kräfte, die bereits in anderen Berufen untergekommen sind, wenigstens vorübergehend zur Behebung des „Notstandes" für den Dienst zu gewinnen. (Anrechnung der Dienstzeit auf den zivilen Beruf, Garantie der Rückübernahme u. a.) Ein Erfolg solcher Maßnahmen würde eine wesentliche Beschleunigung der Aufstellung und der inneren Festigkeit versprechen.

Ferner ist zu prüfen, wie weit die bisherige Gesetzgebung im Sinne eines Wehrschutzes zu erweitern ist (Beleidigung, Zersetzung, Verrat militärischer Geheimnisse, Landesverrat) und ob ein besonderes Dienstleistungsgesetz für Gemeinden und Einzelpersonen geschaffen werden muss.

G. SOFORTMASSNAHMEN

1. Einberufung eines Gesetzgebungs-Ausschusses zur Formulierung von:
   Eid bzw. feierlicher Verpflichtung,
   Soldatenpflichten,
   Vorläufiger Verordnung über den Wehrdienst,
   Wehrgesetz,
   Militär-Rechtspflege,
   Disziplinar-Strafordnung,
   Beschwerdeordnung,
   Versorgungsgesetz.
2. Einberufung eines Ausschusses für die Einwirkung auf Volk und Gegner in der Form eines Beirates.
3. Einsetzung eines Referenten für die Verbindung zu Presse und Parlament beim Berater des Bundeskanzlers."

Definitionen von Innerer Führung 1953–2001

1. **Regelung der „Inneren Führung" vom 10. Januar 1953 durch die Dienststelle Blank (BA-MA, Altsignatur BW 9/411)**

„(1) Die Arbeitsgebiete Inneres Gefüge, Information und Erziehung sowie Truppenbetreuung werden unter dem Sammelbegriff **‚Innere Führung'** zusammengefasst.

(2) Alle Arbeiten auf dem Gebiet „Innere Führung" haben das **Ziel**, den Typ des modernen Soldaten zu schaffen und fortzubilden, der freier Mensch, guter Staatsbürger und vollwertiger Soldat zugleich ist.

(3) Im Rahmen dieser Zielsetzung ist es

- die **Aufgabe des Arbeitsgebietes „Inneres Gefüge",** die Grundsätze und Richtlinien für die geistige und sittliche Ordnung sowie Gestaltung des militärischen Lebens zu erarbeiten und zu formulieren;
- die **Aufgabe des Arbeitsgebietes „Information",** der Truppe die Kenntnis der Tatsachen und Ereignisse laufend zu vermitteln, die der Einzelne braucht, um seine Verantwortung als Soldat und Bürger zu kennen, zu verstehen und anzuerkennen;
- die **Aufgabe des Arbeitsgebietes der Erziehung,** die Grundsätze und Richtlinien für die Entwicklung derjenigen Eigenschaften der Soldaten zu erarbeiten **und auf die militärische Ausbildung zu übertragen,** die diese dazu befähigen, dieser Verantwortung – entsprechend ihrem Rang und ihrer Aufgabe – wirklich nachzukommen;
- die **Aufgabe des Arbeitsgebietes „Truppenbetreuung",** die Grundsätze und Richtlinien auf den Gebieten der Seelsorge und kulturellen Betreuung, sowie der zivilberuflichen Aus- und Fortbildung zu erarbeiten."

2. **Aus dem Entwurf: Grundsätzliche Weisung über die Aufgaben und Bedeutung der Inneren Führung in den Streitkräften (15. November 1955), in: W. von Baudissin 1982, S. 64f.**

„Die Innere Führung ist die Verwirklichung der Grundsätze und Vorschriften des Inneren Gefüges in und außer Dienst. Sie ist Menschenführung im weitesten Sinne und wird überall dort wirksam, wo sich im Gesamtorganismus der Truppe erzieherische, bildungsmäßige und betreuerische Aufgaben stellen. Somit ist Innere Führung wirksam in Führung und Ausbildung, in der Handhabung der Disziplinargewalt, in der politischen Bildung und Information der Truppe, in der Betreuung und Sorge um den Menschen, im außerdienstlichen Gemeinschaftsleben."

3. Innere Führung, in: Handbuch Innere Führung (1957), S. 169

„Um eine Reihe von Missverständnissen zu beseitigen, muss zunächst festgestellt werden, was Innere Führung nicht ist.

Innere Führung ist keine Erfindung der Bundeswehr. Sie ist nur ein neuer Begriff für ein Bündel von Führungsaufgaben, die es zu allen Zeiten in der Truppe gegeben hat, die uns heute aber in neuer Form und nachdrücklicher als früher gestellt sind. Sie gehen jeden Vorgesetzten, in besonderem Maße die Kommandeure und Kompaniechefs an.

Innere Führung heißt nicht Auflösung der soldatischen Disziplin. Sie will diese Disziplin nur in Formen fassen, die dem modernen Lebensgefühl und der modernen Waffentechnik entsprechen.

Innere Führung bedeutet nicht Verweichlichung. In der Gefechtsausbildung fordert sie eine bisher nicht gekannte Härte. Sie erstrebt vor allem die Erziehung zur Selbstdisziplin, ohne die der Einzelkämpfer in einem künftigen Kriege nicht bestehen kann. Sie verlangt Zivilcourage als Voraussetzung jeder Vertrauensbildung und durch Kenntnisse begründete Überzeugungen, ohne die das kalte Gefecht verloren wird.

Innere Führung hat ressortmäßig nichts mit der Versorgung des Soldaten zu tun, obwohl die Fragen der Unterbringung, der Familienzusammenführung oder der Gehaltszahlung die Stimmung der Truppe mitbeeinflussen. Die Ansprechbarkeit des Soldaten lässt nach, wenn seine persönlichen Lebensbedürfnisse unzureichend geregelt sind. Infolgedessen nimmt die Innere Führung auch Einfluss auf diese Probleme."

4. Aus dem Beitrag der Schule der Bundeswehr für Innere Führung (1965): Was ist Innere Führung?, in: ZDv 10/1 (1972), Anhang Teil II, S. 95

„Innere Führung

ist die Summe aller Führungsmaßnahmen, die die Geistes- und Willenskräfte des Soldaten für die Erfüllung seines Auftrages wirksam machen.

Innere Führung

ist die Aufgabe aller Vorgesetzten, Staatsbürger zu Soldaten zu erziehen, die fähig und willens sind, Recht und Freiheit des deutschen Volkes und seiner Verbündeten in der geistigen Auseinandersetzung zu wahren und zu fördern und im Kampfe mit der Waffe tapfer zu verteidigen …"

5. U. de Maizière, Erziehung zum Staatsbürger in Uniform – Eine Aufgabe der Bundeswehr (Vortrag vor der Universität Göttingen am 15. Dezember 1965), in: Bekenntnis zum Soldaten. Militärische Führung in unserer Zeit, 2., erw. Aufl., Hamburg 1971, S. 57 ff. (hier S. 67)

„Gerade, weil in der Publizistik, auch im pädagogischen Schrifttum, gelegentlich die Ansicht auftauchte, als sei die Innere Führung der Bundeswehr etwas Verschwommenes, nirgends klar Umrissenes, möchte ich hier einmal den Versuch einer Definition vortragen, wie sie in der Schule der Bundeswehr für Innere Führung erarbeitet wurde:

Innere Führung

- ist die Aufgabe aller Vorgesetzten, Staatsbürger zu Soldaten zu erziehen, die fähig und willens sind, Recht und Freiheit des deutschen Volkes und seiner Verbündeten in der geistigen Auseinandersetzung zu wahren und zu fördern und im Kampfe mit der Waffe tapfer zu verteidigen.

Innere Führung

- geht hierbei aus von den politischen und gesellschaftlichen Gegebenheiten,
- bekennt sich zu unserem Grundgesetz,
- macht soldatische Tugenden lebendig und übernimmt bewährte Erfahrungen in unsere heutigen Lebensformen und
- berücksichtigt die Folgen der Anwendung und Wirkung moderner technischer Mittel."

6. Aus dem Weißbuch 1971/72 (S. 79, Ziffer 86)

„Die innere Führung bedarf nicht immer neuer Interpretationen. Die Bundesregierung hat sich im Weißbuch 1970 verbindlich geäußert:

Das Leitbild vom Staatsbürger in Uniform verbindet Staat, Gesellschaft und Bundeswehr. Nach diesem Konzept ist die Bundeswehr im Jahre 1955 angetreten. Es soll zweierlei bewirken: einmal die Einordnung der Streitkräfte in die freiheitlich-demokratische Verfassungsordnung und die Unterordnung unter den politischen Oberbefehl; zum anderen die Garantie der Grundrechte, die für den Soldaten nicht stärker eingeschränkt werden dürfen, als es die Erfüllung des militärischen Dienstes erfordert. Das Ziel des Konzepts vom Staatsbürger in Uniform ist, im Rahmen der gegebenen politischen, rechtlichen und sozialen Ordnung die Wirksamkeit der Bundeswehr zu sichern."

7. Zum Begriff Innere Führung, in: Information für die Truppe Nr. 11/1979, S. 42 f.

„'Innere Führung' ist ein Spezialbegriff der Bundeswehr. Er entzieht sich einer knappen Definition. Um Missverständnisse und Missdeutungen zu vermeiden, ist es daher erforderlich, Innere Führung zu beschreiben.

Innere Führung steht einerseits für das die innere Verfassung der Bundeswehr durchdringende Prinzip, andererseits für den auf Geist und Willen des Soldaten gerichteten Teil der Führungsaufgabe.

Innere Führung ist somit die dynamische Konzeption für die Gestaltung der inneren Ordnung der Streitkräfte im Rahmen der politischen, sozialen und technischen Gegebenheiten, als auch die konkrete Anweisung zum militärischen Denken und Handeln.

Der Begriff 'Innere Führung' steht folglich gleichrangig für die Theorie und deren Vollzug in verschiedenen Wirkungsfeldern. Die wesentlichen Wirkungsfelder der Inneren Führung sind:

- Menschenführung in den Streitkräften
- Politische Bildung
- Soldatische Ordnung und Wehrrecht
- Kriegsvölkerrecht

Die Grundsätze der Inneren Führung bestimmen darüber hinaus die Personalführung sowie die Erziehung, Ausbildung und Bildung des Soldaten."

8. Aus der Vorlage des 21. Jahresberichts des Wehrbeauftragten des Deutschen Bundestages (1979) vom 18. März 1980 (a) und der Stellungnahme des Bundesministers der Verteidigung (b), in: Schriftenreihe Innere Führung Nr. 5/1980, S. 13

a) „Der unbestimmte Gesetzesbegriff ‚Grundsätze der Inneren Führung', nach § 2 Abs. 2 Wehrbeauftragtengesetz [1)] Kompetenznorm für den Wehrbeauftragten, ist als Verkörperung eines dynamischen Prinzips einer Legaldefinition nicht zugänglich. Soweit gelegentlich Schwierigkeiten in der Auffassung des Bundesministers der Verteidigung begründet waren, Innere Führung sei mit Recht und Rechtsanwendung gleichzusetzen, dürften sie keinen Raum mehr haben, nachdem sich der Minister in seiner Stellungnahme zum Jahresbericht 1978 meiner Auffassung angeschlossen hat, dass sich Innere Führung nicht in Rechtsanwendung erschöpft."

b) „Es ist dem Wehrbeauftragten zuzustimmen, dass eine ‚Legaldefinition' der Grundsätze der Inneren Führung ohne Schaden für die Dynamik des Konzeptes nicht möglich ist und dass es ihrer auch nicht bedarf. Hiervon hat sich der Bundesminister der Verteidigung bei der Bearbeitung der ZDv 10/1 ‚Hilfen für die Innere Führung' leiten lassen. Dort wird verdeutlicht, dass die Grundsätze der Inneren Führung sich in Gesetzen, Erlassen und Dienstvorschriften niedergeschlagen haben. Dass sich Innere Führung und ihre Grundsätze jedoch nicht auf Recht und Rechtsanwendung beschränken lassen, wird u. a. auch mit den ‚Leitsätzen für Vorgesetzte' dieser Vorschrift zum Ausdruck gebracht."

9. Bundesminister der Verteidigung H. Apel, „Innere Führung – das Markenzeichen der Bundeswehr", in: Information für die Truppe Nr. 12/1980, S. 26 f.

„Innere Führung ist keine fest definierte, in sich geschlossene Theorie. Das, was Innere Führung ausmacht, kann nicht ausschließlich in Verordnungen und Merkblättern geregelt werden. Der Geist, der eine Armee prägen soll, lässt sich nicht einfach befehlen.

---

1) Jetzt § 1 Abs. 3 Gesetz über den Wehrbeauftragten des Deutschen Bundestages vom 16. Juni 1982 (BGBl. I S. 677), zuletzt geändert am 20. Dezember 2001 (BGBl. I S. 4013).

Wie überall im Leben klafft zwischen Ideal und Wirklichkeit eine Lücke. Die Grundsätze der Inneren Führung zu verwirklichen, bleibt daher ständige Aufgabe. Die Probleme, die sich der Realisierung der Inneren Führung stellen, wandeln sich. Die Ziele, die das Konzept verfolgt, gelten unverändert:

- Zum einen kommt es darauf an, die Soldaten nicht der demokratischen Grundordnung unserer Republik zu entfremden. Wir müssen deshalb dafür sorgen, dass trotz aller Besonderheiten des militärischen Dienstes – und die sind gesetzlich geregelt – die entscheidenden Prinzipien unserer Gesellschaftsordnung sich auch in der Bundeswehr widerspiegeln.

- Zum zweiten dient Innere Führung der Effizienz unserer Verteidigungsanstrengungen. Wir übertragen dem Einzelnen mehr Verantwortung und behandeln ihn als eigenständige Persönlichkeit. Dadurch steigt nicht nur seine Zufriedenheit, er ist auch stärker motiviert. Das aber ist die Voraussetzung für die Erhöhung der Leistungsfähigkeit. In dieser Hinsicht ähnelt das Konzept der Inneren Führung durchaus modernen Führungsmethoden der Wirtschaft. Alle, die meinen, durch technokratische Mittel, Strammstehen und ‚Jawohl'-Sagen Innere Führung ersetzen zu können, arbeiten gegen das, was sie eigentlich bewirken wollen: die Erhöhung der Leistungsfähigkeit.

- Zum dritten kommt es auch in der Bundeswehr darauf an, Macht zu begrenzen. Das Prinzip der Kräfte und Gegenkräfte verhindert in unserer Gesellschaftsordnung ungewollte Machtkonzentrationen. Diesen Mechanismus muss es auch in einer Gemeinschaft wie der Bundeswehr geben. Innere Führung hebelt das Prinzip von Befehl und Gehorsam keineswegs aus. Sie ist vielmehr eine kompensierende, ergänzende Regelung, die dem Prinzip der ‚checks and balances' erst Geltung verschafft."

10. Zur Schwierigkeit, „Innere Führung in einer kurzen Formel zusammenzufassen", in: Information für die Truppe Nr. 1/1981, S. 40.

„Immer wieder wird gefordert, doch in einer ganz knappen Formel, möglichst in einem Satz zu sagen, was Innere Führung ist. Das ist jedoch nicht möglich –

1. weil wir mit Innerer Führung Theorie und Praxis, Anspruch und Wirklichkeit meinen;
2. weil Innere Führung ein dynamisches Konzept ist, dessen Weiterentwicklung aus drei Quellen gespeist wird,
   - durch Übernahme, Fortentwicklung oder Setzung politischer, gesellschaftlicher und rechtlicher Normen,
   - durch Analyse und Umsetzung wissenschaftlicher Erkenntnisse in der Erziehung und Ausbildung der Soldaten und in der Menschenführung,
   - durch Analyse der inneren Lage der Bundeswehr und Einflussnahme durch die militärische Führung, Ausbildung und Erziehung; ..."

11. Zum Begriff Innere Führung, in: Texte und Studien Zentrum Innere Führung, 2. Aufl. Nr. 4/1984, S. 7 f.

„Die Konzeption der Inneren Führung ist zu komplex, um in einer knappen, griffigen Formel definiert zu werden.

Innere Führung kann auch nicht in eine einzige Verhaltensweise umgesetzt und etwa mit zeitgemäßer Menschenführung erläutert werden.

Innere Führung ist ein umfassendes Führungsprinzip. Sie ist Bestandteil der Gesamtkonzeption militärischer Verteidigung und umfasst Grundlagen und Grundsätze, die den Angehörigen der Streitkräfte auf allen Ebenen und in den verschiedenen Rollen betreffen, als freie Persönlichkeit, als Staatsbürger, als Kämpfer und als Angehöriger des öffentlichen Dienstes.

Innere Führung ist somit die vom Grundgesetz ausgehende ziel- und wertorientierte Konzeption für die Stellung der Streitkräfte im Staat und des Soldaten in der Gesellschaft. Sie hat rechtliche, soziale, pädagogische und organisatorische Inhalte. Zentraler Begriff der Konzeption ist der ‚Staatsbürger in Uniform'. Er ist verfassungspolitisches Leitbild und ein soldatisches Erziehungsideal. Diese zeitlose Idealvorstellung wurzelt in ihren politischen und ethischen Werten unmittelbar in der Verfassung. Innere Führung ist Voraussetzung für eine aus Überzeugung geleistete Einsatzbereitschaft der Soldaten der Bundeswehr und bestimmt das militärische Denken und Handeln."

12. D. Walz, Das Verhältnis von Innerer Führung und Recht, in: Neue Zeitschrift für Wehrrecht 26 (1984) 4, S. 133–153 (hier S. 134)

„Unter **‚Konzeption'** ist eine klar umrissene Grundvorstellung, ein Leitprogramm, zu verstehen.

‚Konzept' dagegen meint den ersten Entwurf, das Vorstadium der Konzeption [1].

Eine in sich geschlossene, logisch strukturierte, an Methoden der Wissenschaft angelehnte, durchdachte und stringente ‚**Theorie** der Inneren Führung' existiert nicht und hat auch zu keiner Zeit existiert. Helmut Preuß, der dieses Faktum immer wieder beklagt hat, hat lediglich ‚Bruchstücke, die wegen semantisch-begrifflicher Unzulänglichkeiten keinen Ansatz für ein tragfähiges Bauwerk bilden, aus dem eine Lehre entwickelt werden könnte', vorgefunden.[2] Dieser Erkenntnis kann nur zugestimmt werden." [3]

13. H. Preuss, Bundeswehr und Innere Führung. Vom Glanz und Elend einer Ideologie. Siegburg (Selbstverlag) 1986, S. 102 ff.

„Es ist festgestellt worden, dass mit dem Ausdruck Innere Führung sehr Unterschiedliches verstanden wird. Trotzdem scheinen, wenn man die umfangreiche Literatur ... über Innere Führung Revue passieren lässt, zwei Bedeutungsinhalte vorzuherrschen. Das jedenfalls meistens in den Fällen, wo sich die Autoren Gedanken über den Begriffsinhalt gemacht ... und versucht haben zu differenzieren.

Der erste Inhalt besagt, dass Innere Führung so viel ist wie die innere Haltung, die (innere) Einstellung, die Bereitschaft der Soldaten zum militärischen Dienst und Einsatz. Das war auch deutlich, als im Amt Blank die Ausdrücke inneres Gefüge und innere Führung nebeneinander und in derselben Bedeutung benutzt wurden. Da die (innere) Einstellung ... ein relativ beständiger seelisch – geistiger Zustand ist, Führung jedoch ein Vorgang, bedarf es keiner weiteren Begründung und Argumente, dass der Ausdruck Innere Führung hierfür falsch ist. Er entspricht nicht dem

---

1) Vgl. Meyers Enzyklopädisches Lexikon, S. 192.

2) Wehrwissenschaftliche Rundschau 1977, S. 151 f.; ebenso Truppenpraxis 1980, S. 944.

3) So auch Hans Apel, Information für die Truppe, Heft 12/1980, S. 26 f.: „Innere Führung ist keine fest definierte, in sich geschlossene Theorie."

Verständnis der deutschen Sprache. Führung, das Führen ist dynamisch, der Zustand ist statisch."

14. Zentrale Dienstvorschrift 10/1 „Innere Führung" vom Februar 1993, Nr. 201

„Die Konzeption der Inneren Führung bindet die Streitkräfte bei der Auftragserfüllung an die Werte des Grundgesetzes. Sie hat die Aufgabe, die Spannungen auszugleichen und ertragen zu helfen, die sich aus den individuellen Rechten des freien Bürgers einerseits und den militärischen Pflichten andererseits ergeben." .

15. H. P. Jermer, Innere Führung – auf den Punkt gebracht. Gedanken zu Wesen und Wirkung der Führungskultur der Bundeswehr, in: Hoffmann, Prüfert 2001, S. 49

„Versuch einer Definition

Innere Führung ist eine dynamische Konzeption, welche, ausgehend vom Menschenbild des Grundgesetzes, die innere Verfassung der Bundeswehr entscheidend prägt, das Miteinander der Soldaten konstruktiv regelt und zu gewissenhaftem Dienen motiviert.

Aus der Wechselbeziehung Armee/Staat definiert Innere Führung das Rollenverständnis von „Streitkräften in der Demokratie", und aus dem Verhältnis Gesellschaft/Soldat heraus stützt und gestaltet sie das Leitbild vom „Staatsbürger in Uniform".

Ihre Prinzipien bewirken – richtig angewendet und umgesetzt – auf vielfältige Weise die Integration der Armee in den Staat, konkret: des Bürgers in die Bundeswehr, des Soldaten in die Gesellschaft und – schließlich – der Bundeswehr in die Demokratie."